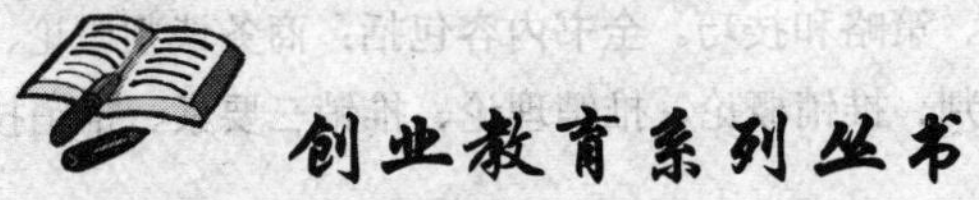

技术创业：

商务谈判与推销技术

王林雪　康晓玲　主编

西安电子科技大学出版社

内容简介

本书介绍了商务谈判与推销活动的原理、方法、策略和技巧。全书内容包括：商务谈判概论、商务谈判组织与管理、商务谈判策略与技巧、国际商务谈判、推销概论、推销理论、推销三要素、推销技术与方法、推销管理。

本书在向读者提供大量典型案例的基础上结合心理学、行为学、管理学等多学科的研究成果，揭示了商务谈判与推销活动的逻辑和规律，体现了本书融知识性、科学性、操作性、时效性为一体的特点。本书内容新颖，通俗生动，突出知识的系统性和实用性，强调实践能力的培养。

本书可作为MBA、工商管理专业和市场营销专业的本科生课程教材，也可以作为营销理论工作者、营销教学人员、企业创业者创业培训的教材。对希望了解商务谈判与推销知识的读者来说，本书也是一本理想的入门读物。

图书在版编目(CIP)数据

技术创业：商务谈判与推销技术 / 王林雪，康晓玲主编. —西安：西安电子科技大学出版社，2010.5

(创业教育系列丛书)

ISBN 978-7-5606-2408-2

Ⅰ. 技…　Ⅱ. ① 王…　② 康…　Ⅲ. ①商务谈判　②推销　Ⅳ. F715.4　F713.3

中国版本图书馆CIP数据核字(2010)第033080号

策　　划　戚文艳

责任编辑　戚文艳

出版发行　西安电子科技大学出版社(西安市太白南路2号)

电　　话　(029)88242885　88201467　邮　　编　710071

网　　址　www.xduph.com　电子邮箱　xdupfxb001@163.com

经　　销　新华书店

印刷单位　西安文化彩印厂

版　　次　2010年5月第1版　2010年5月第1次印刷

开　　本　787毫米×960毫米　1/16　印　张　18

字　　数　363千字

印　　数　1～3000册

定　　价　25.00元

ISBN 978-7-5606-2408-2/F·0046

XDUP 2700001-1

创业教育系列丛书

编写委员会

序

创业是指为了满足市场需求而进行开创新企业或改进原企业的一种市场活动。创业是人类摆脱贫穷走向富裕的根本途径。世界经济在近代以来不断增长与发展，其根本原因是人们不断地创业创新。从全球范围来说，在人类进入21世纪后，创业已成为经济发展、社会进步的原动力。当今的世界发达国家，“创业型经济”日趋活跃，不但刺激了生产力发展，加剧了经济竞争，而且在创业中实现了产业结构的升级、要素的合理流动和配置、就业的增长、技术的进步、生产方式和生活方式的变革，还加快了经济全球化发展。

20世纪80年代以来，在发达国家，随着经济环境的变革，新技术成果不断涌现，经济体制日益宽松，市场结构不断优化，市场环境更加开放，中小型科技公司活跃，创业的扶持政策日趋完善，极大地促进了创业活动特别是技术型创业经济的发展。21世纪以来，创业型经济成为了发达国家经济活动的重要特征，并成为了一种新的经济形态。所谓创业型经济，是指基于企业家的创意和创新，以新办创业型公司为重要途径，在微观上实现企业家的个体价值，在宏观上促进国家经济发展的一种经济形态。创业型经济的基本特征主要表现为创业活动多，创业启动和退出率较高，技术创新发明与专利多，研发投入和人力资本投入密集，经济增长率和就业率高。与传统经济形态相比，创业型经济具有更宽松的市场体制，更合理的市场结构，更具激励作用的创业扶持政策，更开放的市场环境。正是由于日趋活跃的创业型经济，才推动了发达国家的经济增长和发展。

对于许多发展中国家而言，正是由于体制和环境的制约，创新创业不够活跃，才造成了经济增长和发展缓慢，就业压力日益增大，民生问题丛生，社会不稳定。因此，发展中国家应该在学习和借鉴发达国家经验的基础上，结合本国的国情，创造激励创新创业的环境、体制与政策，以此作为促进经济增长、扩大就业、改善民生、稳定社会的途径。

我国是一个发展中的大国，人口众多，人力资源丰富，就业压力巨大，加快经济增长和发展的任务十分艰巨。改革开放以来，随着经济体制创新、技术创新、市场创新、政策创新和政府管理创新的不断深化，我国的创业环境和条件不断改善，极大地激发了全民创业的动力与热情，为我国经济增长、扩大就业、改善民生、稳定社会做出了巨大贡献。但是，我国在创业的方方面面还存在许多问题，创业者的培育、创业环境的改善、创业政策的创新发展等方面还有许多工作要做。尤其是我们迫切需要在创业教育方面创新，培养大量的创业人才，为全民创业提供人才保障。令人欣慰的是，目前国内学术界、教育界和实业界日益关注这一问题，不少专家学者和成功的创业者开始研究创业问题，编写了这方面的专著、教材和实用性读物。本套《创业教育系列丛书》无疑将为创业者的培养提供不可多得的知识支持。

在新的形势下，我国高等教育的人才培养模式面临新的机遇和挑战，人才培养模式应当更加适应我国经济社会发展新的历史时期的需要，适应我国全民创业的需要。人才培养模式创新的重要内容就是开展创业素质与技能的培养，为全民创业、成功创业奠定有效、实用的知识和技能基础。

景俊海

2009 年 6 月于西安

前言

“21 世纪的劳动者”应是最全面发展的人，应是对新思想和新机遇最开放的人。国际教育界认为：未来的人都应该掌握三本“教育护照”，一本是学术性的，一本是职业性的，第三本是证明一个人的事业心和开拓能力的。1995 年联合国教科文组织发表的《关于高等教育的变革与发展》指出创业教育的两方面内容：“求职”和“创造新的就业岗位”。1998 年巴黎首届世界高等教育会议上，联合国教科文组织发表的《21 世纪的高等教育：展望与行动世界宣言》提出：“培养学生的创业技能，应成为高等教育主要关心的问题”，发表的《高等教育改革和发展的优先行动框架》强调：“高等教育必须将创业技能和创业精神作为基本目标，以使高校毕业生不仅仅是求职者，而首先是工作岗位的创造者”。

关于创业教育的定义并不统一。联合国教科文组织认为，“从广义上来说，是指培养具有开创性的个人，它对于拿薪水的人同样重要，因为用人机构或个人除了要求受雇者在事业上有所成就外，也越来越重视受雇者的首创、冒险精神，创业和独立工作能力以及技术、社交、管理技能。”柯林·博尔将创业教育总结为：创业教育是指通过开发和提高学生创业基本素质和创业能力的教育，使学生具备从事创业实践活动所必需的知识、能力及心理品质，是未来的人应掌握的“第三本教育护照”。《牛津高阶双解词典》给出的解释为：第一，进行从事事业、企业、商业等规划活动过程的教育；第二，进行事业心、进取心、探索精神、冒险精神等心理品质的教育。

创业教育又称为企业家教育或自我雇佣式教育，是一种培养和提高人的生存能力的教育，是在失业问题日益严峻的社会经济背景下人们对传统“就业教育”内涵的拓展与功能的延伸。在创业型经济蓬勃发展的今天，世界上许多国家、特别是发达国家越来越重视高等学校的创业教育，取得了许多宝贵的经验，值得我们认真研究和学习。

为了适应我国高等教育人才培养模式的创新，培养具有创业素质、知识和技能的人才，我们组织编写了这套《创业教育系列丛书》。这套丛书把技术创业作为研究主题，专门为技术创业者提供创业知识和技能服务，具有以下特点：

(1) 内容涉及创业素质与创业技能培养的主要问题。丛书的各分册全面、系统地介绍了创业者基本素质与创业战略的选择、创业的投融资与理财、技术创业项目的评价方法与技术、市场营销与市场调查技术、商务谈判与推销技术、知识产权理论与实务、创业组织的设计与团队建设等。这些分册均涉及创业管理的基本问题，可以为创业知识的学习者提供全面的知识、技能支持。

(2) 以实用性为主。这套丛书的内容实用性强，文字深入浅出，生动活泼，通俗易懂，具有广泛的适应面。

(3) 编写者均长期从事经济学、管理学领域相关专业的教学与科研工作，具有较高的专业造诣。同时，他们又长期关注我国的创业现实，关注和考察了大量的企业创业实践，都具有较丰富的研究积累和实践经验，使得该丛书更具现实性、应用性价值。

(4) 在体例设计上体现了新的写作风格。在编写中，各章均按照重点提示、阅读资料、基本原理与方法、讨论与复习题、案例分析的顺序进行设计，方便读者带着思考学习，在案例中去掌握基本知识和技能。

这套丛书的出版得到了多方的关注与支持，首先要特别感谢陕西省副省长、博士生导师景俊海教授在百忙之中为本套丛书作序；其次，感谢国家教育部批准的“电子信息类大学生创业人才培养创新试验区”项目给予本套丛书的支持；再次，感谢西安电子科技大学出版社为本套丛书的出版与发行付出的辛勤劳动；最后，感谢所有参与本套丛书写作、整理的老师和学生。

本书适合本科生、研究生和社会各方面准备创业及正在创业的人士阅读，可以作为高等学校、创业培训机构的教材或者参考用书。

由于水平有限，本套丛书一定还存在许多不完善之处，敬请广大读者多提宝贵意见。

丛书编委会

2009 年 6 月

目　录

第 1 章　商务谈判概论

重 点 提 示

- ☐ 谈判的内涵、特点、构成要素与过程
- ☐ 商务谈判的性质、特征与原则
- ☐ 商务谈判对创业企业的作用
- ☐ 工程承包谈判、技术交易谈判、产品交易谈判、租赁业务谈判、资金谈判
- ☐ 商务谈判的理论
- ☐ 商务谈判的成功模式

阅读资料

一家从事家电业的跨国公司，20 世纪 70 年代末，是一家濒于倒闭的家族企业，之所以迅速成长为世界级的大企业，其诀窍就在于它采取了巧妙的谈判策略，从而实现其伟大的抱负。当年企业高层接管时定下的远景目标为：迅速建立起一家由世界一流要素组合而成的企业。然而，一家经营不善、中等规模的企业，要在短期内实现这一宏伟目标似乎非常不切实际，管理层却坚定地拿着做全球最好的家电企业的商业计划书开始了谈判之旅。他们先与当时世界上最好的意大利产品设计公司洽谈，提出以换股的方式实现两家企业的合并，在与两家公司的谈判失败后，第三家公司终于被说服了，合资成功。随后的谈判就顺利了许多，新公司接下来与世界最好的英国销售公司合并，再与世界最好的法国外观设计公司成功合并，与世界最好的德国机械加工企业合资……每一次兼并都只保留被收购公司最强的核心业务，剔除重复和外围的业务。以后的发展变得势不可挡，对于这家拥有世

界一流水平的家用电器公司提出的兼并要求，很少有企业能够拒绝，只能接受股份或者被击败。

(资料来源：http://tieba.baidu.com/f?kz=498726190)

人类的社会活动千姿百态、多种多样，而谈判是人类的一种比较广泛的社会活动。它存在于我们的政治活动、科技活动、经济活动，甚至家庭活动中，可以这样认为，只要有人类的社会交往，就会有关系与利益协调的必要，谈判则是协调关系与利益的重要手段和途径。商务谈判要取得成功，具备一定的谈判知识和技能十分重要。通过学习与实践，习得谈判知识和技能，增强谈判能力，使我们的商务谈判事半功倍，这对创业企业来讲更为重要。前美国总统克林顿的首席谈判顾问、白宫高参、世界第一谈判大师、美国谈判协会首席谈判专家罗杰·道森的理念是："全世界最快的赚钱速度就是谈判，谈判省下的钱都是实实在在的纯利润。"

1.1 谈 判

利益是多方面的，社会活动是多样的，谈判活动也是多种多样，有政治谈判、军事谈判、经济谈判、技术谈判、劳资谈判等。尽管各类谈判的主客体、议题、方式方法、策略手段存在差异，但是也有共同的规律可以遵循。本节通过介绍谈判的一般性知识，使读者了解谈判，进而能更好地掌握商务谈判的理论与技巧。

1.1.1 谈判的内涵及特点

1. 谈判的内涵

谈判的英文为Negotiations，谈判有广义与狭义之分。广义的谈判是指既包括正式场合下也包括非正式场合下的一切协商、交涉、商量、磋商等谈判活动。狭义的谈判仅仅是指正式场合下的谈判。我们所讲的谈判即是指正式场合下的谈判。何谓"谈判"呢？

美国著名谈判专家尼伦伯格认为："谈判是人们为了改变相互关系而交换意见，为了取得一致而相互磋商的一种行为。"

美国法学教授罗杰·费希尔和谈判专家威廉·尤瑞在合著的《谈判技巧》一书中把谈判定义为："谈判是为达成某种协议而进行的交往。"

美国谈判专家威恩·巴罗认为："谈判是一种在双方都致力于说服对方接受其要求时所运用的一种交换意见的技能，其最终目的就是要达成一项对双方都有利的协议。"

在上述阐释中，都包含了以下几层含义：

(1) 谈判是建立在人对某种利益满足需要的基础上，以此为动机而进行的谈判。尼伦伯格指出：“当人们想交换意见、改变关系或寻求同意时，人们开始谈判。”通过谈判来满足人们交换意见、改变关系、寻求同意的需要。这些需要既包括对物质方面的、精神方面的需要，也包括组织的、个人的需要。当需要无法通过自发调节而使各方得到满足时，就要通过谈判来实现。

(2) 谈判是两方以上的社会交际活动，参与主体必须是两方以上，只有一方的参与是不能进行谈判活动的。

(3) 谈判是人们寻求和改善社会关系的沟通行为。人类的所有活动都是在一定的社会环境中进行的，逐渐建立起社会关系网络，汇集社会资源，以便能够得到持续的发展。

(4) 谈判是一种协调行为的过程。在利益的分配中，由于各方的立场、观点、思维方式的不同，会出现认识差异、纠纷、矛盾，从而导致各方的需要不能同时得到满足。通过谈判寻求共同的认识，解决纠纷与矛盾，协调各方的利益需求，这需要一定的时间，也需要有一个过程，而且还会反复多次。

(5) 任何谈判都需要选择合适的时间和地点。谈判时间与地点的选择是谈判活动的重要组成部分，会直接影响谈判的进行和结果。一般性的谈判虽然对时间与地点的选择没有什么特殊的要求，但在企业之间、团体之间乃至国家之间进行的谈判对时间与地点的选择是很讲究的。例如，技术贸易谈判、购销谈判、项目谈判、融资谈判等都非常看重对时间和地点的选择，军事谈判更注重对地点的选择。

综上所述，谈判是指双方或多方之间通过相互沟通与协商寻求对某一重大问题的解决办法，或者是通过商讨获得对某事达到某种程度的一致看法的行为和过程。其中既有沟通合作，也有妥协让步。

2. 谈判的特点

谈判活动表现出的特点体现在以下几个方面：

(1) 谈判是获取与让步的统一。谈判是双方或多方之间的利益分配，每一方都想实现利益最大化，每一方都是怀着最高的利益目标和最低的利益界限进入谈判。于是，磋商、协议的过程便是一个讨价还价的过程，通过妥协、让步，最终达成协议，以各方获得可以接受的利益结束谈判。

(2) 谈判是合作与冲突的统一。谈判具有合作性，因为谈判协议的达成是以各方获得利益为前提的，是对各方都有利的。只有本着让利、合作的态度进行谈判，才可使谈判获得成功。

谈判具有冲突性，因为谈判各方都希望获得尽可能多的利益，意见或观点的不一致体现了谈判双方或各方的利益冲突。所以，谈判中才会有积极的讨价还价来化解矛盾与冲突。

(3) 谈判有一定的利益界限。对于谈判各方来讲，谈判都有一定的利益界限，也就是说可接受的底线。谈判中要了解或摸清对方的利益底线，在满足对方利益底线的基础上进行讨价还价，既可以为己方挣得利益，又可以使对方放弃过高的要求，实现合作。

(4) 谈判是科学与艺术的统一。谈判是人与人之间的实力较量，也是心理战。在谈判中既要讲究科学，又要讲究艺术。科学性体现为在谈判中要依据理论知识、遵循一定的谈判规律、规则、原理，科学理性地分析问题，制定有效的方案和对策。例如，在技术贸易谈判中，必须对交易的范围、方式、支付方式、效益评价的问题以科学的态度进行分析和讨论。另外，由于谈判人员的素质能力、经验、心理状态、感情等方面富于变化，加之谈判人员的临场发挥和对谈判过程的控制策略的多变，使谈判具有某种难以预测和把握的特性。因此，艺术性要求在不确定和多变的环境条件下，谈判人员能够灵活多变地应对具体场合下发生的事情。“科学”可以使我们在谈判中正确地做事，“艺术”则可以使我们在谈判中把事情做得更好。

1.1.2　谈判的基本构成要素

谈判作为一种协调彼此关系的沟通交际活动，它是一个有机联系的整体，必须具备一些基本构成要素。

一般地说，谈判由四个基本要素所构成，包括谈判主体、谈判议题、谈判的行为与方式和谈判约束条件。

1．谈判主体

所谓谈判主体，就是指直接参加谈判活动的双方人员。谈判活动归根到底是谈判人员为各自需要而进行的一场语言心理战，这对参与谈判活动的人员提出了很高的素质要求，不仅要有一定的专业知识、谈判技巧，还要有极强的沟通能力、承受心理压力的能力。古今中外，成功的谈判不胜枚举，失败的谈判也数不胜数。无论成功还是失败的谈判都与谈判人员的素质有着密切的关系。在现代社会生活中，为了实现成功圆满的谈判，谈判人员应当具备多方面的良好素质与修养，比如，充满自信，刚毅果断，有理有节，精明机智，豁达大度，深谙专业，知识广博，能言善辩等。

2．谈判议题

所谓谈判议题，就是指在谈判中双方所要协商解决的问题，问题既可以是立场观点方面的，也可以是基本利益方面的，还可以是行为方面的。这些问题构成了谈判的内容，也可称之为谈判客体。谈判议题通常包括对人、财、物、时间、信息等资源利用中的价格、数量和质量的协商与决策。

一个问题要成为谈判议题，大致上需要具备如下条件：

(1) 共同性，亦即这一问题是双方共同关心并希望得到解决的。如果不具备这一点，就构不成谈判议题。

(2) 可谈性，也就是说谈判的时机要成熟。没有良好的时机，谈了也不会有结果。

(3) 谈判议题必然涉及双方或多方的利益关系，不涉及双方利益的谈判是毫无意义的谈判。

3．谈判的行为与方式

谈判行为是指实际的谈判活动的开展。如果谈判主体只将谈判的意图停留于概念中，而不付诸于实际行动，谈判则不复存在，意图不能贯彻，目标不能实现。在实际的谈判活动中，为了实现谈判的目的，谈判人员会采用不同的谈判方式。谈判方式是指谈判人员之间对解决谈判议题所持的态度或方法。谈判的方式可从不同角度进行分类。

(1) 从心理倾向角度，谈判方式可分为常规式、利导式、迂回式、冲激式。

- 常规式：在交往中形成的各方默认的规则，沿袭下来并经常实行，多用于固定客户之间的交易谈判。
- 利导式：也称因势利导，通常使用将计就计、投其所好的谋略引导谈判。
- 迂回式：避开直接作用对方，而是利用某些外在条件间接地作用于对方。
- 冲激式：引发合理冲突，使用强硬手段给对方施加压力。

(2) 从谈判者所取的策略、态度角度，谈判方式可分软弱型、强硬型和软硬兼施型三种。

- 软弱的谈判者希望避免冲突，随时准备妥协让步以达成协议。
- 强硬的谈判者对己方提出的每一项条件都坚守不让，他们采取寸利必争的策略，以获得最大利益的满足。
- 软硬兼施的谈判方式也可以看作是“原则谈判法”，它是根据价值来达成协议的，根据公平的标准来做决定，采取灵活变通的方法，以寻求谈判双方各得其利、均有所益的最佳方案。正因为如此，现代谈判学认为，原则谈判法是一种理想的、广泛适用的谈判策略。

4．谈判约束条件

谈判活动的顺利开展，除了受上述三个方面的要素影响外，还要考虑其他一些因素对谈判的影响。有的学者把这些因素称之为谈判约束条件。谈判约束条件归纳起来有如下几个方面：

(1) 谈判的组织形式。即是个人之间的谈判，还是小组之间的谈判？谈判的参加者是两方，还是多于两方？谈判的目的、议题、策略以及利益相关者等因素会决定谈判双方对组织形式的选择，也会决定谈判人员所扮演的角色，从而影响谈判的结果。

(2) 组织内部目标一致性。即某一方的谈判组织内部意见是否一致？谈判一方组织内部意见一致，在谈判中力量集中，能够给对方较大的压力，使对方在谈判中没有漏洞可钻，容易使对方妥协。

(3) 谈判代表者权限。作为谈判的代表人物，所拥有权限究竟有多大？谈判的最终协议是否需要批准？是否还有与谈判议题相关联的问题？谈判代表人物如果有足够的权限，可以迅速做出决策，加快谈判的进程。在谈判中，往往相关利益者会委托其他人员代表组织或个人同对方进行谈判。一方面可能是策略的需要而选择代理者，另一个方面可能是由于自身对专业知识和谈判技能的匮乏而选择代理者，委托者作为利益的最终受益者，也是最终的决策者，他们赋予代理者一定的权限，权限的大小视具体情况而定。

(4) 谈判时间。即谈判有没有时间上的限制？多数谈判者都希望谈判的时间越短越好，这样既可以节约成本，也有利于抓住战机。不过在谈判中，一方为了取得最大利益会采用时间拖延战术，造成对方付不起时间成本而匆忙决策。谈判中需要时间的限制，需要多长时间要看所采取的谈判战术。

(5) 谈判的性质。即是进行秘密谈判，还是公开谈判？这要视双方的需要及策略而定。从需要出发，双方都认为谈判需要秘密进行，那就会采用秘密谈判，反之亦然。从策略出发，如果采用秘密谈判能够取得好的效果，那就会采用秘密谈判，反之亦然。谈判性质决定了谈判的时间、地点、参与人员的选择。

这些因素都不同程度地影响、制约着谈判的进行，所以我们把这些约束条件也作为谈判活动的构成要素。这些因素是我们在从事谈判工作中必须认真考虑的内容。

1.1.3 谈判过程

谈判是一项复杂、困难、甚至是艰苦的活动，无论哪种类型的谈判都需要运用策略和技巧，需要经过反复的磋商和协调，因此谈判都需要有一个持续发展阶段，这阶段体现为谈判过程。由于谈判的类型和复杂程度不同，因而谈判持续的时间也有所不同，但不论时间长短，谈判过程都可以分为以下几个阶段：

1．准备阶段

准备阶段是谈判过程的初始阶段，是为真正进入谈判做好各项准备工作的阶段。准备阶段的工作包括确定谈判主题、明确谈判要点、挑选谈判人员、分析谈判对手、草拟谈判方案、制定谈判策略。准备工作就是对谈判项目进行可行性分析，一是分析我方参与谈判人员的素质、能力及整体实力；二是分析谈判对方人员的性格、习性、专长等特点，以及资信和实力。在此基础上，进行谈判方案和策略的制定。

2．正式谈判阶段

正式谈判阶段是指谈判各方整个面谈过程(见图 1-1)，是谈判过程中最重要的组成部分，可分为以下几个环节：

(1) 导入环节。通过谈判各方参与者的相互介绍、彼此寒暄，为谈判活动的开展创造一个良好的氛围。

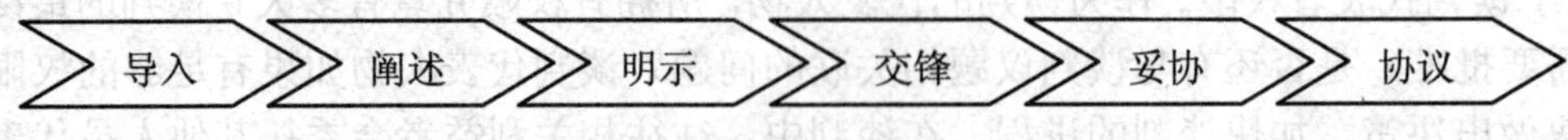

图 1-1 正式谈判阶段进程图

(2) 阐述环节。谈判各方相继阐述自己的基本想法，彼此明确双方的意图和目的。

(3) 明示环节。根据谈判各方表述的意见、存在的差异或疑问，谈判各方此时会进一步明确各自的利益、立场和观点。

(4) 交锋环节。谈判各方为了自己的利益所需，进入报价、讨价还价阶段，通过交锋、争论，逐渐确定各方妥协的范围。

(5) 妥协环节。经过交锋，各方寻求妥协途径，通过妥协让步来寻求一致，达成妥协。

(6) 协议环节。在这一阶段，谈判各方经过交锋和妥协，各方大体上取得一致意见，便签订协议。

这一阶段的工作效率会直接影响到谈判的成功与否，所以必须要做好这一阶段的各项工作，包括把握谈判内容、控制谈判进程，注重谈判效果。

3. 谈判结束阶段

谈判结束后，各方应就协商的内容再详细审查一遍，检查合同条款的有效性，各方的责任、义务是否明确，还要处理个别遗留问题。同时，建立各方的联系，立即着手执行协议。谈判结束后，还应对本次谈判工作进行总结，积累经验，指导今后的工作。

我们不仅要知道谈判过程需要经过几个步骤和环节，而且要管理好谈判过程，知道每一个步骤什么时候开展，内容是什么，目的是什么。

1985 年，美国彼得斯堡的一家美式足球俱乐部里，发生了一场很有意思的球员薪水谈判。 球员弗兰克的代理人正在和球队老板谈判。此前，弗兰克在该球队每年能够拿到 38.5 万美金。一开始，事情进展得非常顺利。代理人要求 1985 年弗兰克的年薪要达到 52.5 万美金，老板同意了；接着代理人要求这笔年薪必须被保证，老板也同意了；然后代理人要求 1986 年弗兰克的年薪要达到 62.5 万美金，老板思考后同意了；接着代理人要求这笔年薪也必须被保证，这下老板不干了，并且否定了之前谈妥的所有条件，谈判彻底崩溃。弗兰克最后到西雅图的一个球队，年薪只有 8.5 万美金。

在这个谈判过程中，哪里不对劲了呢？代理人显得太过贪婪，并且在一次谈判中不断更新自己的要求。而真正的关键在于，“谈判是一个战略性沟通的过程”。你必须很好地管理谈判过程。在任何一个谈判中，你都不能只关注所谈的内容，而忽略了谈判到达了什么地方。

1.2　商务谈判的性质与特征

商务谈判是商品经济的产物。在商品交换中，买方希望以较少的货币，获取较多的产品。而卖方则希望以同样的商品获取较多的货币。由于买卖双方有各自的需要、欲望及矛盾就产生了所谓的“商务谈判”。商务活动是人类社会生活中最常见的一种社会活动，只要有商品交换的存在，就会有商务活动，也就会进行商务谈判。商务谈判是指企业和企业之间在经济利益活动中，为了自身的经济利益和满足对方的需要，就商务往来关系，通过沟通、协商、妥协、合作、策略等各种方式，进行的谈判过程。它具有以下五个方面的性质：

(1) 利益性。商务谈判是围绕利益分配而开展的，谈判各方都是以谋取己方利益最大化为目的，进行沟通、交涉、磋商、协议，直至各方的利益需求得到满足。

(2) 平等性。商务谈判必须体现对价值规律、等价交换原则的遵守，谈判各方均是利益相关者，不论组织大小或实力强弱，在价值规律面前和相互关系上都是平等的，并且要相互尊重。

(3) 多样性。商务谈判是日常商务活动的组成部分，商务活动的多样性，使得谈判的形式、内容、方式、策略、手段也是多种多样的。不仅如此，谈判中涉及的利益相关人员是多种多样的，涉及的行业也是多方面的。

(4) 组织性。商务谈判，尤其是正规的或大型的商务谈判，都会采用正式谈判形式，各方必须由专家组成谈判小组，形成具有共识的谈判目标，经过细致的分工，角色的安排，各司其职，相互配合，使谈判取得好的结局。

(5) 约束性。商务谈判的内容和结果都会受到环境或约束条件的限制，如谈判的时间、方式、权限、目标的一致性等因素的限制。

商务谈判的性质表明，商务谈判与一般谈判具有某些共同的特征，也有其自身鲜明的特征：

第一，商务谈判以经济利益的分割为谈判目的。任何谈判都是围绕着利益问题而进行的，不过不同类型的谈判，关注的利益重点是不同的。外交谈判涉及的是国家利益，政治谈判关心的是政党、团体的根本利益，军事谈判主要是关系敌对双方的安全利益。虽然所有的谈判都不可避免地涉及经济利益，但是这些谈判关注的重点不一定都是经济利益。而商务谈判的利益重点是十分明确的，就是以获取经济利益为目的。在技术创业活动中，谈判者都比较注意所涉及的技术的成本、效率和效益。所以，人们通常以获取经济效益的好坏来评价一项商务谈判的成功与否。不讲求经济效益的商务谈判也就失去了谈判的价值和意义。

第二，商务谈判以确定价格为谈判的核心。商务谈判涉及的因素很多，谈判者的需求和利益表现在众多方面，为了利益而进行的交易谈判是商务谈判的重心，因而利益价值则几乎是所有商务谈判的核心内容。由于价格是价值的表现形式，最能直接地反映谈判双方的利益。在多数情况下，利益价值或多或少地折算为一定的价格，并通过价格升降而得到体现。需要注意的是，价格虽然重要，但却不是利益的惟一体现。在商务谈判中，一方面以价格为中心，坚持自己的利益，另一方面又不能仅仅局限于价格，还应该拓宽思路，争取其他利益，利用其他利益作为筹码，而不要局限于对价格无休止的争论中。

第三，商务谈判注重合同条款的严密性与准确性。商务谈判的结果是由各方签订协商一致的协议或合同来体现的。合同条款实质上反映了各方的权利和义务。合同条款的严密性与准确性是保障谈判获得各种利益的重要前提。谈判者在签订协议或合同时，特别要注意协议或合同条款的完整性、严密性、准确性、合法性，在条款的设计上不能有残缺，在措辞上不能有漏洞或破绽。否则，在协议或合同的执行过程中造成的损失将是无法弥补的。因此，在商务谈判中，谈判者不仅要重视口头上的承诺，更要重视合同条款的准确与严密。

1.3 商务谈判的原则与作用

1.3.1 商务谈判的原则

商务谈判是错综复杂的社会活动，尽管如此，人的理性又是可以对其规律进行探讨和总结。遵循商务谈判规律是取得商务谈判成功的前提和保障。

阅读资料

20 世纪 70 年代后期，可口可乐公司和百事可乐公司相继与印度政府进行谈判，欲到该国设厂，扩大其饮料生产和销售。谈判初期，为了保护本国饮料工业，印度政府拒绝了两大公司进入印度的要求。双方的谈判陷入僵局。但是可口可乐公司和百事可乐公司并未放弃，而是继续寻机与印度政府进行谈判。后来，印度政府提出：若要进入印度市场，就必须接受一些附加条件，诸如规定产品出口份额等。两大公司辗转全世界，当然不愿接受印度政府的附加条件，谈判再次陷入僵局。但是如果转身就走，两大公司就会给印度人民留下骄横专断、不可一世、不愿真心帮助印度富强的极坏印象。百事可乐公司认为“真正的金钱是形象”，因此一改高傲态度，抢在可口可乐公司前面向印度政府提出了三项保证，要求印度政府提供重新进入的机会。

(1) 百事可乐公司无论是在印度开设分厂，还是建立合资企业，都保证就地取材，每年按比例收购 11 万吨水果和蔬菜(其中 8 万吨用于饮料生产)、2.5 万吨土豆(用以加工成炸土豆片)、5000 吨粮食(用以加工成其他产品)。

(2) 百事可乐公司开设的分厂开业后，将全部雇佣印度当地的工人或农民。如允许工厂扩大规模，则相应增加劳动力的雇佣。

(3) 百事可乐公司在印度兴办的饮料和食品加工厂的 50%的产品将出口外销。

这一系列保证有利于印度农副产品的销售，并能增加印度的就业机会，提高印度职工的技术水平和管理能力，而且在一定程度上保护了印度国内市场，从而满足经济相当落后、刚开始实行开放、困难重重的印度政府的需求和欲望。百事可乐公司转变形象的努力获得了成功，印度政府正式批准百事可乐公司进入印度市场开设合资公司。

从表面上看，百事可乐公司让步太多。但是从深层次看，百事可乐公司从此不仅打入印度这个潜力大的饮料市场，而且能向印度输入自己的特有技术，利用印度的廉价劳动力和原料生产产品，向印度及其周边国家销售，并在印度人心目中建立起了一个慷慨无私、互利合作的世界性公司的形象，在与可口可乐公司的竞争中赢得了一个新的筹码，从而在印度饮料市场阵地上成为一个无与伦比的主动竞争者。

(资料来源：龚荒，杨雷. 商务谈判与推销技巧. 北京：清华大学出版社，北京交通大学出版社，2006)

百事可乐公司谈判的成功在于它坚守了谈判中的一些重要原则。事实上，商务谈判是一种原则性极强的活动。在现代市场经济条件下，进行商务谈判应遵循以下六个原则。

1. 合作原则

商务谈判是各方为了达成某种经济利益分配的协议而进行的沟通协调活动，因而谈判各方不是对手、敌手，而是商务活动中的朋友或合作者。只有在合作原则的指导下，才能寻找到合作的共同途径，消除合作的各种障碍，使商务活动能顺利进行。美国谈判专家费雪·尤瑞明指出："每位谈判者都有两种利益：实质的利益和关系的利益。"谈判各方只有合作共识、互惠互利，才会使谈判各方既能得到实质的利益，又能获得关系的利益。如何坚持合作原则呢？

(1) 着眼于谈判各方的实际利益，创造更多的合作机会，发展可持续的商务往来关系。商务交往都是互惠互利的，如果各方都能够充分认识这一点，就能够极大地增加合作的可能性。采取合作的态度，就会大大增加各方的谅解与信任，这是谈判成功的基础。

(2) 坚持坦诚的态度。坦诚包括坦率与诚挚，坦率是指光明正大、动机纯正、诚信诚意。坦诚既是做人的标准，也是谈判活动的准则。谈判各方人员之间的相互坦诚会决定谈判的发展前景，如果双方没有坦诚，就不会取得好的谈判效果。中国有句古话："精诚所至，金石为开"，谈判只有做到坦诚相待、真诚守信，才能消除对方的心理障碍，化解疑惑，才能取得相互的理解、信赖与合作。但坚持坦诚的态度，并不排斥谈判策略与技巧的运用，而是要求谈判各方在基本的出发点上要诚挚可信，讲究信誉，言必信，行必果，要在人格上取得对方的信赖。坚持坦诚的态度还要求在谈判时，观察对手的谈判诚意和信用程度，以避免不必要的损失。

(3) 做到实事求是。实事求是就是谈判各方在提出自己的要求和条件时尽可能符合客观实际，要充分评价自身条件的切实可能性。同时，本着公平合理的态度去评价对方的要求和立场。坚持实事求是，并不排斥讨价还价战术的运用，但又不是瞒天过海、漫天要价，还要让对方觉得合情合理，具有客观性，否则双方很难做到精诚合作。

2．平等自愿原则

商务谈判的平等是指在商务谈判中，无论各方的经济实力强弱，组织规模大小，其地位都是平等的。因此，平等原则要求商务谈判的各方坚持在地位平等，自愿合作的条件下建立合作关系，并通过平等协商、公平交易来实现双方的权利和义务。在谈判桌前无论谈判各方企业的大小、强弱、效益如何，都没有高低贵贱之分，相互之间都要平等对待。平等是商务谈判的重要基础，平等是衡量商务谈判成功的最基本标准。就这一点而言，商务谈判比外交谈判具有更高的平等性。具体表现在：

(1) 在商务谈判中，各当事人对于交易项目及其交易条件都拥有同样的选择权。协议的达成只能通过双方或多方的平等对话，协商一致，不能一方说了算，或者少数服从多数。

(2) 从合作项目的角度看，合作的双方或各方都具有一定的“否决权”。这种“否决权”具有同质性，因为任何一方不同意合作，那么交易就无法达成。这种“否决权”在客观上赋予了谈判各方相对平等的地位。

商务谈判中的自愿是指具有独立行为能力的交易各方出于自身利益目标的追求，能够按着自己的意愿来进行谈判，并做出决定，而非外界的压力或他人的驱使来参加谈判。并且，任何一方都可以在任何时候退出或拒绝谈判。自愿是商务谈判各方进行合作的重要前提和保证。只有自愿，谈判各方才会有合作的诚意，才会进行平等的竞争，才会互谅互让，做出某些让步，通过互惠互利最终达成协议，取得令各方都满意的结果。贯彻平等自愿原则，要求谈判各方相互尊重，以礼相待，不可把己方的意志强加与人。只有坚持平等自愿原则，商务谈判才能在互信合作的气氛中顺利进行，才能实现各方的谈判目标。

3．双赢或多赢原则

双赢或多赢是现代经济社会发展中的新趋势。在现代市场经济条件下，社会经济活动既要有分工，也要有协调，既要有竞争，也要有合作。分工协调、竞争合作的目的就是要实现利益的合理分配，实现双赢或多赢，而不是谁完全的战胜谁，利益独占。双赢或多赢原则是商务谈判中互惠互利理念的贯彻与体现，要求谈判双方或各方在利益上不仅考虑己方利益，也要考虑对方需要，为对方着想，与之互通有无，最终实现等价交换，使双方或各方都能得到满足。

商务谈判中要实现双赢或多赢，就要避免在立场上讨价还价。立场上讨价还价会造成诸多的损失和危害：由于各不相让会使谈判破裂，阻碍谈判进行；某方做出巨大牺牲，或又提出新的要求，达成不明智的协议；会破坏谈判的和谐气氛。所以，谈判双方或各方要充分考虑对方的利益诉求，要给对方留有生存和发展的机会和空间。

4．合法原则

无论是个人还是企业组织从事经济活动的目的就是盈利，但是营利行为必须在法律框架允许的范围内进行，也就是必须合法，所以商务谈判必须坚持合法的原则。合法原则是指在商务谈判及合同签订的过程中，必须遵守国家的法律和政策，对外商务谈判还应当遵循国际法则及尊重对方国家的相关法律。

商务谈判中的合法原则具体体现在以下三个方面：一是谈判主体合法，即谈判参与的各方组织及其谈判人员具有合法的资格；二是谈判议题合法，即谈判所要磋商的交易项目具有合法性，对于法律不允许的行为如买卖毒品、贩卖人口、走私货物等，其谈判显然是违法的；三是谈判手段合法，即应通过公正、公平、公开的手段达到谈判目的，而不能采用某些不正当的，如行贿受贿、暴力威胁等手段来达到谈判目的。总之，在商务谈判中只有遵循遵守法律原则，谈判及其协议才具有法律效力，当事各方的权益才能受到法律的保护，也才能够实现个人或组织合法盈利的目的。

5．效益原则

效益原则是指在商务谈判过程中，既要提高谈判效率，降低谈判成本，又要追求谈判目标，满足利益需要。商务谈判一定要坚持效益原则，这是商务谈判的首要和根本的任务。谈判者必须具有较强的效益意识，在谈判中明示己方利益，本着友好协商的态度，据理力争，获得满意的收益。商务谈判还必须提高谈判效率，注意降低谈判成本，对谈判的时间进程、谈判方式的选择进行有效控制。坚持效益原则还要求谈判者具有整体的、长远的利益观念，注重局部利益与整体利益的统一、短期利益与长远利益的统一。

6．灵活变通原则

灵活变通原则是指谈判者在确定己方最低利益目标的基础上，为了达成谈判协议而采用多种途径、多种方法，灵活处理谈判中存在的矛盾、发生的冲突。由于受多种条件的约束，因而商务谈判具有很强的随机性。所以，只有在谈判中随机应变，灵活应对，加以变通，才能提高谈判成功的概率。这就要求谈判者具有全局、长远的眼光，敏捷的思维，灵活的运筹，能够求同存异，努力寻找利益的共同点。例如，产品的交易谈判往往是在价格、交货期方面存在争议，但成交是双方的共同愿望，双方对产品质量、性能的满意也会使双方产生长期合作的打算，这些共同点可使谈判者灵活地调和双方的分歧，使不同的利益变为共同的利益，促使谈判取得成功。

1.3.2 商务谈判在创业企业中的作用

在创业活动中，创业者会通过商务谈判得到足够的创业资源，获得创业的成功。商务谈判对创业的作用表现在以下几个方面。

1．商务谈判是创业企业获得创业资源的重要途径

创业资源包括要素资源(场地、资金、管理、科技等)和环境资源(政策、信息、品牌等)，创业企业的经营和持续发展需要足够的资源给予支持，但往往创业企业资源匮乏，成为发展成长的“瓶颈”。创业企业为获取资源的支持，需要与资源的拥有者或供给者按照经济规律和商务法则进行协商，获得所需资源。

2．商务谈判是创业企业开拓市场的重要力量

创业企业的成功发展需要市场份额的支持。无论是取得新业务订单，还是进行新产品推销，都需要创业企业去沟通商谈。企业凭借强大的谈判攻势、谈判策略技巧、谈判沟通能力，通过谈判树立企业品牌和形象，结交社会关系并形成网络资源，打开市场局面，推动业务活动的开展和产品的销售。

3．商务谈判是创业企业实现经济目标的重要手段

盈利不是企业的惟一目标，但却是企业的重要目标。创业企业不仅具有独立性，而且也有社会性，创业企业的生存与发展是在社会环境中实现的。创业企业的经济利益是整个社会经济利益中的一部分，要获得这部分利益，就必须与社会交往，参与分配。商务谈判是企业间、企业与其他组织间利益分配的重要手段。

4．商务谈判是促进创业企业持续发展的推动力

创业企业的发展会经历初创期、成长期、成熟期、衰退期这么一个生命周期。创业企业的持续发展就是企业不仅要经历初次创业，还要经历二次创业、三次创业……，企业的生命才能得到延续，事业得到发展。商务谈判在创业企业的发展中，无论是获取资源、开拓市场，还是赢得经济利益，始终要发挥它应有的作用，成为创业企业持续发展的推动力。

1.3.3　商务谈判的三步骤

商务谈判过程也必须要经过准备阶段、正式谈判阶段和谈判结束阶段，但商务谈判在正式谈判阶段非常鲜明的体现为申明价值、创造价值和克服障碍三个环节。

1．申明价值

在正式谈判的初始阶段，谈判双方彼此应充分沟通各自的利益需要，申明能够满足对方需要的方法与优势所在。此阶段的关键步骤是弄清对方的真正需求，因此其主要的技巧就是多向对方提出问题，探询对方的实际需要；与此同时也要根据情况申明我方的利益所在。因为你了解了对方的真正的实际需求，才能够知道如何满足对方的需求；同时对方知道了你的利益所在，才能满足你的需求。

2．创造价值

这是正式谈判的中级阶段，双方彼此沟通，申明了各自的利益所在，了解了对方的实际需要。但是，以此达成的协议并不一定对双方都是利益最大化。也就是说，利益在此往往不能有效地达到平衡。即使达到了平衡，此协议也可能并不是最佳方案。因此，谈判中各方需要想方设法去寻求更佳的方案，为谈判双方找到最大的利益，这一步骤就是创造价值。创造价值的阶段，往往是商务谈判最容易忽略的阶段。

3. 克服障碍

这是正式谈判的攻坚阶段。谈判的障碍一般来自于两个方面：一个是谈判双方彼此利益存在冲突；另一个是谈判者自身在决策程序上存在障碍。前一种障碍需要双方按照公平合理的客观原则来协调利益；后者就需要谈判无障碍的一方主动去帮助另一方顺利决策。

阅读资料

分橙子的谈判

这是一个在谈判界广为流传的经典小故事。

有一个妈妈把一个橙子给两个孩子。不管从哪里下刀，两个孩子都觉得不公平。两个人吵来吵去，最终达成了一致意见：由一个孩子负责切橙子，另一个孩子选橙子。结果，这两个孩子按照商定的办法各自取得了一半橙子，高高兴兴地拿回家去了。

第一个孩子把半个橙子拿到家，将皮剥掉扔进了垃圾桶，将果肉用果汁机榨成果汁喝。另一个孩子回到家后把果肉挖掉，扔进了垃圾桶，并把橙子皮留下来磨碎了，混在面粉里烤蛋糕吃。

从上面的情形可以看出，虽然两个孩子各自拿到了看似公平的一半，然而，他们各自得到的东西却未物尽其用。这说明，他们在事先并未做好沟通，也就是两个孩子并没有申明各自利益所在。没有事先申明价值导致了双方盲目追求形式上和立场上的公平，结果，双方各自的利益并未在谈判中达到最大化。

我们试想，如果两个孩子充分交流各自所需，或许会有多个方案和情况出现。可能的一种情况就是，遵循上述情形，两个孩子想办法将果皮和果肉分开，一个拿到果肉去喝汁，另一个拿果皮去做烤蛋糕。然而，也可能经过沟通后是另一种情形，恰恰有一个孩子既想要果皮做蛋糕，又想喝橙子汁。这时，如何能创造价值就非常重要了。

结果，想要整个橙子的孩子提议可以将其他的问题拿出来一块谈。他说："如果把这个橙子全给我，你上次欠我的棒棒糖就不用还了"。其实，他的牙齿被虫蛀得一塌糊涂，父母上星期就不让他吃糖了。

另一个孩子想了想，很快就答应了。他刚刚从父母那儿要了五块钱，准备买糖还债。这次他可以用这五块钱去打游戏，才不在乎这酸溜溜的橙子汁呢。

两个孩子的谈判思考过程实际上就是不断沟通，创造价值的过程。双方都在寻求对自己最大利益的方案的同时，也满足对方的最大利益的需要。

(资料来源：龚荒，杨雷. 商务谈判与推销技巧. 北京：清华大学出版社，北京交通大学出版社，2006)

商务谈判的过程实际上也是一样。好的谈判者并不是一味固守立场，追求寸步不让，而是要与对方充分交流，从双方的最大利益出发，创造各种解决方案，用相对较小的让步来换得最大的利益，而对方也是遵循相同的原则来取得交换条件。在满足双方最大利益的基础上，如果还存在达成协议的障碍，那么就不妨站在对方的立场上，替对方着想，帮助扫清达成协议的一切障碍。这样，最终的协议就不难达成了。

1.4　商务谈判的类型

商务谈判是企业经营管理中的重要内容，具有很强实践性。在长期的经营实践活动中，总结了多种类型的商务谈判，可以从不同角度进行划分归类。

按目标分类，商务谈判包括：不求结果的谈判、意向书与协议书的谈判、准合同与合同的谈判、索赔谈判。

按交易地位分类，商务谈判包括：买方地位的谈判、卖方地位的谈判、代理地位的谈判、合作者地位的谈判。

按所属部门分类，商务谈判包括：民间谈判、官方谈判、半官半民的谈判。

按谈判地点分类，商务谈判包括：客座谈判、主座谈判、客主座轮流谈判。

按谈判方式分类，商务谈判包括：纵向谈判、横向谈判。

按谈判参与人数分类，商务谈判包括：一对一谈判、小组谈判。

按谈判沟通方式分类，商务谈判包括：口头谈判、网络虚拟谈判、书面谈判。

按谈判态度与方法分类，商务谈判包括：硬式谈判、软式谈判、原则式谈判。

按谈判内容分类，商务谈判包括：工程承包谈判、技术贸易谈判、产品购销谈判、租赁业务谈判、资金谈判。

无论哪种类型的商务谈判，都必须要围绕谈判的议题即谈判的内容展开，为此本书从企业经营管理的角度，就商务谈判内容划分的谈判类型进行介绍。

1.4.1　工程承包谈判

工程承包是指一个工程建筑企业(称为承包人)，通过国际通行的投标或接受委托等方式，与兴办一项工程项目的另一个厂商企业或个人(称为发包人或业主)签订合同或协议，以提供工程建设中所需的技术、劳务、设备、材料等要素，负责承担合同所规定的工程设计、建造和机械设备安装等任务，并按合同规定的价格和支付条款，向发包人收取费用，获得应得的利润。

工程承包分总包和分包。总包是指一个承包主体将一个工程项目全部承包下来，分包是指总承包人获得一个工程项目的承包权后，将其中的一部分工程转包给第三者，第三者承包的部分即为分包。在工程承包业务中，如果当事人分属于不同的国家时，就称为国际工程承包。

工程承包是一种综合性的交易活动，它涉及到工程建设所有的方面和要素，因此具有以下一些特点：

(1) 工程承包中交易内容和程序复杂。由于工程承包涉及的面广、要素多，因而交易内容和程序较为复杂，从技术、经济和法律层面上看，都有比较严格的要求。在工程技术上要掌握包括勘探、设计、建筑、施工、设备制造和安装、操作使用、生产等方面的知识与要求；在经济上要懂得包括商品交易、资金信贷、技术转让，以及招标与投标、项目管理等方面的程序与要求；在法律上必须严格按照法律规定操作执行，如果是国际工程承包，既要考虑国际惯例，又要熟悉东道国法律、法规、税收等。此外，派出人员还必须了解东道国的风俗习惯。只有具备了这几方面的条件，才能够顺利签订平等互利的承包合同。

(2) 工程承包需要承担较大的风险。一个工程项目的完成需要的时间短则几个月，长则几年，涉及的金额相对来说也较多。在工程建设中，政治、经济、技术、国际事务的变化都会影响到工程的开展与完成，工程承包者需要承担较大的风险，因此需要审慎而行。

(3) 国际承包工程市场的竞争十分激烈。由于承包工程金额大、收益高，因此许多国家的公司在政府的支持下积极参加国际承包工程市场的竞争，从技术、服务、价格等方面展现优势来承揽国际业务，有些国家通过与别国建立联盟的方式，把各自的优势结合在一起，以增强在国际承包工程市场上的竞争力。

工程承包方式有两种，一种是委托，发包人直接寻找一家承包企业或公司经过磋商达成一致意见后，签订合同。委托有三种类型：政府间委托、政府直接委托给国内外承包企业、个人委托承包企业。另一种是招标，发包人通过发标，吸引多家承包企业或公司进行竞争投标，由发标人选择一家合适的企业或公司来承包工程项目。工程承包谈判的内容包括：人工成本、材料成本、工程设计与调整、设备保证书、价格变动、进度报告、保险责任范围、工程留置权、承包公司的服务范围等。

在工程承包中，需要注意的是买方与卖方的关系、总包与分包的关系在合同中都应有明确的规定，卖方人必须具有法人地位。合同一旦签订就具有法律效力，受到各方国家法律的保护，签约方必须依据合同履行自己的义务，若违反合同，必将承担经济责任与法律责任。

1.4.2 技术贸易谈判

技术贸易是指拥有技术的一方通过贸易方式，将技术的有关权利有偿转让给另外一方的行为，显然技术贸易的对象是“技术”。技术是人们在实践活动中积累起来的知识和经验，它包括表层技术、深层技术和核心技术三个层次，可以通过知识化、经验技能化和物化形态加以体现。从法律保护的角度或技术公开程度的角度看，有公开的技术、半公开的技术和专有技术。确切的说，技术贸易的对象应该是智能化的技术，或者是以智能化技术为主，附带与之密切相关的物化技术。在实际的技术贸易活动中，通常是以专利或专有技术的形式出现，不可忽视的是，商标也是技术贸易的内容之一。

技术作为特殊的商品进行交易，与一般的商品交易相比有其独有的特点：

(1) 技术贸易的价格较难确定。对于“技术”的定价，不像一般商品的价格容易确定。因为一般商品价格的影响因素大多比较简单，成本的耗费相对容易计算，价格确定相对准确。而技术是一项较为复杂的劳动，准确衡量技术发明创造的成本是比较困难的，由于影响技术交易价格的因素具有较大不确定性，如技术人员的人力成本、技术使用权的多次转让、转让后技术使用所产生的经济效益等，使人们在交易中很难准确预测和把握技术交易的价格。

(2) 技术贸易中可以使技术所有权和使用权发生分离，从而造成多个买家同时使用同一种技术。一般的商品交易是商品的所有权和使用权同时买卖交易。但在技术交易中，可以只交易使用权，不交易所有权，卖方在出让使用权的同时，还拥有技术的所有权。可以将技术的使用权反复交易，技术所有者可以较好地实施控制，实现自身利益的最大化。因此，技术贸易实质上是技术使用权的交易。

(3) 技术贸易成功会使双方建立较长期的密切合作关系。一般商品的买卖完成了，交易也就结束了。但技术买卖完成后，交易并没有结束。卖方除了提供技术资料外，还要负责技术相关知识和经验的传授，使买方能够操作使用技术为生产服务。因此，签订技术贸易合同后，履行合同一般要经过提供技术资料、技术人员培训、设备安装调试、现场指导、考核验收以及后继服务等过程，这就需要技术贸易双方建立较长期的密切合作关系。

(4) 技术贸易通常是技术的部分交易。技术贸易双方往往是同行，卖方想通过转让技术获取收益，但又要抑制买方给自己带来威胁。这种既要合作又要竞争的关系，使得卖方一般转让的技术不是核心技术，也不是最先进的技术，或者在转让时可能附加某些不合理的限制性条款来约束对方。

技术贸易交易的方式很多，常见的有许可贸易方式、技术协作方式、合作生产方式、成套工程承包方式、管理合同方式、合资经营方式等。其中，最主要的是许可贸易方式。

许可贸易是技术交易双方通过签订许可合同，使技术购买方在一定条件下被同意或被许可分享技术卖方所拥有的技术使用权(包括专利使用权、专有技术使用权和商标使用权)、产品制造权和销售权，其类型有独占许可、排他许可、普通许可、可转售许可、交换许可。

● 独占许可。独占许可是指技术转让方给予技术引进方在规定地区有制造、使用和销售的独占权或垄断权，技术转让方及任何第三方都不能在这个规定的地区内使用、制造和销售该产品。

● 排他许可。排他许可是指技术转让方和技术引进方在规定的地区内都有使用、制造和销售的权利，但转让方不能将这种权利给予第三方。

● 普通许可。普通许可是指技术转让方给予技术引进方在规定地区有使用、制造和销售的权利，而技术转让方仍保留有自己或转让给第三方在这个地区内使用、制造和销售的权利。

● 可转售许可。可转售许可是指技术引进方有权将其所得到的权利以自己的名义再转售给第三方。

● 交换许可。交换许可是指技术贸易双方将各自拥有的专利技术或专有技术进行等价交换。

在技术贸易谈判中选择哪种类型的许可贸易，视谈判双方的需要来决定。

技术贸易谈判一般由两部分组成，即技术谈判和商务谈判。技术谈判是交易双方就技术和设备的名称、型号、规格、技术性能、质量保证、培训、试生产验收、技术改进与发展等问题进行商谈，买家了解卖家所转让的技术和设备是否符合自身需要。买家在确定符合需要后进入商务谈判，技术交易双方就价格、支付方式、销售、仲裁、索赔等问题进行磋商。通过谈判确定合理的价格、有效地转让方式，使交易能顺利进行。在技术交易中特别需要注意的是：商业秘密的保护、交易价格的确定和交易手续的规范。

1.4.3　产品交易谈判

产品是指经过劳动生产加工的，满足人们生产生活需要的，经过市场交易的有形物品，产品包括中间产品和终端产品。产品交易在企业经营活动中占有较大的比重，包括购进和销售两个环节。产品购进通常称为进货，是企业经营活动的起点，也是企业保证正常经营的重要一环。产品销售通常称为卖出，是商品流通的重要环节，也是企业经营的中心内容。产品种类繁多，用途广泛，性能各异，既有农副产品，又有工矿产品。不论产品有什么差异，产品交易谈判的内容都涉及到以下几个方面：

(1) 价格。在产品交易谈判中，价格是影响双方利益分配的重要因素。因此，有关价格条款的确定就成为产品交易谈判的核心内容。在一般情况下，卖方是按照行业售价的惯例提出产品售价。但买方应清楚，行业售价的惯例是用以保护销售者的。如果买方能在谈判中另辟蹊径，巧妙地运用策略技巧，往往可以获得十分优惠的价格让步。例如，在计算卖方的成本费用时，可以把运输包装费用作为突破口，如以每吨公里运价计算，常常会得到对方较大的让步。当然，价格的确定与许多因素有关，如交易的数量、质量、交货期限、合同期的长短等，双方在确定最终价格时，都会考虑这些因素。

(2) 质量。质量是产品具有使用价值的保证，高质量的产品往往在性能、寿命、适用性等方面强于一般的产品。交易双方在谈判中会十分关注产品质量，买方对原材料的使用和工艺加工的方法会提出要求。谈判中双方应明确所交易的产品的质量标准，检验质量标准的方法，以及达不到质量标准应负的责任和赔偿方式。

(3) 规格、型号。在产品交易中，规格、型号是反映产品的成分、含量、纯度、大小、长度、粗细等品质的技术指标，产品的品质特征不同，规格也有差异，规格、型号往往成为谈判条件。在谈判中应明确产品的规格、型号，避免因规格、型号不对路而造成损失。

(4) 付款方式的选择。就付款的时间来讲有预付款和最终付款。在产品交易中，付款方式的选择也很重要。预付款是指买方在订货时就预付给对方的款项，当产品制造完成并经买方检验合乎合同确定的标准时，买方可做最终付款。预付款的比例、最终付款的期限方式、支付期限延长的赔偿、提前支付的折扣、产品在制造加工期间的其他付款，都是双方协商的内容。就付款结算方式来讲分为现金结算和转账结算。现金结算即一手交货，一手交钱，直接用现金支付货款。转账结算是通过银行在双方账户上划拨的非现金结算。非现金结算的付款也会采用预付款和最终付款两种方式。预付款包括汇款、限额结算、信用证、支票结算等，最终付款包括异地托收承付、异地委托收款、同城收款。在产品交易中，货款的结算与支付是一个重要问题，直接关系到交易双方的利益，影响双方的生存与发展。在商务谈判中应注意货款结算支付的方式、期限、地点等条款。

(5) 数量。产品交易的数量是商务谈判的主要内容，成交数量的多少，不仅关系到卖方的销售计划和买方的采购计划的完成情况，而且与产品的价格有着密切关系。同一货币支付后所购买的商品数量越多，说明这种商品越便宜，因此商品交易的数量直接影响到交易双方的经济利益。

(6) 产品包装。在产品交易中，绝大多数商品都需要包装，以起到便于储运、方便消费和促销的作用，包装也是商品交易的重要内容。作为商务谈判者，为了使双方满意，必须精通包装材料、包装形式、装潢设计、运装标志等知识。

为了合理地选择商品包装和避免包装问题引起的纠纷，交易双方在磋商产品包装条款时应注意：

● 根据交易产品本身的特点明确其包装的种类、材料、规格、成本、技术和方法。产品经营包装有内销、出口、特种产品包装；商品流通包装有运输包装(外包装)、销售包装(内包装)。按包装内含商品数量多少划分，有单个包装、集合包装；按包装使用范围划分，有专用包装、通用包装；按包装材料划分，有纸制、塑料、金属、木制、玻璃、陶瓷、纤维、复合材料、其他材料包装等。不同的包装还有体积、容积、尺寸、重量的区别，这些都影响着产品贸易。

● 根据谈判对方或用户对同类产品在包装种类、材料、规格、装潢上的不同要求和特殊要求及不同时期的变化趋势进行磋商并认定。

(7) 商品的运输。在产品交易中，卖方向买方收取货款是以交付货物为条件的，所以运输方式、运输费用以及交货地点依然是商务谈判的重要内容。

● 运输方式。商品的运输方式是指将商品转移到目的地所采用的方法和形式。以运输工具进行划分，运输方式有公路运输、水路运输、铁路运输、航空运输和管道运输。以营运方式来划分，可分为自运、托运和联运等。选择合理的运输方式，应考虑以下因素：一是要根据商品的特点、运货量大小、装卸地点等方面的具体情况；二是要根据各种运输方式的特点，通过综合分析加以选择。

● 运输费用。运输费用的计算标准有：按货物重量计算、按货物体积计算、按货物件数计算、按商品价格计算等。另外，费用还会因为运输中的特殊原因增加其他附加费。谈判中双方对货物的重量、体积、件数、商品的贵重情况进行全盘考虑，合理规划。在可能的条件下改变商品的包装，缩小体积，科学堆放；选用合理的计算标准，论证并确定附加费用变动的合理性；明确双方交货条件，划清各自承担的费用范围和界限。

● 装运和交货的时间、地点。这些不仅直接影响买方能否按时收到货物，满足需求或投放市场，回收资金，还会因交货时空的变动引起价格的波动和可能造成经济效益的差异。谈判中应根据运输条件、市场需求、运输距离、运输工具、码头、车站、港口、机场等设施，以及货物的自然属性、气候条件做综合分析，明确装运、交货地点，以及装运、交货的截止具体日期。

(8) 保险。大部分产品交易项目都有保险条款，特别是涉外交易，保险更是必不可少的。双方应明确保险的范围和责任范围。保险是以投保人交纳的保险费集中组成保险基金，用来补偿因意外事故或自然灾害所造成的经济损失，或对个人因死亡伤残给予物质保障的一种方法。这里所说的保险主要指货物保险。货物保险的主要内容有：交易双方的保险责任，具体明确办理保险手续和支付保险费用的承担者。在涉外贸易中，应对世界各国主要保险公司在投保手续与方式、承保范围、保险单证的种类、保险费率、保险费用的支付方式、保险的责任期和范围、保险赔偿的原则与手续等方面的有关规定加以考虑筛选，最后确定。对保险业务用语上的差异和名词概念的不同解释，要给予注意，以避免争议。

(9) 索赔、仲裁和不可抗力。在产品交易中，买卖双方常常会因彼此的权利和义务冲突引起争议，并由此引起索赔、仲裁等情况的发生。为了使争议得到顺利的处理，买卖双方在洽谈交易中，对由争议提出的索赔和解决争议的仲裁方式，事先应进行充分商谈，并做出明确的规定。此外，对于不可抗力及其对合同履行的影响结果等，也要做出规定。

● 索赔。索赔是一方认为对方未能全部或部分履行合同规定的责任时，向对方提出索取赔偿的要求。引起索赔的原因除了买卖一方违约外，还有由于合同条款规定不明确，一方对合同某些条款的理解与另一方不一致而认为对方违约。一般来讲，买卖双方在洽谈索赔问题时应确定洽谈索赔的依据、索赔期限和索赔金额等内容。索赔的依据是指提出索赔必须具备的证据和出示证据的检测机构。索赔方所提供的违约事实必须与品质、检验等条款相吻合，且检测机构要符合合同的规定，否则，都要遭到对方的拒赔。

索赔的期限是指索赔一方提出索赔的有效期限。索赔期限的长短，应根据交易商品的特点来合理商定。

索赔的金额包括违约金和赔偿金。违约金只要确认是违约，违约方就得向对方支付，违约金带有惩罚的性质。赔偿金则带有补偿性质。如果违约金不够弥补违约给对方造成的损失，就应当用赔偿金补足。

● 仲裁。仲裁是双方当事人在谈判中磋商约定，在本合同履行过程中发生争议，经协商或调解不成时，自愿把争议提交给双方约定的第三者(仲裁机构)进行裁决的行为。在仲裁谈判时应洽谈的内容有仲裁地点、仲裁机构、仲裁程序规则和裁决的效力等内容。

● 不可抗力。不可抗力又称人力不可抗力。通常是指合同签订后，不是由于当事人的疏忽过失，而是由于当事人所不可预见，也无法事先采取预防措施的事故，如地震、水灾、旱灾等自然原因或战争、政府封锁、禁运、罢工等社会原因造成的不能履行或不能如期履行合同的全部或部分。在这种情况下，遭受事故的一方可以据此免除履行合同的责任或推迟履行合同，另一方也无权要求其履行合同或索赔。洽谈不可抗力的内容主要包括不可抗力事故的范围、事故出现后果和发生事故后的补救方法、手续、出具证明的机构和通知对方的期限。

此外，在产品交易中还要注意交货日期的确定，应明确卖方延期交货应负的责任，及由此给对方带来损失的赔偿。如果是涉外交易，谈判还应规定哪一方负责交纳和办理所需的进口关税和许可证，包括海关检验的手续费等。

1.4.4　租赁业务谈判

所谓租赁业务，是指出租人或租赁公司按照契约规定，将所具有的资本货物，在一定时期内租给承租人或用户使用，承租人则按规定付给出租人或租赁公司一定的租金。在租赁期间，出租人或租赁公司对出租的物件拥有所有权；承租人享有使用权和受益权；租赁期满后，租赁物件则退还出租人或按合同规定处理。租赁业务实质上是集贸易与信贷、投资与筹资、融资与融物为一体的综合性交易，它不是传统意义上的产品交易，也不是传统意义上的企业筹资与信贷，其特点表现在三个方面：

(1) 租赁业务具有鲜明的融资性。承租人所需的租物即设备由出租人提供或垫资购买。承租人不需付款购买便可取得租物的使用权，相当于出租人向承租人提供了信贷便利；承租人按约定以租金的形式支付租物费用。这样承租人可以在资金缺乏的情况下，也能使用租物并产生效益。租赁业务是一种以租物形式达到融资的目的，将贸易与金融结合在一起的信贷方式，这是租赁业务最主要的特点。

(2) 租赁物件的财产所有权与使用权截然分开。租物所有权属于出租人，承租人仅享有使用权和受利权，在法律上，出租人的所有权不可侵犯。

(3) 租赁业务往往是三方交易，即租赁双方和供货人。租赁公司介于供货人和用户之间，租赁业务需要签订销售合同和租赁合同才算完成。

以租赁的目的和投资回收方式为标准，可将租赁业务分为经营租赁和融资租赁。另外，根据我国《企业会计准则—租赁》的规定，融资租赁以外的其他租赁被称为经营租赁。

经营租赁是指以提供设备等资产的短期使用权为特征的租赁形式，而融资租赁是以融资为目的，从而最终获得租赁资产所有权的一种租赁形式。经营租赁和融资租赁的特点见表 1-1。

表 1-1　经营租赁与融资租赁的特点

经营租赁的特点	融资租赁的特点
● 涉及两个当事人，即出租人和承租人。只签订一个合同，即租赁合同 ● 租赁物件的选择是由出租人决定的 ● 租赁目的主要是为短期使用设备 ● 租金的支付具有不完全支付性，出租人无法只通过一个承租人租用设备，并在一个租赁合同期内就收回全部或部分投资 ● 承租人是不特定的复数 ● 租赁物件一般是通用设备 ● 租赁物件的使用有一定的限制条件 ● 租赁期限比较短。承租人可以提前告知出租人中途解除合同	● 它一般涉及三方当事人：出租人、承租人和供应商 ● 签订两个或两个以上的合同：即融资租赁合同、买卖合同、担保合同等 ● 租赁物件和供货商是由承租人选定的 ● 出租人不承担租赁物的瑕疵责任 ● 出租人可在一次租期内完全收回投资并盈利 ● 融资租赁的标的物是特定设备，承租人也是特定的，因此租赁合同一般情况下不能中途解约 ● 租赁期满后，承租人一般对设备有留购、续租、和退租三种选择(融资租赁交易中，承租人对租赁物几乎都要留购)

由表 1-1 可知二者的区别体现在以下几方面：

(1) 租赁程序不同。经营租赁出租的设备由租赁公司根据市场需要选定，然后再寻找承租企业，而融资租赁出租的设备由承租企业提出要求购买或由承租企业直接从制造商或销售商那里选定。

(2) 租赁期限不同。经营租赁期较短，短于资产有效使用期，而融资租赁的租赁期较长，接近于资产的有效使用期。

(3) 设备维修、保养的责任方不同。经营租赁由租赁公司负责设备的维修和保养，而融资租赁由承租方负责。

(4) 租赁期满后的设备处置方法不同。经营租赁期满后，承租资产由租赁公司收回，而融资租赁期满后，企业可以很少的“名义货价”(相当于设备残值的市场售价)留购。

(5) 租赁的实质不同。经营租赁实质上并没有转移与资产所有权有关的全部风险和报酬，而融资租赁的实质是将与资产所有权有关的全部风险和报酬转移给了承租人。

承租人是选择经营租赁还是融资租赁主要取决于承租人的需求。如果承租人对租物使用时间不长，或者断续、偶尔使用，且处于流动状态，即使单位时间的租金较高，承租人也愿意采用经营租赁。如果承租人使用的租物最终要购买形成固定资产，且处于稳定状态，则承租人愿意采用融资租赁。

租赁的业务一般会经历选择租赁设备及其制造厂商、申请委托租赁、进行技术谈判和商务谈判并签订购货合同、签订租赁合同、融资及支付货款、交货及售后服务、支付租金及清算利息、转让或续租等环节来完成。

租赁业务的内容包括技术谈判、商务谈判和租赁谈判三个方面：

(1) 技术谈判主要是由承租方与售卖方之间就设备质量、性能、技术参数、技术服务等方面的要求进行沟通谈判，在注重设备质量的同时，承租方必须争取获得售卖方提供的最优的售后技术服务，以确保租赁设备能满足承租方的实际需要。

(2) 商务谈判主要是在出租方与售卖方之间就供货价格、日期及方式、付款方式等内容进行磋商谈判。价格是商务谈判的主要目标之一，出租方必须以有利于己方的价格条件成交。此外，付款方式的选择与选择何种货币为交易货币也要慎重对待。商务谈判是货物买卖合同订立的关键。

(3) 租赁谈判主要是在出租方和承租方之间就双方的权利与义务、租金的确定和支付方式、手续费、租期、利息等内容进行磋商谈判。租赁费用是租赁谈判的核心问题。

以上三方面的谈判完成之后，既形成了租赁关系，也产生了租赁业务。创业企业在创业中由于创业要素资源的短缺，往往会采用租赁方式获得所需的创业要素资源。

1.4.5　资金谈判

资金谈判是企业融资活动中的重要组成部分。融资是指一个企业筹集资金的行为与过程。企业会根据自身的生产经营状况、资金拥有状况，以及未来经营发展的需要，通过科学的预测和决策，通过一定的方式和渠道向投资者(包括机构投资者和债权人)去筹集资金，以保证企业的经营需要。资金谈判就是为了有效解决企业融资问题。目前我国的融资方式有：银行贷款、商业票据融资、发行股票融资、企业债券融资、商业租赁融资、风险投资、项目融资等。但主要的方式则是资金借贷和投资入股，资金供需双方就解决资金借贷、投资入股中相关事宜进行谈判。可见，资金谈判是指资金供需双方就资金借贷或投资入股内容所进行的谈判。资金谈判包括资金借贷谈判、投资谈判等。

1. 资金借贷谈判

资金借贷是资金需求方融资的方式之一，资金需求方既可以向个人借贷，也可以向金融机构，即银行借贷，借贷成功即形成债权人和债务人的关系。债权人和债务人所关注的问题成为谈判的主要内容。

(1) 资金借贷谈判的特点：

① 资金借贷交易的内容是货币。资金借贷就是借钱，谈判中始终都围绕着这一交易内容进行，不涉及到其他的内容。

② 货币的所有权与使用权可分离。资金借贷关系形成后，贷方依然具有资金的所有权，借方只有使用权，到期需要归还资金。

③ 资金贷方的无风险性。资金借贷中，贷方要求资金需求方提供抵押物或担保人，以

保证自己的损失为零。当借方无力偿还债务时，银行可以拍卖抵押物作为还贷，或由担保人还贷。

④ 对资金贷方来讲，收益是利息，利息是对资金使用的回报，资金的借方需要按合同规定还本付息。

(2) 资金借贷谈判的主要内容。资金借贷，尤其是大额的资金借贷，资金需求方都会选择银行进行借贷，其谈判的内容主要包括：

① 货币。资金借贷，特别是国际间的资金借贷，因币种不同，涉及货币兑换，谈判双方可按国际间汇率的变化，确定兑换的比例金额，明确规定由于货币的升值或贬值所采取的补偿措施。

② 利率。利率即利息率。借方必须按利率向贷方返回所借资金及利息，贷款一般分为低息贷款、高息贷款和无息贷款。贷款的利率不但取决于贷款的类型，也取决于贷款的期限、项目等，谈判双方可根据国际惯例、行业标准进行磋商、洽谈。

③ 贷款期限。贷款期限是资金谈判中的重要内容。双方不仅应明确贷款期限，还应明确如借方延期还款时，应承担的责任及赔偿的金额。

④ 保证条件。在资金借贷交易中，担保是必不可少的。为了保证借方信守协议，贷方不受损失，贷方都会要求借方有可抵押物作抵押，或有资格的担保人为其担保，贷方可委托保证人或银行以某种形式担保，并监督借方履行协议。

⑤ 还款。明确规定还款期限及还款方式是十分重要的。通常还款期限取决于贷款的性质、用途，还款方式包括到期一次还清全部本息和分期分批偿还本息。

⑥ 宽限期。谈判条款中一般附带贷款宽限期，如借方在资金使用、偿还期间发生意外情况或其他原因，致使贷款不能如期归还时，可在宽限期内偿还。

⑦ 违约责任。为保证协议的顺利履行，还必须规定借贷双方的违约责任。贷方主要责任是：如未能按协议的期限提供贷款，应根据借贷数额和延期天数按比例向借款方偿还违约金。借方违约责任主要有：不按协议的用途使用款项的应负责任及处理办法；过期不偿还本息的处理办法；借方因生产经营不善，不能履行协议的处理办法等。

银行在资金借贷谈判中关注的重点是借方即借款企业的成熟度和还款的实力，银行通过对借方的实际考察做出自己的判断。谈判的条款内容通常是依据国际惯例、行业规范标准确定。作为借方不必具有强大的讨价还价能力，但是要具备还款实力。

2．投资谈判

投资是企业融资的一种方式，与资金借贷相比具有相同的目的，即都是将资金转化为资本，获得资本的回报。但两者取得回报的方式不同，资金借贷是债权融资，投资是股权融资。投资者可以是投资机构，也可以是个人投资者，无论是哪类投资者，所关注的问题具有同质性，投资谈判具有自身的特点和内容。

(1) 投资谈判的特点：

① 投资谈判的交易内容不仅是货币资本(资金)，还包括物力资本(如土地、厂房、机器、工具等)、技术资本。投资可以是货币资本的投入，也可以是物力资本、技术资本的投入，可谓是“有钱出钱，有力出力”。

② 所有权和使用权适度分离。投资者决定投资入股后，并不完全失去对所投要素资源使用的控制，可以通过在企业中的人事安排进行监管控制。

③ 投资回报往往是以股权分红、资本退出形式获得。投入的资本作为股份，通过分红或卖掉股份(当然是高价卖出)获取投资回报。股票、股权价值备受关注。

④ 投资方不需要融资方提供抵押物或担保人，谈判主要是关注项目的商业前景，及公司的成长性。如果判断有误，投资失败，所投资金将无法追回，那么投资方就要承担风险。

(2) 投资谈判的内容：

① 投资项目的技术价值和商业价值。投资者的投资具有风险性，投资成功不仅可以收回成本，还可获得利润，投资失败了，成本将一去无回。投资者在决定是否投资前非常关注投资项目的可行性、盈利性、成长性、风险性，也就是投资的项目价值。项目价值可体现为技术价值和商业价值。技术价值由其先进程度、唯一程度、成熟程度等项决定，但这并不完全重要，重要的是将其能具体应用到商业上，具有广阔的市场，能够创造较大的利润，项目创意和市场价值才是关键。

正确的评估项目的技术价值和商业价值，既决定这个项目的价值，也决定这个项目中投资方与融资方的股权分配。所以，谈判首先是对投资项目的了解、考查、分析与判断。

② 企业的管理能力和水平。投资者也特别关注融资方是否真正地从事过经营活动，具有较高的管理能力和水平，能够保证资金的合理使用、企业的正常运行。应该说，目前好的项目不少，但是好的创业经营者很难找。投资者与其说是投资项目，不如说是投资好的经营者和创业者。投资者需要就企业的经营管理中的生产、财务、营销、人力资源、管理制度框架等情况进行了解、考察。

③ 投资的要素、数量及股权安排。投资的要素可以涉及多个方面，如货币资本、物力资本、技术资本(即技术入股)，投资方与融资方会根据项目的类型，以及所拥有的投资要素来决定投入什么及投入多少进行谈判，由此决定所占的股份比例和对企业的控制权，从而确定双方的收益和承担的风险。

④ 人事安排。投资者为了对融资企业实施有效的管理，会要求在公司中安排自己派去的人，或成为董事长，或成为董事，或成为总经理或副总经理…… 双方还会就此问题进行协商。

⑤ 投资期限。由于投融资策略的需要，谈判时双方会就投入资本的期限进行磋商。从融资方来讲，在创业初期，希望期限应足够长；从投资方来讲，如果判断企业的成长性好，前景远大，则希望期限长一些，否则会缩短期限，通过资本退出机制，收回投资。

在投资谈判中，资金需求方除了提供有价值的投资项目，还要提供好的商业计划书，高效的企业管理，诚信的处世哲学。谈判人员具有敏锐的思维、较强的谈判能力，才能取得信任，争取到投资。另外，新创企业正处于创业初期，企业既不成熟，也不具有雄厚的资产，银行贷款很难取得，创业者也会寻找、选择投资者进行融资，形成投融资关系，创业者在投融资谈判中要做好心理准备和能力准备。

阅读资料

商务谈判中的八字真言

谈判能力来源于八个方面，就是“NOTRICKS”每个字母所代表的八个单词——need, options, time, relationships, investment, credibility, knowledge, skills.

“N”代表需求(need)。对于买卖双方来说，谁的需求更强烈一些？如果买方的需要较多，卖方就拥有相对较强的谈判力；你越希望卖出你的产品，买方所拥有谈判力就越强。

“O”代表选择(options)。如果谈判不能最后达成协议，那么双方会有什么选择？如果你可选择的机会越多，对方认为你的产品或服务是惟一的或者没有太多选择余地，你就拥有较强的谈判资本。

“T”代表时间(time)。它是指谈判中可能出现的有时间限制的紧急事件，如果买方受到时间的压力，卖方的谈判力则自然会增强。

“R”代表关系(relationships)。如果与顾客之间建立强有力的关系，在同潜在顾客谈判时就会拥有关系力。但是，也许有的顾客觉得卖方只是为了推销，因而不愿建立深入的关系，这样在谈判过程中将会比较吃力。

“I”代表投资(investment)。在谈判过程中投入了多少时间和精力？为此投入越多、对达成协议承诺越多的一方往往拥有较少的谈判力。

“C”代表可信性(credibility)。如果潜在顾客对产品可信性也是谈判力的一种，当推销人员知道你曾经使用过某种产品，而他的产品具有价格和质量等方面的优势时，则无疑会增强卖方的可信性，但这一点并不能决定最后是否能成交。

“K”代表知识(knowledge)。知识就是力量。如果你充分了解顾客的问题和需求，并预测到你的产品如何能满足顾客的需求，则你的知识无疑增强了对顾客的谈判力。反之，如果顾客对产品拥有更多的知识和经验，则顾客就有较强的谈判力。

“S”代表的是技能(skills)。这可能是增强谈判力最重要的内容了，不过，谈判技能是综合的学问，需要广博的知识、雄辩的口才、灵敏的思维……

总之，在商务谈判中，应该善于利用“NOTRICKS”中的每种力，当然还要做到

"NOTRICKS"，谈判定会取得成功。

(资料来源：http://www.szbestself.com/giswtp/lit/28.html)

1.5　商务谈判的理论与成功模式

1.5.1　商务谈判的理论

商务谈判的原理、原则、方法、技巧不仅是对商务谈判实践活动中基本规律、现象的归纳总结，也是一些相关理论在商务谈判中应用的体现。

1. 谈判与博弈论

博弈论是一种"游戏理论"，指的是二人或多人在平等的对局中各自利用对方的策略变换自己的对抗策略，达到取胜目标的理论。博弈论是研究互动决策的理论。博弈可以分析自己与对手的利弊关系，从而确立自己在博弈中的优势，因此有不少博弈理论可以帮助对弈者分析局势，从而采取相应策略，最终达到取胜的目的。一个完整的博弈应当包括五个方面：博弈的参加者、博弈信息、博弈方、博弈的次序、博弈方的收益。博弈论最经典的例子就是"囚徒困境"。囚徒困境的故事讲的是，两个嫌疑犯作案后被警察抓住，分别关在不同的屋子里接受审讯。警察知道两人有罪，但缺乏足够的证据。警察告诉每个人：如果两人都抵赖，各判刑一年；如果两人都坦白，各判八年；如果两人中一个坦白而另一个抵赖，坦白的放出去，抵赖的判十年。于是，每个囚徒都面临两种选择：坦白或抵赖。然而，不管同伙选择什么，每个囚徒的最优选择是坦白：如果同伙抵赖、自己坦白的话放出去，不坦白的话判一年，坦白比不坦白好；如果同伙坦白、自己坦白的话判八年，不坦白的话判十年，坦白还是比不坦白好。结果，两个嫌疑犯都选择坦白，各判刑八年。如果两人都抵赖，则各判一年，显然这个结果好。但任何一个人在选择策略时都不可能知道另一个人的选择，只能以自己的最大利益为目标，结果没有达到"双赢"。

商务谈判具有一般博弈论运用领域的共同特征：

(1) 博弈参加者。博弈参加者有法人、自然人和社会团体、组织等，参与者都能够运用有利于自己的谈判策略进行谈判，这样就增加了谈判的难度。所以在谈判时，首先必须清楚对方的实力，将不完全信息博弈转化为完全信息博弈，有望在谈判中取得胜利和双赢。

(2) 策略空间。由于商务谈判中的复杂性和多边性，因而所运用的策略也要多变。应用适当的策略空间，对谈判进程有时会起到决定性的作用。所以在谈判博弈开始时，关注对方采取的策略，并能对其策略迅速做出反应，使静态博弈变为动态博弈。

(3) 博弈的次序。博弈次序对博弈双方来说是至关重要的，在谈判中随着谈判的进程以及时机的出现先后做出策略选择。

(4) 博弈的信息。博弈都是在信息不对称或不完全对称的情况下进行的。掌握博弈中的信息，摸清对方情况，在决策中才能占据有利地位。

(5) 博弈的收益。商务谈判双方即为博弈双方，博弈的结果是要使双方都有一定的收益，合作才可以继续。在商务谈判中学会应用博弈论，就能在变化莫测的谈判环境中做到心中有数，使商务谈判更具有科学性。

2. 谈判与需求论

美国心理学家马斯洛在1943年出版的《人类动机的理论》一书中把人的需要分为五个层次，即生理需要、安全需要、社会需要、尊重需要和自我实现需要，这五个层次的需要是依次递进的，当低层次的需要得到满足，就会产生高一层次的需要。但不排除在同一时期，一个人可能有几种需要。但每一时期总有一种需要占支配地位，对行为起决定作用。任何一种需要都不会因为更高层次需要的发展而消失。各层次的需要相互依赖和重叠，高层次的需要发展后，低层次的需要仍然存在，只是对行为影响的程度大大减小。

美国谈判学会会长、著名律师杰勒德下・尼尔伦伯格于20世纪60年代写成了《谈判的艺术》一书，他引用了著名的马斯洛的"需求层次论"，提出了谈判需求理论。他认为，"任何谈判之所以会进行是因为要满足人们的某种或几种'需要'，这样的需要决定了谈判的发生、进展和结局。"尼尔伦伯格把人的需要、动机和人的主观作用作为谈判理论的核心，认为需要和对需要的满足是谈判的共同基础，进而他把各种谈判归纳为三个层次，即个人与个人间的谈判；组织与组织间的谈判；国家与国家间的谈判，每个层次的谈判都是以需要为驱动力的。但无论哪种需要都可通过六种谈判方法实现：

- 谈判者顺从对方的需要；
- 谈判者使对方服从其自身的需要；
- 谈判者同时服从对方和自己的需要；
- 谈判者违背自己的需要；
- 谈判者损害对方的需要；
- 谈判者同时损害对方和自己的需要。

所以，他在该书中以此为基础提出了"$7\times3\times6$"共126种谈判策略，这一理论对商务谈判具有重要的指导作用。

商务谈判是经济活动中的主体，是为了满足各自的需要，协调彼此的关系，通过协商而争取达成一致意见的行为和过程。运用需求层次论指导商务谈判活动，在谈判活动中，不仅要关注对方的谈判目标，还要关注对方自身的需要；不仅要关注对方的物质需要，还要关注对方的精神需要；既要关注当前的需要，还要把握长远的需要，要能够寻找到谈判双方需要的共同基础，将不同层次的需要的满足都能体现在谈判工作中。在商务谈判中，越是能够全面、准确、清楚地把握对方的需要，就越能够在谈判中取得胜利。

3．谈判与公平理论

公平理论又称社会比较理论，是美国行为科学家斯塔西·亚当斯在 20 世纪 60 年代提出的一种激励理论。该理论侧重于研究工资报酬分配的合理性、公平性及其对职工生产积极性的影响。公平理论认为人的工作积极性不仅与个人实际报酬多少有关，而且与人们对报酬的分配是否感到公平更为密切。人们总会自觉或不自觉地将自己付出的劳动代价及其所得到的报酬与他人进行比较，并对公平与否做出判断。公平感直接影响人们的工作动机和行为。因此，从某种意义来讲，动机的激发过程实际上是人与人进行比较，做出公平与否的判断，并据以指导行为的过程。公平理论告诉我们在商务谈判中坚持公平的原则，就是要使谈判双方获得激励，使付出的努力能够得到相应的回报。为此，在商务谈判中我们必须确立一个客观标准，根据这一标准来进行谈判，这样的谈判结果才是公平的，才会被双方接受；但绝对的公平是不存在的，在很大程度会受到谈判者主观感受的影响，所以在谈判中双方不应盲目地追求所谓的绝对公平，而是应该注重相对公平。

4．谈判与社会交换理论

社会交换理论是 20 世纪 60 年代由美国社会学家乔治·霍曼斯创立的一种行为主义社会心理学理论。社会交换理论认为：社会交往行为依赖于交往双方彼此从对方所获得的收益与付出的代价的比值。交换不仅包括经济交换，也包括社会关系交换。霍曼斯认为：“人类交换的公开秘密是：给予对方的行为对对方的价值超过自己付出的代价，从对方获取的行为对我的价值超过他付出的代价。”这就是说人们在社会交换中，都要对成本与报酬、投资与利润的具体分配比例做出判断，或者说要计算成本与报酬的比率，都希望得到的报酬或利润与付出的成本或投资成正比，谁也不会自愿地、长久地进行“赔本”交换。因此，公平分配是社会交换的基本原则。

商务谈判可以说是一种社会交换，需求是谈判的动因，交换是谈判的最终目的，商务谈判是达到目的的手段。商务谈判成功的关键就在于在满足对方需求的基础上最大程度地满足自己的需求。其中交换的内容不仅包括内在报酬性，也包括外在报酬性，即金钱、诚意、尊重及友好等。根据社会交换理论，在商务谈判中本着互惠和公平的原则协调双方的利益，重视谈判者的各类需要，尽量满足双方交换的目的。只有让谈判对手获得收益，谈判成功才能更顺利地实现。

5．原则性谈判

原则性谈判也称价值型谈判，最早由美国哈佛大学谈判研究中心提出，又称哈佛谈判术。它通过“建立理论”、“教育训练”、“出版刊物”、“冲突缓解”等四项工作使人们对谈判理论的认识有了新的视角。原则性谈判强调谈判者要把对方看作与自己并肩合作的同事，在谈判中竭力寻求双方利益上的共同点，在此基础上设想各种使双方各有所获的方案。

原则式谈判吸取了软式谈判和硬式谈判的有益之处，体现了自身具有的特征：

① 把人与事分开，谈判中对人温和、对事强硬。

② 主张客观公正，按照共同接受的公平价值来达成协议，而不是简单地对具体问题的讨价还价。

③ 谈判中诚实坦率，不施诡计，追求利益而又不失风度。

④ 努力寻找共同点、消除分歧，争取共同满意的谈判结果。

在运用原则性谈判时，要充分分析谈判双方的情况，做到知己知彼，对谈判形式能做出准确的判断，然后进行周密的谈判方案的策划，提出客观标准，准备如有冲突的解决方案和备选方案。最后进行充分的交流，努力达成协议。

原则性谈判体现了理性与感性相结合、利益与关系相并重的谈判态度和方法，与现代谈判强调的互惠合作的宗旨相呼应，受到了社会的认可。

1.5.2　商务谈判的成功模式

成功的商务谈判首先受到价值观的影响，其次是良好的谈判方案的制定。

1. 商务谈判成功的价值判断标准

美国的谈判会长尼尔伦伯格认为，谈判不是一场棋赛，不要求决出胜负，也不是一场战争，要将对方消灭或置于死地。相反，谈判是一项互惠互利的合作事业。由此出发，我们可以从三个方面评价一场谈判是否取得成功。

(1) 谈判目标的实现程度。需要是商务谈判的出发点，谈判中往往是把需要转化为目标成为谈判人的追求。评价一场谈判的成功标准，就是谈判的目标在多大程度上得到实现，谈判者的需要在多大程度上得到满足。成功的谈判能使谈判者心情愉悦，使谈判双方合作愉快，关系紧密和谐，收益持续增长。

(2) 谈判的效率。谈判都需要付出一定的成本，谈判的效率就是将付出的成本与实现的收益进行比较，通过成本—收益分析，判断是否有效率。如果所付出的成本高，而收益少，显然谈判是不经济的，低效率的。商务谈判的成本有三种：

① 为达成协议所做出的让步，这是预期谈判收益与实际谈判收益之差。

② 为谈判而付出的各类资源，如人力资源、物力资源、财力资源和时间。

③ 机会成本是参与谈判的主体，因为谈判占据了一部分资源而失去了其他盈利的机会，损失了可望获得的价值。

第一种成本比较直接明了，容易引起人们的关注，而第二种、第三种成本由于其间接性或隐晦性容易被人们忽视。在谈判中我们不仅要关注第一种成本，还要关注第二种、第三种成本，尽量做到付出的成本低，收益提高。

(3) 人际关系状况。商务谈判不仅是利益分配的谈判，也是建立、融洽、维护社会关系的活动，具有鲜明的社会性。鱼死网破、两败俱伤或一胜一负、一胜多负，都不是谈判的目的。人际关系的融洽既是谈判顺利开展的润滑剂，也是社会资本的累积、社会关系网络的建立，这对企业的经营发展具有重要的作用。良好的人际关系也是谈判价值的判断标准。

2. 成功的商务谈判模式——PRAM 模式

如何使商务谈判获得成功，这是从事商务谈判工作必须思考的问题，除了树立正确的谈判价值理念，还要有切实可行的行动方案。PRAM 模式为我们提供了思路。

所谓的 PRAM 模式，是指商务谈判由四部分构成，分别是制定谈判计划(Plan)、建立关系(Relationship)、达成协议(Agreement)及协议的履行和关系的维持(Maintenance)，这是从人本观念和诚信角度出发的现代商务谈判模式，经过这四个环节，方能完成谈判过程。对谈判而言，重要的不是经历，而是如何合理设计和做好每一环节的工作。

(1) 制定谈判计划。在制定谈判计划时，首先要明确己方和对方的谈判意图、谈判目标，总结出双方之间存在的利益共同点，这是促使达成协议的基础。其次，要了解清楚对方的习性、风格，分析谈判中的约束条件，为制定谈判策略提供依据。最后，能够制定有效的谈判方式和策略，有针对性地解决问题，以便掌握谈判的节奏，控制谈判进度。

(2) 建立联系。在正式谈判开始前，可以通过一些交际语言、社交活动，与对方建立起友好关系，在商务谈判中，使双方能够感受到开放、舒畅、热情、信任、融洽的关系氛围。这为进入正式谈判扫除障碍，铺平道路。

(3) 达成使双方都能接受的协议。在双方建立了充分的信任关系和友好的气氛下，谈判双方可进入正式谈判，磋商实质性的事务问题。谈判中要核实对方的谈判目标，对双方一致性意见要加以确认，对不同意见的问题要通过充分交流，确定一个对双方都有利，都能接受的方案，从而达成协议。

(4) 协议的履行与关系的维持。达成协议并不意味双方合作的结束，而是合作的开始。认真履行协议，实现各方的利益，才是谈判意义的所在。为此，我们必须做好以下几方面的工作：

第一，信守协议。各方都要信守协议，履行承诺，承担协议中的责任与义务，做到言必行，行必果。

第二，情感呼应。在履行协议的过程中，对对方的诚信行为可通过电话、邮件等方式给予及时的肯定、赞扬和感谢，也可通过亲自拜访致以问候，表示感谢。

第三，维持双方关系。要有一个持续协作的意识，可以个人的名义，与对方保持经常接触与联络，维持良好的关系。

这四个环节是一个循环过程，每一个环节结束方可进入下一个环节，依次进行形成一个循环。认真做好这四个环节的工作是取得商务谈判成功的保证。每一个商务工作者要充分认识和利用好这一模式，在实际工作中发挥出它的效用。

讨论与复习题

1．什么是谈判？谈判的特点和过程是怎样的？
2．简述商务谈判的性质、特征与原则。
3．商务谈判对创业企业有什么样的作用？
4．简述技术交易谈判的特点与内容。
5．比较直接租赁谈判与融资租赁谈判。
6．简述资金谈判的特点与内容。
7．商务谈判的理论包括哪些？
8．什么是成功的谈判模式？其价值判断标准是什么？

案例分析

中德合资兴建拜耳—上海齿科有限公司谈判案

在 20 世纪 80 年代中期，中德合资兴建拜耳—上海齿科有限公司的谈判从准备阶段到终局阶段、从文字工作到人员配合都很严谨，也很成功，具有一定的典型意义。

这次谈判的中方是上海齿科材料厂，当时其齿科产品占国内产量的 70%，是国内同行业中的佼佼者，该厂与德国合资兴建有限公司一事一经立项，即预先做好了充分的准备工作。首先，上海齿科材料厂在 1985 年 4 月派人赴德国实地考察，进行可行性研究，了解有关信息、资料，考虑谈判方案的选择与比较，分析可能影响谈判的各种主客观因素，并与德方在对项目进行综合评判的基础上，共同编制了可行性研究报告。回国后，该厂又专门挑选和组织了一个包括从上级部门请来参与谈判的参谋和从律师事务所聘来的项目法律顾问的谈判班子，为该项目的谈判奠定了一个良好的基础。

该项谈判的另一方是德国拜耳公司。该公司是当时德国第三大公司，在世界上设有 100 多个公司，其医药产品行销全世界，年销售额为 600 亿马克。在谈判之前，德方对国际国内的市场做了充分的调查了解，进行了全面深入的可行性研究。他们还特别对中方的合作伙伴做了详细的分析、了解，全面掌握了与谈判有关的各种信息和资料，并在此基础上，组织了一个精干的谈判班子，该班子由公司董事长兼首席法律顾问充当主谈人。

同年9月，中德合资兴建拜耳—上海齿科有限公司谈判在中国举行，前后共举行了十轮谈判，一直到第二年的8月12目谈判成功，历时近一年时间，终于达成了一个双方都较满意的协议。

在谈判的开局阶段，德方采用了先声夺人的策略，力图抢占谈判优势。他们凭借拜耳这一威名赫赫的国际性大公司的实力、技术和经验等方面的专长来影响中方的谈判心理，希望中国方面依赖他们。而中方与对方一交手就意识到，必须扬己所长，避己所短，才能抵制对方的“优势战”。因此，中方发挥东道主的优势，强调在中国兴建合资企业，受中国行政管辖和法律制约，只有充分尊重中方的意见，才有利于谈判。中方用无可回避的事实，有力地打消了德方试图在谈判中发挥主导作用的心理。从谈判开始阶段的技术角度考虑，双方率先打“优势战”，抢占制高点是正常的。因为有经验的谈判者在谈判的开局时，总想掩饰己方的需求，夸大对方的需求；贬低对方的实力，夸大己方的实力；强调己方的优点，夸大对方的弱点，试图制造对方有求于己方的气氛。谁能成功地完成这一步，谁就掌握了谈判的主动权。当双方进行了初步较量之后，是否能从各自释放的能量中，产生一种合力，拨正谈判之舟的舵轮，开始在合作基础上的对等谈判，这是衡量谈判开局阶段成功的关键。谈判开局阶段双方的努力是否成功，要看谈判者在起始阶段是否能把握好竞争与合作的分寸，是否能扬长避短，进取有度。无论哪一方在谈判开局时努力不足或工作失误，都会使谈判的舵轮偏向，进而导致在谈判磋商阶段的失利。

从中德合资企业谈判的开局阶段来看，双方势均力敌，旗鼓相当，创造了谈判开局阶段的均势，矫正了谈判之舟的船头。由于双方的共同努力，在谈判的开局阶段形成了一种合力，把谈判推向了友好协商的阶段。在这一谈判阶段中，中德双方采用了分合兼用的工作方法，时而召开全体会议进行总体讨论，调整工作进度；时而分技术、财务、法律三个组进行专项研究，具体谈判。双方各自对保密与泄露的信息不断进行分析综合，评估调整。

当谈判进入磋商阶段后，由于该阶段是谈判过程中最复杂、最具体的讨价还价阶段，会出现许许多多繁琐而又与双方利益密切相关的问题，因此需要谈判双方既斗争又妥协，既竞争又合作，有理有节，进退有度。在中德谈判的过程中，同样出现了许许多多的问题，但双方本着上述精神和态度，克服了一个又一个困难，最后握手成交。

1．合资企业名称问题

在中德合资谈判中，首先遇到的就是合资企业名称问题。德方建议定名为“拜耳齿科中国有限公司”，但遭到中方的反对。因为这个名称实际上否定了双方平等谈判的主体资格，变成了总公司与分公司的隶属关系。按1985年6月17日公布的《企业名称登记办法》中规定：国名不能放在企业名称中。据此，中方提出了“上海拜耳齿科有限公司”的名称。由于中方根据充分，从而有力地支持了己方的立场，使德方不得不做出让步。

德方在同意我方所提议的名称的前提下，要求将“拜耳”与“上海”两个名词对换，把“拜耳”放在“上海”之前。德方的理由有三：一是拜耳是世界性大公司，在国际上享有盛名；二是拜耳的声誉有利于合资企业经销产品；三是拜耳在合资企业的股份多于中方。由于德方的建议有理有据，在情在理，中方也无法拒绝，但中方又提议在“拜耳”和“上海”之间加一道横线，就成为“拜耳—上海齿科有限公司”。这一名称，使双方都感到满意。这一问题的谈判成功，有力地证明了谈判双方都是胜利者的观点。

2. 德方独占出口权问题

在随后的谈判过程中，又遇到了德方独占出口权问题。关于产品的销售问题，在该项目的可行性研究中曾有两处提到：一是“外商负责包销出口 25%，其余 75％在国内销售”；二是“合资公司出口渠道为拜耳、合资公司和中国外贸公司”。双方在这一表述的理解上产生了分歧。这种理解上的分歧，构成了谈判的严重障碍。德方对此两点表述的理解是：许可产品(用外方技术生产的产品)只能由拜耳独家出口 25%，一点也不能多，而其他的两个渠道是为出口合资企业的其他产品留的。而中方的理解是：许可产品的 25％由拜耳出口，其余 75％产品中的一部分，有可能的话，用另外两个渠道出口。双方争执的焦点在于对许可产品，中方和合资企业有无出口权。德方担心扩大出口数量和多开出口渠道，会打破自己的价格体系，挤掉自己的国际市场份额，因此反对中方和合资企业出口。中方同样基于自己的利益而不愿意放弃出口权，双方为此互不相让，僵持不下，谈判步入危难局面。此时，正值第三轮谈判的最后一天，德方要求终止分组讨论，由双方主谈人召集全体会议，就此问题展开专题辩论，但双方仍互不让步，于是德方宣布终止谈判，以示在此问题上决不让步，导致谈判破裂，当然德方中止谈判不过是个手段，无非是想以此来向中方施加压力，迫使中方做出让步。当时，中方对谈判破裂的性质认识不清，一时陷于忧心忡忡的境地。

中方谈判代表团为此集思广益，研究对策。经过认真分析，大家认识到，此项目投资大，且拜耳是个享有盛名的大公司，其目光是长远的。他们此次来中国谈判，事先做过充分的可行性调查研究。此项目作为问路之石，旨在打开中国市场。在中国，上海齿科材料厂是最合适的合作伙伴，因为它无论从技术到产品都是国内第一流的，如果德方在中国第一个合作项目失败，再想在中国投资合办企业就难了，为此，德方是不会轻易放弃此项谈判的，他们终止谈判不过是个手段而已。

中方谈判班子的正确分析，为正确的决策提供了依据。因此中方不再担心谈判失败，而是顺风推舟，故意不予理睬。此时，谈判从形式上看似已破裂，但实际上双方都在静静等待对方的让步，此时，对谈判双方的毅力、耐性和自信心而言，都是一个考验。一般而言，谁先妥协，谁就要付出代价。几天之后，德方因对该项目的依赖性和寄予的希望较大，终于沉不住气了，主动发来电传，再次陈述他们的理由：一是包销 25%的许可产品已经承担了很大风险；二是如再出口其余的 75%，就等于自己投资培植一个与自己争夺市场的对手，这绝非拜耳合资办企业的初衷；三是合资企业出口会破坏拜耳的价格体系，如独立经营 75%的其余产品再出口，就超出了中方要求获得技术和利润的目标，而拜耳也无法实现分享市场、获取利润的目标。

中方接到电传后，仔细研究了德方的陈述，觉得不无道理，但己方又不肯让步。为此，中方采取了新的对策，假手“第三人”的权威性来迫使对方让步。为此，在谈判重新开始后，中方请来上海外经贸委负责联系此项目的同志一起参与谈判。中方的这一做法有两个目的，一是希望他起到缓冲作用；二是希望以审批机构代表意见的权威性，促使对方让步。在此次谈判中，中方也陈述了坚持扩大出口的三项理由：其一，合资企业为独立法人，享有独立经营权；其二，国际市场潜力巨大，合资企业与拜耳共同战胜竞争对手；其三，合资企业增加出口，有助于外汇平衡，有利于企业长期生存。

外经贸委的同志此时如同一个仲裁者，听取了中德双方陈述的理由后，巧妙地提出了一个意见：请德方把所占领的国际市场区域做出图示。这下可把德方难住了，因为德方产品销售不可能覆盖全球。但他们毕竟是身经百战的谈判老手，立即转守为攻，笼统地坚持拜耳在全世界都有销售点，回避接触实际问题。然而，细心人看得出，德方那绝不让步的防线已被打开了缺口。中方乘机提出，如果合资企业直接收到国外订单该如何处理？为此双方经过进一步的讨价还价之后，最终在这一问题上都做出了妥协，达成了合资企业在不破坏拜耳的国际价格体系的前提下，可对外来订单有条件地履行合同的方案。这个条件主要是：如果合资企业接到合同地域外塑料牙的订单，其价格和拜耳国际价格表相同，只要在收到合资企业通知后的 14 个工作日内，拜耳未以书面通知合资公司，拜耳或者拜耳指定的第三者将接受这些订单的话，合资公司则有权履行这些订单。对所有通过合资公司而由拜耳履行的订单，拜耳应支付给合资公司 1%的佣金。如果拜耳将订单转给合资公司，并由合资公司履行，合资公司也应支付拜耳同样的佣金。这个双方妥协的方案，实际是既保护了德方一定的利益，同时也否定了外商独占出口权。

3. 解散条款问题

在合同文本的谈判就要接近尾声时，德方再次就合同中规定的解散条款提出异议，德方坚持要在合同中规定：当中国法律有新的规定，且德方判断它对外商不利时，可以申请合资企业解散。中方显然对此不能接受。经多次争执。最终德方同意删除不要，但要规定：“本合同经审批机构批准后，即使中国法律有新的规定，本合同仍按其合同条款执行。”这一条款意味着中国新的立法对合资企业无管辖权，中方开始不同意，谈判再度搁浅。为促成谈判，中方谈判班子再三进行研究，认为德方已在一些条款上做了让步，中方在此问题上不顾外商利益，采取僵化立场，不利于争取谈判成功，为此，谈判项目法律顾问改变僵化的思考问题方式，提出了一个新的又是顺理成章的解释：一是，相信中国对外开放的道路会愈走愈宽；二是，《涉外经济合同法》第 40 条明确规定：对已经批准的合同，即便有新的立法，仍可按原合同执行。这个解释说服了大家。这是一个不拘泥于原则和深具务实精神的生动例证。正是中方这一关键性让步，才使谈判迈过了最后一道难关。

中德这次谈判，经过双方求同存异，友好协商，使谈判之舟顺利地抵达了成功的彼岸，进入了谈判的终局阶段。这个阶段的主要工作就是要对已经达成的谈判的有关文件，进行逐条逐字的修正完善，斟酌定稿，相互校对章程、协议、合同等文字文本的意思是否一致，等等。中德双方对这一阶段的工作做得十分认真和仔细，而且谈判终局阶段的文字工作做得越是仔细，就越能反映出履约的诚意。

(资料来源：http://www.du8.com/readfree/19/04929/6.html)

问题：

请分析中德合资兴建拜耳—上海齿科有限公司合资谈判成功的经验有哪些？你有何启示？

第2章　商务谈判组织与管理

重点提示

- □ 商务谈判的人员素质与结构
- □ 商务谈判的信息收集、整理与准备
- □ 谈判对手的调查与分析
- □ 商务谈判的主题、目标及方案内容、议程制定
- □ 商务谈判的现场布置、信息保密及人员现场管理

阅读资料

从鸡蛋开始的订单

美国菲德尔费电气公司的推销员韦普先生去宾夕法尼亚州推销用电。他来到一所富有的农舍叩门。户主布朗·布拉德太太得知韦普是电器公司的代表后“砰”的一声关上了大门。韦普不甘心，再次敲门。敲了很久，布拉德太太把门打开一个小缝破口大骂。韦普改变口气说，“对不起，打扰您了。我访问您并不是为了电器公司的事情，而是想向您买一点鸡蛋。”老太太听到后态度温和了些，门也开大了。韦普接着说，“您家的鸡长得真好，看它们的羽毛长得多漂亮，这些鸡大概是多明尼克种吧。能不能卖给我点鸡蛋？”这时，门开的更大了。老太太问，“你怎么知道是多明尼克种呢？”韦普知道自己已经打动了老太太，便回答说，“我家也养一些鸡，可是像您所养的那么好的鸡我还没见过呢。而且我养的亨鸡只会生白鸡蛋。夫人，您知道吧，做蛋糕时用黄褐色的蛋比白色的好。我太太今天要做蛋糕，所以特意跑您这里来了……”老太太一听顿时高兴起来。韦普观察了四周的环境，发现这里拥有整套的现代化养鸡设备，接着说，“夫人，我敢打赌，您养鸡赚的钱一定比您先

生养乳牛赚的钱还多。”这句话说的老太太心花怒放，因为长期以来，她丈夫虽不承认这件事，她却总想把自己的得意事说给别人听。于是，她把韦普当成知己，带他参观鸡舍。参观时，韦普不时对所见之物发出由衷的赞美，还与布拉德太太交流养鸡的经验。就这样，两人的交谈越来越愉悦，几乎无话不谈。布拉德太太在韦普的赞美声中请教用电的好处。韦普实事求是地介绍了用电的优越性。两周后，韦普收到了老太太的用电申请。后来，韦普源源不断地收到这个村子的用电订单。

在这个案例中，韦普先生从鸡蛋开始巧妙地说服了老太太，成功地完成了电的推销任务。这与他作为一个推销员的良好素质是分不开的。首先，他具有坚定的思想道德素质，对工作有强烈的热情和责任感，对顾客礼貌、真诚，实事求是。其次，他具有良好的心理素质，头脑灵活，应变能力强。最初吃闭门羹时他并没有气馁，没有发怒，而是灵活巧妙地改变策略，说老太太的鸡蛋好，以买鸡蛋为由接近对方。再次，他具有丰富、扎实的知识和技巧。他懂得养鸡的相关知识，能够和老太太就养鸡的话题进行交谈。他善于观察，从看到老太太家的鸡和养鸡设备找到话题，借题发挥。他懂得交谈的技巧，了解人的自尊和渴望得到肯定的需要，通过赞美老太太和她养的鸡来创建亲切的交谈气氛，调动对方的兴趣。

(资料来源：吕晨钟. 学谈判必读的95个中外案例. 北京：北京工业大学出版社，2005)

谈判是现代经济社会生活中必不可少的组成部分，小到买东西的讨价还价，大到企业间的供销、合作。伴随社会主义市场经济的发展，各种经济实体的数量与日俱增，各种业务往来也越来越频繁，相对应的，商务谈判在社会经济中的地位也逐步增强，商务谈判活动也变得越来越复杂。《礼记·中庸》中有一句名言，“凡事预则立，不预则废”深刻地阐述了组织和管理活动的重要性。

商务谈判是一项复杂的工作，周密的组织和管理是谈判成功的保障。所谓“知己知彼，百战不殆”。谈判前，需要选择合适的谈判人员，组成高效的谈判小组；需要充分调查和分析谈判对手、谈判环境等信息；在对谈判的相关信息进行分析的基础上，根据企业目标制定合适的谈判方案；最后，在谈判过程中还需要对谈判现场、信息、人员等进行有效地组织和管理。

2.1　商务谈判的人员组织

人是一切社会活动的制定者和实施者，谈判活动是人与人之间信息沟通的活动，是由谈判者有计划、有目标、有组织地进行的。要使谈判达到预期目标，提高谈判的成功率，谈判人员起着决定性的作用，而谈判人员的素质和能力，谈判小组的结构等都对谈判结果起着至关重要的作用。

2.1.1　谈判人员的素质要求

商务谈判的谈判人员是代表某一企业或组织与其他企业或组织为一定经济利益而“战”的。商务谈判又是谈判人员的性格、勇气、知识、智力、耐力、技巧、甚至体力等综合素质的较量。一般来说，合格的谈判人员应该具备以下几个方面的素质。

1．良好的思想道德素质

思想道德素质是谈判人员应该具备的首要素质。谈判人员的工作具有一定的独立性和自由性，他们有一定的权利，是所在企业或组织的代表。在经济全球化的新形势下，谈判人员会遇到形形色色的诱惑，因此，良好的思想品质、灵敏的政治嗅觉是合格谈判人员的首要要求。

在政治素质方面，要热爱祖国、遵纪守法、廉洁奉公、忠于职守，正确处理好国家、企业和个人三者的利益。道德素质方面，要讲究信誉、诚信待人、自尊、自爱、自律，要有团队精神和合作意识，对工作、他人要热情，对企业要有强烈的责任感和归属感。同时，在谈判中不卑不亢、尊重他人、举止优雅、落落大方，能够给谈判对手留下良好的印象。

2．良好的心理素质

现代经济中，企业的许多利益都是在谈判桌上实现的，商业谈判是一种“短兵相接”，是不同谈判方对经济利益的角逐，而良好的心理素质是谈判成功的保障。商业谈判不仅是谈判者知识、技能的较量，也是耐心、勇气、韧性和敏锐性的争锋。一方面，谈判人员应该在紧张、激烈的谈判中较好地调整自己的情绪，控制自己的行为，时刻保持清醒的头脑和稳定的心理状态。只有处难不乱、遇暴不怒、沉着冷静、喜怒不形于色，才能清醒地分析当前状况，寻找最利于己方的谈判方式，或者抓住对方漏洞，从而获得谈判的最终胜利。另一方面，谈判人员还需要有坚韧不拔的毅力，灵活应变的能力，乐观向上的态度，不屈不挠的精神和不达目的誓不罢休的勇气。

商务谈判充满了变数，常常是谈了几天几夜，可临到最后却突然因为一个小小的问题而破裂。下面这个小故事让很多谈判者铭记在心。有二个人在沙漠中迷了路，走了几天几夜，弹尽粮绝，却仍找不到路。其中一个人搜遍了所有包裹，只搜到半瓶水，叹了口气道：“唉，我们只剩下半瓶水了。”然后颓然倒下，再也没有爬起来。而另一个人却高兴地说：“哈，我们还有半瓶水！”然后继续前进，最后终于走出了沙漠。这个故事告诉我们良好的心理素质，乐观积极的态度有时候是制胜的关键。

3．扎实的业务知识和技能

作为一名合格的谈判人员，仅仅能说会道是不够的，他必须接受过商务谈判方面的专业知识培训，必须了解和掌握谈判业务的各种技能和技巧，而且要有广博的综合知识。商务谈判是一项复杂的经济活动，丰富的知识和文雅的谈吐是控制谈判局面，掌握谈判主动权的坚实基础。一般来说，合格的谈判人员需要具备"T"型知识结构，即知识面要宽，专业知识掌握要深：一方面，谈判人员的知识面要广，要精通商业贸易、金融法律、产品市场、贸易政策以及经济学、心理学、管理学等学科知识，甚至文学、历史、农学、艺术等知识也要有所涉猎，有些时候和谈判无关的一些知识也会成为谈判制胜的关键。另一方面，对商务谈判各种知识、技能的掌握要有一定的深度，要求具备运用相关知识的能力，包括较强的灵活应变能力、创新发展能力、洞察分析能力、社会交际能力、逻辑思维能力、语言文字表达能力、坚强的意志力等。在涉外谈判中，除了要了解谈判所需的知识外，尤其要了解对手所在国家的风俗习惯、历史和宗教等。

1992 年，我国 13 名不同专业的专家组成一个代表团，去美国采购一批化工设备和技术。美方想方设法令我方满意，其中一项是送给我方代表每人一个小纪念品。纪念品的包装很讲究，是一个漂亮的红色盒子，红色代表发达、喜气。可当代表们高兴地按照美国人的习惯当面打开盒子时，每个人的脸色却显得很不自然——里面是一顶高尔夫帽，但颜色却是绿色的。美国商人的原意是：签完合同后，大伙去打高尔夫球。但他们不知道"戴绿帽子"却是中国男人最大的忌讳。合同没有签成，原因是对方工作太粗心，连中国男人忌讳"戴绿帽子"都搞不清，所以中方不放心把几千万美元的项目交给对方。

4．健康的身体素质

商务谈判是一种费时费力的工作，牵涉面广、经历时间长、压力大，往往需要长途跋涉，需要夜以继日的工作，甚至需要跨越国界，需要适应不同的环境。谈判人员不仅要付出大量的脑力，还需要付出一定的体力，没有健康的身体是很难胜任谈判工作的。撒切尔夫人的铁女人风范不仅体现在她的政治能力和处事手腕，也表现在在十几个小时内完成对几个国家的访问。如果没有健康的身体素质是无法做到的。因此，选择谈判人员时应该考虑谈判者的年龄和精力，一般选择 35～55 岁的谈判者，因为他们积累了一定的知识经验，并且思路敏捷、精力旺盛，也有较强的事业心、责任心和进取心。当然，由于谈判内容、谈判要求不同，年龄结构也可灵活掌握，有时候故意示弱也是一种谈判手段。

在一定程度上，谈判是人才的对抗，选择高素质的谈判人员是谈判成功的前提和保障。另一方面，谈判人员的素质不是天生的，需要经过长期的培训和锻炼，需要学习知识和积累经验。弗雷德·查尔斯·艾克尔在《国家如何进行谈判》一书中指出："根据 17、18 世纪的外交规范，一个完善的谈判家，应该心智机敏，而且具有无限的耐性；能巧言掩饰，但不欺诈行骗；能取信于民，而不轻信他人；能谦恭节制，但又刚毅果断；能施展魅力，而不为他人所惑；能拥巨富藏娇妻，而不为钱财女色所动。"

2.1.2 谈判组织人员的结构

除一对一的个体谈判外，商务谈判都是由谈判双方组织的两个谈判小组构成的。选择合适的谈判人员固然重要，谈判小组的人员构成也对谈判成功与否起着重要的作用。

1. 谈判小组的人员最佳数量

有些时候会有单一的谈判者出现。如果是老客户、小金额、内容简单的谈判企业会授权一个人参与谈判，但此人一定是该领域的专家，经验丰富，掌握足够的信息资料，能够在谈判中抓住机遇、快速决策。一个人的谈判战术灵活、便于调整，而且节省时间、精力和财务成本。但是一个人知识能力毕竟有限，缺乏必要的信息交流，并且工作量大，也会给对方行贿的机会。另外一个人的谈判也会出现由于谈判者身体健康或其他突发事件而影响谈判的情况，因此，一般的谈判都是多人参与的。

从对谈判的有效管理和谈判要完成的任务来看，合适的谈判小组应该有 3～7 人。从管理的角度来看，一个领导的管理幅度是有限的，在谈判这种紧张、刺激、复杂、多变的活动中，3～7 人既能通过人员的分工合作来实现信息的交流，知识、能力的互补，又能保证不同人员的沟通、协调、控制的效率，以取得谈判的成功。一个谈判小组既需要发挥个人的应变力和创造力，又需要集体力量的完美结合。如果谈判小组人员数量少会造成孤掌难鸣，知识能力不足等问题，过多又会造成协调、控制的困难。因此，3～7 人的谈判小组是最合适的。当然这个数量也不是绝对的，可以根据谈判内容、性质、难易、重要程度等而变化，一个人的谈判和十几个人甚至更多人的谈判也可能出现。

有时候，对于一些重大问题、谈判难度较大的高层次国际商务谈判，企业会组建由几十甚至上百人的谈判团。谈判团的成员数量多，分工更详细，一般包括各方面的专家及技术人员，保证在各方面与对方势均力敌或者更胜一筹，以减少失误，达到最终目标。大型谈判团内部更要合理分工，可以分成若干个专门的部门或小组，各部门和小组相互配合，要求既能顺利完成谈判任务又要达到高效率、低成本。重大项目的谈判团不但有正式的谈判代表，还要有顾问、观察员等。

2. 谈判小组的人员分类

一般来说，商务谈判小组根据谈判分工应该包括主谈和辅谈两类。

(1) 主谈。主谈是指在谈判的某一阶段，或针对某一个或几个方面的议题，由他为主进行发言，阐述我方的观点和立场。主谈是谈判桌上的主要发言人，是谈判小组的领导者，也是谈判成功的关键人物。

主谈是谈判小组的核心，是己方利益的代表，主谈水平的高低直接影响着谈判的成效，因此，主谈除具备谈判人员的一般素质以外，还需要具有领导指挥、判断决断的能力，具有对谈判小组的影响协调能力，并且熟悉谈判小组成员的知识能力。他既善于采纳小组成员的建议，又要有独立的调查、思考、判断能力，并能迅速做出决定。选择主谈时要考虑谈判的内容、重要程度、对方主谈等因素。

主谈的主要职责是：挑选谈判小组成员，组建谈判小组；调动谈判人员的积极性，分配人员职责，协调各成员关系及言行；制定谈判目标、方案、议程、策略；代表本方与对方达成谈判协议，负责与上级沟通意见，引导谈判进程，分析总结谈判结果，撰写谈判报告等。

(2) 辅谈。辅谈是除主谈以外的谈判小组的其它成员，一般包括经济人员、专业技术人员、法律人员、翻译人员和记录人员等，有时还会有情报人员、礼仪人员、服务人员等。当然由于谈判小组的人员数量有限，商务谈判一般根据需要配备这些人员，也可以是一人兼两职或是三职。

经济人员一般由熟悉业务的经济师或会计师担任，为主谈提供经济方面的资料和意见。同时在与对方经济人员直接磋商时，要能够独当一面，发挥自己的主动性和创造力。专业技术人员由本单位熟悉生产、科研技术，能够解决谈判中涉及到的技术问题。谈判前，技术人员需要掌握大量的技术资料，谈判中能够帮助主谈进行技术分析和判断，解决己方有关的技术难题。法律人员需要熟悉各种经济法规，在国际商务谈判中还需要了解国际商法和有关国家、地区的法律法规；还要能够透彻掌握各种合同、协议中条款的法律意义和要求，使本企业在贸易往来中得到法律保障，维护自身利益。语言沟通是商务谈判的基础，如果语言不通就难以实现双方意见的交换，因此，在涉外谈判中，翻译人员是必备的。另外，记录人员、情报人员等也在谈判中对主谈起着一定的辅助作用。

总之，商务谈判的辅谈需要具备工业技术、法律合同、商务谈判、语言翻译等方面的知识和技能。辅谈一般也是谈判小组必不可少的，帮助并配合主谈的工作，为主谈提供一些专业性帮助，起到参谋和支持性作用。

3．谈判小组的人员构成原则

由个体素质较高的成员组成的谈判小组整体素质不一定好，谈判小组应该具备合理的知识结构、性格配比等。也就是说，谈判小组内不同专业的人员应该具备一定的比例结构。只有这样，才能让整个小组不同人员相互配合，达到 1+1>2 的效果。一个高效谈判小组的人员构成需要遵循以下原则：

(1) 知识互补原则。谈判小组的成员不可能具备谈判所需要的所有知识，但是不同人员之间一定要知识互补。每个成员一定具备自己的特长，是处理某些领域的问题的专家，而且不同成员之间也应该具备理论知识和实践知识的互补。谈判小组中既有年轻的高学历专家，也要有经验丰富的谈判老手。

(2) 性格互补原则。人的性格千差万别，每个人都有各自的优点，在商业谈判中应该充分发挥各自的优势。比如说敢于冒险、有较强的决断力的人和保守、谨慎的人可以形成互补；在谈判中，有人需要唱“红脸”，有人需要唱“白脸”；有时候需要针锋相对，有时又需要迂回婉转。

(3) 明确分工、统一目标原则。商务谈判主谈和辅谈一定要责任分明，层次清楚，各成员所承担的工作任务一定要明确分工，特别是大型的商务谈判。每个人都需要为一个共同的目标而努力、协同作战、统一意见，避免因为分工混乱出现越权、自相矛盾等现象。

(4) 地位对等原则。也就是说我方谈判小组的成员在企业中的地位应该与对方对等，不能相差太大。这里的对等并不要求完全一样，也要根据谈判双方的社会地位、实力对比等而变化。

2.2　商务谈判的信息组织

只有“运筹帷幄”才能“决胜于千里”，而“运筹帷幄”的前提就是广泛收集和掌握大量的信息，继而对这些信息进行整理、分析，从而做出决断。商务谈判信息是反映商务谈判经济活动及其特征的各种知识、消息、指令、数据、文献资料等。

对商业谈判来说，不仅仅在制定谈判方案和具体措施时需要大量资料的支撑，在方案实施过程中也需要不断地了解双方信息。只有运用正确的方法，及时、准确、有效、充分地收集、整理和分析关于谈判环境、谈判对手等信息，才能为谈判的成功提供良好的基础和保证。

阅读资料

与外商谈判前的 19 个准备工作

1. 首先要了解外商公司的详细情况，包括外商公司的股份结构、经营现状、技术水平、近三年的资产负债数字等。

2. 详细了解外商的谈判代表的具体情况，包括年龄、学历、爱好、身体健康状况，以及他在外商公司中的位置，他在经商履历中的业绩，他对投资项目的兴奋点。

3. 准备一位好的专业翻译，一位水平高的翻译可以协助顺利地完成谈判，准确地表达双方的真实意愿并在适当时对回避或缓解双方的交锋将起到决定性的作用。

4. 透彻分析自己企业的现状，近三年的资产负债数字、职工劳动生产率、股东的组成成分。

5. 对自己公司准备参与合资的资产状况做出准确的数量级分析。包括原投资股本金、折旧、固定资产增值、土地原值、土地增值、技术评估、无形资产的总值等。

6. 准备准确的文字资料，在外商到达时提供给他们，文字资料要装订得尽可能精美。如果你公司已经完成VI设计，则资料要完全按照VI设计规范。

7. 提前确定与外商谈判的三个方案：最佳方案、折中方案和妥协方案。

8. 准备好为达到上述三个方案所需的策略和手段。

9. 要明确地让外商清楚并理解，他们只有和你们合作，才能得到最大的投资效益。如果他们不和你们合作，他们将失去什么？损失什么？

10. 通过其它渠道向外商侧面透露你们正在和第三方谈判的可能，如有可能同时安排另一家外商进行谈判。

11. 准备关于技术、管理、公共关系等各方面的资料，试图让外商明白，如果你们不和他们合作，对他们来说，将会树立一个潜在的、力量强大的、未来的生意竞争对手。

12. 与外商协商确定谈判的日程安排，对各个时间段的衔接要精确和细致，如在哪个酒楼吃饭，吃什么菜等。一般的外商对午餐很随便，一份盒饭也可以。

13. 和外商商量谈判的费用负担方案。不必客气，外商习惯AA制，第一顿和最后一顿请他们足以，他们并不欣赏大吃大喝的场面，甚至产生反效果，他会认为如果和你们合作，会担心将来你们太浪费，当然如果是华人，则另对待。

14. 时间观念一定要强调，对于双方认可的时间表，必须准时到以分钟计算。

15. 注意不让外商接触技术或其它的保密部门。

16. 不要流露出期待、渴求、急躁或一味讨好外商合作的情绪和行为，一切接待活动做到有理、有力、有节、平等。

17. 准备参加谈判代表的个人的服装和仪表。外国人注重礼节，他会认为你穿着整洁的服装是对他的尊重。如果你使用的正是他所喜欢的法国某个牌子的香水，那一定会有助于谈判成功。

18. 不必在外国人面前拘谨，把他们当作远道而来的好朋友，谈判以外的时间尽可以幽默和诙谐一番，英国人认为幽默是男人的最大魅力。

19. 准备好初次见面的小礼物，不必贵重，要有些纪念意义，最好是能让他放到他的办公室中或他的客厅中的小装饰，让他走后也可以经常看到，可以经常想起你来。

(资料来源：http://info.315.com.cn)

2.2.1 谈判信息的收集与整理

商务谈判是人们为获得一定经济利益而相互商谈，寻求合作或交易的活动，是一项沟通活动，而大量的信息是谈判和沟通的前提与基础。双方通过交流信息，通过各种渠道获得相关信息才能更好地了解谈判环境，了解谈判对手，掌握对方的意图。只有这样，才能有针对地制定谈判计划。商务谈判需要通过各种渠道收集相关信息，并对这些信息进行整理和分析。可以说，商务谈判在一定程度上也是一种信息的较量，对各种信息有着很高的依赖性。

1．收集、整理和分析谈判信息的意义

谈判信息直接或间接地影响着谈判活动，有时候信息的掌握能够决定谈判的成败。通常，在谈判前、谈判过程中和谈判结束后收集、整理与分析谈判信息具有以下几个方面的意义：

谈判前，信息是制定谈判方案的依据。信息情报是谈判计划和策略制定的最基本的前提。谈判计划制定前需要了解谈判对手的意愿，双方合作或谈判的基础，对方由哪些人来进行谈判，这些人的性格、能力、地位、谈判风格等，还需要了解市场状况，分析消费者意愿等，需要掌握谈判地的风俗习惯、政治条件、文化宗教、商业习惯、气候环境等。只有充分了解和掌握相关的信息，才能知道对方的真正需要，建立谈判优势，制定相应的谈判方案，做到知己知彼，做到“决胜千里”。

谈判过程中，信息是掌握谈判进程的手段，是进行谈判沟通的中介，是实施谈判策略的基础。商务谈判是一项复杂的经济活动，尽管事先制订了无懈可击的谈判计划，但是谈判计划实施过程中难免会出现一些变数。如谈判因某种原因陷入僵局，意外情况导致谈判计划无法实施，谈判中新情况的出现等。当变数出现时，需要根据事先掌握的信息适时调整谈判计划，而且谈判进行中，也需要根据谈判中获取的信息进行整理分析，在一定范围内调整谈判计划。例如在某次交易会上，我方外贸部门与一客商洽谈出口业务。在第一轮谈判中，客商采取各种招数来摸我们的底，罗列过时行情，故意压低购货的数量。我方立即中止谈判，搜集相关的情报，了解到日本一家同类厂商发生重大事故停产，又了解到该产品可能有新用途。在仔细分析了这些情报以后，谈判继续开始。我方根据掌握的情报后发制人，告诉对方：我方的货源不多；产品的需求很大；日本厂商不能供货。对方立刻意识到我方对这场交易背景的了解程度，甘拜下风。在经过一些小的交涉之后，乖乖就范，接受了我方的价格，购买了大量该产品。由此可见，在商业谈判中，口才固然重要，但是最本质、最核心的是对谈判的把握，而这种把握常常是建立在对谈判信息的把握上的。

谈判完成后，整理分析整个谈判过程和谈判结果等信息可以为以后经济活动提供参考。一项谈判任务的完成并不代表工作的结束，通过分析谈判计划实施情况，考察谈判人员的表现，评判谈判得失等，可以为企业以后的相关经济活动提供宝贵的经验和教训。与某一企业一次成功的合作也是以后继续合作与谈判的基础。

阅读资料

日本某家株式会社拥有中方急需的设备。为了进口这些设备，中日双方在上海进行了谈判。日方首先提出了 1000 万日元的报价。中方早就对该产品的性能、成本以及国际市场上的行情了如指掌，反驳说，“根据我们对同类产品的了解，贵公司的报价只能是一种参考，很难作为谈判的基础。”日方没有料到我方马上提出该价格的不确定性，有些措手不及地介绍产品性能与质量。我方继续说，“不知贵国生产此产品的有几家？贵公司优于其他公司的依据是什么？”暗示出我方并非非买你家的产品不可。日方对此非常吃惊，连忙降低姿态，同意削价 100 万日元。中方根据手中掌握的信息，以对方不经请示就擅自降价 10%为由，认为对方还有降价的余地，提出 750 万日元的要求。日方对此坚决反对，双方进入僵局。

为打开僵局，中方指出，“这次引进设备，我们从几个厂家中选择了贵公司，这已说明我们的诚意了。你们说价格太低，其实不然。此价虽比贵公司销往别国的价格低一点，但是由于中日之间的运费很低，因此总利润并没有减少。更为重要的是，现在还有其他的国家的几个公司正等待着我方的邀请，希望和我们签订销售协议。”说完，中方代表将其他外商给中方的电传拿给日本人看。日方代表被中方所掌握的详细信息以及真诚的态度所感动，最后认同了 750 万日元的价格。

此次谈判中方之所以获得如此大的成功，和他们掌握了大量的信息，并且巧妙地运用这些信息为谈判服务是分不开的。首先，中方在谈判前对引进产品的性能、成本、销售行情等很了解并且在谈判中得到了很好的运用。其次，谈判陷入僵局时把运费情况说给对方，指出中方的价格是有依据的，并且把和其他供应商的联系告之对方，给对手造成压力，从而最终取得了谈判的胜利。

(资料来源：吕晨钟. 学谈判必读的 95 个中外案例. 北京工业大学出版社，2005)

2. 谈判信息收集的要求和渠道

目前我们处在一个信息爆炸的时代，信息的种类和数量以前所未有的速度急剧增长，获得信息的渠道也越来越多。如何甄别和选择信息也就成为了一项复杂的工作。

收集谈判信息是为谈判计划的制定提供参考，因此，只有那些具有真实性、完整性、相关性、及时性的信息才能符合要求。首先，信息是为决策提供依据的，真实是信息的生命，如果不能真实反映实际情况，就会误导谈判人员，使其做出不当的决策。真实的信息要求来源可靠，有据可查。而且为了验证信息的真实性，需要从多个角度、多种途径收集信息，以相互验证，辨别真伪。其次，信息要求完整，残缺不全的信息对谈判无益，甚至会使谈判者做出错误的决策。这就要求从多渠道广泛征集信息，力求资料全面、可靠。再次，信息准备是一项繁杂的工作，现代信息社会为人们的信息收集提供了方便的同时，大量的信息量却增加了人们辨别、筛选的成本。如果收集的信息不能反映出谈判人员要求，不能帮助谈判人员了解谈判对手、制定谈判计划，这样的信息就失去了应有的作用。所以信息收集工作一定要有针对性，根据谈判需要收集有用的谈判信息。最后，信息有很强的时效性，尤其是一些时间、空间变化较大的信息，如果不能及时收集、整理和传递，信息就失去了效用。

为了更好地了解对手，需要从多方面收集信息资料，为洽谈做好准备。一般来说，谈判信息可以通过以下途径获得：从国内的有关单位或部门，包括国内贸易部，对外贸易促进委员会或其各地分支机构，中国银行的咨询机构，与谈判对手有过往来的企业或部门等；从国内在国外的机构及与本单位有联系的当地单位(主要是涉外谈判)，包括我国驻当地的使馆、领事馆、商务代办处，国内金融机构在当地的分支机构，本行业集团或本企业在当地的经营机构，本公司或单位在当地的代理人等；从公共媒体或公共机构提供的出版或未出版的资料，如广播、电视、杂志、书籍、报纸等媒体，再如国家统计机关、行业协会、研究机构等提供的统计信息、行业资料、调查报告等；本企业或单位直接派人到对方国家或地区收集资料，包括秘密谈判，直接访问，谈判过程中实时观察、搜寻等。

3．信息情报的整理

通过有计划地搜集工作，可以获得大量情报，但是要使这些原始信息有助于谈判活动，真正发挥作用，就必须对这些信息进行整理和筛选。整理和筛选一般有两个方面的作用，一是辨别信息资料的真实性、针对性和可靠性，排除虚假信息，完善片面、不完善的信息。二是在真实可靠的基础上对有用信息进行整理、分类。确定哪些信息是主要的，哪些是次要的，哪些应该在什么情况下使用等。

一般信息的整理和筛选需要经过以下步骤：

首先是甄别。根据谈判目的、性质和内容，鉴别资料的真实性与可靠性，分析信息的相关性，寻找可用于谈判计划制定的有用信息。这就需要从大量信息中剔除不真实、无用、失效、带有主观色彩的、片面的、不完整的信息，对信息进行去伪存真、去粗取精，选择那些真实可靠，能够帮助谈判人员决策的信息。

其次是分类。选择合适的信息之后，需要将这些信息进行分类汇总，按照时间顺序、专题、内容等将所有信息进行分门别类，有助于精确、全面地反映事物的全貌和各个侧面。

再次是分析。认真研究整理好的资料，由表及里、由浅入深地探求事物的本质，提出关键的问题，得出相应的结论。整理资料的最终目的是为谈判服务，只有经过分析的信息才能为谈判计划和策略的制定提供参考，对整个谈判活动做出全面的认识，为谈判决策提供指导意见。

例如，20 世纪 60 年代，日本人从中国报纸上看到了中国生产石油的消息，就迫切想知道油田的地点，以判断中国是否需要输油管，与中国人做生意。日本人首先从报纸上刊登的照片分析。王进喜身穿皮袄，头戴皮帽，背景是漫天大雪，判断油田可能在东北。报纸上说，石油设备是人们从车站拉到油田的，进一步推断，油田应该离铁路线不远。报纸上还说去油田的路上很泥泞……综合这些信息之后，日本人断定油田在北大荒，据此，他们得出中国需要架设输油管的结论，然后通过各种途径探听中国人是否愿意购买日本人的输油管。这就是谈判前对信息情报的分析。报纸上有关的信息很多，日本人根据想了解中国是否需要输油管的目标，从中筛选合适的信息。报纸上的照片和文字都能提供大量的信息，日本人根据王进喜的穿着打扮和背景判断油田的大致地点；根据人们能够靠人力拉石油设备推断油田的具体方位；根据道路情况判断油田的环境。最终通过分析得出了中国油田在北大荒，并且需要购买输油管的结论。利用这些结论，日本人以此为基础和中国人进行了商业谈判。

2.2.2　谈判信息准备的内容

商务谈判是一项复杂的企业活动，影响因素多，可控性差。一般来说，凡是能够对谈判产生影响的信息都应在收集整理的范围之内。概括起来，这些信息应包括企业自身信息、谈判对手信息、市场信息和环境信息。

1．企业自身与谈判对手信息

"知己知彼，百战不殆"，敌我双方的认识是谈判前需要准备的核心内容。在商务谈判中，对企业自身信息的了解是制定谈判计划和策略的前提。没有对自身的客观评估，没有自知之明，就很难做到对双方实力的准确判断，并做出正确的决策。而对谈判对手的分析了解是制定谈判策略、获取谈判成功的关键。

首先，谈判者应该分析自己的实力，认清自己到底能满足对方哪些需要，例如：己方的生产经营状况；己方的财务状况和支付能力；己方能够提供的商品数量、商品品质、商品的技术指标；己方的售后服务能力与水平；己方与铁路等运输部门的关系等。如果己方具有其他企业所没有的满足对方需要的能力，或是己方能够比其他企业更好地满足对方的某种需要，那么己方就拥有了更多与对方讨价还价的优势。

其次，谈判者在知己的基础上还要做到知彼。对谈判对手的了解主要在于考察谈判对手的合法资格，审查对方的资信能力，有效判断双方实力对比等。相关内容在 2.2.3 节将详细论述。

2．市场信息

市场资料是商务谈判可行性研究的重要内容，在谈判中，只有及时、准确地了解与标的对象有关的市场信息，预测分析其变化动态，才能掌握谈判的主动权。市场信息资料非常丰富，一般不仅仅指谈判所涉及的产品价格变化，还包括市场同类商品的供求状况，互补产品与替代产品的供求状况，主要竞争对手的生产经营状况等。

(1) 市场供求状况。市场供求状况严重影响谈判双方的地位。根据迈克尔·波特的五力竞争模型，在供过于求的情况下，买方谈判者更容易占据有利地位，讨价还价更容易，而卖方处于劣势；反之，在供不应求的情况下，买方就居于劣势地位，很难在价格上使对方让步，而卖方就处于主动地位。但不同地区、不同时间的市场供求也会发生某种变化。而且买卖双方的地位也不能一概而论，除了与供求状况相关外，双方实力的对比也是影响谈判地位的重要因素。

(2) 相关产品(或服务)供求分析。相关产品包括替代品、互补品及后续产品等。替代品数量越多、品质越好、生产厂家实力越强，卖方在谈判中就越处于不利地位；互补品数量越多、品质越好、生产厂家实力越强，买方就越处于不利地位；后续产品数量越多、品质越好，买方就越处于不利地位。当然以上情况也只是相对的。

(3) 竞争者的情况。竞争者的情况主要包括竞争者数量、竞争实力、市场占有率、生产规模、经营状况、价格水平等。一般来讲，了解竞争者的状况是比较困难的，因为无论是买方还是卖方，都不可能完全了解自己的所有竞争对手及其情况。因此，对于谈判人员来说，最重要的是了解市场上占主导力量的竞争者。在谈判中了解主要竞争对手，通过评判竞争对手可以更好地评估己方产品的竞争力，掌握谈判主动。

3. 环境信息

商务谈判是在一定的政治、经济、社会、气候环境下进行的，在一定程度上要受到外部环境的约束。因此，谈判人员需要对谈判的环境进行全面分析，为制定谈判策略提供参考。目前国内外学者在研究“与谈判相关的环境要素”时大多数引用了英国的谈判专家 P. D. V. 马什在《合同谈判手册》一书中的分类。该书中把与谈判有关的环境要素概括为政治状况、宗教信仰、法律制度、商业习惯、社会习俗、财政金融状况、基础设施与后勤供应、气候等八大要素。本文将宗教信仰和社会习俗统一归纳为社会环境，把商业习惯、财政金融和基础设施与后勤归纳为经济环境。

(1) 政治环境。商务谈判一般是企业与企业之间的谈判，而任何企业都是在一定的政治环境下成长的，都要受到当地政治环境的影响，如国家对企业的管理程度、管理方式，企业所在国家的经济运行机制，谈判双方所在国家的政局稳定情况等。同时，企业间能否通过谈判达成交易还要受到双方所在国家政府之间的关系、政府对商业竞争的态度等因素的影响。因此，政治状况有时候关系到谈判项目是否成立，谈判结果是否能够顺利履行。例如改革开放初期，某地打算引进外资，谈判的焦点不在经济和贸易情况，而是政治问题。外方担忧中国的政局问题，中方代表回答说，“中国这几年的发展，政策确实在变，不过是变得越来越活，越来越与世界接轨，越来越好了。”中方代表通过自信、诚恳的语言摆事实讲道理，向外商描述了我国美好的政治前景，也为双方交易画出了一个美好的未来。

(2) 法律制度环境。企业行为要受到所在国家的相关法律法规的约束，商业谈判前需要对谈判双方所在国家的相关法律进行了解和分析，保证双方交易不违背法律和法规的要求。有时根据相关法律还可以为己方争取更好的交易条件。对法律制度的调查主要包括：双方交易的是什么？大概包括哪些内容？法律制度的执行情况如何？法院受理案件时间长短怎样？执行其他国家法律仲裁时的程序等。

(3) 经济环境。商务谈判离不开经济环境。商务谈判的经济环境主要是指所谈标的在国内国际市场上的地位(主要是垄断、供大于求和供不应求三种情况)以及宏观经济环境。尤其是招商引资类的谈判，投资商首先要看的就是该地区的经济发展水平、市场发育程度、消费水平、消费习惯、地方政府的经济政策、基础设施建设等。在涉外商业谈判中，谈判对手所在国家的商业习惯和财政金融状况是要考虑的关键要素。不同国家的企业决策程序、谈判礼节、常用语言文字、协议签订程序、货币兑换、外汇储备、外汇出入境管制等都存在着差异。如果不能很好地了解这些差异，就可能会造成不必要的误会或损失。

(4) 社会文化环境。社会文化是人类在创造物质财富过程中所积累的精神财富的总和，影响着谈判者的思想和行为。每个国家和地区都有自己的价值观念、民族传统、社会习俗、民族风情、文化教育、饮食习惯和宗教信仰，这些社会文化环境也会直接或间接地影响着商业洽谈活动。在涉及到社会文化差异时，谈判者必须了解这些差异，丢掉偏见和成见，克服语言障碍，理解对方的文化和行为，避免不必要的冲突和误会，保证谈判气氛的和谐。例如美国人时间观念很强，在与美国人谈判时就必须要守时；德国人认为晚上是休息时间，非常反感在晚上谈公事，谈判时间就应该安排在白天；俄罗斯人喜欢喝酒、吸烟、跳舞和运动，如果投其所好，在谈判中就可能收到意想不到的效果。

(5) 气候环境。一个国家或地区的气候状况有时也会影响谈判活动。不同国家和地区的温差、降雨、湿度、空气质量、平均气温、自然灾害等都是气候状况。商务谈判都是由人来完成的，而人的心情、健康状况、情绪等都会受到气候环境的影响。当气候对谈判者的心情、健康等造成负面影响时，谈判进程、谈判结果也会受到一定程度上的影响。

2.2.3 谈判对手的调查分析

对谈判对手信息的调查和分析是商务谈判准备工作的重要一环，也是谈判信息中最有价值和最难收集的信息。如果和一个事先毫无了解的对手进行谈判，就难以制定完善的谈判计划和策略。只有充分了解谈判对手的信息，才能识别对方的谈判意图，分析双方优劣势，制定合理的谈判方案。谈判对手的信息是复杂多样的，在信息准备过程中，应侧重收集谈判对手的以下信息。

1. 对谈判对手合法资格的审查

商业交易是具有合法资格的企业或组织之间的经济活动，对谈判对手合法资格的审查是谈判前了解谈判对手的首要任务。一般来说，对谈判对手合法资格的审查从两个方面进行：首先是企业组织法人资格，其次是前来谈判的人员资格和其签约资格。

对谈判对手法人资格的审查可以通过要求对方提供相关的文件，比如法人注册登记证明、法人所属资格证明等。在取得这些文件后还需要通过一定的手段和途径验证其真伪，了解对手的企业组织性质、法定名称、管理中心地点、营业场所以及法人的国籍等。

参加谈判的人员可能是对方公司的高级管理人员或某一部门的负责人。谈判前需要审查谈判代表在对方公司的地位和职权情况，有没有负责签约的权利。从法律角度来讲，只有董事长和总经理才能代表公司对外签约。公司和企业一般不对其工作人员超过授权范围或根本没有授权而对外所应承担的义务负责。

2．对谈判对手资信能力的审查

仅仅具备法律资格并不能成为交易的基础，如果对方行为能力弱、信誉差，很可能使谈判结果不能很好实施，甚至如果对方企业破产，对己方也会造成巨大的损失。所以，谈判对手的资本、信用、履约能力、商业信誉等都是谈判前考察的重要环节。

对谈判对手资信能力的审查主要是审查对方的注册资本、资产负债状况、资金现状、产品销售情况、运营状况、收支状况、产品质量、以往交易履行情况、市场地位等有关事项。这些方面可以通过由公共会计组织审计的年度报告，银行或资信机构出示的证明材料，以往的交易履行记录，企业产品的市场反响等信息来考察。

资信能力包括谈判对手的商业信誉及履约能力，调查该公司的经营作风、发展历史、市场信誉、财务状况、产品形象等。不能因为是老客户或者由于人情等因素不好意思审查。商务谈判需要严肃、谨慎对待，上次交易愉快不代表这次交易的成功，以往的良好信誉也不代表永远的良好信誉。所以，对谈判对手的资信状况也要定期调查，尤其是当其突然下大订单或有异常举措时，更不能掉以轻心。

3．对谈判双方实力的判定

对谈判对手合法资格和资信能力审查之后，就需要对双方实力进行评价和判定。在此基础上才能确定我方的谈判目标和计划。谈判实力不同于企业实力，是指影响双方在谈判过程中相互关系、地位和谈判最终结果的各种因素的综合，以及这些因素对谈判各方的有利程度。但是在一般情况下，企业实力强有助于强化谈判实力，但谈判实力强的一方企业实力不一定强。通常情况下，影响谈判双方实力的要素有以下几个。

(1) 双方对交易内容的重视程度。商务谈判可以帮助不同企业组织间实现交易，使双方都能从中得到好处，但这不意味双方对交易内容的重视程度一样。一项交易可能决定着一个企业未来的发展方向，对企业起着关键性作用，因此对交易的重视程度高；但是对另一方可能影响比较小，所以不太重视。在这种情况下，越是重视谈判结果的一方就越处于弱势。或者某一产品供不应求，因此产品需求方急于购买，更加重视谈判的成功，在谈判中就会比较被动，很可能接受对方的苛刻条件。

(2) 双方对对方条件的满足程度。商业交易的基础在于互通有无，双方通过谈判来达成各自的愿望。在这个过程中，双方对交易内容和交易条件的要求是不一样的，甚至是冲突的，只有在谈判中不断协商才能达成一致的意见。交易一方越能满足对方的某些条件，就越具有优势，可以在其他方面提出更高的要求。比如一公司欲购买一套信息系统用于公司日常管理，而另一公司所提供的产品无论在可操作性、稳定性、安全性、交货时间等方面，还是在安装调试、售后服务等方面都能很好地满足买方的需要，那么卖方就处于优势地位，可以在价格和付款时间上提出更多的条件。反之，如果该产品不能很好满足买方需求，卖方却急于获得现金，而买方却能满足买方付款时间的要求，此时买方就处于优势，可以要求适当降价或者延长免费维护、维修时间等附加条件。

(3) 双方竞争形势。在商业交易中，很少会出现买主和卖主一对一的现象，通常是多个买主和卖主。正如迈克尔·波特在竞争的“五力模型”中所提出的，买方数量越多，卖方的讨价还价能力就越强，就越处于优势地位；卖方数量越多，买方的讨价还价能力就越强，就越处于优势地位。

(4) 双方对信息的了解程度。信息的掌握是谈判成功的基础保证，交易一方对相关信息掌握的数量越多、越精确、越及时就越能在谈判中处于主动地位。谈判计划的制定、谈判策略的选择都是在相关信息收集、整理和分析的基础上进行的，谈判一方对信息了解程度越高、越精确，就越能制定出合理的谈判策略，处于谈判优势。

(5) 双方企业的信誉和实力。商务谈判不仅仅是几个谈判人员的争锋，更是双方企业综合实力的较量。为了准备一项谈判活动，往往需要前期的信息收集、组织安排、计划制定等工作，这些都需要公司人力、物力和财力的支撑。在谈判过程中，企业实力越强，谈判人员在交涉时就越有底气。另一方面，信誉高、名气大的企业更容易获得人们的认同，在谈判中就会处于优势地位。

(6) 双方对时间的反应。商务谈判的一方如果特别希望早日结束谈判、完成交易，那么时间因素的限制就大大削弱了他的谈判实力。由于受到时间的限制，该方不得不做出某些方面对其不利的让步。如在某产品的旺季，销售商迫切需要早日进货，就处于谈判劣势；相反在淡季，厂家迫切需要清空库存，回笼资金，那么厂家就居于劣势，只能降价销售。

(7) 双方对谈判策略与技巧的运用。谈判双方的优劣势并不是绝对的，有时候通过谈判技巧和策略的巧妙利用可以扭转乾坤。这好比在战争中以弱胜强、以少胜多的战例数不胜数，这都是战法、战术的合理利用。谈判策略和技巧多种多样，而根据实际情况选择合适的策略，运用洽谈艺术充分调动有利于本方的因素，掩饰不足是谈判人员需要掌握的重要方法。谈判策略和技巧越是高超，就越能增强谈判实力。

4．对谈判对手其他信息的掌握

除了审查谈判对手的合法资格、资信能力以及双方实力之外，谈判人员还要尽可能多地了解竞争对手。如谈判对手的基本情况，谈判对手对谈判的条件、意图，对方谈判代表的地位、权限、性格、喜好、谈判风格等，对方有无其他竞争对手等。虽然这些信息看似无关紧要，但有时候可能成为谈判制胜的关键。

阅读资料

复旦大学学生科技咨询开发中心，是大学生们以社会实践为宗旨，服务于同学和社会而创办的实体。多年以来，它不仅为本校的同学提供了各种社会实践活动、勤工俭学的机会和场所，并且获得了令人瞩目的经济效益和社会效益。不仅如此，这个中心还培养出一批批的优秀人才，受到社会的认同和欢迎。其中，作为科技咨询开发中心的谈判能手邵先生就是一个这样的人才，他曾经和学校科技服务处的处长为了一个项目从上午 8 时一直谈到下午 1 时，终于使项目有了结果。

有一次，上海市准备举办计算机高级程序辅导班，同时有几个实力雄厚的单位都想争取到这个机会。复旦大学学生科技咨询开发中心也参加了竞争。在谈判协商的过程中，大家都为争取这个机会而争吵得非常激烈。这个时候，作为复旦大学学生科技咨询开发中心谈判代表的邵先生站了起来，十分老练地发表意见。他说："大家不用争了，我想问大伙几个问题。"他停顿了一下，扫视了一下在场的其他谈判代表，说出了他的问题："你们有多少人报名了？你们打算怎么办？你们有没有高级程序辅导班的教材？"

这一问题顿时把大家怔住了。接着，年轻的邵先生胸有成竹地说："我可以告诉大家，我们已经有 300 多人报名了，而据我所知，你们'九三'学社计算机培训部才 50 多人报名，你们市计算机培训中心还不到 10 人报名，你们上海计算机研究所也才五六个人报名，而你们市青年科协虽然在报上做了广告，但报名的人也并不多吧！"谈判场内一片嘈杂，谈判对手们都感到十分吃惊。"我可以告诉大家，这没什么奥秘可言。我们是通过上海计算机水平测试考试实施办公室把所有已经通过初级测试的人员名单搞来，给他们每人发了一封信。当然，仅仅凭借这一点是不够的，我们还在办班的时间、地点、方法上作了改进，比如我们为了方便学员，在市区的东头、西头各设两个教学点，我们同时开设了几个班，有白班，有晚班，有平时的，有周末的，可以让学员根据自己的时间自由选择。另外我们还精心编写了培训教材，而且这本教材，我可以告诉大家，到目前为止还是全国第一本教材。"

小伙子不紧不慢的陈述震动了其他的谈判代表，面对这一实力强大的对手，面对这位年轻大学生出色的谈判才能，其他几个单位的代表彻底服气了。最后，大家一致同意这个计算机高级程序辅导班全部让复旦大学来办，已经报名的人员也全部转给复旦。

(资料来源：吕晨钟. 学谈判必读的 95 个中外案例. 北京工业大学出版社，2005)

2.3　商务谈判方案的制定

"凡事预则立"，做任何事情之前都需要做好计划，也就是行动方案。谈判者在掌握了相关谈判信息、了解了谈判环境、分析了谈判对手和自身条件之后，就需要根据谈判主题和目标制定周全而明确的谈判方案。制定谈判方案是谈判工作的核心内容，细致周密的方案是保证谈判顺利进行的必要条件。

2.3.1　谈判的主题和目标

商务谈判不能漫无目的，首先要确定一个主题，也就是谈判活动围绕什么来进行；然后确定谈判的目标，也就是谈判需要获得哪些具体的成果。谈判的主题就是谈判的目的，而谈判的目标是谈判主题的具体体现。一般说来，谈判主题一定要简单明了，表述清楚，一般用一句话就可以表述出来。如"以最小的代价获得某项产品或技术"、"以最高的价格来出售某项产品"等。

谈判目标是根据谈判目的所制定的谈判思想、方针和策略的具体化和数量化，也是检验谈判成果和效率的依据和标准。简单说来，谈判目标就是谈判者与对手协商所要解决的问题和要达到的经济、技术目的，是谈判中所争取的经济利益，也是商务谈判活动的起点和终点。

从谈判目标的深度上来看，商务谈判的目标可以分为三个层次。第一层是直接目标，也称即期目标，也就是本次商务谈判所要达到的最直接目的。这种目标是和商务谈判的客体直接联系的一组具体的目标，包括买什么东西、什么品牌、什么价位、多少数量、对产品的具体要求等。第二层是引致目标，也是在谈判基础上，近期内要达到的比较抽象的一些目标。如围绕此次谈判，本方要展开哪些公关活动，这些活动要达到什么样的效果，此次谈判后企业要实行什么计划等。第三层是远期目标，作为商务谈判的一方要与对方建立起一种什么样的战略关系，这种关系应该建立在什么样的基础上，企业未来的发展方向等。

从谈判目标的实现程度来看，商务谈判的目标也可以分为三个层次。第一层是最优期望目标，也叫最高目标。对谈判者来说它是最理想的一种状态，除了满足谈判者想要得到的所有需求之外，往往还有意外的惊喜。但是这种情况比较少见，是可望而不可及的。通常情况下，谈判双方在谈判开始各自提出最优期望目标，是初始谈判的一种策略手段。然后双方通过讨价还价来逐步降低目标水平。最优期望目标更多地用于双方的初始叫价上。美国著名的谈判专家卡洛斯就提出了一个良好的谈判者必须坚持"喊价要狠"的准则，这个"狠"就接近于喊价者的最优期望目标。第二层是最低限度目标，它是谈判中最低要达到的目标，在此目标之内不能有任何的让步，否则宁愿放弃谈判。第三层是可接受的目标，也是介于最优期望目标和最低限度目标之间的一种状态。实际谈判中，双方最后成交的往往都是双方一致达到了可接受的目标，这也意味着谈判的胜利。

一般情况下，谈判双方的讨价还价的结果就是双方都达到了可接受的目标，超过了最先设定的最低期望，获得了一定的经济利益。双方获得利益的大小取决于各自的讨价还价能力。假如说某公司就某产品的销售与买方谈判，公司的最优期望目标是以 2000 元每件来销售，最低限度目标是 1200 元，可接受的目标就是大于 1200 元而小于 2000 元。公司谈判的目的就是尽可能使最后成交价格接近 2000 元。此时如果买方的最优期望目标是 1100 元，最低限度目标是 1800 元，那么双方最后的成交价格必定介于 1200 元至 1800 元之间。

2.3.2　谈判方案的内容

谈判方案是谈判人员在谈判前对谈判目标等具体内容和步骤所作的安排，是在谈判信息的分析和研究的基础上，根据谈判双方的实力对比，对谈判目标、议程、策略等的事先安排，是谈判者行动的指南和提要。谈判方案应该对各阶段的谈判人员、议程、进度等做周密的安排，只有这样，才能有效地组织和控制商务谈判。

1. 制定谈判方案的要求

一般情况下，谈判方案是书面的，但是文字可长可短，要视谈判的复杂程度而定。有时候谈判方案只是一页纸，有时候可能是几十页的文件。一个合格的谈判方案应该具备以下条件：

(1) 简明扼要。谈判是一项复杂的工作，谈判人员需要熟悉谈判方案，清晰准确地记住方案具体要求。而谈判现场又是高度紧张、复杂多变的。所以，谈判方案应该以高度概括的文字加以叙述，有利于谈判人员的记忆和理解，尽量能够使谈判人员对各种谈判问题形成深刻的印象，使他们能够随时根据方案要求与对方周旋。

(2) 具体明确。谈判方案过于简单也不行，还必须具体，要以谈判内容为基础，具有可操作性。可以将谈判总目标细化成不同的子目标，从高处着眼、低处入手，形成环环相扣、层层相接、首尾呼应的目标体系和策略体系。同时，各级目标中，主要条款要清晰翔实，次要条款少费笔墨。

(3) 灵活机动。谈判方案还要求具有一定的弹性，以便谈判人员在谈判中灵活机动地把握。谈判是一项复杂多变的经济活动，事先不可能把所有随机因素估计在内，谈判过程中很可能发生一些突发事件或意外事件，这就需要制定可控的方案，可以使谈判人员在不违背基本原则的基础上，根据情况变化，在一定的权限范围内灵活处理。为了实现灵活性，常规事件可以安排得细一些，其他的要让谈判人员有更多自主发挥的余地；有时候可以同时制定几套方案来应对不确定因素，谈判指标有一定的浮动余地。

2．谈判方案的内容

全面、具体、周密的谈判方案是取得谈判胜利的保障，粗糙的方案往往漏洞百出，使谈判者在谈判桌上处于被动地位。一个周密、详细的谈判方案一般包括以下内容：

(1) 谈判的基本策略。也就是要如何去谈判的问题，这里面主要包括以下几个层次的内容：① 谈判的总体目标。谈判目标的总体目标就是谈判要解决的问题。谈判者要牢记谈判目标，并且对谈判目标要严格保密。具体来说，谈判目标包括我方谈判要达到的目标是什么？谈判各阶段的目标是什么，实现目标的有利因素有哪些，对手的目标是什么，我方有哪些不利因素等。② 谈判的总体策略。谈判的总体策略是指为了实现我方目标，应该采取哪些谈判策略？如通过双方实力和目标的分析，采取什么样的谈判手段能最大限度实现我方谈判的目的。③ 谈判的具体策略。具体策略是总体策略的细化，关系到每一个条款、可能遇到的某种情况下应该采取的措施。例如，如何报价、如何还价、如何提出条件、如何应对突发事件、哪些条款可以让步、遇到僵局时如何解决等。

(2) 谈判的辅助策略。谈判的辅助策略主要是与谈判议程和谈判服务相关的策略。谈判议程和服务安排也是商务谈判的重要内容，是谈判顺利进行的保障，同时这些辅助策略有时也能成为谈判制胜的关键。谈判辅助策略主要包括以下内容：① 谈判准备工作安排。它包括谈判之前的人员调整、临时训练、礼仪、接待等，做好这些会给人以训练有素的印象。尽管这些方面有时候看似微不足道，实际上却有可能关系到双方谈判气氛，影响双方关系。礼貌、周到的接待可以给谈判客方宾至如归的感觉，如果礼仪不当，则可能会引起对方的反感甚至愤怒。② 时间、地点、人员的安排。古兵法有"天时、地利、人和"的说法，在商务谈判中时间、地点和人员的安排也是至关重要的。如果时间、地点或人员安排不当，也会导致谈判的混乱或意外的发生，而巧妙利用时间、地点和人员也会收到意想不到的效果。③ 后勤工作的安排。它主要是指资料整理、翻译、打印、复印、食宿、休息等。谈判是一项复杂多变、激烈紧张的活动，如果得不到良好的休息和完善的后勤服务是难以顺利进行的，而这些方面有时也是优秀的谈判人员可以利用的。

2.3.3　谈判议程的拟定

谈判议程是有关谈判事项的程序安排，是对谈判议题和工作计划的事先安排。谈判议程由谁确定并没有明确规定，有时是一方拟定，有时双方协商，但谈判议程必须是双方同意的。制定谈判议程一定程度上就可以掌握主动性，但通常情况下由主方优先制定，反过来，先制定谈判议程的也往往是主方。

在谈判的准备阶段中，应该主动出击，事先拟定谈判议程并争取对方同意。率先制定谈判议程可以从容安排谈判时间和地点，可以选择自己熟悉的环境，提前安排工作，在谈判过程中也容易占有一定的心理优势。具体来说，可以根据己方需要安排谈判程序、议题等，扬长避短。如销售产品时可以让对方首先鉴定优质产品，让对方看到自己的优势，先声夺人；对于自己暂时不熟悉或者资料不全的领域可以安排在后面，给己方争取时间；通过完美的后勤服务给对方留下良好的印象。但从另一方面讲，制定谈判议程也会有一些劣势。如安排谈判议程的一方在一定程度上会透漏出己方的意图，让对方从中得到一些重要信息；如果对方在谈判前突然对谈判议程提出一些异议会使己方措手不及、陷入被动，甚至使谈判破裂；安排议程的一方需要付出很多人力、财力和物力，一般都会安排对方的食、住、行等，如果安排不当也会引起对方的不满或抗议。

1. 时间安排

谈判的时间安排是谈判议程的重要环节。它主要包括谈判举行的时间，持续多长时间，各阶段的时间分配，不同议题的时间顺序等。如果时间安排很仓促，就难以充分准备，仓促上阵容易出现失误，难以冷静地处理谈判中出现的各种问题；如果时间安排很松散，就难以一鼓作气，容易出现新的变化，而且浪费时间和精力。在确定谈判时间时应该考虑谈判的性质、人员的疲劳程度、谈判的紧张程度、议题的需要、人员的情绪变化、谈判对手的变化等。

有时候，巧妙利用时间也是一种有效的谈判策略。如北京某网络公司和一个印度客户就购销合同问题进行谈判。该公司邀请印度客户来到北京，前三天并没有安排任何议程，只是派人带着客户到处参观。第四天开始正式谈判，第五天该网络公司声称由于内部董事会议而暂停谈判。这时印度客户已经在北京呆了五天，急于完成任务回国，而且也担心该公司找到新的客户，于是在第六天的谈判桌上频频让步。

2. 地点安排

谈判地点的选择也是谈判议程安排的重要方面。率先制定谈判议程的一方一般都把谈判地点选在自己熟悉的场所。但是谈判地点也需要双方的同意，有时候也会把谈判地点定在对方所在地，或者一个第三方场所。总之，谈判地点的选择一般遵循以下两个原则：

(1) 主场原则。谈判地点的选择首先要考虑到主场原则，也就是考虑到居家优势。有心理学家曾做过一个实验，把几个大学生分成两组，让他们讨论大学 10 个预算计划哪一个最好，讨论的地点分别放在两个寝室里。结果发现讨论的结果总是按照寝室主人的意见行事，尽管这些寝室主人可能不善言辞，影响能力差。这就是“居家优势”，在体育比赛中称为“主场优势”。这也说明了在高考中为什么在本校考试的学生不容易紧张，更容易以平静的心态考出良好的成绩。首先，从心理学角度来看，在自己熟悉的环境中谈判容易产生一种心理优势和优越感，更容易发挥自身长处，增强说服对方的力量。其次，主场谈判可以避免谈判人员旅途劳顿，不需要耗费时间和精力来熟悉环境，可以以更饱满的精神状态和最充足的体力来进行谈判。再次，主场谈判可以具有主人优势，可以从容安排谈判活动，通过文化、心理、习惯等对客人产生潜移默化的影响，轻车熟路地驾驭谈判进程。再次，主场谈判有利于谈判者和公司管理层以及其他相关人员的配合，更容易获取信息、指示以及各种服务等。所以，谈判者都喜欢选择一个自己熟悉的场所，占据“地利”。而且作为客人需要适应新环境，处于被动地位，会更加注意礼节，一般不会随便攻击和侵犯主人的利益。尽管主人会尽可能提供一些服务，帮助客人熟悉环境，但毕竟不如在自己的地盘方便。如果主人刻意利用自身优势在接待时用一些小手段，客方就难免疲于应对，不得已做出让步。

阅读资料

日本想要发展自己的工业，打算从澳大利亚进口钢铁和煤炭。澳大利亚具有绝对的资源优势，在谈判中应该处于优势地位。日本人考虑到澳大利亚商人习惯于富裕和舒适的生活，对日本的生活环境和习惯很不适应，同时澳大利亚人又十分讲究礼仪，不至于过分侵犯东道国的权益。于是，日本人把谈判地点设在本国，邀请澳大利亚人来日本谈判。澳大利亚人同意了日本的邀请，来到日本。但是由于对环境的不适应，饮食习惯、语言等方面都受到限制，因此变得拘谨不安，急切地想回到国内别墅的游泳池、滨海丛林以及自己妻儿身边。而日本人却不慌不忙地在价格上与澳大利亚人展开拉锯战。最后，澳大利亚人不得不妥协。

主场谈判可以在自己所熟悉的环境作战，更容易发挥自身优势。该案例中，日本人之所以轻松地取得成功，关键在于他们事先了解了对手的特点和生活习惯，在谈判地点上大做文章。澳大利亚人碍于情面不好拒绝对方的建议，在不熟悉的环境中不得不放弃自己的优势和主动权。另一方面，澳大利亚人在谈判前没有考虑到客场谈判需要注意的问题，没有对日本人提出的谈判环境进行了解也是其失败的关键。如果澳大利亚人能够选择他们熟悉的环境或者派出能够适应日本环境的谈判人员，就不会中日本人的圈套了。

(资料来源：吕晨钟. 学谈判必读的95个中外案例. 北京：北京工业大学出版社，2005)

但另一方面，主场谈判也不可避免地具有一些劣势。如注意力不够集中、具有依赖心理、接待负担等。由于在公司所在地谈判，谈判人员难免要受到公司日常事务的影响，不易与公司的工作彻底脱钩。另外也可能会受到来自家庭、朋友等私人事务的打扰。在主场谈判离公司的领导比较近，联系方便，谈判人员可能会对领导产生依赖心理或紧张情绪，或者由于担心失误或被领导批评而不能自主决断，事事请示，因而可能造成失误和被动。主场方一般要负责安排谈判现场以及相关事务，需要接待客方，安排食宿、休息、娱乐等活动。这也为主场一方造成了一定的负担。

(2) 协商原则。选择自己的场地或自己熟悉的环境进行谈判无疑是最佳的选择，但是如果双方都这么想就容易产生矛盾。谈判地点的选择必须是双方都同意的，任何一方都不能私自决定，一般都是通过双方协商确定，否则就违反了公平性的原则。如果一方实力较强，率先把谈判地点定在自己熟悉的地方，对方由于在实力上处于弱势往往在谈判地点上向对方妥协，或者实力强大的一方觉得已方处于优势，不愿意在地点选择上占对方便宜，也可能把谈判地点定于对方熟悉的场所。有些时候，为了使双方心理平衡，不使任何一方感觉吃亏，就把谈判地点选在双方都熟悉或者都不熟悉的地方。但不管谈判地点选在哪里，都要求环境优雅、气候宜人、风景秀丽，使谈判者心情愉悦，能以最佳状态投入谈判活动。另一方面谈判地点需要拥有现代化的通讯设施和交通工具，能够保证谈判者通过电话、网络、传真等与外界保持密切的联系。

3. 议题安排

议题安排主要包括以下内容：

(1) 对议题进行分层。首先明确己方要提出哪些问题，要与对方讨论哪些问题。在议题安排上，需要把所涉及到的所有问题进行分析，哪些是主要的，需要重点讨论，哪些是非主要的；哪些是可以忽略的；这些问题之间有什么关系。另外，还要预测对方可能会提出什么问题，哪些需要重点考虑、认真对待，哪些可以让步，哪些坚决不能让步等。

(2) 确定议题的顺序。谈判议题的先后顺序有先易后难、先难后易以及混合安排等几种。一般要根据需要和确定议题者的性格喜好来确定。先易后难可以先创建良好的气氛，先解决一些问题，为以后的谈判打下良好的基础；先难后易可以先集中精力解决关键问题，因为往往关键问题是谈判的核心，关键问题解决后其他问题就可以迎刃而解；混合安排是不分难易随机安排或者难易交叉进行，这样可以避免谈判进程过于紧张或过于松弛，给双方都留下一定的调整空间。

2.4　谈判现场的管理

谈判现场的管理就是对谈判现场布置、谈判信息、谈判人员等的管理，是商务谈判活动最核心的部分，谈判之前的人员组织、信息收集和分析、方案和议程的制定等都是为谈判活动服务的，是谈判的前期准备工作。充分的组织准备工作是谈判成功的必要条件而不是充分条件，要想获得真正的成功，还需要对谈判工作进行严格的管理。

2.4.1　谈判现场的布置

谈判现场是谈判人员在整个谈判活动中最重要的接触场所，是谈判双方直接交锋的战场。场地的环境气氛直接影响着谈判人员的心情，关系到谈判者能否充分发挥自身能力和水平。通常，在主场谈判的情况下，布置谈判现场是制定谈判方案的最后环节，是谈判准备工作的一部分，但也是与谈判活动最直接相关的场所，因此也是谈判活动管理的一部分。谈判现场的布置与安排一般包括两个部分：谈判场地环境布置和谈判桌子与座次的安排。有心理学研究表明，谈判环境的安排，桌子的选择和座位的安排是人的界域观念的外化和延伸，是一种无声的语言。

1．场地环境布置

谈判场所应安排在交通方便、环境优美、安静舒适、生活设施齐全的地方。较为正规的商务谈判一般安排两个房间，一个是主谈室，是主要的谈判场地；一个是密谈室，是供双方使用的单独的房间。如果条件允许的话还要配备一个休息室，供双方人员中途休息。

(1) 主谈室的布置。主谈室是所有谈判活动都必须具备的，是主要谈判场所。主谈室在光线、通风、色彩、温度、声音、空气质量、装饰以及设备配置等方面都有较高的要求。要能够使谈判者处于一种庄重、舒适、严肃、轻松、自然的谈判气氛之中，不应有电话、噪音、外人等干扰。主谈室应该安排书写白板(黑板)或投影等视觉中心，有桌椅、纸笔、电插座、隔音设备、茶水、桌签、旗帜等。但一般不要有录音设备，除非事先争取双方同意，否则会影响谈判人员正常发言。

(2) 密谈室的布置。密谈室是双方都可以使用的单独房间，可供一方内部协商，也可供双方私下讨论。密谈室一般靠近主谈室，要求有书写白板(或黑板)、电脑、网线、笔、桌子、椅子、茶水等。密谈室的桌子不需要太大，以便洽谈的某一方内部协调使用。密谈室同样不应有录音设备。有时候有些情报窃取人员会在密谈室用微型摄录设备偷录对方密谈信息。所以在密谈时一定要谨慎，尤其是客场谈判。另外，密谈室光线不需要太亮，要有良好的隔音设备，要配备窗帘。

(3) 休息室的布置。休息室是供谈判双方松弛神经、缓和气氛、平息情绪、恢复体力所用的。休息室的布置一定要以休闲、舒适为主，一般布置一些鲜花、盆景、字画、轻柔的音乐等。休息室还应该准备一些茶点、饮料、杂志、报纸等。

2．桌子的选择

选择谈判桌也是谈判现场布置的一个重要问题。商务谈判选择什么样的桌子没有定式可循。但一般情况下，谈判的组织者还是会根据谈判性质、谈判人员数量、谈判双方意愿和习惯等情况来慎重考虑。谈判桌子的选择一般有以下四种情况，如图 2.1 所示。

(1) 圆形谈判桌。选择圆形谈判桌，可以让双方谈判者不分主次地围坐在桌子周围，便于双方交换意见，沟通感情，从而营造一种宽松自在的谈判气氛。在中世纪时亚瑟王就曾经举行圆桌会议，以示大家地位平等，和平相处。圆桌比较适合于多方谈判或合作性较强的谈判。在举行国际或国内政治谈判时，为避免席次争执、表示参加各方地位平等起见，参加各方围圆桌而坐，或用方桌但仍摆成圆形。圆形谈判桌也分为正圆和椭圆两种。1969 年在巴黎举行的由四方代表参加的尽早结束越南战争的谈判中，首次采用了椭圆形的谈判桌，巧妙地解决了四方代表的座次安排问题。

(2) 方形谈判桌。方形谈判桌一般让谈判双方分别坐在桌子的一侧，给人以正规、严肃、紧张的印象，但是不利于双方交流，缺少轻松活泼的气氛，无形中把双方看成对立方，往往暗示着双方存在着很多分歧，需要进一步协商、对抗。方形谈判桌比较适合于竞争性和对抗性较强的谈判，双方激烈的竞争与防御的抗争容易造成双方的对立。方形谈判桌也分为长方形桌和正方形桌两种。长方形桌也分为横对坐、竖对坐和围坐三种。

(3) “T”型谈判桌。“T”型谈判桌就是把谈判所用的桌子摆成“T”型，双方主谈坐于“T”字顶头，其他辅助人员坐于“T”字两边。或者在多方谈判中，处于协调一方的坐于“T”字顶头，其他对立方分别坐于两边。例如 1991 年在西班牙首都马德里举行的中东和会中，举办者美俄两国代表坐在“T”字顶头；右边坐的是埃及、以色列、黎巴嫩；左边坐的是欧共体、约旦、巴勒斯坦、叙利亚。

(4) 不设谈判桌。有时候，小型的谈判也可不设谈判桌，直接在会客室沙发上进行，坐在一起随意交谈。或者双方主谈人在中间长沙发就坐，译员等其余人员随意分坐两边。这种形式便于双方交换意见，有助于增强谈判的友好气氛。

3. 座次的安排

谈判现场的座次安排也是很有讲究的，是检验谈判人员素质的标准之一。不同的座次安排会影响到谈判气氛、基调，影响内部交流和控制。在大型、正规的商务谈判中，主办方谈判座次的安排不符合国际惯例，或者不符合常规，就会显得主办方不懂规矩，影响对方对己方的评价。座位的安排也在一定程度上显示出主办方的诚意和对此次谈判的重视程度。

一般情况下，谈判双方主谈人坐在中心位置，其余成员坐在主谈者的两侧。一般翻译人员坐在主谈人的右侧，也有少数国家习惯于让译员坐于左侧或后侧。这样，各成员接近同伴可以产生心理上的安全感，而且容易相互交流意见，加强合作，增强凝聚力，但是过于壁垒分明也容易造成双方的冲突和对立感。还有一种排位的方法就是任意就坐，谈判双方人员混杂在一起。这种就坐方式一般在双方人员比较熟悉的情况下选择，可以创造一种友善、自由的气氛。否则会由于对方毫无准备而产生被包围、孤立的感觉，也不利于双方内部的交流。

具体座位安排上，主谈人坐于中心位置，按照右为尊的标准，以及谈判人员的重要程度依次按“右—左—右—左”的次序分别排开，如图 2-1(e)所示。在圆形谈判桌情况下，主方应该背对门而坐，客方面对门坐，显示对客人的尊重，如图 2-1(a)所示。长方形谈判桌也分为对坐和围坐两种，其中对坐也可以分为竖对坐和横对坐。如果是竖对坐，以正门为基准，主方位于左侧，客方位于右侧，表示对客方的尊重，如图 2-1(b)所示；如果是横对坐，主方应该背对门而坐，客方面对门坐，如图 2-1(c)所示；如果是围坐，主方主谈人坐于左边中心位置，客方主谈人坐于右边中心位置，双方辅助服务人员分别排开，如图 2-1(e)所示。

“T”型谈判桌上主方扮演协调角色的一方，一般正对门而坐，其他方分坐两旁，如图 2-1(d)所示。

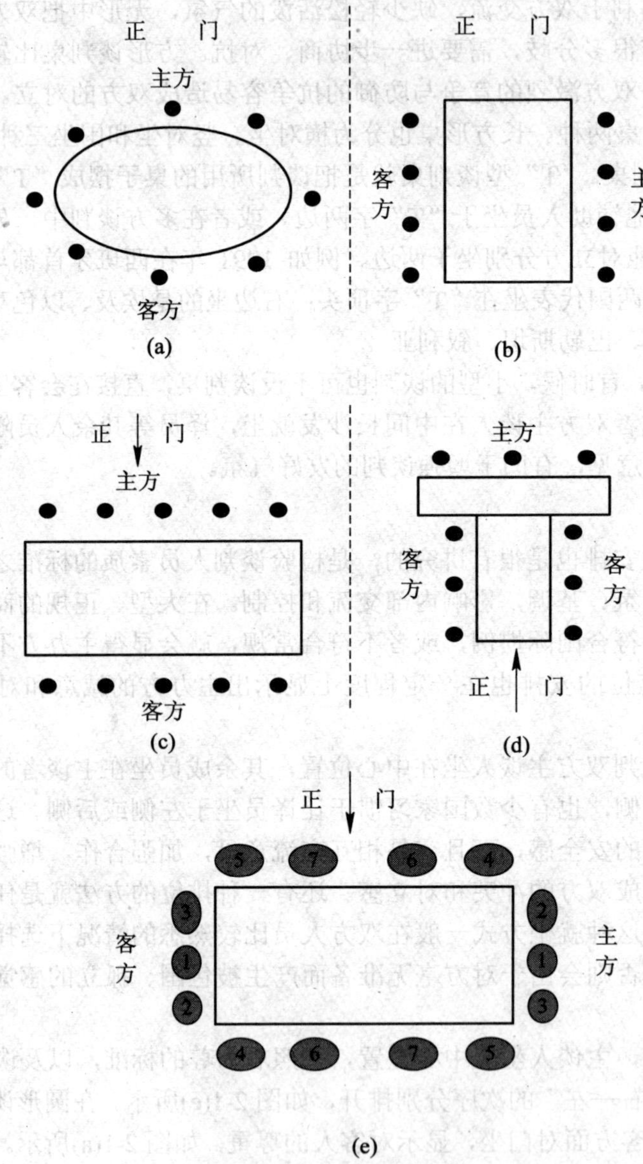

图 2-1　谈判桌和座次安排

(a) 圆形谈判桌；(b) 方形谈判桌(竖对坐)；(c) 方形谈判桌(横对坐)；

(d) “T”形谈判桌；(e) 方形谈判桌(围坐)

2.4.2　谈判信息的保密

在商务谈判中，谈判信息的重要性不言而喻，谁掌握了更多的信息，谁就能在谈判中占有主动和优势。谈判者在谈判前收集和整理了大量的信息，这些信息都是为谈判服务的，但是一般情况下，这些信息是需要保密的。有些信息需要严格保密，在任何情况下都不能让对方得知，如我方的谈判底线。有些信息在谈判前需要严格保密，只有在谈判中适当时候提出来，给对方以措手不及的感觉，也可以称为“杀手锏”。这类信息如果让对方事先知晓就会让对方有所准备，难以起到应有的效果。有些信息是一般信息，可以不需保密。

1. 公共场所的信息保密

在谈判中，谈判人员难免要在公共场所活动。公共场所人员复杂，谈判人员一定要有保密意识，不能随便向陌生人透漏自己的行踪和与谈判相关的信息。如果是主场谈判，谈判信息不要随便透漏给与谈判无关的人员，对谈判人员也应该严格控制。避免对方通过贿赂、旁敲侧击等手段从谈判人员和公司工作人员中获取需要保密的信息。如果是客场谈判，谈判人员在异国他乡往往有一种寂寞感，愿意和陌生人聊天打发时间。这些人员一定要注意谈话内容，不要给他人以可乘之机。另外，谈判人员在公共场所打电话、发传真、浏览文件、传递文件、发送电子邮件等也要注意周围环境，避免重要信息被窃听或窃取。

2. 谈判中的信息保密

谈判中的信息保密一般包括两方面的内容，一是谈判资料的保密，一是谈判过程中信息传递的保密。

(1) 谈判资料的保密。谈判人员在谈判中掌握着大量的资料，不可能凭记忆了解所有资料，因此常常随身携带资料，以便备查。此时，谈判者要严格管理相关资料，不让无关人员接触到这些资料。在浏览信息时不能将自己的谈判方案以及重要信息敞露于谈判桌上，以防对方可能是经过训练的倒读能手。如果携带笔记本电脑，也要加强对电脑的保管，电脑设置密码，需要严格保密的重要信息在必要的时候单独加设密码。不要让对方或者无关人员有接触到自己电脑的机会，以防对方有破解密码的高手。在浏览电脑资料时也要注意身后、身旁有没有不值得信任的人员。

(2) 信息传递的保密。在谈判桌上，谈判者之间往往需要交流信息、交换意见，这时也一定要注意信息的保密。当对方提出问题和我方意见或行动不一致、或者不能确切回答时，我方往往需要协调意见、互相商讨。这时就一定要注意保密。放低声音或者用本方语言都是危险的，在讨论中很可能不自觉地提高音量，或者对方也有精通本国语言的深藏不漏者，甚至对方有精通唇语或者从本方的表情、动作可能猜出本方意图，因此，除非必要，一般不在谈判桌上传递信息。在密谈室讨论时也要谨防对方窃听或偷窥，尤其是作为客方。谈论重大问题时要拉上窗帘，小心主方在密谈室安装窃听设备。通常可以采取暗语、事先约定的动作或者到场地以外的安全地带协商。谈判小组成员间可以通过长期的接触、磨合或者训练来培养默契，这时候一个简单的动作或者表情就会传递出外人难以猜测的信息。

谈判过程中有些信息是通过文字、电子文本来传递的。这时，文字材料的传递、电子文本的相互传换、复印、传真以及与公司其他人员的信息传递都需要谨慎。一般都会有专门人员负责信息的传递，不能把资料交给服务生以及其他人员。在与公司管理机构联系、传递信息时一定要亲自联系，不随便委托他人，而且要确认对方是需要联系的对象，尤其是涉及到绝密资料，必要时也要采取暗语联系。要注意避免打电话被对方窃听、发电子邮件被不怀好意的人拦截等。另外，谈判者经常把自己的想法或建议写在纸上，以便理清思路和内部信息交流。此时，也要注意信息的保密，用毕的信息尽量粉碎，不要随便乱丢，避免被对方得到。

3. 休息时的信息保密

在休息时，谈判人员需要恢复体力和情绪，一般只是谈些无关紧要的话题，不能在休息室商议，尤其是当双方人员混杂在一起休息时。如果在休息时要复印、打印文件或传递信息，一定要派己方信得过的人去办。复印和传递信息过程也要进行监督，尤其是作为客方，防止被对方的服务人员看到，不要在对方的电脑中留下信息。休息时，也不要把相关资料留在谈判室，如果实在不方便带出，也要保证对方不比己方先到谈判室。

另外，作为客方，在整个谈判过程中，不能向对方透漏本方何时回到己方所在地。如果对方知道本方的最后期限，很可能有针对性地安排日程和策略，拖延谈判，以致减少洽谈时间。但这也并非是绝对的，当我方处于主动和强势一方，故意透漏我方的最后期限可以使对方紧张，为了怕失去合作机会而做出一些让步。

4. 谈判后的信息保密

谈判结束后，会形成大量的信息资料，包括事先搜集的信息、本方的分析报告、谈判策略、会议记录、协议书、合同等，还有谈判后的总结。这些信息都是企业宝贵的资料，也要注意保存和保密。另一方面，这些资料也要防止被竞争对手得到，以防对方会探析我方的谈判策略、技巧、方针等，以便于向外透露获利或在以后的谈判中有针对性地采取对抗措施。所以，对谈判资料应该找专人负责，其他人不经有关负责人允许不得随意查看。

2.4.3 谈判人员的现场管理

谈判人员是商务谈判的主体，谈判的事前准备和方案制定都需要人来完成。挑选合适的谈判人员之后，为了保证谈判人员的语言、行为协调一致，完成谈判计划，还需要对谈判人员进行管理。谈判人员的现场管理一方面需要为谈判人员制定严格的组织纪律，另一方面要确定谈判小组各成员的权利和义务，这样谈判人员就能进行有效的分工合作，完成既定计划。

1. 谈判人员的组织纪律

组织纪律是对谈判人员进行现场管理的基础，每一个谈判人员都应该严格遵守。谈判人员除了要遵守相关法律法规外，还需要遵守公司规章制度和为谈判专门设置的纪律。如严格执行事前确定的谈判方案，不得透漏公司机密，不得违背事先确定的职责分工，不得越权，不得推卸责任，不得恶意中伤谈判对手等。

2. 谈判人员的分工合作

谈判小组的分工就是对参与谈判的成员进行任务分配。谈判小组的合作就是谈判人员之间的语言、动作的相互协调、相互呼应。良好的分工合作可以使谈判小组成员在知识结构、经验、能力、年龄、性格等方面合理搭配，发挥各自的长处。就如同在舞台上演出，每个人都应该扮演好自己的角色，并与他人相互呼应。

谈判人员的分工一般包括三个层次。第一层次是主谈，负责领导谈判小组，监督谈判程序，掌握谈判进程，协调不同成员的意见，决定谈判中的重要事件等。第二层次是专家和专业人员，负责自己专长领域的工作，阐述己方的意愿和条件，分析对方的意图、条件和专业细节，草拟有关条款，提出和论证专业建议等，他们是谈判中的主力军。第三层次是谈判工作的相关人员，如速记员、打字员等，这些人需要准确、完整、及时地记录谈判内容。

为了使主谈和辅谈之间分工明确、配合默契，主谈发言时辅谈应该密切注意，全面支持。如果辅谈通过口头语言或肢体语言表示赞同，可以增强主谈说话的力量和可信度，有助于和谐谈判气氛的构建。如买卖双方就交货问题进行谈判，卖方主谈人说：“两个月内交货很困难，因为我们两个月内的订单都满了”。这时如果辅谈强调说，“别说两个月，三个月都难以保证，我手上还有大把订单呢！”这样就强化和支持了本方主谈人的意见。如果辅谈插嘴说，“两个月？我们有那么多订单么？不是有很多产品积压么？”这样就削弱了主谈人说话的力量，还会被对方抓住己方急于交易的心态。谈判小组人员之间的配合不但需要知识、能力、性格等方面的协调，还需要相互间的信任和团队精神，也需要长时间的磨合。

讨论与复习题

1. 优秀的谈判人员需要具备哪些素质？如何才能具备这些素质？
2. 谈判信息对商务谈判有哪些重要意义？谈判前需要做哪些信息方面的准备？
3. 谈判环境是如何影响商务谈判的？
4. 谈判前为什么要了解谈判对手？如何分析谈判双方的实力？
5. 如果你要参加一项商务谈判，你会做哪些准备工作？

6．布置谈判现场有哪些要求？

7．为什么要对谈判信息保密？如何保密？

8．如何保证谈判人员顺利完成谈判任务？

案例分析

我国某冶金公司要向美国购买一套先进的组合炉，派一高级工程师与美商谈判，为了不负使命，这位高工做了充分的准备工作，他查找了大量有关冶炼组合炉的资料，花了很大的精力对国际市场上组合炉的行情及美国这家公司的历史和现状、经营情况等了解得一清二楚。谈判开始，美商一开口要价 150 万美元。中方工程师列举各国成交价格，使美商目瞪口呆，终于以 80 万美元达成协议。当谈判购买冶炼自动设备时，美商报价 230 万美元，经过讨价还价压到 130 万美元，中方仍然不同意，坚持出价 100 万美元。美商表示不愿继续谈下去了，把合同往中方工程师面前一扔，说："我们已经作了这么大的让步，贵公司仍不能合作，看来你们没有诚意，这笔生意就算了，明天我们回国了"，中方工程师闻言轻轻一笑，把手一伸，做了一个优雅的请的动作。美商真的走了，冶金公司的其他人有些着急，甚至埋怨工程师不该抠得这么紧。工程师说："放心吧，他们会回来的。同样的设备，去年他们卖给法国只有 95 万美元，国际市场上这种设备的价格 100 万美元是正常的。"果然不出所料，一个星期后美方又回来继续谈判了。工程师向美商点明了他们与法国的成交价格，美商又愣住了，没有想到眼前这位中国商人如此精明，于是不敢再报虚价，只得说："现在物价上涨得利害，比不了去年。"工程师说："每年的物价上涨指数没有超过 6%。一年时间，你们算算，该涨多少？"美商被问得哑口无言，在事实面前，不得不让步，最终以 101 万美元达成了这笔交易.

(资料来源：营销员门户网站，http://www.te01.com/group_thread/view/id-5054)

问题：

(1) 谈判人员应该具备哪些基本素质，该案例中中方谈判人员的素质表现在哪些方面？

(2) 中方在谈判中取得成功的原因是什么？

(3) 美方在谈判中处于不利地位的原因是什么？

第 3 章　商务谈判策略与技巧

重 点 提 示

- □ 开局阶段谈判气氛的建立
- □ 开局方式和策略
- □ 报价、讨价还价及让步的策略
- □ 磋商僵局及破解技巧
- □ 成交及最后让步的策略和技巧
- □ 谈判语言特征及叙述、论辩、提问、回答、观察、倾听技巧

阅读资料

松下幸之助的智慧

1952 年，日本松下电器公司就技术合作的有关问题与荷兰的飞利浦公司进行谈判。松下公司的董事长松下幸之助经过努力，把飞利浦公司要求销售额 7%的技术援助费压低到 4.5%，但飞利浦公司要求对方将专利转让费定为 55 万美元，并且必须一次性付清才能够达成协议，否则就将取消合作。

当时松下电器公司的资本总额才不过 5 亿日元，而 55 万美元的专利转让费已经相当于 2 亿日元。如果让总共只有 5 亿日元的松下公司一次性支付出 2 亿日元，这对松下电器公司无疑是个相当沉重的打击，势必造成公司在经营上的窘迫局面和资金周转的巨大障碍，甚至有破产的危险。但是如果不答应对方的条件，对方就要取消合作，公司之前的努力就将全部付诸东流。要不要答应对方的条件和要求是个相当关键的问题，要不要向对方妥协和

退让也就被重新考虑起来。松下幸之助感觉到，如果以妥协和退让同对方达成一致，会有利于日本电子工业的发展，同时更有利于松下电器公司的发展和壮大，但是这需要付出一笔巨大的资金款项，并且飞利浦方面草拟的条约几乎完全偏向荷兰一方，比如规定松下电器若犯了什么错误，要接受一定的处罚，甚至会被没收机器等，非常不利于松下公司，而飞利浦公司犯了错误该怎么处罚则根本没有任何规定。就在犹豫不决的时候，松下幸之助通过调查发现了这样一个重要的信息：飞利浦公司的研究所有 3000 名研究人员，他们拥有先进的设备，每天进行着最新技术和产品的研究和开发。松下幸之助这个时候就想，如果创建一个同样规模和实力的研究所，可能需要花费几十亿日元的资金，并且要花很长的时间来培养这些研究员，而现在只花费 2 亿日元就可以充分利用这个研究所的所有人员和设备，这是相当划算的交换啊。

想到这些，松下幸之助终于下定了决心，咬紧牙关同飞利浦公司签订了技术转让的条约。公司的发展果然如松下幸之助所预料的那样顺利，不久以后他就创立了松下电器工业公司，飞利浦方面则派出了 3 名技师前往赴任。松下幸之助以 2 亿日元的代价，就拥有了飞利浦公司最先进的技术和设备，为松下公司以后发展成为全世界有名的电器公司打下了坚实的基础。

(资料来源：吕晨钟. 学谈判必读的 95 个中外案例. 北京：北京工业大学出版社，2005)

商务谈判策略是谈判人员为达到预期的谈判目标而使用的一系列手段和方法的总称。现代经济生活中，商务谈判成为经济交易必不可少的前奏，也是企业获取经济利益的首要条件。而如何获取更多的经济利益，就要看如何去谈判，采取什么策略和技巧来达到自己的目的。随着人类社会的发展，谈判活动也总结和积累了越来越多的策略与技巧，这些策略和技巧被人们创造性地加以运用，变化多端，色彩万千。优秀的谈判者仅仅了解谈判技巧是不够的，还要审时度势，灵活运用。

3.1　开局阶段的策略与技巧

正式的商务谈判是一个循序渐进的过程。从双方谈判人员第一次接触开始，到最后交易的达成签约成交，要经历复杂而充满冲突的过程。具体来说，商务谈判可以划分为开局阶段、报价和磋商阶段、成交阶段。商务谈判人员要想在全局上把握整个谈判进程，有效地处理谈判中出现的各种问题，就必须能够掌握和熟练运用不同阶段应该采取的策略和技巧。

谈判双方首次见面后，在进入正式的交易内容讨论前，一般都要相互介绍、寒暄以及交谈一些谈判内容以外的话题，一般称为谈判的开局阶段。开局阶段主要是就谈判的目标、计划、进度和参加人员之类的讨论，是双方相互熟悉和了解的过程，为正式的谈判做铺垫。

"好的开始是成功的一半"，商务谈判的开局对整个商务谈判起着重要的作用，往往关系着谈判双方的态度、诚意，奠定了谈判的基调，引导着谈判走向。一般来说，在谈判的开局阶段应该注意建立适宜的谈判气氛，掌握正确的开局方式，同时根据具体情况选择开局策略。

3.1.1　建立适宜的谈判气氛

谈判气氛是双方表现出来的态度、环境等。谈判气氛影响着双方谈判者的态度、情绪，也影响着整个谈判进程。一般情况下，谈判双方都需要和谐、轻松、合作、真诚的谈判气氛。良好的气氛是洽谈的基础，是平等互利、友好合作的前提。建立良好的谈判气氛首先要做好准备工作，事前掌握相关信息，制定详细的计划，以平等互利的原则找出双方利益结合点；其次需要注意个人形象，包括仪表、言谈、语言、行为等，要尊重对手，行为合理，态度诚恳；再次要注意沟通，通过轻松愉悦的话题展开商谈，加深双方的了解和友谊；最后要研究对方的行为，分析对方的态度和意图，引导其与己方合作。

但是，并非所有谈判都在轻松和谐的气氛下进行，有时候严肃、紧张、冷淡的谈判气氛也是存在的，在某些特殊情况下也是有益的。比如说当强势一方需要给对方施加压力时，可以在一开始就采取冷漠的态度，让对方感到我方并非一定要与其合作，感到压力而不得不做出妥协。或者当明显有理一方向另一方兴师问罪时，可以一开始就咄咄逼人，寸步不让，使对方因理亏而退步。但是这样的情况比较少见，毕竟商务谈判更多的是为了长久的合作，如果谈判气氛过分紧张，就可能陷入僵局或使双方撕破脸而两败俱伤。例如，中国一家企业欲从日本引入一批电子设备，双方对此展开谈判。一进入谈判室，中方代表就站起来笑容满面地对大家说，"首先告诉大家一件好消息，昨天下午我女儿生了一个八斤重的胖小子！"话音刚落，双方谈判人员纷纷向其祝贺。整个谈判气氛马上就高涨起来，在这样的气氛下双方很快达成了一致，中方以合理的价格引进了一批电子设备。中方谈判者之所以在谈判室讨论自己的私人问题，是因为他在与日方接触中发现日本人常常板起脸孔，通过塑造冰冷的谈判气氛给对方施加压力，所以他首先通过宣告喜事来烘托出和谐、愉悦的气氛，从而促进双方的友好商谈。

3.1.2　掌握正确的开局方式和策略

开局方式是开局的首要问题，正确的开局方式决定着谈判的气氛，引导着整个谈判进程。正确的开局策略是谈判成功的第一步，对奠定谈判基调、主导谈判进程至关重要。

1．正确的开局方式

开局阶段一般要建立在轻松、愉悦的气氛的基础上，占用时间比较短。但是一定要在实际谈判前就谈判意图、态度、基调等达成一致意见，建立和巩固和谐的气氛。除了相互介绍和寒暄外，开局阶段主要进行交换意见和开场陈述。交换意见是在双方入座以后，就谈判目标、计划、进度和人员等情况取得一致意见，主要是探索双方的共同利益，提出一些问题达成协议等。开场陈述是双方分别阐述己方对一些问题的意见和看法，陈述的内容一般包括我方对问题的理解，我方利益，我方首要利益，我方要向对方做出的让步，双方商谈的事项，我方的立场等。开场陈述要以轻松、真诚的方式表达，能够加强和建立和谐的洽谈气氛，主要是为了让对方明白我方的原则和意图，而不能向对方挑衅和施加压力。对方的陈述我方要注意倾听，理解对方陈述内容，通过倾听和分析摸清对方的原则和态度。

开局需要通过双方的寒暄、介绍、商谈等达成一致。但是需要注意以下两个问题：首先开局时间不能过长；其次，尽管开局阶段商谈的事宜大多数与主题无关，但是也不要离题太远，切忌过分闲聊；再次，开局议题应该采取先易后难的策略，也就是说，首先谈些轻松愉快的话题，谈论双方容易达成一致意见的问题，如“我们先确定一下今天的议题如何?”、“我们先互相介绍一下基本情况怎样?”、“今天我们先讨论一下时间安排好吗?”等。

2．开局策略选择依据

一般情况下，选择开局策略和技巧需要考虑以下因素：

(1) 谈判的目标和基调。不同的谈判目标需要采取不同的策略，如果是为了长期合作，就要尽量建立和维持友好、和谐的气氛，在平等互利的基础上提出问题和条件，在一些问题上做些让步也是可以考虑的；如果是为了要给对方警告、施压，对对方进行打击就要态度坚决，可以吹毛求疵，建立紧张、严肃或是冷淡的气氛。

(2) 谈判双方的实力。当双方实力相当时，为了达成协议、建立长期的合作关系、避免双方对立就需要尽力创造友好、和谐、轻松、愉悦的环境，避免两败俱伤；当己方处于强势时，为了威慑对方，就要在礼貌、友好的同时，展现出己方的自信和气势，使对方清醒认识双方差距而不得不做些妥协；当己方明显弱于对方时，为了弱化对方的优势，就要一方面礼貌友好，表现出积极合作的态度，另一方面要充满自信，自尊自爱，尽量弱化己方不足，强化己方优势。

(3) 双方企业间的关系。如果与长久合作的伙伴谈判，应该在热烈、友好、真诚、愉悦的气氛下进行，尽力维持双方的友谊，可以做些适当的让步。如果是有过业务往来但关系一般的企业，那么开局也应该争取建立友好、轻松、自然的气氛，但是本方在热情程度上应有所控制。如果有过业务往来，但是以往合作并不愉快，那么开局就应该是严肃、凝重的，在保持基本礼貌礼仪的同时也要给对方施加一定压力，表示出对以往交易的不满和遗憾，希望通过这次交易改善对对方的印象。如果是与陌生的企业谈判，那么也应该首先建立真诚友好的气氛，尽量通过沟通加深相互了解，消除双方的陌生感，要礼貌友好、不卑不亢，争取为以后的合作打下良好的基础。

(4) 双方谈判者的个人关系。商务谈判是由谈判人员来实现的，双方谈判者的个人关系对谈判也会产生重要的影响。如果双方是比较熟悉的朋友关系，谈判开局可以畅谈双方的感情，谈判气氛必定是友好、热烈的，双方商谈也是本着友好合作的目的。如果双方是有过交往的一般关系，那么双方可以通过谈判开局的寒暄加深了解，尽量在友好、真诚、和谐的基础上完成交易，并发展双方友谊。如果双方是陌生人，那么开局前应该尽量了解对方，开局时也应该尽量寻找一些共同话题。如果双方是有过一些恩怨的所谓“仇人”，那么尽量保持清醒和冷静，避免把个人感情带入商业交易中。

3.1.3 几种主要的开局策略

在谈判双方的首次交涉中，主要有以下四种开局策略。

1. 挑剔式开局

尽管多数谈判的开局都是在热烈友好的气氛下进行的，但有时挑剔式开局也能达到意想不到的效果。挑剔式开局就是抓住对方的一时失误或不足，以此为基础进行攻击，使对方因愧疚或自卑而妥协。

挑剔式开局适用于谈判双方过去有过商务往来，但对方曾有过不太令人满意的表现，或者为了在谈判中争取主动，占据有利地位，己方要通过严谨、挑剔的态度，引起对方对某些问题的重视。例如，可以对过去双方业务关系中对方的不妥之处表示遗憾，或抓住对方的失误不放。但这种策略要注意掌握尺度，挑剔时要有理有据，依据客观事实，不能夸大事实，甚至捏造事实。

例如：有一次，巴西一家公司到美国去采购成套设备，巴西谈判小组成员因为上街购物耽误了时间。当他们到达谈判地点时，比预定时间晚了 45 分钟。美方代表对此极为不满，花了很长时间来指责巴西代表不遵守时间，没有信用，说浪费时间就是浪费资源、浪费金钱。对此巴西代表感到理亏，只好不停地向美方代表道歉。谈判开始以后美方代表还对巴西代表来迟一事耿耿于怀，一时间弄得巴西代表手足无措，说话处处被动，无心与美方代表讨价还价，对美方提出的许多要求也没有静下心来认真考虑，匆匆忙忙就签订了合同。等到合同签订以后，巴西代表平静下来，头脑不再发热时才发现自己吃了大亏，上了美方的当，但已经晚了。这就是一个挑剔式开局策略的运用，在一开始的时候对对手的某项错误或礼仪失误严加指责，使其感到内疚，从而达到营造低调气氛，迫使对方让步的目的。

2. 协商式开局

多数开局都是在友好轻松的气氛中进行的，通过婉转、友好、间接的交谈方式表达开局目标。协商式开局策略是指以协商、肯定的语言进行陈述，使对方对己方产生好感，创造双方对谈判的理解充满“一致性”的感觉，从而使谈判双方在友好、愉快的气氛中展开谈判工作。

从交际心理学的角度看，商务谈判人员虽然有着不同的身份地位、社会经历、受教育程度、个性和心理情绪，但在谈判过程中，都有一种出于上述特定境况的心理上的亲和需求。因此，开局时应该从当时的背景环境、客观情势，以及谈判对手的性别、年龄、个性、爱好、社会地位、心理等情况出发，力求使自己的表达从方式到内容都符合客观情势和对方心理上的主观需要，以相互商量、商谈的口吻，婉转、友好地表达己方的目标和意图。通常这一方法容易为对方接受，可以促使对方忘掉彼此间曾经有过的争执，在友好、愉快、轻松的气氛中将商务谈判引向深入。

协商式开局比较适用于谈判双方实力接近，双方以往没有商务往来的经历。由于双方第一次接触，都希望有个良好的开端，给对方留下好的印象，以建立长期的关系。因此，协商式开局多用礼节性、中性的话题，使谈判在平等、合作的气氛中开局。

3. 开门见山式开局

开门见山式开局也称坦诚式开局。如果商务谈判双方已有多次交易往来，双方谈判人员彼此很熟悉，并且过去合作愉快，就可以采取开门见山的办法，以坦诚、直率的交谈方式直截了当地陈述己方的开局目标，和盘托出己方的判断及意图，力争赢得对方的信赖和支持。同时，还可以站在对方的立场上设想并提出己方的看法，推动对方回应我方的提议，争取双方形成共同的开局目标。

一般情况下，坦诚、直率的表达方式可以更好地获得对方理解和信赖，还能满足听者的自我意识和充分的权威感，缩短与对方的心理距离。有时候，开门见山式开局也适用于己方实力弱，或者对方对自己的身份及能力表示怀疑，有强烈的戒备心理时，可以坦诚表明己方弱点，让对方加以考虑，并表明己方的信心和能力，以真诚打动对方。

例如：一个经济实力较弱的小厂与一个经济实力强的大厂在谈判时，小厂的主谈人为了消除对方的疑虑，向对方表示道："我们摊子小，实力不够强，但人实在，信誉好，产品质量符合贵方的要求，而且成本较其他厂家低。我们愿意真诚平等地与贵方合作。我们谈得成也好，谈不成也好，我们这个'小弟弟'起码可以与你们这个'大兄长'交个朋友，向贵方学习生产、经营及谈判的经验。"肺腑之言，不仅可以表明自己的开局意图，而且可以消除对方的戒心，赢得对方的好感和信赖，这无疑会有助于谈判的深入进行。

4. 针锋相对式开局

在商务谈判中，绝大多数谈判者在开局阶段都是以礼貌、友好的方式表达意见，极其傲慢、百般刁难、蛮横无理的情况是极个别的。但是一旦出现了这种情况，面对对手的过分要求和行为，本方一味退让妥协只能适得其反，助长对方的嚣张气焰。因此，己方需要坚持立场，针锋相对、直言不讳地批驳对方的言行，阐述己方的意见。此时，对方就会手足无措、锐气大减或自我反省。只要双方合作存在着共同利益，对方必然会降低姿态，重新考虑过分条件，用真诚、平等的态度来实现双方合作。

如一位客商利用某企业急需求购原料且濒于停产之机，大肆抬高交易条件，并且出言不逊，伤害该企业谈判人员的感情，诋毁该企业的名誉。该企业谈判人员在谦恭、退让之后，突然拍案而起，指责对方道："贵方如果缺乏诚意，可以请便。我们尚有一定的原料库存，并且早就做好了转产的准备，想必我们今后不会再有贸易往来，先生，请吧！"由于谈判双方已投入了一定的人力、财力，再加上利益所在和双方都有调和的意愿，双方终于坐下来开始了真诚的谈判。

3.2　报价和磋商阶段的策略与技巧

在商品交易过程中，双方报价以后的讨价还价(也就是磋商)是最核心，也是最关键的环节。报价和磋商中所涉及的交易条件直接关系到企业利益，而产品的报价和磋商阶段的策略与技巧直接影响着最后是否能成交以及最后成交给企业带来的利益大小。

3.2.1　报价的策略

报价又叫发价，是指谈判双方各自向对方提出全部交易条件的过程，其中报价内容不仅仅包括产品的价格，还包括产品质量、数量、交货条件、品质、规格、支付方式、运输费用等。在价格谈判中，双方都期望达成一个于己有利的交易价格，而报价是双方价格磋商的起点，是谈判交锋的第一回合。一般报价都是从己方最大利益出发，采用以下五种的策略与技巧。

1．先发制人

谈判进入报价阶段以后，谈判人员面临的第一个问题就是由哪方首先提出报价。孰先孰后的问题，不仅仅是形式上的次序问题，也会对谈判过程的发展产生巨大的影响。先报价可以先发制人，率先出击，掌握主动，为谈判规定了一个框架，使最终协议围绕着这个范围达成。另一方面，先报价有时候会出乎对方意料和设想，打乱对方阵脚，动摇对方期望。如果卖方报价 1000 元，那么最终成交价格一定不会超过 1000 元，如果买方率先提出不能超过 500 元的价格，那么卖方就会考虑降低价格，否则难以达成交易。

如果本方处于优势地位，而对方却不大了解行情，那么率先报价就可以为谈判塑造一个基准，牵着对方的鼻子走。当双方实力相当时，先报价也会掌握主动，一定程度上影响对手。但是比报价也有一定的弊端。一方面，对方了解我方报价后会调整原有的交易条件。由于己方先报价，对方可以了解我方的交易起点，修改原先报价，以获得本来得不到的好处。如果卖方先报的价格低于买方预备出的价格，或者高出程度不高，此时买方就会降低原来的报价，获得更多利益。另一方面，先报价会给对方攻击的理由，让对方集中力量攻击己方报价，迫使己方一步步降低价格。

如果己方谈判实力明显强于对方，或者处于有利地位可以采取先发制人策略，先下手为强，划定谈判基准，免得对方在价格上过于争论，拖延谈判时间。如果双方有着长期友好的合作关系，对产品价格状况相当了解，或者双方都是谈判的行家，此时报价的先后对谈判影响不大，可以采取先发制人的策略。

2．后发制人

优先报价的一方总会暴露出自己的意图和底线，使对方能够做出相应调整，或者迫使我方按照他们的路子走。尤其是我方处于劣势或不了解行情时，先报价是很不利的，后发制人也是一种有效地策略。采取后报价的策略，通过听取对方的报价来了解行情，扩大己方思路和视野。

例如，爱迪生在做某公司电气技师时，他的一项发明获得了专利。一天，公司经理派人把他叫到办公室，表示愿意购买爱迪生的专利，并让爱迪生出个价。爱迪生想了想，回答道："我的发明对公司有怎样的价值，我不知道，请您先开个价吧。""那好吧，我出 40 万美元，怎么样?"经理爽快地先报了价，谈判顺利结束了。事后，爱迪生满面红光似的这样说："我原来只想把专利卖 5000 美元，因为以后的实验还要用很多钱，所以再便宜些我也是肯卖的。"在这次谈判中，事先未有准备、对其发明对公司的价值一无所知的爱迪生如果先报价，肯定会遭受巨大的损失。在这种情况下，最佳的选择就是把报价的主动权让给对方，通过对方的报价来探查对方的目的、动机，摸清对方的虚实，然后及时调整自己的谈判计划。

3．吊筑高台

罗杰·道森曾指出，"优势谈判最主要的法则之一就是，在开始和对手谈判时，你所开出的条件一定要高出你的期望。"亨利·基辛格(Henry Kissinger)甚至说："谈判桌前的结果完全取决于你能在多大程度上抬高自己的要求。"吊筑高台策略也就是高报价，又叫欧式报价，指卖方提出一个高于己方实际要求的谈判起点，是含有较大虚头的高价，然后根据买卖双方的实力对比和具体的外部竞争状况与对手讨价还价，给予各种优惠，在此基础上做出一定的让步，使对方感觉还占了便宜。

一般情况下，卖方的起始报价应该是防御性的最高报价，在此基础上逐步降低价格。美国一位谈判专家的试验表明，如果买主出价较低，往往能以较低的价格成交；如果卖主喊价较高，则往往以较高的价格成交；如果卖主喊价出乎意料的高，只要能坚持到底，在谈判不破裂的情况下，往往会有很好的收获。运作这种策略时，喊价要狠，让步要慢。凭借这种方法，谈判者一开始便可削弱对方的信心，同时还能乘机考验对方的实力并确定对方的立场。

一位来自得克萨斯州阿马里洛的律师约翰·布罗德富代表自己的客户谈判购买一处不动产，虽然一切都很顺利，可是他想："我试试看我的这个方法是否有效。"于是他拟出了一份文件，向卖方提出了 23 条要求，其中的一些要求显然十分荒唐。他相信，只要卖方一看到这份文件，立刻就会拒绝其中至少一半的条件。可是让他大为吃惊的是，他发现对方居然只对其中的一条表示出了强烈反对。即便如此，约翰还是没有欣然答应，他坚持了几天时间，直到最后才不情愿地答应了。虽然约翰只是放弃了这 23 个条件中的一个，但卖方还是觉得自己赢得了这场谈判。有时候我们不知道对手对报价的接受程度，高报价一方面可以试探对手的底线，为我们争取更多的利益，另一方面还可以在一定程度上影响对手心理，使其降低要求。

4. 抛放低球

抛放低球也是低报价的策略，又叫日式报价，是事先提出一个低于己方实际要求的谈判起点，以让利来吸引对方，通过低价击败同类竞争对手，引诱对方与其谈判。这种低报价策略有时候是由买方给出的，买方提出自己所能接受的价格底线，或者通过给出较高的价格率先得到谈判的机会，避免竞争对手的加入。但一般情况下最后的成交价格往往高于买方的最低价格。

有时候卖方也会给出最低报价，将最低价格列在价格表上，引起买主的兴趣。由于这种价格一般以卖方最有利的结算条件为前提，因而往往不能满足买方的需要，如果买方要求改变有关条件，卖主就会相应地提高价格。低报价一方面可以排斥竞争对手，吸引买方，另一方面，当其他卖主败下阵时，这时买方原有的优势不复存在，想要达到一定的需求，只好任卖方一点点把价格抬高才能实现。

较低的价格并不意味着卖方放弃对高利润的追求，而是引鱼上钩的诱饵，是诱惑对方，引起对方注意和兴趣的手段。抛放低球实际上与吊筑高台殊途同归，两者只有形式上的不同，而没有实质性的区别。一般而言，抛放低球有利于竞争，吊筑高台则比较符合人们的价格心理。多数人习惯于价格由高到低，逐步下降，而不是相反的变动趋势。

5. 化整为零

化整为零是把一个整体分成许多零散部分。毛泽东在《抗日游击战争的战略问题》中指出，“一般地说来，游击队当分散使用，即所谓‘化整为零’。”商务谈判中的化整为零报价法是指谈判的一方在整体项目不好谈的情况下，将其项目分成若干块分块议价的方法。

化整为零有时候采取加法报价法，在报价的时候有时怕报高价会吓跑客户，于是不一次性提出所有要求或说出总的价格，而是把要求分几次提出，或把产品进行分解，说出每件产品的价格。经分解的要求往往容易被接受。有时候采取减法报价法，在提出总的价格后，把总体进行分解，一一说明。有时候也可以采取除法报价法，也就是报出自己的总要求，然后再根据某种参数(时间、用途等)，将价格分解成最小单价的价格，使买方觉得报价不高，可以接受。如保险公司为动员液化石油气用户参加保险，宣传说：参加液化气保险，每天只交保险费1元，若遇到事故，则可得到高达1万元的保险赔偿金。

3.2.2 讨价还价的策略

一方报价之后，另一方绝对不会无条件接受，而是自然而然地进入讨价还价阶段。讨价是买方对卖方的价格解释，在评价之后提出重新报价或改善报价的要求。卖方听了买方的评论后，修改报价或者不修改报价后，反过来向买方提出："请您告诉我希望成交的价格"，视为还价。一般情况下，讨价还价是一个多次重复的概念和过程。讨价还价一般有以下五种策略与技巧：

1. 吹毛求疵

吹毛求疵就是在商务谈判中针对对方的产品或相关问题，再三故意挑剔毛病使对方的信心降低，从而做出让步的策略。"吹毛求疵"就是故意挑剔，是"鸡蛋里挑骨头"。这是在价格磋商中，还价者为给自己找理由，也为了向对方表明自己不是容易被蒙骗的精明的内行者而采取的策略。

该策略使用的关键点在于提出的挑剔问题应恰到好处，把握分寸，对提出的问题和要求要实事求是，不能过于苛刻。如果把针眼大的毛病说成比鸡蛋还大，很容易引起对方的反感，认为己方没有合作的诚意。同时，提出的问题一定是对方商品中确实存在的，而不能无中生有。吹毛求疵策略将使谈判者在交易时充分地争取到讨价还价的余地。这种技巧往往被买主用来压低卖主的报价，通过故意找碴儿、百般挑剔、夸大其辞、虚张声势，提出一大堆问题及要求，甚至言不由衷的故意制造问题。国外谈判学家的实验表明：假如其中一方用这种"吹毛求疵"的方法向对方讨价还价，提出的要求越多，得到的也就越多；提出的要求越高，结果也就越好。商务交易中的大量事实表明，"吹毛求疵"不仅是可行的，而且是富有成效的，它可以动摇卖方信心，迫使对方接受买方还价。

阅读资料

美国谈判学家罗伯斯有一次去买冰箱。营业员指着罗伯斯要的那种冰箱说："259.5 美元一台。"接着罗伯斯导演了一台精彩的"喜剧"：

罗："这种型号的冰箱一共有多少种颜色？"营："32 种颜色。"罗："能看看样品本吗?"，营："当然可以！"(说着立即拿来了样品本。)罗(边看边问)："你们店里的现货中有多少种颜色？"营："22种。请问您要哪一种？"罗(指着样品本上有但店里没有的颜色)："这种颜色同我厨房的墙壁颜色相配！"营："很抱歉，这种颜色现在没有。"罗："其他颜色与我厨房的颜色都不协调。颜色不好，价钱还这么高，要不便宜一点，我就要去其他的商店了，我想别的商店会有我要的颜色。”营：“好吧，便宜一点就是了。”罗：“可这台冰箱有些小毛病！你看这里。”营：“我看不出什么。”罗：“什么？这一点毛病尽管小，可是冰箱外表有毛病通常不都要打点儿折扣吗？”罗(又打开冰箱门，看了一会儿)：“这冰箱带有制冰器吗?”营：“有！这个制冰器每天 24 小时为您制冰块，一小时才 3 美分电费。”(他认为罗伯斯对这个制冰器感兴趣)罗：“这可太糟糕了！我的孩子有轻微哮喘病，医生说他绝对不可以吃冰块。你能帮我把它拆下来吗?”营：“制冰器没办法拆下来，它和整个制冷系统连在一起。”罗：“可是这个制冰器对我根本没用！现在我要花钱把它买下来，将来还要为它付电费，这太不合理了！……当然，假如价格可以再降低一点的话……”结果，罗伯斯以相当低的价格——不到 200 美元买下了他十分中意的冰箱。实际上，罗伯斯对这台冰箱非常满意，颜色也很喜欢，他的孩子也没有哮喘的毛病，但是通过他的吹毛求疵却为他争取了最低的价格。

(资料来源：潘肖珏，谢承志. 商务谈判与沟通技巧. 上海：复旦大学出版社，2006)

2. 沉默是金

沉默是金一般是指不言不语，惜字如金，但是，沉默并不等于无言，它是一种积蓄、酝酿，等待猝发的过程。

任何谈判都要注意实效，能够在有限的时间内取得各自的利益。有些时候谈判者口若悬河、妙语连珠，以绝对优势压倒对方，但谈判结果却不一定令人满意，有时候往往说话最少的一方会取得最多的收益。言多必失，说话多了可能让对方找出我方谈话的漏洞予以攻击，或者无意中透露出不该透露的信息，过早显示己方底牌。

在谈判中，如果遇到难缠的对手可以适当运用沉默是金的策略。当对方提出过分的条件或价格时，沉默可以给对方施加压力，让对方感觉到我方对其报价的不满，为了不至于谈判破裂而反思自己的条件，从而做出一些让步。在谈判僵局中，往往先开口的一方是做出让步的一方。

3. 浑水摸鱼

一般情况下，事情越是简单就越容易处理。但在谈判过程中，有些人反其道而行之，故意将简单的事情复杂化，把许多不相干的事情混杂在一起，使对方穷于应对、疲于奔命，从而迫使对方不得不屈服。这就是浑水摸鱼策略。浑水摸鱼策略是指在谈判中，故意搅乱正常的谈判秩序，将许多问题一股脑儿地摊到桌面上，使人难以应付，借以达到使对方慌乱失误的目的。这也是在业务谈判中比较流行的一种策略。

浑水摸鱼策略要选好时机，一般在对方身体或精神处于薄弱状态下使用。深夜时的洽谈，当谈判者经历一整天激烈的谈判后，身体和精神都十分疲劳。一旦一方故意扰乱正常谈判秩序，把许多问题一股脑提出来，实行疲劳轰炸，此时，有些人无法集中精力，不能保持清醒的头脑，很容易在昏昏沉沉的状态下接受不太合理的条件。情绪爆发时也是运用浑水摸鱼策略的好时机。心理学表明，当有人突然发怒，他人很可能出现恐惧、反思等心理。所以谈判时，有人会在突然发怒时扯出很多问题使对方迷惑、妥协，或者故意发怒而使对方反思是不是己方做的太过分了，使对方由于怕局势失控而做出让步。

阅读资料

李军是一家网络产品的分销商的销售部经理，急于挖关系找单子。刘五是一家系统集成公司经理，从某局拿到了一个网络设备采购的单子，急于找产品。通过朋友介绍，李军和刘五相见。李军热情地表达了自己的诚意，并表示愿意给刘五最优惠的条件——4 折。刘五听了李军报出的价格后一脸惊讶："李经理，你太不够朋友了，我把你当成好朋友，你却给我报这么高的价格，这不是明摆着耍我吗。"说完离席而去。

随后几天，李军给刘五打了几次电话，刘五都避而不接。又过了几天，李军接连接到几个同行的电话，询问他给刘五的报价。李军担心丢了单子，主动和刘五联系把价格从 4 折调到 3.5 折。刘五仍然对价格不满意，提出他的单子产品数量很大，要求降低价格。当李军又接到同行询问报价的电话时，他心急如焚，又一次找到刘五表示把价格调到 3 折。谁知刘五狡猾的一笑，"李经理，你还是没诚意啊，我已经和几家公司谈过了，他们给我的最低报价是 2.5 折。" 2.5 折已经是他公司的进货价，但考虑到刘五要的数量比较多，一咬牙同意了这个价格。回到公司以后，李军开始和厂商联系备货事宜。但几天之后，李军居然等到了刘五和别的公司签合同的消息，最后的价格是 2 折。据说那家公司的老总还大骂李军，说李军搞恶性竞争，把价格压低到 2.5 折，搞得他没办法，只好给刘五 2 折出货，不仅没赚到钱，还赔了一笔。可是李军自己却是哑巴吃黄连一有苦说不出：不仅单子没做成，仓库里还积压了一大批的产品。

(资料来源：张秀芳. 成功在于心计. 北京：北京艺术与科学电子工业出版社，2007)

4. 穷追不舍

谈判是一项艰巨的工作，双方都会尽力为己方争取利益。但是一方利益的获取意味着另一方利益的丢失，所以在讨价还价中一定要有耐心，有恒心，有自信、顽强、穷追不舍和不达目的誓不罢休的精神。只有迎难而上，才能在充满竞争性和对抗性的谈判中获取更多的利益。

有一次我国急需引进一套高效的生产设备，同某国的一家公司代表进行谈判。讨价还价中，面对对方的坚决反对我方代表微笑以待，细细解释我方要求降价 1000 万欧元的原因，并且出示了各种证据。经过多轮洽谈，几次压价，我方用户已经比较满意并准备签约，可是主谈代表经过周密考虑，认真测算，认为对方的要价还是高了，还有很大的降价空间，还得再谈再压，穷追不舍。第二天，对方代表仍然表示对降价感到“难以接受”，但是口气已经没有昨天那么强硬。我方主谈认为对方已经开始松动，继续对外商实施穷追不舍的策略，一口咬定对方必须将价格降到我方提出的价格上来。最后迫于无奈，对方告诉我方主谈，他决定再次将价格下调 500 万欧元。但是我方主谈仍然对降价幅度感到无法接受。最后，我方主谈也趁机提出修改一下降价幅度，最终双方在降价 870 万欧元的情况下签订了协议。

5．最后通牒

最后通牒是向对方施加压力的手段，在商务谈判中一般指谈判一方锁定一个最后条件，给对方一个最后价格或期限，如果对方不同意就一拍两散，结束谈判。谈判中的“最后通牒”策略有两种情况：一是利用最后期限，也就是指谈判的结束时间。为了逼迫对方让步，己方可以向对方发出“最后通牒”，即如果对方在这个期限内不接受己方的交易条件并达成协议，则己方就宣布谈判破裂而退出谈判。二是面对态度顽固、暧昧不明的谈判对手，以强硬的口头或书面语言向对方提出最后一次必须回答的条件，否则将退出谈判或取消谈判。

运用最后通牒策略必须注意谈判者一定是处于一个强有力的地位，要出其不意、攻其不备。最后通牒策略在最后阶段或最后关键时刻才使用。另外，最后价格，建议在对方的接受范围之内，而且具体明确、毫不含糊、坚定有力、不露声色，不让对方存有任何幻想。这样，对方为谈判花费了大量人力、物力、财力和时间，如果不接受条件，不但不能得到合作利益，前期谈判的成本也将付之东流，所以不得不妥协。

3.2.3　让步的策略

在商务谈判中，双方不可能一拍即合，一般都是需要经过让步和妥协的。一般情况下，双方最初报价也都是含有一定的“水分”，报价时就已经做出了要让步的心理准备。因此，让步是无可非议的，也是不可避免的，但是如何让步，更有利于己方也是需要技巧的。一个有经验的谈判专家往往可以通过运用让步策略和技巧，使己方最小的让步获得对方更大的让步，并且还会让对方感到满意。反之，如果让步运用不当，不但己方会损失大部分利益，还会让对手感到气愤和不满。

让步必须恰到好处，在分析谈判形势后决定哪些是可以让步的，哪些是不能让步的，尽可能预测让步程度，在和谐愉悦的基础上确定一个双方同意的磋商方案。让步时一般可以采取以下五种策略和技巧。

1．以退为进

“退一步海阔天空”，不过于计较一时之得失。有些时候，一时的退让可能带来意想不到的结果。以退为进策略就是在谈判中做出一些实际的退让来达成更进一步的目的。所谓“失之东隅收之桑榆”，当一方在某一方面做出退让后，另一方也就不好意思在其他方面咄咄逼人了。暂时的退是为了长远的进，一方面的退是为了其他方面的进。退是手段，进才是目的。以退为进的要点在于全局的观念，不能因小失大，不能鼠目寸光。在商务谈判中，经验丰富的谈判者往往可以把握大局，纵观长远。

20 世纪 90 年代末期，某学校 A 欲购买一批网络设备，于是与五家供货商同时展开谈判。学校出价 20 万元，当时该设备的成本价 21 万左右，卖方出价 25～30 万元不等。王力是其中供应商 B 的销售经理，他所在的公司是五家中规模最小、经营时间最短的一家。为了快速打开市场，回收资金，王力毅然把价格降到了 21 万元。不料学校 A 主动把价格提升到 22 万元。原来学校了解到该设备的成本，认为公司 B 尽管规模小，但却是五家供货商中唯一主动提供两年免费维护的，想与该公司建立长期的联系。A 与 B 完成了交易。半年后，学校 A 的主动让步得到了回报。原来由于意外事故，学校 A 所购的一部分设备报废，B 马上以五折的价格为 A 补全了相应的设备。而 B 的行为在两年后也得到了回报。学校 A 又重新购买了近百万元的设备，并给 B 介绍了几百万元的订单。此后，公司 B 开始迅猛发展起来。投之以桃报之以李，真正具有远见卓识的人不会计较一时的利益得失。

2．投石问路

投石问路策略，即在谈判的过程中，谈判者有意提出一些假设条件，通过对方的反应和回答，来琢磨和探测对方的意向，抓住有利时机达成交易的策略。在谈判中要掌握主动权，就需要尽可能多地了解对方信息，掌握我方采取某一对策时对方的反应、意图或打算。投石问路就是掌握对方虚实的一种战术，是指一方在谈判中为了摸清对方虚实，掌握对方心理，通过不断地旁敲侧击、直接探听等尽可能多地了解对方的信息，以便在谈判中做出正确的决策。

运用投石问路的方法可以通过“投石”来看看对方的反应，发现和揭露对方的底牌，这样就可以掌握谈判的主动。有时在报价时也可以运用投石问路策略，看看对方的接受能力。如买主可以问一些问题，诸如“如果订货数量加倍呢?”，“假如我们向你们签订一年或更长时期的合同呢?”，“假如我们供给你工具或其他机器设备呢?”，“假如我们买下你们的全部商品呢?”等等。

投石问路是通过一种迂回的方式试探对方的价格等交易条件，从而在攻防中做到知己知彼的谈判策略。此策略一般是在市场价格行情不稳定、无把握，或是对对方不大了解的情形下使用。实施时要注意多多提问，而且要做到虚虚实实，煞有其事，要让对方难于摸清你的真实意图，同时不要使双方陷入“捉迷藏”，进而使问题复杂化。

例如，有一次某外商想购买我国的香料油与我方进行谈判。在谈判过程中，外商出价每千克 40 美元，但我方并不了解对方的真实价码。为了试探对方的真实价码，我方代表采用投石问路的方法，开口便要每千克 48 美元。对方一听我方的要价，急得连连摇头说：“不，不，这要价太昂贵了，你们怎么能指望我方出 45 美元以上的价钱来购买呢?”对方在不经意的情况下，将底牌透露给了我方。我方代表抓住时机，立即追问一句：“这么说，你们是愿意以每千克 45 美元的价格成交啦?”外商只得勉强说:“可以考虑。”通过双方的进一步洽谈，结果以每千克 45 美元的价格成交。这个结果比我方原定的成交价要高出数美元。

3．红脸白脸

红脸白脸策略又称软硬兼施策略，是指在商务谈判过程中，利用谈判者既想与你合作，但又不愿与有恶感的对方人员打交道的心理，以两个人分别扮演“红脸”和“白脸”的角色，诱导谈判对手妥协的一种策略。运用红脸白脸策略的谈判中，两个人一个扮演“红脸”，是温和派，从中协调，做和事老，负责收场；一个扮演“白脸”，是强硬派，态度坚决、咄咄逼人。有时候也可能是同一个人时而红脸时而白脸，“打个巴掌给个甜枣”。

通常，在让步时负责“白脸”的辅谈要价狠、言辞犀利，不断强调己方的难处，提出有利于己方的建议，并且寸步不让；负责“红脸”的主谈把握火候，安抚对手，做出一定的让步，尽力撮合双方的协作。这样，一方面对手了解了己方的难处，认为己方已经做出了很大的让步，不至于提出过分的要求，另一方面还会担心“白脸”再次提出新的意见影响“红脸”做出的让步。

4．情绪爆发

人们总是希望在和谐、轻松、没有对立的环境中工作和生活，当面临突然的冲突时就会惊慌失措，不知如何是好。多数情况下人们会选择妥协、退却，尽量回避矛盾和冲突。情绪爆发策略正是对上述情景的利用。情绪爆发就是指谈判者突然爆发出激烈的情绪，威慑和影响对手，从而迫使对方做出让步。

情绪爆发一般有情不自禁的爆发和有意识的爆发两种：当对方行为或态度引起我方愤怒或反感时，会产生自然的情绪爆发；有时为了迫使对方妥协，谈判者会借助当时的情景和气氛，把握时机有目的地发火，大发脾气，严厉斥责对方。这样就会使对方在突然的情绪冲击下手足无措，动摇自己的信心和立场，很可能反思自己的行为，从而重新调整自己的谈判方针和目标，做出一定的让步。运用此策略要注意把握时机和态度，不能让对方看出漏洞。情绪爆发过于平和起不到震慑对方的作用，过于激烈又会让对方感到小题大做，失去真实感，或者使谈判破裂、无法修复。

5．欲擒故纵

欲擒故纵策略是一种常用的谋略和技巧，是指在谈判中的一方虽然想做成某笔交易，却装出满不在乎的样子，将自己的急切心情掩盖起来，似乎只是为了满足对方的需求而来谈判，而对方又急于谈判，会主动做出让步，从而实现先“纵”后“擒”的目的的策略。“纵”是假，是手段，“擒”是真，是目的。

当对方拒绝合作或提出苛刻的条件时，双方很容易陷入僵局。这时己方可以表现的不慌不忙，不予回应，或者主动放弃进一步谈判或者合作的意图。这样对方由于怕失去合作的机会就会降低姿态来妥协和让步。

运用此策略时，要注意保持自己的态度不冷不热，不紧不慢。比如在日程安排上，不是非常急迫，主要随和对方。在对方态度强硬时，让其表演，不慌不忙，不给对方以回应，让对方摸不着头脑，使用心理战术。这一策略运用的关键在于掌握好“纵”的度，“纵”不是“消极”的纵，而是“积极”、有序的纵；通过“纵”激起对方迫切成交的欲望而降低其谈判的筹码，达到“擒”的目的。

阅读资料

上海一家公司欲从某印商方购买一批软件。印商得知买方由于生产规模的扩大，企业管理方式的改革急需这一软件，所以提出了很高的要价。买方请求卖方到上海来谈判，在谈判桌上和卖方展开了激烈的较量，但是由于卖方抓住了买方急需软件的这一弱点，态度坚决，不肯降价。双方陷入僵局。

如果不能使用这一软件，那么企业管理中暴露出的诸多问题无法得到妥善的解决，但是答应对方的条件又会明显被对方痛宰。了解到印商方能够千里迢迢来到中国还是很想完成交易的，而且此次交易对打开中国市场有着重要的意义。此时，买方谈判代表声称需要把卖方条件请示董事会，请求对方等待买方答复。在此期间，买方不慌不忙地一边带着卖方谈判代表在上海周边游玩，一边做出寻找其他供应商的样子，十天后买方仍未给出任何答复。此时卖方急于完成谈判回到印度，再三催促。买方声称董事会成员难以召集，无法给出最终决定。又拖了几天，印商方代表打听到买方正与另外一家公司洽谈。印商不愿意失去这次合作的机会，也不愿意这十几天的时间白白浪费，只好转变态度，提出重新谈判的要求。声称不需请示董事会了，他们愿意降低价格，做出让步。最后，在谈判桌上印商连连让步，以极低的价格卖出了买方所需的软件。

3.2.4 磋商阶段的僵局

在商务谈判过程中，经常会遇见这样的情况：双方经过激烈的讨价还价，在某些交易条件上无法达成共识，双方都感觉退无可退，不愿做出进一步的让步，这样谈判就进入了僵持状态，也就是谈判僵局。当僵局出现，谈判进入不进不退的状态，谈判进程停滞，如果不采取有效措施，谈判就会破裂，双方的前期损失也无法挽回。一般来说，谈判双方既然能够坐在一起，都是怀着一定的诚意，前期也一定做了周详的准备。尽管都是从各自的利益出发，在某些条款上存在分歧，但双方都期望消除差距并突破僵局。

商务谈判过程是双方观点、立场、利益的交锋，僵局的出现不可避免，但从根本来说，僵局是双方立场、利益、沟通中的冲突剧烈化的结果。当谈判僵局出现后，如果不采取措施打破僵局，就会造成谈判的破裂。要想打破僵局，就要了解僵局出现的内容和原因，对症下药，采取有效措施解决问题。一般化解谈判僵局有以下五种策略。

1．曲线求利

曲线求利是一种重要的人生智慧，运用在商务谈判中也往往会获得奇效。友好、合作、互利是谈判的基石，当谈判陷入僵局时，运用迂回的手段从侧面出发，有时也会达到破解僵局的目的。当双方立场不同或出现沟通障碍时，都可以采取此方法。如抓住对方特点投其所好，或者软硬兼施；通过拉家常、套近乎、招待宴请等手段缓和气氛；寻找双方都信任、尊重的第三方居中调停等。

阅读资料

迪巴诺公司是纽约有名的面包公司，与纽约很多的大酒店和餐饮消费场所有合作业务，但偏偏该公司附近一家大型的饭店却一直没有向他们订购面包，这种局面维持了长达4年的时间。期间，迪巴诺公司千方百计地向该饭店推销面包，但都无功而返。于是，迪巴诺一改过去的推销策略和谈判技巧，开始对这家饭店的经理所关心和爱好的问题进行调查。通过调查，迪巴诺发现饭店的经理是美国饭店协会的会员，还担任了饭店协会的会长一职。于是，当他再一次去拜会饭店经理的时候，他就以饭店协会为话题，围绕着饭店协会的创立和发展以及一些有关事项和饭店经理交谈。果然，这一话题引起了饭店经理的极大兴趣，两人交谈热烈，颇有相见恨晚之意。在一上午的长谈期间，迪巴诺丝毫没有提及双方有关业务方面的合作的话题。然而几天以后，那家饭店的采购部门突然给迪巴诺打去电话，让他立刻把面包的样品以及价格表送到饭店去。饭店的采购组负责人在双方的谈判过程中笑着对迪巴诺说："我真猜不出您究竟使用了什么样的绝招，使我们老板那么赏识你，并且决定与你们公司进行长期的业务合作。"尽管迪巴诺公司享有盛名，而且迪巴诺对那家饭店经理穷追不舍，但是历时4年，他们都没有取得谈判的成功。相反，即便迪巴诺公司并没有改进面包的质量，也没有降低谈判的价格标准，但是由于抓住了饭店经理所关心和感兴趣的事情，却达成了共识，实现了长期合作。

(资料来源：林胜强. 谈判谋略——基本技巧80法. 南宁：广西人民出版社，1992)

2．待人以诚

商务谈判是双方自愿的行为，双方都是带着积极合作的态度坐到一起的。如果双方存在利益的差距或是沟通障碍，可以通过双方诚恳、耐心、积极的态度来实现互动和交流，使对方了解己方的难处，清晰的表述己方观点，从而消除误会。

互惠互利是双方谈判的基础，在利益差距面前，如果双方都能以真诚、积极的态度面对问题，在友好、融洽的气氛中进行协商，各自后退一步，试着站在对方的角度看待问题，这样就不难解决争端，僵局也就自然化解了。另外，由于一方人员行为失误导致了僵局，只要不是不可挽回的错误，诚恳的道歉也会获得对方的谅解。

3．临阵换将

临阵换将也是面对僵局时常用的一种方法。当谈判双方产生对立情绪或冲突矛盾不可调和时，可以考虑调换谈判人员，请地位更高的人出面，重新协商谈判问题。尤其是一方谈判者由于专业水平低、随便许诺、语言行为不当等给对方留下不好的印象，侵犯对方利益，甚至是伤害对方感情等，这时临阵换将是最好的打破僵局的办法。当一方谈判者的语言行为严重伤害对方时，换将是维持双方关系所必须的，也包含了向对方致歉的意思。

当然，有些时候在僵局时调换人员并非是因为他们失职，而是一种自我否定。因为当己方要价过狠，又坚持己见，说话行事未留余地，此时要想挽回局面，换将是“找台阶下”的好办法，也暗含了以前的承诺不妥，将重新提出条件的意思。或者，有时当协议大部分条款已经商定，只有一两个关键问题尚未解决，影响协议签订时，也可以由地位较高的人出面负责谈判，也暗含了对僵持的关心和重视，同时也可以给对方施加心理压力，迫使对方放弃原来的坚持，从而顺利达成协议。

4．釜底抽薪

釜底抽薪的原意是如果不能克服敌人刚强的力量，就可以削弱敌人力量的来源，从履卦的原理出发，分离至刚至阳的乾的力量。也就是说，当无法抵御对方的力量时，可以寻找对方的力量来源或者弱点进行有针对性的打击。

釜底抽薪是商务谈判中常用的手段。在谈判中，当双方由于利益或者立场问题相持不下时，可以通过各种手段了解对手的详细信息，找出并解决主要矛盾。也就是了解对方为什么坚持己见，对方内部有没有矛盾，对手有什么弱点等。找到了对方的弱点或是坚持的原因就可以对症下药，说服或迫使对方做出让步，打破僵局。

阅读资料

三月初，学校刚刚开学，A 市某学校便传出校园网改造的消息。X 公司系统集成部经理王峰第一时间就从“内线”处得到了消息。接下来王峰本着宁可错杀一千，也不放过一个的原则开始四处活动，凡是学校里有头衔的并且和项目搭边的人基本上都让王峰跑了一个遍。

周一，王峰拿着资料到学校去参加投标。早上 9 点，投标项目组陆续进入会议室，王峰站起来一个个地点头打招呼。还是那几张老面孔：曾校长、孙主任……，不过最后进来的一个面容严肃的中年妇女(赵老太太)，王峰却从来没见过。王峰连忙打听，才知她是当天早上才从教育局过来参与这个项目的。王峰公司的工程报价在备选的五家公司里处于中游。项目组的其他成员一致把票投给了王峰公司，但教育局的那位赵老太太却提出了疑问，尽管王峰一再强调自己公司的性价比是最好的，但最终还是没能说服赵老太太。招标无奈暂停。

走出会场，王峰心里不太舒服，本以为今天上午就把单子拿下了，谁知却被这个赵老太太给搅了。当天晚上，王峰请信息中心孙主任吃饭。酒桌上王峰了解到赵老太太之所以这么严肃是因为她的母亲最近生病住院了，所以心情很不好，而这家医院刚好是他姑姑工作的医院。第二天早上，王峰买了一堆营养品和姑姑一同去了赵老太太母亲所住的病房。

一周后，王峰再次在开标会上见到赵老太太时，她主动上来和王峰打招呼，并表示感谢，说她母亲的病情已经好多了，再过一两周就可以出院了。这一次还没等其他人发言，赵老太太就说到："经过这一周的考虑和调研，我觉得 X 公司的报价和方案确实是性价比最出色的，我认为他们应该中标。"最后的投标结果可想而知：X 公司获得了项目组评委的全票认可。

(资料来源：IT 销售三十六计之第十九——釜底抽薪. 睿商在线. http://club.spn.com.cn/122/36994.shtml)

5. 据理力争

依据道理，竭力维护自己方面的权益、观点等。在商务谈判中，有时候如果由于对方无理取闹或者提出过分的条件时，耐心商谈和客气说服并不是唯一的办法，我方一味退缩反而会助长对方气焰，此时，就应该坚持不让，据理力争。面对对方蛮横无理的不合理要求，要做出明确、坚决的反击。

商务谈判中的退让是不可避免的，但也是有限制的。谈判中的妥协一定要坚持原则、坚守底线，否则只会助纣为虐，不但损失了企业利益，还会给对方留下软弱可欺的印象。因此，必要的时候需要与对方展开论辩，让对方认识到自己的失误，清醒地权衡利弊，从而调整策略，做出让步。当然，据理力争也不一定非要针锋相对，委婉、迂回的办法往往更有效。

除了以上策略，在具体的谈判中，当僵局出现应该尊重客观事实，可以采取站在对方立场出发、将心比心，回避分歧、转移话题，低调处理、暂时休会等策略。选择谈判策略需要考虑不同的谈判情景，也要注意把握策略的使用尺度。有经验的谈判者可以采取一种或几种策略来化解僵局，但是这些策略并不是绝对的，在一种情况下适用，如果换个人、换个时间，甚至一点小小的变化都会影响策略的效果。因此，如何化解僵局需要分析僵局的原因，谈判中遇到的具体问题，谈判双方的态度等多种因素，是经验、智慧与勇气的综合运用。

3.3 成交阶段的策略和技巧

谈判的最后阶段就是成交和签约的过程，也就是交易的达成，也称为收尾阶段或终结阶段。随着磋商的深入，双方意见逐步趋向一致，开始进入成交阶段。通常，谈判结果无外乎三种：成交、终止和破裂。而只有成交才可能表示谈判的成功，也是谈判双方所期望的结果。

3.3.1 谈判成交的判断技巧

商务谈判何时进入成交阶段是商务谈判极为重要的问题。谈判者必须正确判定谈判成交的时机，才能运用好成交阶段的策略。如果判断错误会使前期大量劳动付之东流，也可能毫无意义地拖延谈判成交，丧失成交机遇。一般情况下，谈判成交阶段可以从以下四个方面判定。

从交易条件上看，谈判的中心任务是交易条件的商谈，在磋商阶段双方经过激烈的讨价还价，各种交易条件逐步趋于一致，形成更多的共识，一些矛盾也得到了很好的解决，那么此时交易就进入了成交阶段。这里的交易条件不仅指价格，而且包括对产品数量、产品质量、交易方式等其他相关的问题所持的观点、态度、做法、原则等。

从谈判时间上看，谈判过程必须在一定时间内终结，当谈判时间即将结束，自然就进入终结阶段。一般情况下，商务谈判不可能无休止进行下去，都会有一个最后期限。这个期限可能是双方约定好的，可能是一方限定的，也可能由于突发状况而产生的时间变化。到最后时间，谈判者应该调整各自的战术方针，抓紧最后的时间做出有效的行动。

从谈判策略上看，谈判过程中有些策略的运用可以暗示或明示谈判的最后时间。比如最后通牒策略，一方声明最后的立场或时间，如果对方不同意，则中止谈判，如果对方同意，就进入了成交阶段。

从谈判者发出的信号看，在谈判过程中，有时候谈判者会故意或不经意的发出要终结谈判的信号，这时谈判就开始进入了成交阶段。谈判者使用的成交信号不一而同，但一般有以下几种：用最少的言辞阐明立场，表达出一定的承诺意愿；用最后决定的语调阐述自己的立场；提出完整、绝对的建议；简单明了，没有余地的回答；向对方保证结束谈判对其有利；其他一些暗示性语言或行为。

3.3.2 最后让步的技巧

通常，在磋商阶段会遗留一两个有分歧的问题，需要经过最后的让步才能达成一致、签订协议。成交阶段双方还要进行最后一次报价和让步，以确定成交条件，达成交易。

1. 最后让步的时机和幅度

在最终报价时，谈判者应该更加小心谨慎，因为这次报价将直接决定着最后的成交价格。最终报价首先要掌握时间，让步的时间过早会被认为是前一阶段讨价还价的结果，会被认为是另一个让步，而不是为达成协议所作的最后让步，对方还会提出新的条件。让步的时间过晚会削弱对对方的影响和刺激，对局面起不了作用或影响微弱。所以，最终报价一定要选好时机。

最终报价还要注意让步的幅度，确定合适的价格。最后让步的幅度需要考虑对方在企业中的级别和地位。一般最后关头会由双方高级管理人员出面参与，所以让步的幅度既要满足对方主要谈判人员维持地位和自尊的需要，又要不至于由于让步幅度过大使对方主管认为谈判人员没有尽力争取最佳交易条件。

最后报价需要一方面判断谈判是否进入成交阶段，在最后期限之前提出最后的报价，能够给对方留下一定的时间回顾和考虑；另一方面是考虑对方的接受能力，最终价格不能超过对方底线，否则就会引起新的争论，甚至前功尽弃。一个优秀的谈判者往往能够在最后阶段抓住时机，出奇制胜，为整个谈判锦上添花。

2. 最后让步需要注意的问题

商务谈判的最后阶段，当双方意见存在不大的差距时，需要做出最后的让步以达成交易。有时也可以在对方认同的条件下适当做出一些让步。一些无关紧要的，次要条件的小小让步往往会收到意想不到的效果。

最后的让步需要注意以下几点：

(1) 要严格把握最后让步的幅度，不能侵害己方利益。

(2) 最后让步幅度大小必须足以成为预示最后成交的标志。在决定最后让步幅度时，主要看对方接受让步的这个人在其组织中的级别：对较高职位的人，刚好满足维护他的地位和尊严；对较低职位的人，刚好使其不至于受到的上司的指责。

(3) 让步和要求并存。己方在做出某些让步时一定要让对方知道，不管在己方做出最后让步之前或做出让步的全过程，都希望对方做出相应的让步，除非己方全面接受对方的最后要求。比如谈判者让步时示意对方这是他本人意思，这个让步很可能受上级的批评，所以要求对方予以相应的回报，或者不直接地给予让步，而是指出他愿意这样做，但要以对方的让步作为交换。

3.3.3 最后成交的策略与技巧

在最后成交阶段，经历了最后的报价与让步以后，谈判进入了终结阶段。但这时并不能认为谈判已经结束了，这个阶段也需要采取一定的策略和技巧来给整个谈判划上完美的休止符。

1．感情攻势

在谈判开始，一般谈判双方都会有相互寒暄、酒宴、舞会等感情交流活动，尤其是异地商家。当一方到另一方所在地进行谈判时，主方一般都会安排住宿、酒宴、娱乐等活动，有时也会在这些活动中就一些问题达成共识。当谈判进入最后的收尾阶段，双方基本上达成一致意见，此时经历了长时间的交锋，双方可能都比较疲劳和紧张，这时把谈判桌转移到场外，如酒桌、宴会、娱乐场所等就会缓解针锋相对的情绪，使双方建立一种友好、融洽的气氛。在这样的气氛下，双方不但会加深理解，强化对谈判结果的满足感，还会增进双方友谊，为以后的合作打下良好的基础。哪怕谈判最后未能达成协议，也不能与对方对立，讥讽、嘲弄或冷淡对方。“买卖不成仁义在”，从长远来说，维系情感远远重于一次谈判的成败。

20 世纪 80 年代，中日出口钢材的谈判中，尽管我方提出了合理的报价，但仍未达成最后协议。我方代表并没有责怪对方，而是用一种委婉、谦逊的语气向日方道歉。日方代表原以为一旦谈判失败，中方一定会给予冷遇，没想到中方在付出巨大努力、精力而未果的情况下，一如既往地给予热情的招待，非常感动。回国后，他们经过反复核算、多方了解行情，认为我方提出的报价是合理的。后来主动向我方投来“绣球”，在中日双方的共同努力下，第二次谈判终于获得了成功。

2．庆祝与赞美

商务谈判是一项劳心劳力的活动，当谈判结果确定，签订协议后，谈判双方都付出了巨大的体力和脑力的代价。成功完成交易对双方来说都是一项成就，此时双方都可以从交易中获得一定的利益，可能会暗自盘算己方所获利益的大小。此时，如果真诚的赞美双方谈判人员的才干，强调交易给双方带来的好处，庆祝谈判的成功，就会使对方心里获得平衡和安慰，哪怕对方获得的利益少于我方。通过庆祝和赞美的话语就可以强化双方谈判者的成就感，提高对方对谈判结果的满足感，有利于促进以后的进一步交易。否则只顾自己沾沾自喜，或者讥笑对方谈判的失利，就可能遭受意想不到的损失。

3．慎重对待协议

谈判的最后阶段就是签订协议，而后续就是履行协议。协议是以法律形式对谈判结果的记录和确认，受法律保护。谈判的成果需要严密的协议来确认和保证，双方的交易关系也要以协议内容为准。因此，最后签订的协议内容必须和谈判结果完全一致，不能有半点误差。否则，一旦有人故意在协议的价格、数量、日期以及一些关键性的条款或概念上做文章，就可能完全扭转谈判结果。一旦因为疏忽而在被恶意更改过的协议上签字，就会使以前的谈判成果付之东流，给企业带来巨大的无法挽回的损失。所以，在签订协议前，一定要就双方所有谈判内容与最后协议仔细对照查看，确认无误后才能签字。

3.4　商务谈判的沟通技巧

商务活动中的沟通是商务活动主体凭借一定的通道(或媒介)，将信息发送给特定对象(接受者)，并寻求反馈以达到相互理解的过程。从一定程度上说，商务谈判就是谈判者之间信息的交流和互动的过程，在不断的沟通活动中才能逐步达成共识，完成最后的协议。沟通的效率和效果将直接影响着双方的谈判效率和效果，而沟通障碍往往是造成谈判僵局的重要因素。所以，为了达到良好的沟通效果，推动谈判进程，更好地实现谈判目标，谈判者一定要掌握一定的沟通技巧，并能够对其进行创造性的运用。

3.4.1　商务谈判的语言特征

语言是信息传递的媒介，是谈判的关键，是谈判者所能运用的主要且最有力的沟通工具。谈判语言是作为人们思维与交际工具的日常语言在谈判领域中的运用，它在本质上仍属于日常语言范畴，但同时又是在特定场合下使用的日常语言，因而有其特定的特点和用途。商务谈判过程也就是双方运用语言进行报价、磋商、还价等以谋求一致的过程。

商务谈判的语言艺术表现在许多方面，按语言的表达形式可分为有声语言和无声语言。有声语言是通过人的发音器官来表达的语言，一般理解为口头表达语言，这种语言是借助人的听觉来交流思想、传递信息的。无声语言是通过人的身体、姿态、面部表情等非发音器官来表达的语言，一般理解为行为语言，这种语言是借助人的视觉传递信息，表示态度的。按语言的表达内容，谈判语言包括专业语言、外交语言、法律语言、文学语言、军事语言等。但从内在本质来说，商务谈判语言应具有以下特征：

(1) 客观性。谈判语言一定要言之有物，尊重和反映客观事实，要令人信服。这是谈判语言的一项最基本的要求，是其他一切谈判语言要求的基础。只有谈判双方都以诚相待，利益共享，才能够融洽交流，为谈判的顺利进行打下基础。比如在商务谈判中，卖方介绍企业情况、产品性能、产品质量等要依据客观事实，报价和支付方式等也要合适，考虑对方的接受能力；买方介绍己方财务能力要实事求是，不能夸大其词，评价对方产品质量、要价也要合情合理，要价还价也要有理有据。企图夸大事实、蒙混过关、掩盖现实最多只能得到短期的利益，将会损害公司信誉和形象，不利于企业的长远发展。

(2) 逻辑性。商务谈判需要通过语言的争锋达到目的，是一种论辩的艺术，这就要求谈判语言要具有一定的逻辑性。谈判语言的逻辑性是指语言要符合思维规律，谈判者表达时要思路清晰、表达明确、判断准确，推理要符合逻辑规律，有理有据。谈判语言的逻辑性一方面要求谈判人员具有一定的逻辑知识，包括形式逻辑和辩证逻辑；另一方面要求谈判人员在谈判前要充分准备，广泛收集相关资料，并加以认真整理、研究。只有这样，才能在谈判席上以富有逻辑的语言表达主旨，才有可能获得对方的肯定和理解。

(3) 针对性。商务谈判是一项复杂多变的经济活动，每次谈判都会面临着不同的谈判内容、对手、目的、环境、时间等，这就要求谈判语言灵活多变，有选择、有针对性的使用谈判语言，一定要具体问题具体分析，灵活地运用语言艺术。谈判语言的针对性也就是语言运用要有的放矢，对症下药。不同谈判议题、不同的谈判场合、不同的谈判对手，需要不同的谈判语言。即使是同一议题，考虑到不同的谈判对手的接受能力、性格、知识水平以及需求的侧重不同，也要求应用不同的谈判语言。甚至同一议题、同一谈判对手随时间场合的不同，其需要、价值观等也会有所不同，在谈判中都要使用有针对性的语言。

(4) 规范性。谈判语言的规范性是指在谈判过程中语言表述要文明、精确，能够使用行业术语。这一方面要求谈判语言表述要清晰、严谨、精确、抑扬顿挫，要符合一定的语言规范，避免含糊不清、前后矛盾、语句不顺、嗓音微弱或者大吼大叫等，并且不能使用地方语言、俗语、黑话等；另一方面谈判语言要坚持文明礼貌，符合商业交谈特点和职业道德要求，避免粗俗、污秽或容易引起反感、分歧的语言。用文明、严谨、精确的语言准确表达己方的思想、观点是促使谈判的成功的要诀之一。

(5) 说服性。商务谈判是说服、论辩的经济活动，谈判语言的说服力是具有客观性、逻辑性、针对性、规范性的谈判语言的结合。同时，说服力又是成功的谈判语言的特定标志。谈判语言的说服力表现在声调的抑扬顿挫，语气的轻重缓急，适时、适地、适人；还表现在丰富的面部表情和恰当的手势，以及期待和征询的目光等，这些无声语言也是语言说服力的一个重要组成部分。通过不断说服才能引起对方兴趣，获得对方的认同，最终签订协议甚至建立长期的合作关系。

3.4.2　叙述和论辩的技巧

1. 叙述的技巧

叙述是主动的陈述说明，不受对方问题的制约，是谈判中常见的语言表达方式。在商务谈判中叙述可以阐明己方立场、观点、方案、要求等信息，提出谈判双方合作的好处和可以采取的方式，以及沟通感情。在谈判中，谈判双方通过不断地述说，传递己方信息，让对方充分明白己方的意图，促使谈判成功。

谈判中叙述问题、表达观点应该态度诚恳、观点明确、层次清晰、表达流畅、语言生动。具体来说，叙述应该把握以下技巧：首先，叙述要通俗简洁。谈判中的叙述不同于写文章，表述应该以对方能够快速接收并理解信息为准，避免使用专业性过强或者过于隐晦的词语；另外，叙述应该简单明了，使对方接收并认可己方观点，避免炫耀和卖弄性的长篇大论。其次，叙述要层次清晰。商务谈判中的叙述不同于日常闲聊，一定要主题明确、层次清晰，并且尽可能地选择适合倾听者习惯的叙述方式，便于对方接受、理解和记忆。一定要避免东拉西扯、语无伦次、离题万里。再次，叙述要生动具体。为了使对方能够全神贯注倾听，叙述时一定要避免平铺直叙、抽象晦涩，一定要运用生动具体的语言。可以通过抑扬顿挫的语调、幽默活泼的语言、活灵活现的动作来吸引对方。最后，在叙述过程中如果出现错误应该及时纠正，不能出于怕丢面子的心理将错就错，免得造成对方误解或是有损己方形象。当对方表现出不能理解己方观点时需要放慢语速、重复语速或者加以解释。

叙述的方式多种多样，可以按顺序叙述、对比叙述、提炼叙述、用事例叙述、递进叙述等。但无论哪种叙述，大体都包括入题、阐述和结束三部分。入题是谈判的开始，是容易引起注意的阶段。因此，谈判者应该谨慎入题，运用生动、有趣的语言进行寒暄，争取在开始阶段就建立一种良好的气氛，并且尽快引起对方兴趣。一般入题有开门见山式和迂回式两种方式，谈判者应该灵活掌握。阐述部分是谈判的核心，在入题阶段引起对方兴趣后，阐述阶段就应该进一步加深对方印象，以更强的生动性和感染力始终吸引对方，把握谈判的方向和主动权。阐述的语言应该客观、礼貌、具体、清晰，阐述必须独立，不要受到对方情绪的影响。同时，在阐述过程中，应随时注意对方的反应，并提供信息反馈的机会。结束语在叙述中起着压轴的作用，在谈判中占据着重要的地位。出色的结束语既可以让对方深思，又可引导对方叙述问题的态度与方向。一般来讲，结束语宜采用切题、稳健、中肯，并富有启发作用的语言。

2. 论辩的技巧

讨价还价是商务谈判的重要环节，而论辩是讨价还价的集中体现。当谈判双方存在立场、观点、态度方面的差异时，能否在论辩中说服对方是谈判成功的关键。商务谈判中的论辩是最具有技巧性，也是最能体现语言和思维艺术运用的领域。论辩不是简单的说，而是要综合运用叙述、提问、回答、观察、倾听等手段，通过摆事实、讲道理说明利弊得失，依靠理性的力量和情感的力量改变对方的最初想法而甘愿接受己方的观点，从而达成共识。

为了达到良好的论辩效果，有效说服对手，争取己方利益，论辩者需要掌握一些技巧。首先，论辩一定要立场坚定、清楚明确、前后一致，避免含糊不清，前后矛盾。论辩就是论证己方、反驳对方的过程。无论对方如何辩驳，一定要始终坚持己方立场，捍卫己方利益。对于细枝末节可以适当放松，对于原则问题永不妥协，反驳对方时也要有理有据、抓住要害。其次，论据要充实可靠，客观可信，具有一定的说服力度。谈判的目的是为了促成双方的合作，而客观、诚恳的态度是双方合作的基础。不论如何论辩都要客观公正、措辞准确、礼貌待人，不能过分夸大或回避事实，不能捏造事实，更不能进行人身攻击。再次，论辩思路要具有逻辑性和层次性，要论证严密，无懈可击，以理服人，不给对方以空隙和漏洞，从而把握谈判的主动权。最后，从方式上看，要注意把握时机，掌握进攻尺度，注意直接论证、间接论证的合理利用。从态度上看，要立场坚定、客观公正、热情诚恳，要注意言谈举止，礼貌待人。

3.4.3　提问和回答的技巧

1．提问的技巧

著名哲学家弗朗西斯·培根曾说过，谨慎的提问等于获得了一半的智慧。提问是谈判中经常运用的语言表达方法，它是为了把握对方心理、了解对方立场、表达己方态度、表述己方感情的一种手段。谈判中提问是必不可少的，在谈判中具有极其重要的作用，主要表现在两个方面：一是对对方的谈话做出反应，将信息反馈给对方；二是把己方的意图告诉对方，希望对方做出相应的反应，从而解除疑惑，获取信息。另外，在不同的谈判中，提问还有其特殊作用，如活跃气氛，促进沟通，把握谈话方向，控制进程等。谈判中需要掌握提问的对象、内容、时机、场合等，而经验丰富的谈判者善于把握提问时机、运用提问艺术。

1) 提问时机

提问时要把握时机，不要随意提问，只有这样才能充分发挥提问的作用。提问的时机有以下几类：

(1) 在对方发言后提问。当对方发言时一定要注意倾听，即使发现问题也要避免打断对方，打断别人的话是不尊重对方的表现。此时可以先记录问题，待对方发言完毕再行提问。

(2) 在对方发言间歇提问。有时候对方发言时间过长，而且不得要领、离题万里，这时可以利用对方发言停顿或间歇提问，诱导其转向，以掌握谈判进程。

(3) 在自己发言前后提问。在自己发言前可以先向对方提问，但不要求对方回答，可以采用自问自答的方式说明自己的理解。也可以在表达己方观点后，提出问题要求对方回答。

(4) 在议程规定的论辩时间提问。大型商务谈判一般会事先确定论辩时间，双方可以自由提问。

2) 提问的方法

提问的方式不同，有时可能会取得截然不同的效果。如一个教徒问“我可以在吸烟时祈祷么”就比“我可以在祈祷时吸烟么”更容易得到肯定的答案。

为了达到良好的提问效果，谈判者一般把握以下要诀：一是事先准备好一些对方不能迅速回答的问题，以达到出其不意的效果。当然，这些问题的提出也要把握好时机和火候，要能引导谈判方向，掌握主动。二是态度诚恳，讲求方式。提问的目的是为了得到对方的答案，傲慢、虚伪、咄咄逼人或者低三下四的提问很容易引起对方反感，难以得到期待的答案。问题可以直接提出、可以委婉提出、可以诱导性提出，也可以拒绝性提出，具体如何提出就要根据实际情况而定，要以真诚、平等、礼貌的态度，巧妙灵活地运用提问技巧。三是要有耐心。提出问题后保持沉默，耐心等待对方回答。如果对方答案不完整或避而不答，不能强迫对方回答，而是要有耐心和毅力地等待时机继续追问。

3) 提问的内容

谈判者一定要谨慎选择提问的内容，所提的问题应该与谈判情节相适应。例如谈判开局阶段的提问主要是为了增进双方之间的了解，活跃谈判气氛，一般都是寒暄式的提问，与谈判议题关系不大，如“对这个城市有什么看法”、“对这里的生活还习惯吗”、“看起来越来越年轻，有什么秘诀”之类。在谈判进行到报价和磋商阶段，提问则应围绕交易条件的磋商而展开，尽量不再提与谈判无关的话题。在谈判的最后成交阶段也可以就谈判期间的生活感受等方面进行寒暄，以加深双方友谊。

提问应遵循针对性、客观性、逻辑性原则。只有审时度势的提问，才容易立刻引起对方的注意，保持双方对议题的兴趣，使对方做出你所期望的回答，从而推动谈判的进程。所以，谈判人员在谈判前都应该做好充分准备，对于在谈判中应该了解什么问题，怎样表达，有哪些是关键问题，做到心中有数。谈判中的提问不是无故发问，在正式谈判开始之前，应进行提问设计，根据谈判的目的与议题列出自己在谈判中需要提出的问题，并对提问的时机和方式做出预先筹划，在谈判过程中，根据自己对对方的观察和形势的把握，总结对方的表现和态度，不断地调整提问的内容和方式。

2．回答的技巧

一定程度上，商务谈判就是在双方问答过程中实现信息沟通的。谈判中的回答，可以看做是一种证明、解释、反驳和推销观点的过程。回答问题不仅应当采取被对方接受的方式，而且应当巧立新意，渲染观点，强化效果。在一般情况下，商务谈判中对于对方提出的问题应该实事求是的回答，但是有时候对方的提问千奇百怪、形式各异，因此回答问题也是需要谨慎考虑、再三斟酌的。有些时候，如实正面的回答并非最好的方式，尤其是当对方处心积虑设置圈套，千方百计运用谋略探测己方底线时，更需要掌握一定的技巧巧妙回答。

1) 有效回答的技巧

回答问题前要做好充分的准备。在谈判之前，自己先假设一些难题来思考，考虑的问题愈多，对谈判的准备也就愈充分，从而更能把握谈判的主动权。谈判中一旦回答问题不当，容易出现两种不利局面：一是对方将你的回答视为缺乏诚意，不值得信赖；二是你的回答被对方误认作你的承诺，从而使你在后面的谈判中负担过重，处于不利的地位。谈判中回答问题要基于谈判效果的需要，准确把握该说什么以及不该说什么和怎样说等问题。

针对对方的发问的目的来回答是回答问题的关键。若在回答之前能快速地分析对方的心理、提问动机，针对其目的，根据自身的需要，有选择地做出与其期望完全相同或完全相反或不完全相同的回答，就有可能在谈判中赢得主动。

2) 回答需要注意的问题

一般说来，回答时需要注意六个“不要”。

第一，不要明确回答。有时会遇到难以答复或者不便于答复的问题，对于这些问题不一定需要回答。可以含糊其辞、模棱两可的回答，或者使用宽泛、留有余地的回答。如“很抱歉，您提出的问题我并无一手资料可以答复，不过我所了解的粗略印象是……”

第二，不要马上回答。如果无法完全了解对方意图，不要马上回答，以免过早暴露己方观点。这时可以用借口拖延、答非所问、反问对方或者转移话题。如“在答复您的问题之前我想听听贵方的意见。”

第三，不要彻底回答。如果有些问题的回答可能会对己方不利，这时可以避开对方提问的主题，有选择地回答问题的某些方面。或者也可以闪烁其词，似答非答或者答非所问。如“我们的价格是高了点，但是我们的产品在关键部位采用了进口原料，……。”

第四，不要直接回答。当不同意对方观点，反驳对方时，尽量避免使用“不”、“错”、“但是”等对抗性强烈的字眼，这样直接地反驳会使对方难堪，容易引起对方的抵触情绪。这时可以委婉地表达自己的观点和意见，巧用“不过”、“然而”、“或者”等词，或者间接提出自己的观点，如“我觉得您的想法很好，如果能……的话是不是会更好呢？”。

第五，不要随心所欲回答。谈判者一般代表的是一个团体，并且每一个谈判者都应该对其所说的话负责，不能随心所欲，尽量避免带有个人看法和情绪。回答问题应该严谨、严肃、认真、冷静，对自己所说的每一句话负责，谨慎回答。

第六，不要长篇大论。回答问题要简明扼要、紧扣主题，避免滔滔不绝、东拉西扯、不得要领。

3.4.4 观察和倾听的技巧

1．观察的技巧

商务谈判不仅仅是语言的交流，也是动作、神态等非语言形态的交流。人体语言学认为，人的动作、姿势、表情等不仅传递着丰富的信息，而且这些信号所传递的信息往往比有声语言所传递的信息更为真实。人们通过姿势、动作、神态传递的信息有时可以替代甚至超过语言的作用。研究发现，人际关系的互相理解，有55%来自表情，38%来自语调，只有7%来自语言。经验丰富的谈判者通过察言观色，观察对方的举止言谈，捕捉对手内心活动的蛛丝马迹，能够更好地把握对方心理，摸清对方意图。

在谈判过程中，人的四肢、躯干、五官等都成了信息交流的工具，会传播丰富的信息来表现一定的思想内容。“眼睛是心灵的窗户”，人的眼睛一向被认为是最能直接表现人的内心情感的器官，即使是那些语言难以表述的思想情绪的微妙复杂的变化，也都能从人的眼睛里流露出来。商务谈判中，谈判者要善于观察对方的眼睛，运用眼睛来进行交流。对方眼睛的注视方向、眨眼频率、眼睛动作、眉毛的动作等都可以表现出丰富的信息：如眨眼或瞪大眼睛表示吃惊或者对话题感兴趣；不看对方表示不感兴趣或掩饰；眼神闪烁表示虚伪或心虚；扫视表示好奇；目光慢慢移向斜上方，表示在认真思考对方的话；眉毛上耸表示惊喜或惊恐；眉毛下拉或倒竖表示气愤；眉毛上挑表示疑问；眉毛皱起表示困惑、不愉快；等等。除眼睛外，人的嘴巴、手、脚、腿、头等都能表达出丰富的信息，如嘴角上拉或后拉表示愉快或注意倾听，嘴角下拉或撅起表示不满或不愉快，紧紧抿住嘴表示坚决、不屈；紧握拳头表示紧张、挑战，敲打桌面表示厌烦和打发时间，紧紧握手并上下摆动表示热烈欢迎，腿脚抖动或拍打地板表示焦躁、紧张，挠头表示犹豫不绝、感到为难……

2．倾听的技巧

美国谈判学家卡洛斯曾经说过："如果你想给对方一个你丝毫无损的让步，这很容易做到，你只要注意倾听他说话就成了。倾听是你能做到的一个最省钱的让步。"在商务谈判中，听和说一样重要，一样必不可少。倾听是发现对方需要的重要手段，可以探明对方观点、立场，掌握对方态度的变化。同时，有效的倾听不但更能了解对方、隐藏自己，还可以给对方留下好的印象，促成谈判交易。然而，谈判中的倾听不仅仅是指简单的生理意义上的听，而是指运用自己的眼睛去观察对方的表情与动作，运用自己的心为对方的话语作设身处地的构想，运用自己的脑去思考对方话语背后的动机。

商务谈判中，双方的思想或意见的表达有时是直接、明确的，有时却间接、模糊，甚至会有刻意掩盖真相的谎言。所以倾听不仅需要了解对方表面的立场、目的和主观意图，还要推断其隐藏的真相，挖掘其语言背后所暗示、或不经意透漏的信息。在商务谈判中，倾听对方的叙述可以获得大量信息，促进双方的有效沟通。同时，谈判者在谈判过程中对倾听的处理本身也可以向对方传递一定的信息。如认真地倾听就是向对方表明你对他的叙述十分感兴趣，同时也表示了对对方的尊重。倾听并不是被动的接受，更不是自己停止说话暂作休息，而是要了解对方的想法、要求，同时反馈自己的信息，与对方进行积极的心灵沟通。

倾听的关键在于了解对方阐述的主要事实，理解对方表达的显在和潜在的含义，并鼓励对方进一步表述其对有关问题的想法。在谈判中，有效的倾听要注意以下几点。首先，倾听要客观公正。有时候，倾听者容易带着个人情绪或主观偏见，这就难以客观、准确地获取信息，容易扭曲信息，误解对方意图。因此，倾听者一定要客观公正、心胸开阔，抛弃先入为主的观念，认真听取对方观点，只有这样才能准确获取和理解对方谈话所表达的信息。其次，倾听要全神贯注。谈判双方交谈中包含着大量的信息，而人的注意力受到兴趣、动机、需求、情绪等影响，也容易受到外界干扰。为了充分有效地获取信息，倾听者必须充分调动自己的知识、经验、情感等，集中注意力，聚精会神听取对方谈话，克服干扰，并且开动脑筋进行分析思考，保证自己的思维跟上对方思路。再次，倾听时要控制自己。倾听对方谈话时需要约束自己，控制言行。如不要随意打断别人的谈话，不要妄自评论别人的观点，听到对方反对意见时也不要随便加以反驳。有时候，注意倾听会使对方产生信赖感，塑造轻松愉悦的谈判气氛。最后，倾听时也要有回应。倾听并不是单纯的听，倾听者如果没有任何反应会打击讲话者的兴致，而适当的回应可以达到更好的效果。如以微笑、点头来表示赞同，以目视对方表示尊重，以皱眉表示不满等。

阅读资料

商务谈判九字诀

"忍"字诀

真正的谈判从遭人拒绝开始，遭到拒绝就心里别扭的人，成不了气候。无论被逼到多么危急的地步，都要不动声色，面带微笑，这样对方会认为你肯定还暗藏着什么起死回生的杀手锏，这时，他们将开始做出让步，记住：拍案而起等于失败。

"分"字诀

条件要一点一点提出来，采取逐渐渗透的策略，就会在对方认为没有多大关系的时候，取得最后的胜利，协议可以积少成多。

"记"字诀

应当牢记那些枯燥的数字和专用名称，这是说服对手最有效的武器。牢牢记住那些平常记不住的详细数字和专用名称，做到脱口而出，能给对方留下做过调查和有备而来的印象，起到立竿见影的效果。令对方感到你是内行后再说服对方就容易多了。

"礼"字诀

真正懂礼的人，只是在需要的时候礼貌待人，恰当地表现一下就足够了。一个人失礼与否取决于最初和最后的印象。尽管你的发言措辞激烈，但最后的总结诚心诚意地道个歉，人家带回去的也是最后的这个印象。边听边记录，对方会满意，谈判中让对方感到满意自己是成功的一半。

"引"字诀

让对方认为这个方案是他们自己构思的。比方说你应当这样诱导对方："有这么一种设想，你看怎么样？"拍板的话留给对方。还有更厉害的一招，就是向对方反复强调说："正如你刚才所说过的那样"，"我从你刚才说的话中受到启发"等，经过你的反复渲染，对方也就觉得自己好像这么说过。

"傻"字诀

佯装傻瓜，从对方那里获得各种情报。在任何谈判中，尽可能地获得对方的情报，这对我方是非常有利的。让对方的牌先出手，尽可能地让对方多讲几句，如果对方使用专业词汇时，你可以反过来让他解释。

“输”字诀

常胜不败做不成买卖。谈判也不能把对方宰得太狠，应当悠着劲儿照顾对方一点儿，让他回到公司里好有个交待，一来二去搞好关系，他就能够逐渐成为合作伙伴。

“情”字诀

欲说服对方，先说服自己，为的是阐述问题时心里有底。在大庭广众面前，演说家或者宗教人士往往说着说着，自己就成了一个听众，陶醉在自己的演讲里，因而越发慷慨激昂。在关键时刻，应当采取这项旁若无人的态度，哪怕说自己放肆。不管对方是客商还是上司，无论立场和年龄与自己有多大差距，都要大大方方地直抒己见。没有这种气魄，自己的发言就没有说服力。

“缓”字诀

当你感觉到形势对自己不妙的时候，可以打开会议室的窗户或取来一杯咖啡，也可以讲一个无聊的笑话，这么一来，谈判的节奏就会有可能改变。反过来说，形势对自己有利的时候，切不可坐失良机。

(资料来源：http://bbs.21manager.con/dispbbs-237116-1.html)

讨论与复习题

1．商务谈判可以分为哪几个阶段？不同阶段谈判的内容有什么区别？
2．商务谈判中如何正确开局？需要注意哪些问题？
3．开局阶段可以选择哪些策略和技巧？选择的依据是什么？
4．商务谈判中如何正确报价？讨价还价和让步中又需要掌握哪些技巧？
5．如何应对谈判僵局？
6．成交阶段应如何正确报价和让步？可以运用哪些成交策略？
7．商务谈判的语言有哪些特征？
8．商务谈判沟通需要掌握哪些技巧？

案例分析

有一次，一家日本公司与一家美国公司进行一场贸易谈判。谈判一开始，美方代表便滔滔不绝地向日方介绍情况，而日方代表则一言不发，埋头记录。美方代表讲完后征求日方代表的意见。日方代表却像什么都没有听到一样，目光迷茫地说：“我们完全不明白，请允许我们回去研究一下。”

几星期后，日本公司又换了一个代表团出现在谈判桌上。该代表团声称自己不了解情况。美方无奈，只好再次给他们谈了一通。谁知，讲完后日本代表仍然说，“我们完全不明白，请允许我们回去研究一下。”这样，第二轮谈判又暂告休会。

几星期后，日方又换了一个代表团，在谈判桌上再次故伎重演。只是在会谈结束后，日方代表告诉美方，回去后一旦有了结果，就立即通知美方。

一晃半年时间过去了，日方仍然没有任何消息。美方感到奇怪，说日本人缺乏诚意。正当美国人感到烦躁不安时，日方突然派来了一个由董事长亲自率领的代表团飞抵美国。在美国人毫无准备的情况下，要求立即谈判，并抛出了最后方案，以迅雷不及掩耳之势，逼迫美国人讨论全部细节。美国人措手不及，最后不得不同日方达成明显有利于日本人协议。

(资料来源：刘丽娟，贺安黎. 经营谋略全书：商战技巧运用实例. 太原：山西经济出版社，1996)

问题：

(1) 案例中日本人运用了哪些谈判策略？

(2) 美国公司谈判失败的原因在哪里？

(3) 如果你是美国公司代表，如何应对日本人的谈判手段？

第 4 章　国际商务谈判

重点提示

- □ 国际商务谈判与国内商务谈判的共性特征
- □ 国际商务谈判与国内商务谈判的区别比较
- □ 影响国际商务谈判风格的文化因素
- □ 美洲人的谈判风格
- □ 欧洲人的谈判风格
- □ 亚洲人的谈判风格
- □ 大洋洲和非洲人的谈判风格

阅读资料

一个到日本去谈判的美国商务代表团，碰到这样一件尴尬的事：直到他们要打道回府前，才知道贸易业务遇到了语言障碍，没有达成协议的希望了。因为在谈判时，双方在价格的确定上，开始没有得到统一，而在谈判快要告一段落时，美方在价格上稍微作了点让步，这时，日本方面的回答是“Hi！(嘿)”。谈判结束后，美方就如释重负地准备“打道回府”。但其实结果并非如此。因为日本人说“嘿”，意味着“是，我理解你的意思(但我并不一定认同你的意见)”。

(资料来源：http://gaojiao.luibe.edu.cn/zsb/jpk/2008jpk/zk/swtp/jpk.files/ja.do)

随着经济全球化趋势越来越明显，不仅国家与国家之间的经贸联系不断加强，而且越来越多的企业的经营也在不断趋于国际化。形式多样的国际商务活动，包括不同国家经济主体相互之间商品和劳务的进出口、技术转让、设立独资和合资企业等，日渐成为企业经营活动，特别是以国际市场为主要舞台的跨国公司活动的主要内容。与国内商务活动一样，国际商务活动同样是建立在人与人之间交往基础之上的。有关研究显示，在商务活动过程中，销售人员、企业在各个地区的管理人员、律师及工程技术人员等的 50%的工作时间用于各种各样的商务谈判之中，其中大量的是与来自不同文化背景或不同国家的对手之间的谈判，也即国际谈判。

国际商务谈判不仅在国际商务活动中占据相当大的比重，而且具有相当重要的地位。谈判的成功与否直接关系到整个国际商务活动的效果，关系到企业能否在一个新的海外市场建立必要的销售网络、获得理想的合作伙伴、获得进入市场的良好途径等。

国际商务谈判在表现出其重要性的同时，也不断向人们展示出其复杂性。一个国内谈判高手并不必然是一个成功的国际商务谈判专家。要能在国际商务谈判中取得满意的效果，必须要充分理解国际商务谈判的特点和要求。这不仅对那些以国际市场为舞台的企业经营者来说是必要的，而且对所有参与国际商务活动，希望取得理想效果的人们来说，都是必要的。本章将阐述国际商务谈判的特点和要求，介绍一些典型国家和地区人们的谈判特点和风格。

4.1 国际商务谈判概述

4.1.1 国际商务谈判与国内商务谈判的共性特征

国内商务谈判和国际商务谈判都是商务活动的必要组成部分。它们是企业发展国内市场和国际市场业务的重要手段。国际商务活动是国内商务活动的延伸，国际商务谈判也可以视为是国内商务谈判的延伸和发展。尽管国内商务谈判和国际商务谈判之间存在着十分明显的区别，但两者之间也存在着十分密切的联系，存在着许多共性。

第一，为特定目的与特定对手的磋商。国内商务谈判和国际商务谈判同样都是商务活动主体为实现其特定的目的而与特定对手之间进行的磋商。作为谈判，其过程都是一种双方或多方之间进行信息交流，“取”与“予”兼而有之的过程。谈判过程中所适用的大多数技巧并没有质的差异。

第二，谈判的基本模式是一致的。与国内商务谈判相比，国际商务谈判中必须要考虑到各种各样的差异，但谈判的基本模式仍是一致的。事实上，由于文化背景、政治经济制度等多方面的差异，谈判过程中信息沟通的方式、需要讨论的问题等都会有很大的不同，但与国内商务谈判一样，国际商务谈判也同样遵循从寻找谈判对象开始，到建立相应关系、提出交易条件、讨价还价、达成协议，直至履行协议结束这一基本模式。

第三，国内、国际市场经营活动的协调。国内商务谈判和国际商务谈判是经济活动主体从事或参与国际市场经营活动的两个不可分割的组成部分。尽管国内谈判和国际谈判可能是由不同的人员负责进行，但由于企业必须保持其国内商务活动和国际商务活动的衔接，国内谈判与国际谈判之间就存在着密不可分的联系。在从事国际商务谈判时，必须要考虑到相关的国内谈判的结果或可能出现的状况，反之亦然。

4.1.2 国际商务谈判与国内商务谈判的区别

在认识到国际商务谈判与国内商务谈判的共性特征的同时，对于要取得国际商务谈判的成功而言，认识到这两种谈判之间的区别，并进而针对区别采取有关措施，是更为重要的。

国际商务谈判是跨越国界的谈判，如图 4-1 所示，它与国内商务谈判的根本区别源于谈判者成长和生活的环境及谈判活动与谈判协议履行的环境的差异。

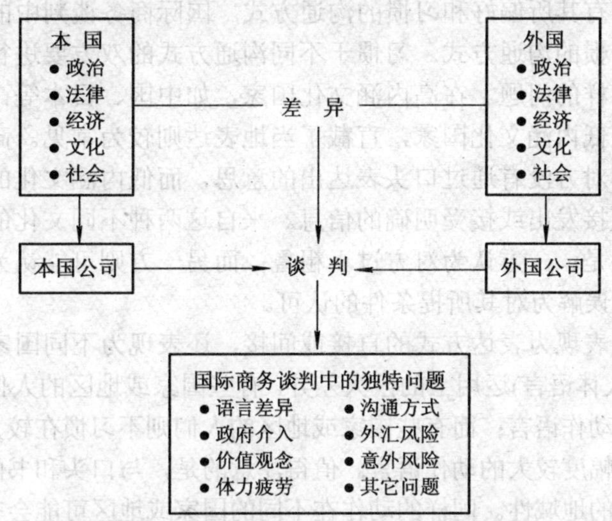

图 4-1　国际商务谈判与国内商务谈判的差异

国内商务谈判双方通常拥有共同的文化背景，生活于共同的政治、法律、经济、文化和社会环境之中。在那里，谈判者主要应考虑的是双方公司及谈判者个人之间的某些差异。而在国际商务谈判中，谈判双方来自不同的国家，拥有不同的文化背景，生活于不同的政治、法律、经济、文化和社会背景之中，这种差异不仅形成了人们在谈判过程中的谈判行为的差异，而且还将会对未来谈判协议的履行产生十分重大的影响。比较而言，由于上述背景的差异，在国际商务谈判中，谈判者面临着若干在国内商务谈判中极少会出现的问题。

1. 语言差异

国内商务谈判中，谈判双方通常不存在语言差异(谈判者通常均认同并能使用共同的官方语言)，从而也就不存在由于使用不同语言而可能导致的相互信息沟通上的障碍。

但在国际商务谈判中，语言问题及由此而引起的其他问题始终值得引起谈判者的注意。

即便是在使用同样语言的国家，如使用英语的美国和英国，在某些表达上仍旧存在着一定的差异。语言差异，特别是在两种语言中都有类似的表达但含义却有很大差别时，以及某种表达只有在一种语言中存在时，极其容易引起沟通上的混淆。如在中国，政府管理企业的方法之一是根据企业经营管理状况及企业规模等评定企业的等级，如“国家一级企业”、“国家二级企业”等，在美国则没有这种概念，简单地将“一级企业”、“二级企业”解释为“first class enterprise”和“second class enterprise”，很难让对方理解这种表达的含义，起不到在国内谈判中同样表达所能起到的效果，并且有可能使对方产生误解，如将“二级企业”理解为“二流企业”。在拟订谈判协议时，语言差异问题更值得谈判者深入地分析和研究。

2．沟通方式差异

不同文化的人群有其所偏好和习惯的沟通方式。国际商务谈判中的双方经常属于不同的文化圈，有各自习惯的沟通方式。习惯于不同沟通方式的双方要进行较为深入的沟通，往往就会产生各种各样的问题。在高内涵文化国家，如中国、日本等，人们的表达通常较为委婉、间接；而在低内涵文化国家，直截了当地表达则较为常见。高内涵文化的谈判者比较注重发现和理解对方没有通过口头表达出的意思，而低内涵文化的谈判者则偏爱较多地运用口头表达，直接发出或接受明确的信息。来自这两种不同文化的谈判者在进行谈判时，可能得到的结果是：一方认为对方过于粗鲁；而另一方则可能认为对方缺乏谈判的诚意，或将对方的沉默误解为对其所提条件的认可。

沟通的差异不仅表现为表达方式的直接或间接，还表现为不同国家或地区的人们在表达过程中动作语言(人体语言)运用上的巨大差异。有些国家或地区的人们在进行口头表达的同时，伴随以大量的动作语言；而有些国家或地区的人们则不习惯在较为正式的场合运用过多，特别是身体动作幅度较大的动作语言。值得注意的是，与口头和书面语言一样，动作语言同样也表现出一定的地域性。同样的动作在不同的国家或地区可能会有完全不同，甚至会有截然相反的含义。对动作语言认识和运用的差异，同样会给谈判中的沟通带来许多问题。

3．时间和空间概念的差异

大量研究表明，在不同国家或地区，人们的时间概念有着明显的差异。就谈判而言，有些国家和地区的谈判者时间概念很强，将严格遵守时间约定视为一种起码的行为准则，是尊重他人的表现。如在美国，人们将遵守时间约定看成是商业活动及日常生活中的基本准则之一。比预定时间更早到达经常被视为急于成交的表示，而迟到则会被看成是不尊重对方，至少也是不急于成交的表示。但在一些拉丁美洲和阿拉伯国家，如果这样去理解对方在谈判桌上的行为，则可能很难达成任何交易。因为那些地区或国家的谈判者有着完全不同的时间概念。

空间概念与时间概念是完全不同的问题。在不同的文化环境中，人们形成了不同的心理安全距离。在与一般人的交往中，如果对方突破这种距离，就会使自己产生心理不适。

有关研究表明，在某些国家，如法国、巴西等国，在正常情况下人们相互之间的心理安全距离较短，而美国人的心理安全距离则较法国人长。如果谈判者对这一点缺乏足够的认识，就可能会使双方都感到不适。

4．决策结构差异

谈判的重要准则之一是要和拥有相当决策权限的人谈判，至少也必须是与能够积极影响有关决策的人员谈判。这就需要谈判者了解对方企业的决策结构，了解能够对对方决策产生影响的各种因素。由于不同国家的政治经济体制和法律制度等存在着很大的差异，企业的所有制形式存在着很大不同，商务活动中的决策结构也有着很大的不同。以在国内商务活动中习惯的眼光去评判对手，通常就可能会犯各种各样的错误。如在有些国家，企业本身对有关事务拥有最终决策权，而在有些国家，最终决策权则可能属于政府有关主管部门，对方企业的认可并不意味着合同一定能合法履行。而同样是在企业拥有决策权的情况下，企业内部的决策权限分布在不同的国家和地区也会有很大差异。

在注意到不同国家企业决策结构差异的同时，尤其值得注意的是政府介入国际商务活动的程度和方式。政府对国际商务活动的干预包括通过制订一定的政策，或通过政府部门的直接参与，来鼓励或限制某些商务活动的开展。在通常情况下，社会主义国家政府对国际和国内商务活动的介入程度较高，但这并不等于是说资本主义国家的政府不介入企业的国际和国内商务活动。在工业化程度较高的意大利、西班牙及法国，某些重要的经济部门就是为政府所有的。当商务活动涉及国家的政治利益时，政府介入的程度就可能更高。20 世纪 80 年代初，跨越西伯利亚的输油管道的建设问题就充分说明了这一点。当时某一美国公司的欧洲附属公司与前苏联签订了设备供应合同，但美国公司及其欧洲附属公司在美国和欧洲国家的政府分别介入的情况下，处于十分被动的局面。美国政府要求美国公司的附属公司不能提供建设输油管道的设备和技术，而欧洲国家的政府则要求公司尊重并履行供应合约。争议最终通过外交途径才得以解决。由于国际商务活动中可能面临决策结构差异和不同程度的政府介入，因而国际商务谈判可行性研究中的对手分析远比国内商务谈判中的有关分析复杂。在某些情况下，谈判者不仅要有与对方企业谈判的准备，而且要有与对方政府谈判的打算。

5．法律制度差异

基于不同的社会哲学和不同的社会发展轨迹等，不同国家的法律制度往往存在着很大差异。要能保证谈判活动的正常进行、保证谈判协议能够得以顺利实施，正确认识法律制度的差异是不可忽视的。与此同时，一个值得注意的现象是，不仅不同国家的法律制度存在着明显的不同，而且不同国家法律制度遵照执行的程度也有很大不同。美国联邦沟通委员会前主席牛顿·米诺(Newton Minow)的一段戏言颇能帮助人们理解这一状况。根据他的看法，在德国，在法律之下所有的事都是禁止的，除非那些得到法律许可的；在法国，每件事都允许做，除非那些被禁止的；在前苏联，所有的事都是被禁止的，包括那些被许可的东西；在意大利，所有的事都是可行的，包括那些被禁止的。表面看来，这段话显得有些混乱，但其所表明的一层意思却是很容易理解的，即不同国家的法律制度及法律执行情况有着很大的差异。在国际商务谈判中，谈判者需要遵守那些自己并不熟悉的法律制度，同时还必须要充分理解有关的法律制度，了解其执行情况，否则就很难使自身的利益得到切实的保护。

6．谈判认识差异

不同文化中的人们对参与谈判的目的及所达成的合同的认识也有很大差异。如在美国，人们通常认为，谈判的首要目的也是最重要的目的是与对方达成协议。人们将双方达成协议视为一项交易的结束，至少是有关这一交易的磋商的结束。而在东方文化中，如在日本，人们则将与对方达成协议和签署合同视为正式开始了双方之间的合作关系。对达成协议的这种理解上的差异直接关系到人们对待未来合同履行过程中所出现的各种变化的态度。根据完成一项交易的解释，双方通常就不应修改合同条件。而若将签署协议视为开始合作关系，则随着条件的变化，对双方合作关系作某些调整是十分合理的。

7．经营风险的差异

在国内商务活动中，企业面临的风险主要是因为国内政治、经济、社会、技术等因素变化而可能导致的国内市场条件的变化。但是在国际商务活动中，企业在继续面临这种风险的同时，还要面对远比这些风险复杂得多的国际经营风险，包括国际政治风险(如战争、国家之间的政治矛盾与外交纠纷、有关国家政局及政策的不稳定等)、国际市场变化风险(如原材料市场和产品市场供求状况的急剧变化)、汇率风险(如一国货币的升值或贬值)等。国际商务活动中的这些风险一旦成为现实，就会对合作双方的实际利益产生巨大的影响，会对合同的顺利履行构成威胁。因此，谈判者在磋商有关的合同条件时，就应对可能存在的风险有足够的认识，并在订立合同条款时，即考虑采取某些预防性措施(如订立不可抗力条款)，采用某种调整汇率和规避国际市场价格急剧变化风险的条款等。

8．谈判地点差异

在面对面的国际商务磋商中，至少有一方必须在自己相对不熟悉的环境中进行谈判，由此必然会带来一系列的问题，如长途旅行所产生的疲劳、较高的费用、难以便捷地获得自己所需要的资料等。这种差异往往要求谈判者在参与国际商务谈判时，投入更多的时间、做好更充分的准备工作。

4.1.3　国际商务谈判成功的基本要求

以上分析了国际商务谈判与国内商务谈判的异同。从这一分析中，很容易得出这样的结论，即国际商务谈判与国内商务谈判并不存在质的区别。但是，如果谈判者以对待国内商务谈判对手、对待国内商务活动同样的逻辑和思维去对待国际商务谈判对手、去处理国际商务谈判中的问题，则显然难以取得国际商务谈判的圆满成功。在国际商务谈判中，谈判者除了要把握谈判的一般原理和方法外，还应注意以下几个方面。

1. 要有更充分的准备

国际商务谈判的复杂性要求谈判者在谈判之前做好更充分的准备。一是要充分地分析和了解潜在的谈判对手，明确对方企业和可能的谈判者个人的状况，分析政府介入(有时是双方政府介入)的可能性，及其介入可能带来的问题。二是研究商务活动的环境，包括国际政治、经济、法律和社会环境等，评估各种潜在的风险及其可能产生的影响，拟订各种防范风险的措施。三是合理制定谈判计划，解决好谈判中可能出现的体力疲劳、难以获得必要的信息等问题。

2. 正确对待文化差异

谈判者对文化差异必须要有足够的敏感性，要尊重对方的文化和风俗习惯。西方社会有一句俗语，“在罗马，就要做罗马人”(In Rome，Be Romans)，其意思也就是中国的“入乡随俗”。在国际商务谈判中，“把自己的脚放在别人的鞋子里”是不够的。谈判者不仅要善于从对方的角度看问题，而且要善于理解对方看问题的思维方式和逻辑。任何一个国际商务活动中的谈判人员都必须要认识到：文化是没有优劣的，必须要尽量避免模式化地看待另一种文化的思维习惯。

3. 具备良好的外语技能

谈判者能够熟练运用对方语言，至少双方能够使用一种共同语言来进行磋商交流，对提高谈判过程中双方交流的效率，避免沟通中的障碍和误解，有着特别重要的意义。

4.2　国际商务谈判中的文化差异

商务谈判不仅是谈判各方基于经济利益的交流与合作，而且是各方所具有的不同文化之间的碰撞与沟通。在不同国家、不同民族之间进行的国际商务谈判更是如此。国际商务谈判受到各自国家和民族的政治、法律、经济、文化等多种因素的影响，其中最难以把握的就是文化因素。文化上的差异导致了国际商务谈判中的文化碰撞甚至冲突，许多谈判因此而失败，直接影响了国际商务活动的顺利进行。因此，在国际商务谈判中正确把握文化因素显得至关重要。

4.2.1　语言及非语言行为

国际商务活动的语言差异是最直观明了的。解决语言问题的方法也很简单，如雇用一位翻译或者用共同的第三方语言交谈就行了。模拟谈判研究表明，谈判人员所使用的语言行为在各种文化中具有较高的相似性，但不管如何，差异也是显而易见的。在不同语言中，作为信息交流技巧的种种语言行为方式的使用频率呈现一定的差异性(见表 4-1)，如果不了解这些差异，那么很容易误解谈判对手所传播的信息，从而影响商务谈判目标的实现。

表 4-1　不同语言中各种交流技巧的使用频率比较

技巧＼使用频率	中国	日本	韩国	俄罗斯	德国	英国	法国	巴西	加拿大	美国
承诺	6	7	4	5	7	11	5	3	7	8
威胁	1	4	2	3	3	5	5	2	2	4
推荐	2	7	1	4	5	6	3	5	5	4
警告	1	2	0	0	1	1	3	12	3	1
报偿	1	1	3	3	4	5	3	2	2	2
惩罚	0	1	5	1	2	0	3	3	2	3
肯定规范评价	1	1	1	0	0	0	0	0	1	1
否定规范评价	0	3	2	0	1	1	0	1	2	1
保证	10	15	13	11	9	13	10	8	11	13
自我泄露	36	34	36	40	47	39	42	39	28	36
提问	34	20	21	27	11	15	18	22	36	20
命令	7	8	13	7	12	9	9	14	8	6

(资料来源：刘园，尹庆双.国际商务谈判[M]. 北京：中国人民大学出版社，2005)

在商务谈判中，谈判人员以非语言的更含蓄的方式发出或接受大量的比语言信息更为重要的信息，而且所有这类信号或示意总是无意识地进行。因此，当外国伙伴发出不同的非语言信号时，具有不同文化背景的谈判对手极易误解这些信号，而且还意识不到所发生的错误。这种不知不觉中所产生的个人摩擦如果得不到纠正，就会影响商业关系的正常发展。由表 4-1 及表 4-2 可以看出，国际商务谈判中语言及非语言行为之间的差异很复杂。就日本、巴西和法国文化而言，日本商人的交流风格是最为礼貌的，较多地采用正面的承诺、推荐和保证，而较少采用威胁、命令和警告性言论，他们礼貌的讲话风格最突出的是他们不常使用“不”、“你”和面部凝视，但经常保持一段沉默；巴西商人使用“不”和“你”字的频率较高，他们的谈判风格显得较为放肆，而且在谈判中似乎不甘寂寞，不时地凝视对方并触碰对方；法国商人的谈判风格显得更为放肆，特别是他们使用威胁和警告语言的频率最高。此外，他们还很频繁地插话、面部凝视以及使用“不”和“你”字。可见，唯有弄清楚这些差异，方能避免对日本人的沉默寡言、巴西人的热心过头或者法国人的威胁产生误解，从而取得国际商务谈判的成功。

表 4-2　不同语言中非语言交流技巧的使用频率比较

技巧＼使用频率	中国	日本	韩国	俄罗斯	德国	英国	法国	巴西	加拿大	美国
沉默时间/%	7.7	8.3	0	12.3	0	8.3	3.3	0	5	5.7
插话间隔时间/分钟	1.75	4.84	1.36	2.26	1.44	5.66	1.45	2.10	1.45	5.88
凝视时间/%	37	13	33	29	34	30	53.3	52	48.7	33.3
每小时接触次数/次	0	0	0	0	0	0	0.2	9.4	0	0

(资料来源：刘园，尹庆双.国际商务谈判[M].北京：中国人民大学出版社，2005)

4.2.2　风俗习惯

在国际商务谈判中，通常有一些正式或非正式的社交活动，如喝茶、喝咖啡、宴请等。这些活动受文化因素的影响很大，并制约着谈判的进行。如阿拉伯人在社交活动中常邀请对方喝咖啡，按他们的习惯，客人不喝咖啡是很失礼的行为。曾经有一位美国商人拒绝了沙特阿拉伯人请他喝咖啡的友好提议，这种拒绝在阿拉伯世界被认为是对邀请人的侮辱。结果这位美国商人因此而丧失了一次有利可图的商机。

德国人经常穿礼服，但无论穿什么，都不会把手放在口袋里，因为这样做会被认为是粗鲁的。德国人很守时，如对方谈判人员迟到，德国人就可能会很冷淡。另外，德国人不习惯与人连连握手，若你与他连连握手，他会觉得惶惶不安。

芬兰人在买卖做成之后，会举行一个长时间的宴会，请对方洗蒸汽浴。洗蒸汽浴是芬兰人的一种重要礼节，表示对客人的欢迎，对此是不能拒绝的，因为芬兰人经常会在洗蒸汽浴中解决重要问题和增进友谊。

在澳大利亚，大部分交易活动是在小酒馆里进行的。在进行谈判时，谈判人员要清楚哪一顿饭该由谁付钱。在付钱问题上既不能忘记也不能过于积极。

在南美洲，不管当地气候如何炎热，都以穿深色服装为宜。南美商人与人谈判时相距很近，表现得很亲热，说话时把嘴凑到对方的耳边。有些南美国家的商人乐于接受一些小礼品。而中东地区的商人很好客，但在谈判时缺乏时间观念，同他们谈判不能计较时间长短，而应努力取得其信任，即要先建立起朋友关系，这样就容易达成交易。

在与法国人进行紧张谈判的过程中，与他们共进工作餐或游览名胜古迹，对缓和气氛、增进彼此的友谊大有裨益。但千万不能在餐桌上或在游玩时谈生意，因为这样会败坏他们的食欲，让他们觉得扫兴。法国人的习惯是在吃饭时称赞厨师的手艺。

在日本，很多交易都是在饭店、酒吧和艺伎馆里消磨几个小时后达成的。

北欧人和美国人谈生意时喜欢有一定的隐私。在英国和德国，秘书们会将新的来客挡在外面，以避免经理们在会谈中受到打扰。在西班牙、葡萄牙、南美一些国家，敞门办公的现象可能会发生，但新来的客人也常常被请到外面等候。阿拉伯人也有“敞开门户”的习惯，客人任何时候来都欢迎。因而许多时候当一位阿拉伯商人与人会谈时，可能有新的客人进来，对此，习惯了谈话时不被打扰的北欧人和美国人就会感到窘迫，因为这时周围坐着几位前来拜访的新客人。

4.2.3　思维差异

在进行国际商务谈判时，来自不同文化的谈判人员往往会遭遇思维方式上的冲突。以东方文化和英美文化为例，两者在思维方面的差异有：

(1) 东方文化偏好形象思维，英美文化偏好抽象思维。

(2) 东方文化偏好综合思维，英美文化偏好分析思维。综合思维是指在思想上将各个对象的各个部分联合为整体，将它的各种属性、联系等结合起来；分析思维是指在思想上将一个完整的对象分解成各个组成部分，或者将它们的各种属性、联系等区别开来。

(3) 东方人注重统一，英美人注重对立。如中国哲学虽不否认对立，但比较强调统一方面，而西方人注重把一切事物分为两个对立的方面。

基于客观存在的思维差异，不同文化的谈判者呈现出决策上的差异，形成顺序决策方法和通盘决策方法间的冲突。当面临一项复杂的谈判任务时，采用顺序决策方法的西方文化，特别是英美人常常将大任务分解为一系列的小任务。将价格、交货、担保和服务合同等问题分次解决，每次解决一个问题，从头至尾都有让步和承诺，最后的协议就是一连串小协议的总和。然而采用通盘决策方法的东方文化则注重对所有的问题整体讨论，不存在明显的次序之分，通常要到谈判的最后，才会在所有的问题上做出让步和承诺，从而达成一揽子协议。

4.2.4　价值观

国际商务谈判中价值观方面的差异远比其他方面的文化差异隐藏得深，因此也更难以克服。价值观差异对国际商务谈判行为的影响主要表现为因客观性、时间观念、竞争和平等性等观念的差异而引起的误解和厌恶。

1．客观性

商务谈判中的客观性反映了行为人对“人和事物的区分程度”。西方人特别是美国人具有较强的“客观性”，如“美国人根据冷酷的、铁一般的事实进行决策”、“美国人不徇私情”、“重要的是经济和业绩，而不是人”及“公事公办”等话语就反映了美国人的客观性。因此，美国人在国际商务谈判时强调“把人和事区分开来”，感兴趣的主要为实质性问题。相反，在世界其他地方，“把人和事区分开来”这一观点被看成是一派胡言。例如，在裙带关系十分重要的东方和拉丁美洲文化中，经济的发展往往是在家族控制的领域内实现的。因此，来自这些国家的谈判者不仅作为个人来参与谈判，而且谈判结果往往会影响到个人，个人品行和实质问题成了两个并非不相干的问题，而且实质上两者变得不可分开。

2．时间观

不同文化具有不同的时间观念。如北美文化的时间观念很强，对美国人来说时间就是金钱；而中东和拉丁美洲文化的时间观念则较弱，在他们看来，时间应当是被享用的。

爱德华·T·霍尔把时间的利用方式分为两类：单一时间利用方式和多种时间利用方式。单一时间利用方式强调“专时专用”和“速度”。北美人、瑞士人、德国人和斯堪的纳维亚人具有此类特点。单一时间利用方式就是线性地利用时间，仿佛时间是有形的一样。直率是单一时间利用方式这一文化的表现形式。而多种时间利用方式则强调“一时多用”。中东和拉丁美洲文化具有此类特点。多种时间利用方式涉及关系的建立和对言外之意的揣摩。在多种时间利用方式下，人们有宽松的时刻表，淡薄的准时和迟到概念，意料之中的延期。这就需要有较深的私交和“静观事态发展”的耐性。

因此，在国际商务谈判中，当两个采用不同时间利用方式的经营者遇到一起时，就需要调整，以便建立起和谐的关系，并要学会适应不同时间利用方式的工作方式，这样可以避免由于“本地时间”与“当地时间”不一致所带来的不安和不满。

3．竞争和平等观

竞争和平等性差异对国际商务谈判的影响可以借助模拟谈判之类的实验经济学的结果得到粗略的反映。模拟谈判实验观察了来自不同文化的商人小组参加同样的买卖游戏所得到的“谈判蛋糕”。这一模拟谈判实验体现了商务谈判的精华，即竞争和合作。令 N 为 n 个来自不同文化的商人小组进行模拟买卖所得到的“谈判蛋糕”的观察结果所构成的集合，那么：

$$N = N \quad \{N_1, N_2, N_i, \cdots, N_n\}$$

$$N_i = N_i \quad (V_i, B_i, S_i)$$

其中，N_i 表示来自第 i 种文化的谈判双方的“谈判蛋糕”，V_i 表示买方和卖方在模拟中所得到的共同利润，B_i 和 S_i 分别表示共同利润在买方和卖方间的所得百分比减去 50%后的值，即 $B_i + S_i = 0$。

显然，V_i 越大，合作效果越好，反之亦然；$B_i < 0$，$S_i > 0$ 表明利润分配对卖方有利；$B_i > 0$，$S_i < 0$ 表明利润分配对买方有利，且 $|B_i|$ 或 $|S_i|$ 越大，利润分配越不平等。

考察模拟实验的结果见表 4-3。不难发现，就美国文化和日本文化而言，日本人最善于做大蛋糕，而美国人的蛋糕大小一般。相反，美国人对利润的划分，相对而言较日本人公平。日本人划分蛋糕的方式对买方较为有利。事实上，在日本，顾客被看做上帝，卖方往往会顺从买方的需要和欲望；而美国的情况完全不同，美国卖方往往将买方更多地视为地位相等的人，这也符合美国社会奉行的平等主义价值观。在许多美国经理看来，利润划分的公平性似乎比利润的多少更为重要。

表 4-3 模拟实验中同一文化内谈判双方的合作效果与利润分配平等程度比较

观察变量 \ i	日本 1	韩国 2	俄国 3	德国 4	英国 5	法国 6	巴西 7	美国 8
V_i	V_1	V_2	V_3	V_4	V_5	V_6	V_7	V_8
买卖双方合作效果由大到小	$V_1 > V_5 > V_7 > V_6 > V_8 > V_3 > V_2 > V_4$							
B_i	B_1	B_2	B_3	B_4	B_5	B_6	B_7	B_8
利润分配有利于买方程度由大到小	$B_2 > B_1 > B_6 > B_5 > B_4 > B_3 > B_8 > B_7 > 0$							

(资料来源：刘园，尹庆双. 国际商务谈判[M]. 北京：中国人民大学出版社，2005)

4.2.5 人际关系

成功的谈判要求始终保持畅通无阻的信息交流，然而不同的文化背景使得国际商务谈判者之间的信息交流面临许多障碍和冲突。因此，国际商务谈判人员必须能够在谈判中和对手保持良好的人际关系，保证良好的沟通以便谈判顺利进行。

对此，美国学者温克勒指出："谈判过程是一种社会交往的过程，与所有其他社会事务一样，当事人在谈判过程中的行为举止、为人处世，对于谈判的成败至关重要，其意义不亚于一条高妙的谈判策略。"

法国人天性开朗，具有注重人情味的传统，因而很珍惜交往过程中的人际关系。对此有人说，在法国，"人际关系是用信赖的链条牢牢地相互联结的"。另外，在与法国商人谈判时不能只想到谈生意，否则会被认为太枯燥无味。

在日本，人们的地位意识浓厚，等级观念很重，因而与日本商人谈判时，弄清楚谈判人员的级别、社会地位是十分重要的。在德国，人们重视体面，注意形式，对有头衔的德国谈判者一定要称呼其头衔。澳大利亚商人参与谈判时，其谈判代表一般都是有决定权的，因而与澳大利亚商人谈判时，一定要让有决定权的人员参加，否则澳大利亚商人会感到不愉快，甚至中断谈判。

综上所述，包括风俗习惯、语言表达、人际关系、时间观念等因素的文化差异塑造了不同国家各异的谈判风格。要想在国际谈判的战场上纵横驰骋，就必须对此深入了解。下一节将对主要区域和国家的谈判风格逐一进行介绍和分析。

4.3　不同区域和国家的谈判风格

4.3.1　美洲人的谈判风格

1．美国人的谈判风格

从总体上讲，美国人的性格通常是外向的、随意的。一些研究美国问题的专家，将美国人的特点归纳为：外露、坦率、诚挚、豪爽、热情、自信、说话滔滔不绝、不拘礼节、幽默诙谐、追求物质上的实际利益，以及富有强烈的冒险和竞争精神等。与此相适应，形成了美国商人迥异于其他国家商人的谈判风格。

(1) 爽直干脆，不兜圈子。由于美国国家民族年轻，加之其经济大国地位的影响，使得美国商人充满自信和优越感，在谈判桌上气势逼人。他们语言表达非常直率，往往说行就行，说不行就不行。美国人在谈判中习惯于迅速地将谈判引向实质阶段，一个事实接一个事实地讨论，干脆利索，不兜圈子，不讲客套，对谈判对手的直言快语不仅不反感，而且还很欣赏。

美国人在经商过程中通常比较直接，不太重视谈判前个人间关系的建立。他们不会像日本人那样颇费心机地找熟人引荐、做大量公关工作，以便在谈判前与对方建立一种融洽的关系。有趣的是，如果在业务关系建立之前，谈判者竭力去同美国对手建立私人关系，反而可能引起他们的猜疑，认为或许是因为你的产品质量或技术水平不佳才有意拉拢他们，这样在谈判时他们会特别警惕和挑剔，结果是过分“热情”的谈判者倍感委屈，甚至蒙受损失。由此看来，公事公办的原则更加符合美国人的脾气。在美国人眼中，是良好的商业关系带来彼此的友谊，而非个人之间的关系带来良好的商业关系。在美国人的心目中，个人交往和商业交往是明确分开的。即使同对方有私人友谊，也丝毫不会减少美国人在生意上的斤斤计较。

尽管这样，要是以为美国人刻板，不近人情，那就误会了。美国人强调个人主义和自由平等，生活态度较积极、开放，很愿意结交朋友，而且容易结交。美国人以顾客为主甚于以产品为主，他们很努力地维护和老客户的长期关系，以求稳定的市场占有率。与日本人比较，美国人放在第一位的是商业关系；只有与对方业务关系稳定，在生意基础上彼此信任之后，生意伙伴之间才可以发展密切的私人关系。而且这种私人关系在经济利益面前是次要的，在商业决策中不起很大作用。

(2) 重视效率，速战速决。美国商业经济发达，生活节奏极快，造就了美国人守信、尊重进度和期限的习惯。他们十分重视办事效率，尽量缩短谈判时间，力争使每一场谈判都能速战速决。

高度的时间观念是美国文化的一大特点。美国人的时间意识很强，准时是受人尊敬和赢得信任的基本条件。在美国办事要预约，并且准时。约会迟到的人会感到歉疚、羞耻，所以一旦不能如期赴约，一定致电通知对方，并为此道歉；否则，将被视为无诚意和不可信赖。强调效率是美国人时间观念强的重要表现。在美国人的价值观中，时间是线性而且有限的，必须珍惜和有效地利用。他们以分钟为单位来安排工作，认为浪费时间是最大的浪费，在商务活动中奉行“时间就是金钱”的信条。美国谈判者总是努力节约时间，他们不喜欢繁文缛节，希望省去礼节、闲聊，直接切入正题。美国人很重视谈判的时间成本，他们常定有最后期限，从而增加了谈判压力。如果对手善于运用忍耐的技巧和优势，美国谈判者有时会做出让步，以便尽早结束谈判，转入其他商业活动。

对整个谈判过程，美国人也总有个进度安排，精打细算地规划谈判时间的最佳利用，希望每一阶段逐项进行，并完成相应的阶段性谈判任务。对于某些谈判对手常常对前一阶段的谈判成果推倒重来的做法，美国谈判者万分头痛。他们那种一件事接一件事，一个问题接一个问题地讨论，直至最后完成整个协定的逐项议价方式被称为“美式谈判”。

(3) 讲究谋略，追求实利。美国人在谈判活动中，十分讲究谋略，以卓越的智谋和策略成功地进行讨价还价，从而追求和实现经济利益。对此，美国人丝毫也不掩饰。不过，由于美国商人对谈判成功充满自信，因此总希望自己能够战胜高手，即战胜那些与自己一样精明的谈判者。在这种时候，他们或许会对自己的对手肃然起敬，其心情也为之振奋不已。这反映了美国人所特有的侠义气概。

(4) 鼓励创新，崇尚能力。美国人比较自由自在，不太受权威与传统观念的支配。他们相信，一个人的理想社会地位主要是凭借个人努力和竞争去获得的。在他们的眼中，这是一个允许失败，但不允许不创新的社会。所以，美国人对角色的等级和协调的要求较低，更尊重个人作用和个人在实际工作中的表现。

这种个人主义价值观表现在美国企业决策上是常常以个人(或少数人)决策为特点，自上而下地进行，在决策中强调个人责任。这种决策方式与日本企业的群体决策、模糊责任相比，决策迅速、反应灵敏、责任明确，但等级观念森严，缺少协调合作精神。

美国企业崇尚个人主义、能力主义的企业文化模式，使好胜而自我表现欲很强的美国谈判者乐意扮演“牛仔硬汉”或“英雄”形象，在谈判中表现出一种大权在握，能自我掌握命运的自信模样。在美国人的谈判队伍中，很少见到大规模的代表团，除非谈判非常复杂，而且对公司的未来至关重要。代表团人数一般不会超过七人，甚至单独一个人也不奇怪。即使是有小组成员在场，谈判的关键决策者通常也只有一二人，遇到问题，他们往往有权做出决定，“先斩后奏”之事时时发生。但不要以为美国人的集中决策过于简单、匆忙，实际上，为了能干脆、灵活地决策，美国谈判者通常都会在事先作充分、详细而规范的资料准备。

(5) 重视契约，一揽子交易。美国是商业文明高度发达的国家，人口不断流动，无法建立稳固持久的关系。人们只能将不以人际关系为转移的契约作为保障生存和利益的有效手段，所以形成了重视契约的传统。作为一个高度法制的国家，人们习惯于诉诸法律解决矛盾纠纷。在商业活动中，保护自己利益最公平、妥善的办法便是依靠法律，通过合同来约束。

力求达成协议是美国谈判者的目的，在整个谈判过程中都向着这个目标努力，一步步促成协议的签定。美国人认为双方谈判的结果一定要达成书面的法律性文件，借之明确彼此的权利和义务，将达成书面协议视为谈判成功的关键一步。美国人总是认真仔细地签订合同，力求完美。合同的条款从产品特色、运送环节、质量标准、支付计划、责任分配到违约处罚、法律适用等无一不细致精确，以至于显得冗长而繁琐，但他们认为正是包含了各方面的标准，合同才提供了约束力，带来安全感。作为双方的承诺，合同一旦签订，便在美国谈判者心目中极富严肃性，被视为日后双方行动的依据和制约，不会轻易变更或放弃。严格履行合同中的条款成为谈判结束后最重要的工作。与中国人重视协议的“精神”，认为合同的约束力与双方信任、友谊、感情和“合作精神”相联系不同，美国人更注重法律文件本身。

美国谈判者在谈判方案上喜欢采取全盘平衡，一揽子交易的方式。所谓一揽子交易，主要是指美国商人在谈判某一项目时，不是孤立地谈它的生产或销售，而是将该项目从设计、开发、生产、工程、销售到价格等一起洽谈，最后达成一揽子方案。

值得指出的是，美国文化中另一个鲜明特点对谈判者的影响也很巨大。这就是美国是一个移民国家，社会人口构成非常复杂，几乎所有大洲都有移民及其后裔在美国社会中立足、发展，各民族的文化不断冲突，渐渐融合成美利坚文化的同时，又保留了一些各自的文化传统。正是这种丰富多彩和极富包容性、独立性的文化，使美国谈判者的文化背景也多种多样，如果对他们的行为抱着一成不变的看法，便显得片面了。这一点在其他移民国家，如加拿大、澳大利亚等国，也表现得很明显。

2. 拉丁美洲人的谈判风格

拉丁美洲是指美国以南的美洲地区。包括墨西哥、中美洲和南美洲，共有 20 多个国家。

(1) 强调平等和尊重。由于历史上的原因，拉丁美洲经济比较落后，经济单一化严重，贫富两极分化明显。虽然如此，拉丁美洲人都以自己悠久的传统和独特的文化而自豪，他们反对甚至痛恨那些发达国家商人的趾高气扬、自以为是的态度，不愿意听北美人或欧洲人的教训式的谈话。他们总是希望对方能在平等互利的前提下进行商贸合作，希望对方尊重他们的人格，尊重他们的历史。

(2) 时间观念不强。与处事敏捷的北美人不同，拉丁美洲人比较悠闲和恬淡。拉丁美洲国家的假期很多，如秘鲁的劳动法规定，工作一年，可以请一个月的带薪假期。往往在一笔生意商谈中，洽谈的人突然请了假，因此商谈不得不停下来，其他国家商人需要耐心等待洽谈的人休完假归来，洽谈才能继续进行。所以，同拉丁美洲人谈生意，必须放慢节奏。

(2) 感情因素重要。在同拉丁美洲人进行商务谈判的过程中，感情因素显得很重要。彼此关系相熟、成为知己之后，你如果有事拜托他们时，他们会毫不犹豫地为你优先办理，并充分考虑你的利益和要求。这样，双方的洽谈会自然而然顺利地进行下去。

(3) 信誉较差。与北美人相比，拉丁美洲人责任感不强，信誉较差。在商务活动中，他们不遵守付款日期、无故延迟付款的事情是经常发生的。正如一位银行家所说的那样，货款他们是会付的，只是生性懒散，不把当初约好的付款日期当回事而已。

在拉丁美洲，政变十分频繁，人们对此已经司空见惯，即便发生了政变，也不会紧张骚动，街上仍旧是平平静静的。政变对一般的商业交易几乎没有影响，不过，一旦涉及政府的交易，影响则不可轻视。

由于拉丁美洲国家大多属于发展中国家，商品在国际上缺乏竞争力，因而造成国家的进口大于出口，外汇比较紧张。所以，拉丁美洲国家大多采取了奖出限入的贸易保护主义政策，通过的一些法律法规也以此为根本出发点。就此而言，对于试图同拉丁美洲人进行商贸合作的外国人是非常不利的。

从拉丁美洲的对外贸易环境看，有一个明显的不利因素，那就是拉丁美洲国家复杂的进口手续。一些国家实行进口许可证制度，在你没有取得进口许可证之前，千万不能擅自将货物卖给拉丁美洲商人并且积极发运，因为这可能意味着，你的货物无法再收回，即便允许你再运回，那么你也已经枉付了高额的运输费用，有时甚至超过货物本身的价值。随着时间的推移，拉丁美洲国家也逐渐认识到奖出限入政策的片面性，在广泛实行鼓励出口政策的同时，逐步放开对市场进口的限制。

拉丁美洲一些国家的商人，经常利用外商履约后收不到货款而惊惶失策的心理，迫使外商重新谈判价格，诱使外商压价。一些外商只好忍痛降低价格，直到符合了拉丁美洲商人的要求为止。鉴于这种情况，在同拉丁美洲国家的商人交易时，可适当在交易价格上掺入些水份，以应付为回收货款而被迫降价造成的损失。

在拉丁美洲众多国家中，巴西人特别喜好娱乐，他们不会让生意妨碍自己享受闲暇的乐趣。千万不要在狂欢节期间去谈判，否则你会被当作不受欢迎的人。巴西人重视个人之间的良好关系，如果他喜欢你，就会同你做生意。阿根廷人比这个大陆上大多数其他邻国的人民显得更正统一些，非常欧洲化。阿根廷商人在商谈中会与对方反复地握手，并且不厌其烦。智利、巴拉圭、乌拉圭和哥伦比亚的商人非常保守，他们彬彬有礼，讲究穿着，谈判时一般总是着正式的西装，结领带，非常正规。秘鲁人和厄瓜多尔人大多不遵守约会时间，除非你真正地握到对方的手，否则你别设想任何人会遵守约会。但作为外商，你千万不能入乡随俗，而应该认真遵守约会时间，准时出席。

4.3.2　欧洲人的谈判风格

1．英国人的谈判风格

英国人的性格既有过去大英帝国带来的傲慢矜持，又有本民族谦和的一面。他们很传统，在生活习惯上保留了浓郁的“古风”，例如讲究服饰，尤其在正式场合，穿戴上有许多规矩约束，社交活动中也一丝不苟地遵循正式交往中的传统礼节。

(1) 不轻易与对方建立个人关系。即使本国人之间的交往也较谨慎，很难一见如故。他们特别计较尊重“个人天地”，一般不在公共场合外露个人感情，也从不随便打听别人的事，未经介绍不轻易与陌生人交往，不轻易相信别人或依靠别人。所以，初与英国商人接触，总会感到有一段距离，让人感到他们高傲、保守。但慢慢地接近，建立起友谊后，他们会十分珍惜，长期信任你。由此看来，英国人对个人关系的态度与美国人相似，习惯于将商业活动与个人生活严格分开，有一套关于商业活动交往的行为礼仪的明确准则。个人关系往往以完成某项工作、达成某个谈判为前提，是滞后于商业关系的。

(2) 等级观念根深蒂固。在英国的社交场合中，“平民”与“贵族”依然区分明显。在阅读习惯上也十分有趣：上流社会的人看《时报》、《金融时报》，中产阶层则看《每月电讯报》，下层人民多看《太阳报》和《每日镜报》。英国人比较看重秩序、纪律和责任，组织中的权力自上而下流动，等级性很强，决策多来自于上层。在对外商务交往中，英国人的等级观念使他们比较注重对方的身份、经历、业绩及背景，而不像美国人那样更看重对手在谈判中的表现。所以，在必要的情况下，与英国人的谈判要派较有身份地位的人参加，会有一定积极作用。

(3) 谈判稳健。英国人的谈判风格不像美国人那样有很强的竞争性，也不像德国人那样有详细周密的准备，但善于简明扼要地阐述立场、陈述观点，然后便是更多地表现沉默，平静、自信而谨慎。在谈判中，与英国人讨价还价的余地不大。有时英国商人采取非此即彼的缺乏灵活性的态度，往往在谈判关键时刻，表现得既固执又不肯花大力气争取，使对手颇为头疼。在他们看来，追求生活的秩序与舒适是最重要的，而勤奋与努力是第二位的。所以，对物质利益的追求不激烈也不直接表现，愿做风险小、利润少的买卖，但如果在谈判当中遇到纷争，英国商人也会毫不留情地争辩。除非对方有明显证据能说服他们，否则他们不会轻易认错和道歉。

2．德国人的谈判风格

德国人总的特点是倔强、自信、自负，办事刻板、严谨、富有计划性，工作注重效率，追求完美，具有很强的竞争性。

(1) 谨慎保守。德国人对商业事务极其小心谨慎，对人际关系也正规刻板，拘于形式礼节。特别是在德国北部，商人极喜欢显示自己的身份，对有头衔的人一定要称呼头衔，在交谈中，避免用昵称、简称等不正式的称呼。在起初的几次会面中，德国人较拘谨和含蓄，甚至略显生硬，但不等于说他们没有人情味，他们实际上也很亲切，容易接近，只是需要时间来熟悉对方。一旦建立商务关系且赢得他们信任后，便有希望长期保持。因为德国人求稳心理强，不喜欢“一锤子”买卖。

(2) 时间观念强。德国人的时间观念极强，非常守时，公私事皆如此。所以迟到在商业谈判和交往中十分忌讳，对迟到者，德国人几乎毫不掩饰他们的不信任和厌恶。勤奋、敬业是德国企业主的美德。在德国有许多中小企业，企业主一般既是所有者又是管理者，工作积极，一心一意、执著投入。在欧洲，德国人工作时间较长，8 点以前上班，有时要到晚上 8 点下班。和法国同行相比，德国人似乎缺少浪漫，他们很少像法国人那样尽情享受假期，还常常为工作不惜牺牲闲暇时光，但也正因为这种勤勉刻苦、自强不息的精神，德国经济才能在第二次世界大战后迅速恢复和崛起。

(3) 雷厉风行，周到细致。德国人虽谨慎保守，但办事雷厉风行，考虑事情周到细致，注重细枝末节，力争任何事都完美无缺。在谈判前，他们要搜集详细的资料，准备工作做得十分周密。不仅包括产品性能、质量，还包括对方业务开展情况、银行资信及经营组织状况等都了解得很清楚，充分的准备使他们在谈判一开始便占据主动，谈判思维极有系统性、逻辑性。为此，对方也应有准备，尤其对产品技术等专业性问题能够随时应答德国商人详细的质询，假如遇到一个事前准备不充分，谈判时思维混乱的对手，德国人会表示出极大不满和反感。

(4) 果断强硬。德国人谈判极注重计划性和节奏紧凑，他们不喜欢漫无边际地闲谈，而是一开始就一本正经地谈正题。谈判中语气严肃，无论是对问题的陈述还是报价都非常清楚明白，谈判建议则具体而切实，以一种清晰、有序和有权威的方式加以表述。诸如“研究、研究”，“过段时间再说”之类的拖拉作风和模棱两可的回答常令德国谈判者不快。他们认为，一个国际谈判者是否有能力，只要看一看他经手的事是否很快而有效地处理就知道了。

德国工业极其发达，企业标准也十分精确具体，产品质量堪称一流，德国人也以此为豪。对于购买的产品质量也自觉不自觉地以本国产品为标准，强调自己的报价或方案可行，不大会向对方让步，即使让步，幅度一般也在 20%以内，余地比较小。但德国人自己却很善于讨价还价，一旦决定购买某件商品，就千方百计地迫使对方让步，而且极有耐性，常在合同签订前的最后时刻还在争取对手让步。德国人的谈判风格给人以固执己见、缺乏灵活性的印象。

(5) 重视契约。德国人十分尊重契约，有“契约之民”的雅称。在签订合同之前，他们往往将每个细节都谈判到，明确双方权利、义务后才签字。也正因为如此，德国人的履约率是欧洲最高的，他们一丝不苟地依合同办事，诚实可信的形象令人敬佩；同时，他们也严格要求对方，除非有特殊情况，绝不理会其贸易伙伴在交货和支付的方式及日期等方面提出的宽限请求或事后解释。

3. 法国人的谈判风格

(1) 重视互相信任的朋友关系。和作风严谨的德国人相比，法国人更注重生活情趣，他们有浓郁的人情味，非常重视互相信任的朋友关系，并以此影响生意。在商务交往上，法国人往往凭着信赖和人际关系去进行，在未成为朋友之前，他们不会同你进行大宗交易，而且习惯于先用小生意试探，建立信誉和友谊后，大生意便接踵而至。

(2) 生活节奏感鲜明。法国人工作时态度认真而投入，讲究效率，休闲时总是痛痛快快地玩一场。他们很会享受生活，十分珍惜假期，会毫不吝惜地把一年辛苦工作积存下来的钱在度假中花光，决不愿像德国人那样因为业务需要而放弃一次度假。通常 8 月是法国人的假期，南部的海滩在此时热闹非凡，因而，不仅 8 月到法国开展不了什么业务，甚至 7 月末的生意也可能被搁置。对美酒佳肴，法国人也十分看重。和其他国家不同的是，热情的法国人将家庭宴会作为最隆重的款待。但是，决不能将家庭宴会上的交往视为交易谈判的延伸，一旦将谈判桌上的话题带到餐桌上来，法国人会极为不满。

(3) 浪漫随意。法兰西民族天性乐观、开朗、热情、幽默，极富浪漫情怀。和一本正经的德国同行相比，法国人不喜欢谈判自始至终只谈生意，他们乐于在开始时聊一些社会新闻及文化方面的话题，以创造一种轻松友好的气氛；否则将被视为“枯燥无味的谈判者”。同时，法国人天生随意，抱有“凡事不勉强”的原则，故而不轻易逾越自己的财力范围，也不像日本人那样努力地做成大笔生意。

(4) 不重视细节。法国人偏爱横向谈判，谈判的重点在于整个交易是否可行，而不重视细节部分。对契约的签订，法国人似乎过于“潇洒”。在谈妥主要问题后便急于签约，他们认为具体问题可以以后再商讨或是日后发现问题时再修改也无关紧要。所以，常发生昨天才签的合同，到明天就可能修改的事便不足为奇了。法国人这种“边跑边想”的作法总让对手头疼，也影响了合同的履行。所以即使是老客户，也最好尽量将各条款及其细节反复确认，否则难免有误会或改约、废约等不愉快的事发生。法国人不喜欢给谈判制订严格的日程安排，但喜欢看到成果，故而在各个谈判阶段，都有“备忘录”、“协议书”之类的文件，为后面的正式签约奠定基础。这样一来，也可拉住伙伴，促成交易。总的说来，法国商人比较注重信用，一旦合同建立，会很好地执行。

(5) 民族主义情绪较强。法国人十分热爱自己的语言和传统文化，在商务洽谈中多用法语，即使英语说得很好，他们也坚持用母语，并以此为爱国表现。假如对手能讲几句法语，是很好的交往手段。在处理合同时，法国人也会坚持用法语起草合同文本。有时对手不得不坚持用两种文字，并且商定两种文字的合同具有同等效力。

此外，法国公司以家族公司起家的较多，因此讲究产品特色，但不大重视以大量生产的方式来降低产品成本。法国公司的组织结构单纯，自上而下的层次区别不多，重视个人力量，很少集体决策，谈判时也大多数由个人承担决策责任，迅速决策。

4．意大利人的谈判风格

(1) 重视个人力量。与法国人相同，在商务活动方面，意大利人也非常重视个人的作用。意大利的商业交往大部分都是公司之间的交往，但是在这种交往中起决定作用的却是代表公司出面的个人。所以，意大利个人在交往活动中比其他任何国家都更有自主权。但与法国所不同的是，意大利人的国家意识比法国人淡薄一些。法国人经常以本国的优越性而自豪，而意大利商人不习惯提国名，却常常提及故乡的名字。

(2) 与外国做生意的热情不高。意大利存在着大量的商业机会，可以从那里购买或向那里销售各类产品。如果购买的产品正是他们的技术所生产的，这些产品一般都具有很高的质量。但是，由于历史和传统的原因，意大利人形成了比较内向的社会性格，热衷于同国内企业打交道，不大注意外部世界，与外国企业做生意的热情不高，通常不会主动向外国的风俗习惯和观念看齐。

(3) 关注价格。意大利人特别喜欢争论，如果允许，他们会整天争论不休，特别是在价格方面，更是寸步不让。但是，他们对产品质量、性能及交货日期等事宜都不太关注，虽然他们希望所购买或销售的产品能正常使用。这一点与德国人明显不同，德国人宁愿多付款来取得较好质量的产品和准确的交货日期，而意大利人却宁愿节约一点，力争少付款。

(4) 时间观念不强。意大利人常常不遵守约会时间，甚至有的时候既不打招呼也不赴约，或单方面推迟会期。

在意大利，从事商务活动必须充分考虑其政治因素。特别是涉及去意大利投资的项目时，更要慎重从事，先了解清楚意大利一方的政治背景；否则，如果遇到政局发生变动，就难免蒙受经济损失。

5．俄罗斯人的谈判风格

(1) 看重个人关系。俄罗斯人以热情好客闻名，他们非常看重个人关系，愿意与熟识的人谈生意，依赖无所不在的关系网办事情。通常情况下，要与俄罗斯人做生意，首先需经人介绍与之相识，然后花一番功夫，培养彼此的信任感，逐渐接近他们，尤其是决策人员，才越有可能得到生意机会；反之，操之过急是得不到信任和生意的。可以这么说，俄罗斯人的商业关系是以个人关系为基础建立起来的，谈判者只有在建立起忠诚的个人友谊之后，才会衍生出商业关系，除非某家外国公司有足以骄傲的资本(先进的产品、服务或市场上独特的地位)，才能跨越个人关系这个步骤，直接加入商业活动。但没有个人关系，一家外国公司即使进入了俄罗斯市场，也很难维持其成果。

俄罗斯人热衷于社会活动，拜访、生日晚会、参观、聊天等都是增进友谊的好机会。俄罗斯民族豪爽大方，不像东方人那样掩饰内心的感情。天性质朴、热情、乐于社交的俄罗斯人往往是非常大方的主人，晚宴丰富精美，并且长时间、不停地敬酒干杯，直率豪迈。同美国人不同，他们有更近的人际距离，有大量的身体接触，如见面和离开时都要有力地和对方握手或拥抱。在交往时应注意的是，不可太随便，要注重礼节，尊重双方的民族习惯。对当地风土人情表示感兴趣等行为方式，尤其能得到俄罗斯人的好感，这样最终可以在谈判中取得信任和诚意。

(2) 按计划办事。俄罗斯有很长的中央集权的历史。以前在高度计划的经济体制下，任何企业和个人都不可能自行出口或进口产品。所有的进出口计划都由专门部门讨论决定，并需经过一系列审批检查、管理和监督程序。人们早已习惯于照章办事，上情下达，个人的创造性和表现欲不强，推崇集体成员的一致决策和决策过程等级化。尽管如今根据总统令执行“自由贸易”，但思想观念的适应仍存在一个过程。在涉外谈判中，还带有明显的计划体制烙印，喜欢按计划办事，一旦对方的让步与他们的原定目标有差距，则难以达成协议。俄罗斯谈判者通常权力有限，也非常谨慎，缺少敏锐性和创新性，经常要向领导汇报，这必然延长谈判中决策与反馈的时间。由于不重视个人才能发挥，俄罗斯人总采取小组谈判形式，一方面等级地位观念重，另一方面又一直不明确到底谁负责，这种情况很大程度上缘于庞大的机构引发的权限模糊。现在虽然有较大变革，但尚未形成合理的经营机制。

(3) 善用谈判技巧。在讨价还价方面，俄罗斯人堪称行家里手。尽管由于生产滑坡、消费萎缩和通货膨胀，经济急待恢复，在谈判中他们有时处于劣势，如迫切需要外国资金、先进技术设备，但与他们打过交道的各国商人谁也不否认俄罗斯人是强劲的谈判对手，他们总有办法让对方让步。他们的谈判一般分两个阶段，第一阶段先尽可能地获得许多竞争性报价，并要求提供详细的产品技术说明，以便不慌不忙地评估。期间他们会采用各种“离间”手段，促使对手之间竞相压价，自己从中得利。这种谈判技巧使得他们总能先从最弱的竞争者那里获得让步，再以此要挟其他对手做出妥协。第二阶段则是与选中的对手谈判，对合同中将要最后确定的各种条款仔细斟酌。

4.3.3 亚洲人的谈判风格

1. 日本人的谈判风格

日本人谈判的方式不仅与西方人大相径庭，即使与亚洲其他国家的人相比，也差异很大。事实上，在许多国家，人们认为日本人是很难对付的谈判对象。但是，如果了解谈判风格中的文化因素，与日本人谈判中的困难将大大减少。

(1) 注重相互信任。一般而言，与日本人谈判最为关键的一点是信任。一旦谈判双方建立起良好的人际关系，实际谈判程序即变得容易。谈判人员所关心的问题从能否建立业务关系转向如何发展积极的业务关系。尽管价格、质量等都是极其重要的因素，但日本人更相信良好的人际关系所带来的长期业务往来。

日本人在谈判之际，他们会设法找一位与他们共事的人或有业务往来的公司来作为谈判初始的介绍人。日本人相信一定形式的介绍有助于双方尽快建立业务关系；相反，与完全陌生的人谈判则令人不自在。所以，在谈判开始之际，先认识谈判对象或至少由第三方牵线搭桥是较可取的方式。日本人往往将业务伙伴分为“自己人”与“外人”两类。因此成为谈判对方的“自己人”，或在谈判之前与他们有过接触联系，是谈判的一大优势。

日本人常想方设法通过私人接触或其他形式建立起联系渠道。但若缺乏与对方接触的途径，他们则通过政府部门、文化机构或有关的组织来安排活动以建立联系。当然，在没有任何前期接触的前提下也可建立某种联系，只不过这种建立合作关系的方法不是最有效的。

为了建立关系，日本人经常采用“私人交往”的方式，即便相互间是由普通的第三方介绍认识的。对他们而言，了解将要谈判的对象是绝对必要的。日本人只有在与对方相处感觉和睦融洽时才会开始讨论谈判事项。因此，他们常邀请谈判对方去饭馆或其他场所以期进一步了解对方。由于日本人认为“信任”是最为关键的因素，因此他们会提出有关公司建立时间、年销售额、公司信誉及政策、整体管理等问题，他们甚而有可能在会议开始时提出诸如“您在贵公司任职多久?”、“您曾在哪个大学就读?”等私人问题。在外国人看来，这似乎有些冒昧，但在日本，这一步往往是十分重要的。

(2) 等级观念深厚。正如亚洲其他国家一样，日本是一个等级森严的社会。在封建社会时期，人们自上而下被划为几个等级，由此产生了极为刻板的社会阶层，而社会阶层决定了人的社会地位。即使在今天，日本人在很大程度上仍然根据自身的“社会地位”——由他们的年龄、头衔、所属机构的规模及威望而定——来决定自己的言行举止。外国人不受这些条条框框的限制，但了解高度等级化的日本社会如何运转，对促成谈判成功是十分有益的。

(3) 自下而上，集体参与决策。西方的决策风格通常是“自上而下”，一般由高层管理人员作详细的计划方案，下属人员则执行计划。而日本人倾向于自下而上的决策制度。一旦他们开始一项方案，项目经理本人并不一定担任要职，要请示其上司批准或征询修改意见。这一体系的优点在于易于执行决定，因为有关人员都已对方案了如指掌。但用于决定方案的时间过长却是日本谈判方式的一大缺点。许多外国谈判人员对迟迟不作决定的日方人员渐渐失去耐心。

谈判时，日本人总是分成几个小组，任何个人都不能对谈判全过程负责，也无权不征求组内他人意见单独同意或否决一项提议。这种全组成员连贯一致的态度主要是基于日本人的面子观念。任何提议决策只有在全组人员均认可后才能付诸实施。相对于类似的美国谈判团体，日本人在这一方面可谓占有明显的优势。在美国人的谈判组内，往往仅一人负责全组的工作，这人有权不征求组员意见即可接受或否决一项提议。无论最终决定如何，“自下而上”的决定方式和集体参与的风格令组员感觉到自身参与的重要性。最终决定由高层管理人员做出，而高层管理人员不会忽视属下的意见，并且，当属下的意见未被其他成员接纳时，高层管理人员也经常会做出解释。

日本人做出决策的过程较为缓慢，因而招致许多外国谈判人员的批评。造成这种状况的缘由之一，源自于一套称为“认同在先”(Nemawashi)的制度。按照这一制度，负责人与有关人员逐个进行讨论，以期得到各成员对方案或提议的认可。而与每个成员逐一讨论方案是相当花时间的。但这一制度也有优点，即在作最终决定时果断迅速，因为每个人在事先都已同意了该提议而无须再作解释。

日本人决策较慢的另一原因是日本社会是一个集体观念很强的社会，任何决定都需得到每位有关人员的首肯。若决定有变，则每人均须得到通知并再次加以确认。由于日本人这种集体参与的谈判风格，可能会对对方谈判人员所定的截止期限置若罔闻，因而在对方的压力之下仍可能心平气和、沉着冷静。由于外国谈判者，尤其是美国人喜欢限定截止日期，为了赶在规定时间之前达成协议，在与日本人谈判时，往往很容易形成为满足预先设定的谈判时间要求而在交易条件上做出较多让步的情形。外国谈判者务必要认识到这一点，并在为谈判限定截止期时慎重考虑。

(4) 采用委婉、间接的交谈风格。日本人喜欢私下，而不是在公共场合讨论事务。他们尤其不喜欢在公共场合发生冲突，因为这样很“丢面子”。采用 Nemawashi 方式，他们经常“关起门”来讨论问题。外国人应当了解这种特殊的方式。这是日本人为了不损害他们神圣的团体感而偏好的讨论方式。

(5) 坚持己见。一旦日本人同意了一项提议，往往会坚持自己的主张。有时即使有新的更有利于他们的主张出现，也很难改变他们的原有看法。另外，日本人总是坚持不懈地想说服对方同意他们的主张，做出让步。日本人这种“没商量”的态度正是出于前述的任一决定都应得到全体人员首肯的逻辑。这也增加了与日本人谈判的难度。外国谈判人员应认识到希望日本人改变决定是十分困难的，因为改变要获得日方每一人员的同意。

此外，日本人常常使用“打折扣吃小亏、抬高价占大便宜”的策略吸引对方。他们为了迎合买方心理，主动提出为对方打折扣，其实，在此之前，他们早已抬高了价格，留足了余地。对此，外商应当有所戒备，决不可仅以“折扣率”为判定标准，应坚持“看货论价”。自己拿不准时可请行家协助，也可货比三家，择优而定。

2．韩国人的谈判风格

韩国是一个自然资源匮乏、人口密度很大的国家。韩国以“贸易立国”，近几十年经济发展较快。韩国人在长期的贸易实践中积累了丰富的经验，常在不利于己方的贸易谈判中占上风，被西方国家称为“谈判的强手”。

(1) 重视商务谈判的准备工作。在谈判前，韩国人通常要对对方进行咨询了解。一般是通过海内外的有关咨询机构了解对方情况，如经营项目、规模、资金、经营作风及有关商品行情等。如果不是对对方有一定的了解，他们是不会与对方一同坐在谈判桌前的。而一旦同对方坐到谈判桌前，那么可以充分肯定韩国人一定已经对这场谈判进行了周密的准备，从而胸有成竹了。

(2) 注重谈判礼仪和气氛。韩国人十分注意选择谈判地点，一般喜欢选择有名气的酒店、饭店会晤。会晤地点如果是韩国方面选择的，他们一定会准时到达；如果是对方选择的，韩国商人则不会提前到达，往往会推迟一点到达。在进入谈判地点时，一般是地位最高的人或主谈人走在最前面，他也是谈判的拍板者。

韩国人十分重视谈判初始阶段的气氛。一见面就会全力创造友好的谈判气氛。见面时总是热情打招呼，向对方介绍自己的姓名、职务等。落座后，当被问及喜欢用哪种饮料时，他们一般选择对方喜欢的饮料，以示对对方的尊重和了解。然后，再寒暄几句与谈判无关的话题如天气、旅游等，以此创造一个和谐的气氛。尔后，才正式开始谈判。

(3) 逻辑性和条理性强。在谈判开始后，韩国人往往是与对方商谈谈判的主要议题。而谈判的主要议题虽然每次各有不同，但一般须包括下列五个方面的内容，即阐明各自意图、叫价、讨价还价、协商、签订合同。尤其是较大型的谈判，往往是直奔主题，开门见山。常用的谈判方法有两种，即横向谈判与纵向谈判。前者是进入实质性谈判后，先列出重要特别条款，然后逐条逐项进行磋商；后者即对共同提出的条款逐条协商，取得一致后，再转向下一条的讨论。有时也会两种方法兼而用之。

在谈判过程中，韩国人比日本人爽快。但善于讨价还价。有些韩国人直到最后一刻，仍会提出“价格再降一点”的要求。当然，他们也有让步的时候，但目的是在不利形势下，以退为进来战胜对手。这充分反映了韩国人在谈判中的顽强精神。

此外，韩国商人还会针对不同的谈判对象，使用“声东击西”、“先苦后甜”、“疲劳战术”等策略。在完成谈判签约时，喜欢使用合作对象国家的语言、英语、朝鲜语三种文字签订合同，三种文字具有同等效力。

3．东南亚人的谈判风格

东南亚包括许多国家，主要有印度尼西亚、马来西亚、新加坡、泰国、越南、菲律宾等国家。这些国家与我国地理距离较近，贸易机会十分频繁，交易范围非常广阔。

1) 印度尼西亚人的谈判风格

印度尼西亚是信奉伊斯兰教的国家，90% 的人是伊斯兰教徒，他们有着十分牢固的宗教信仰。按照教义，印度尼西亚每年有一个月叫做“斋月”，在这个月中，从日出到日落不能吃东西，因此只能勉强支撑着处理一些事务性的工作，那些消耗体力的很多工作则难以坚持。

印度尼西亚人很讲礼貌，绝对不在背后评论他人，除非双方是深交，否则难以听到他们的真心话。在洽谈时，表面上虽然十分友好，谈得很投机，但心里想的却可能完全是另一套。但是，如果建立了推心置腹的交情，则往往可以成为十分可靠的合作伙伴。

印度尼西亚人还有一个突出的特点，那就是喜欢有人到家里来访问，而且无论什么时候访问都很受欢迎。因此，在印度尼西亚，随时都可以敲门到家里访问，以便加深交情，使商谈得以顺利进行。

2) 新加坡人的谈判风格

新加坡的经济发达，是亚洲“四小龙”之一。在新加坡，中国人占绝大多数，约占总人口的 70% 以上。新加坡人也以华侨为最多，他们乡土观念很强，勤奋、能干、耐劳、明智，他们一般都很愿与中国内地进行商贸洽谈合作。老一代华侨还保持着讲面子的特点，“面子”在商务洽谈中具有决定的意义。年轻一代华侨商人虽已具备了现代商人的素质和特点，但依然保持了老一代华侨的一些传统特点，例如在洽谈中，如果遇到重要的决定，往往不喜欢做成书面的字据。但一旦订立了契约，则绝对不会违约，而是千方百计去履行契约，充分体现了华侨商人注重信义、珍惜朋友之间关系的商业道德。

3) 泰国人的谈判风格

泰国是亚太地区新兴的发展中国家，在泰国，控制着产业的也大多为华侨，但泰国的华侨已经革除了和别的民族之间的隔阂，完全融进了泰国民族大家庭中。泰国人的性格特点是，不信赖别人，而依靠家族来掌管生意。不铺张浪费，同业间能互相帮助，但不会结成一个组织来共担风险。假如外国人要同泰国人结成推心置腹的朋友，那就要费一段很长的时间。但一旦建立了友谊，泰国人便会完全信赖你，当你遇到困难时，也会给你通融。所以，泰国人的诚实和富于人情味也是被充分肯定的。

4. 阿拉伯人的谈判风格

由于地理、宗教、民族等问题的影响，阿拉伯人具有一些共同的特点：以宗教划派，以部族为群，通用阿拉伯语(英语在大多数国家也可通用)，信仰伊斯兰教，比较保守，家庭主义观念浓厚，性情比较固执，脾气也很倔犟，不轻易相信别人，比较好客，但缺乏时间观念。表现在对来访者不管自己当时在干什么都一律停下来热情招待客人。阿拉伯人喜欢用手势或其他动作来表达思想。

(1) 重视信誉。在阿拉伯人看来，信誉是最重要的，谈生意的人必须首先赢得他们的好感和信任。因此，和阿拉伯商人谈判时应注意先交朋友，后谈生意。与他们建立亲近关系的方法有：由回族人或信仰伊斯兰教或讲阿拉伯语的同宗、同族的人引见；以重礼相待，例如破格接待；在利益的实际待遇上均予以照顾，使其既有面子又得实惠。阿拉伯人好客知礼，对远道而来并亲自登门拜访的外国客人十分尊重。如果他们问及拜访的原因，最好说，来拜访他是想得到他的帮助。因为阿拉伯人不一定想变得更加富有，但却不会拒绝“帮助”某个已逐渐被他尊重的人。当合同开始生效时，可以减少拜访次数，但定期重温、巩固和加深已有的良好关系仍然非常重要，因为给他留下一个重信义、讲交情的印象，会让客商在以后的谈判中获得意外回报。

(2) 谈判节奏缓慢。阿拉伯人不喜欢通过电话来交易。从某种意义上说，与阿拉伯人的一次谈判只是同他们进行磋商的一部分，因为他们往往要很长时间才能做出谈判的最终决策。当外商要想向他们推销某种商品时，必须多次拜访他们。第一次、第二次访问时是绝对不可以谈生意的，第三次可以稍微提一下，再访问几次后，方可进入商谈。与阿拉伯人进行谈判时，要注意不能显得很急躁，不断催促，这样往往欲速则不达。因为闲散的阿拉伯人一旦感到你把他挤进了繁忙的日程中，他很可能把你挤出他的日程。

阿拉伯人在商业交往中，习惯使用“IBM”。这里的“IBM”不是指IBM公司，而是指阿拉伯语中分别以I、B、M开头的三个词语，即“因夏拉”(神的意志)、“波库拉”(明天再谈)和“马列修”(不要介意)。他们常常用这些词语作为武器，保护自己，抵挡对方的“进攻”。例如，双方通过商谈订好了合同后，如果情况有所变化，阿拉伯人想取消合同，就可以名正言顺地说这是“神的意志”，很简单地就取消了合同。而在商谈中好不容易谈出点名堂，情况对外商比较有利，正想进一步促成交易时，阿拉伯人却耸耸肩说“明天再谈吧”。等到明天再谈时，有利的气氛与形势已不复存在，一切均必须从头再来。当外商对阿拉伯人的上述行为或其他不愉快的事情而恼怒的时候，他们会拍着外商的肩膀说“不要介意，不要介意”。所以与阿拉伯人做生意时，要记住“IBM”的做法，配合对方悠闲的步伐，慢慢推进才是上策。

(3) 重视谈判的早期阶段。在谈判的早期阶段，阿拉伯人会下很大的功夫打破沉默局面，制造气氛。经过长时间的、广泛的、友好的会谈，在彼此敬意不断增加的同时，他们其实已经就谈判中的一些问题进行了试探和摸底，并间接地进行了讨论。应当注意的是，谈话时不要涉及中东政治，不要谈论国际石油政策和宗教方面的敏感问题。这种社交式的、内容泛泛但气氛友好的会谈可以大大增加正式谈判成功的可能性。

(4) 喜欢讨价还价。阿拉伯人认为没有讨价还价就不是一场严肃的谈判。在阿拉伯国家，商店无论大小均可以讨价还价。标价只是卖主的“报价”。更有甚者，不还价即买走东西的人，还不如讨价还价后什么也未买的人受卖主的尊重。他们的逻辑是：前者小看他，后者尊重他。因此，外商应建立起见价即讨的意识，凡有交易条件，必须准备讨价还价的方案；凡想成交的谈判，必须进行轰轰烈烈的讨价还价。

在阿拉伯国家，谈判决策由上层人员负责，但中下级谈判人员向上司提供的建议或意见会得到高度重视，他们在谈判中起着重要作用。因此，外商与阿拉伯人进行谈判时往往要同时与两种人打交道，首先是决策者，他们只对宏观问题感兴趣；其次是专家和技术人员，他们希望对方尽可能提供一些结构严谨、内容翔实的资料以便仔细加以论证，与阿拉伯人做生意时，注意不要忽视后者的作用。

在阿拉伯商界还有一个代理商阶层。几乎所有的阿拉伯国家的政府都坚持，无论外商同阿拉伯国家的私营企业谈判，还是同政府部门谈判，都必须通过代理商。如果没有合适的阿拉伯代理商，很难设想外商能在生意中进展顺利。在涉及重大生意时，代理商可以为外商在政府中找到合适的关系，以便项目得到政府的批准。代理商能使外商加速通过冗杂的文件壁垒，还可以帮助外商安排劳动力、运输、仓储、膳宿供应，帮助外商较快地收到生意中的进款等。

5. 犹太人的谈判风格

犹太人的经商之道令人叹为观止。他们认为：男人赚钱，女人花钱。要做生意，就必须在女人身上动脑筋，因为赚男人的钱较之赚女人的钱要难上十倍，赚老人的钱则难上加难。他们在世界各地开设商店，经营闪闪发光的钻石，昂贵的戒指、项链、胸针，各式各样的化妆品，高级女用手提包以及华丽的女用时装。做这些生意一般都能获得较高的利润。

犹太人认为如果不经营与女人有关的生意，那么第二条最佳生财之道就是做与“吃”有关的生意。其理由是：民以食为天，只要活着，就得吃饭，而且天天必吃，就能保证生意源源不断。因此，他们还善于经营餐饮业、食品店、鱼肉蔬菜店以及糖烟酒等杂货店。

(1) 注重信誉。犹太人的关系网广泛而且坚固，他们对外团结一致并善于利用关系网查询谈判对方的情况，对于不守信誉的行为不会宽容。如果他们发现对方曾在与其他人做生意时表现出种种令他们无法接受的行为，他们就会拒绝继续谈判，即使以前的谈判进展顺利也一样。所以，要同犹太人长期做生意，就必须给他们留下好印象。

(2) 交易条件苛刻。犹太人非常精明，并且交易条件比较苛刻，很难讨价还价。他们在谈判中不会轻易接受对方的条件，对于价格简直是锱铢必较。他们对协议条款总是字斟句酌，毫不马虎，千方百计地让措辞有利于自己，以便万一市场行情变化，他们可以做出有利于自己的解释或寻找漏洞而拒绝履行合同。因此，与犹太人做生意签协议时，首先必须充分地了解产品的市场行情，做到心中有数，然后在合同措辞上要绝对注意严谨，如果你不熟悉法律，最好还是请一名内行的律师，以防犹太人在情况不利时寻由毁约。

(3) 友好而坦诚。刚见面会谈时，犹太人会笑容可掬地向对方问候。在谈判过程中，他们从不含糊其辞，如果他们觉得你的建议无法接受，就会明白地告诉你“不能接受”，而不会像日本人那样支支吾吾，不置可否。如果还有商量的余地，犹太人也会坦率地告诉对方。他们认为只有明确地答复对方，才能避免谈判中不必要的纠纷。在双方发生争议时，犹太人的态度会非常认真和诚恳，但不会轻易承认自己有失误的地方。除非对方刨根问底，找出确凿的证据，他们才会为自己的失误承担责任。

(4) 比较善变。犹太人善变是为了以此控制对方的心理。在洽谈中，他们有时会为了某些条件与你争得面红耳赤，而过后不久，他们又会面带笑容地主动向你问好。如果对方的心理承受能力不够强，他们就很容易抓住对方的心理，及时控制主动权，向对手发起连连进攻。因此，遇到这种情况，应当稳住阵脚，不露声色，以沉着的态度来应对。

4.3.4　大洋洲人和非洲人的谈判风格

1. 大洋洲人的谈判风格

大洋洲包括澳大利亚、新西兰、斐济、巴布亚新几内亚等 20 多个国家和地区。其中澳大利亚和新西兰是两个比较发达、也较为重要的国家。居民中的 70%以上是欧洲各国移民，其中以英国和法国的移民后裔居多，多数国家通用英语。经济上以农业、矿业为主，盛产小麦、椰子、甘蔗、菠萝、羊毛以及铅、锌、锰等多种矿物。主要贸易对象是美、日和欧洲一些国家。出口以农、畜、矿产品为主，进口商品主要是机械、汽车、纺织品和化工品等。

1) 澳大利亚人的谈判风格

澳大利亚由 6 个州组成，各州自有宪法，铁路、地区开发、教育等事项由各自的州政府办理，因此各州之间的地区观念比较浓厚。地广人稀的澳大利亚，其居民沉着好静，不喜欢生活环境被扰乱。

澳大利亚人在商务谈判中很重视办事效率。他们派出的谈判人员一般都有决定权，同时也希望对方的谈判代表也有决定权，以免在决策中浪费时间。他们极不愿意把时间花在不能做决定的空谈中，也不愿意采用开始报价高，然后慢慢讨价还价的做法。他们采购货物时大多采用招标的方式，以最低报价成交，根本不给对方讨价还价的机会。

澳大利亚人待人随和，不拘束，乐于接受款待。但他们认为招待与生意无关，是两项活动，公私分明。所以与他们交往，不要以为在一起喝过酒后生意就好做了。恰恰相反，澳大利亚商人在签约时非常谨慎，不太容易签约，一旦签约，也较少发生毁约现象。他们重视信誉，而且成见较重，加上全国行业范围狭小，信息传递快，如果谈判中有不妥的言行，则会产生广泛的不良影响。所以谈判人员必须给他们留下良好的第一印象，才能使谈判顺利进行。

2) 新西兰的谈判风格

新西兰是一个农业国，工业产品大部分需要进口。国民福利待遇相当高，大部分人都过着富裕的生活。其商人在商务活动中重视信誉，责任心很强，加上经常进口货物，多与外商打交道，他们都精于谈判，很难应付。

2. 非洲商人的谈判风格

非洲是面积仅次于亚洲的世界第二大洲，东临印度洋，西濒大西洋，北隔地中海与欧洲相望，东北角的苏伊士海峡与亚洲相连，地理位置十分重要。非洲大陆有 50 多个国家，近 6 亿人口，绝大多数国家属于发展中国家，人民健康水平低，卫生状况差，教育和福利水平落后，经济贸易不发达，加上各国内部的暴力冲突和外部战乱连年不断，天灾人祸，致使他们在经济上严重依赖大国。

按地理习惯，非洲可分为北非、东非、西非、中非和南非五个部分。不同地区、不同国家的人民在种族、历史、文化等方面的差异极大，因而他们的国籍、生活、风俗、思想等方面也各具特色。

非洲各部族内部的生活，具有浓厚的大家庭色彩。他们认为，有钱人帮没钱人是天经地义的。只要其中有人有职业、有收入，他们的亲戚就会来要钱。这种风俗使得很少有人愿去积极谋职，努力赚钱，大多数人都将希望寄托在已有职业或家境富裕的族人身上。由此导致非洲人的时间观念较差，工作效率低下，办事能拖就拖。谈判时，他们很少准时到会，即使到了也很少马上开始谈论正事，往往要海阔天空地谈论一通。对此，其他国家的谈判人员只能忍耐。

由于历史的原因，整个非洲的文化素质较低，有些从事商务谈判的人员对业务并不熟悉，因此与其洽谈时，应把所有问题乃至各个问题的所有细节都以书面确认，以免日后产生误解或发生纠纷。另外，在非洲还要避免与空头公司做生意。他们往往只为骗取必要的许可证再转卖出去，或为了拿到你提供的样品，积极找你谈生意并一口答应你的条件和建议，得手后便逃之夭夭。非洲国家的法制不健全，很难依靠法律追究他们的责任。

在非洲诸国中，南非的经济实力最强，黄金和钻石的生产流通是其经济的最大支柱。南非商人的商业意识较强，他们讲究信誉，付款守时。谈判时，他们一般派出有决定权的人负责谈判，一般不会拖延谈判时间。尼日利亚的经济实力也较强，虽以农业为主，但石油储量丰富，工业发展很快。当权人物都受过高等教育，能巧妙地运用关税政策，低价进口物美价廉的外国产品。扎伊尔以农业为主，是重要的矿产国。其国民缺乏商业知识和技巧。坦桑尼亚、肯尼亚和乌干达三国位于非洲东部，形成共同市场，期望经济合作。三国的地方资本已有所发展，但商人缺乏经验，推销也不可靠，因此与这三国的商人洽谈时，不能草率行事。

非洲各国内部存在许多部族。各部族之间的对立意识很强，族员的思想大都倾向于为自己的部族效力，对于国家的感情则显得淡漠。非洲人有许多禁忌需要注意，比如，他们崇尚丰盈，不喜欢细腰，因此在非洲妇女面前，不能提“针”这个字。又如，非洲人认为左手是不洁的，因此与非洲人见面握手要注意别伸出左手来握，否则会被视为不尊敬对方。

与非洲商人洽谈时，首先要尊重其礼仪风俗，维护对方的自尊心，力求通过日常的交往增进友谊，为谈判顺利进行打下良好的基础。洽谈时不要操之过急，而应该适应其生活节奏，尽量按照其生活习惯，使对方感到己方对他们的尊重与关照，增强认同感。谈判中要对所有问题乃至各种术语和概念、条款细节逐一阐明与确认，以免日后发生误解与纠纷，既伤了感情，又蒙受了损失。

以上介绍的只是世界主要贸易国家或地区的谈判风格。但是，随着当今世界经济一体化的高速发展和各国商人之间频繁的往来接触，他们相互影响，取长补短，有些商人的国别风格已不是十分明显了。因此，在实际的国际商务谈判中，我们既应了解、熟悉不同国家和地区商人之间谈判风格的差异，也应根据临时出现的情况而随机应变，适当地调整自己的谈判方式以达到预期的目的，取得国际商务谈判的成功。

讨论与复习题

1．与国内商务谈判相比，国际商务谈判有哪些特殊性？

2. 国际商务谈判成功的基本要求有哪些?

3. 举例说明不同国家的人们时间观念的差异。

4. 对比分析美、日两国在谈判决策结构方面的差异。

5. 对比分析美、日两国在沟通方式方面有何异同之处。

6. 对比分析德、法、英、俄等国人谈判风格的异同之处。

7. 对比分析韩国人与日本人谈判风格的异同之处。

8. 简述阿拉伯人的谈判特点。

案例分析 1

美国一家石油公司经理几乎断送了一笔重要的石油买卖,关于事情的经过,请听他的自述:“我会见石油输出国组织的一位阿拉伯代表,和他商谈协议书上的一些细节问题。谈话时,他逐渐地朝我靠拢过来,直到离我只有 15 厘米才停下来。当时,我并没有意识到什么,我对中东地区的风俗习惯不太熟悉。我往后退了退,在我们两人之间保持着一个我认为是适当的距离——60 厘米左右。这时,只见他略略迟疑了一下,皱了皱眉头,随即又向我靠近过来。我不安地又退了一步。突然,我发现我的助手正焦急地盯着我,并摇头向我示意。感谢上帝,我终于明白了他的意思。我站住不动了,在一个我觉得最别扭、最不舒服的位置上谈妥了这笔交易。”

(资料来源:刘园,尹庆双.国际商务谈判[M]. 北京:中国人民大学出版社,2005)

问题:

(1) 阿拉伯代表为什么对美国代表的后退皱起了眉头,美国代表的助手在向他示意什么?

(2) 该项谈判最终成功的关键是什么?在关于国际商务谈判的文化差异方面,本案例给我们哪些启示?

案例分析 2

美国华格纳电子公司向日本一家小企业——三泽公司提议双方合作开发某种半导体元件,其原因是三泽公司虽然是一家小企业,但却拥有世界上先进的半导体元件生产技术。但是,三泽公司出于技术自主性和合作的可行性等不确定因素的考虑,迟迟不肯同意与美国公司合作。美方在一次有日方人员出席的会议中说:“如果有必要的话,本公司拥有并购三泽公司的实力。”三泽公司的董事长对自己的公司怀有深厚的感情，一听此话，立即决定放弃与美国公司的合作。

(资料来源：http://gaojiao.luibe.edu.cn/zsb/jpk/2008jpk/zk/swtp/jpk.files/ja.doc)

问题：

在以上案例中，美方显然是试图运用威胁策略，促使日方公司接受合作的提议，但这一策略运用得非常不成功，请你分析美国公司的失误所在。

第 5 章　推 销 概 论

重 点 提 示

- □ 推销的概念和特征
- □ 推销的发展历程
- □ 推销的定位与作用
- □ 推销的基本原则
- □ 推销的基本程序

阅读资料

乔·吉拉德是世界上著名的推销专家，他连续 12 年荣登《吉尼斯世界记录大全》“全球销售第一”的宝座，他的“连续 12 年平均每天推销 6 辆汽车”的销售记录至今仍然无人能破。同时，乔·吉拉德也是全球最受欢迎的演讲大师，他曾为众多世界 500 强企业精英传授他的经验。全球数百万人被其演讲所打动，受其事迹所激励。然而，谁能想到，35 岁以前的乔·吉拉德却诸事不顺，他换过 40 余种工作，但都以失败告终，他甚至当过小偷，开过赌场，他从事的建筑生意也惨遭失败，身负巨额债务，几乎走投无路。那么，他是如何通过推销来取得成功的呢？在其自传中，他将自己成功的秘诀总结为三点：

1．树立可靠的形象

乔·吉拉德努力改变推销人员在公众心目中的形象，在他身上不仅有儒雅得体的言谈举止，也有对顾客发自内心的真诚和爱心。他总是衣着整洁、朴实谦和、脸上挂着迷人的微笑出现在顾客面前；对自己所推销的商品的型号、外观、性能、价格等烂熟于心，保证对顾客有问必答，一清二楚。他乐于做顾客的参谋，根据顾客的财力、气质、爱好，向他们推荐各种适宜的汽车，并灵活地加以比较，举出令人信服或易于忽略的理由来坚定顾客的信心，主动热情地替顾客进行挑选。年复一年，乔·吉拉德就这样用自己老成、持重、温厚、热情的态度，真心实意地为顾客提供周到及时的服务，帮助顾客正确决策，与顾客达成了一种相互信赖、友好合作的关系。顾客都把他当做一个值得信赖的朋友，戒备心理烟消云散，高兴地接受他的种种建议。

2. 注重感情的投入

乔·吉拉德深深懂得顾客的价值，他明白推销之间存在着对顾客的竞争，而顾客都是活生生的人，人总是有感情并且重感情的。所以，他标榜自己的工作准则就是："服务，服务，再服务！"他豪迈地说："我坚信每个人都可以成为潜在的买主，所以我对我所见到的每个顾客都热情接待，以期培养他们的购买热情。请相信，热情是会传染的。"

乔·吉拉德感情投入的第一步是以礼待客，以情沟通。顾客一进门，他就像老朋友一样地迎接，常常不失时机地奉上坐具和饮料；顾客的第一项要求，他总是耐心倾听，尽可能作出详细的解释和示范；凡是自己能够解决的问题立即解决，从不拖拉。在这种情况下，绝大多数顾客都不得不对是否买车作出积极的反应了，否则，心中就可能产生对不起他的内疚感。

乔·吉拉德的第二步是永久服务。他坚信："出售给某个人的第一辆汽车就是跟这个人长期关系的开始。"他把建立这种"老主顾"的关系作为自己的绝招。他坚持在汽车售出之后的几年中还为顾客提供服务，并决不允许别的竞争对手涉足自己的老主顾。他的这种服务使他的顾客备受感动，第二次、第三次买车时自然就忘不了他。据估算，乔·吉拉德的推销业绩中有80%来自原有顾客。有位顾客亲昵地开玩笑说："除非你离开这个国家，否则你就摆脱不了乔·吉拉德这个家伙。"乔·吉拉德则感动地说："这是顾客对我的莫大恭维。"

3. 重复巧妙的宣传

乔·吉拉德宣传的办法不但别出心裁，而且令人信服。顾客从把订单交给乔·吉拉德时起，每年的每个月都会收到他的一封信，绝对准确。乔·吉拉德还特别注意发信的时间，1日、15日不发信，因为那是大多数人结算账单的时候，心情不好；13日不发信，因为日子不吉利……他总是选取各种"黄道吉日"，让顾客接到自己联络感情的信件，心情愉悦而平静，印象自然更加深刻。乔·吉拉德一直认为，这种挖空心思的费神费力是值得的，因为平时"香火"不断，关键时刻顾客这个"上帝"自然会保佑他，他每年80%的重复销售额就是最好的证明。

乔·吉拉德的成功经验正体现了他对于推销的全面理解和把握，并且将对于推销工作的精髓理解直接应用于指导自己的推销工作。之所以他能够取得成功，正是因为他使自己的推销活动符合当今社会中广大消费者对于推销的要求。这种"乔·吉拉德式的推销"才是真正的推销。

(资料来源：董亚辉、霍亚楼. 推销技术. 北京：对外经济贸易大学出版社，2008)

推销在当今社会中是一种极为普遍的现象，我们每个人都听说过推销，也都遇到过推销，甚至还有一些人从事过推销。我们可能都遇到过这种情景：当我们坐在家中或办公室里，听到有人敲门，起身开门后，发现门口站着一个身着西装、手拿材料的年轻人，他说道："您好，我是 XX 公司的业务人员，想向您介绍一下我们公司的最新产品。"这就是我们在日常生活中最为常见的推销形式。但是，如果我们将推销当做一门学科来进行研究的话，就不能仅仅停留在表面的现象上，而要对其有一个全面的、深入的了解。

5.1 推销的概念与特征

人们看待事物的角度从来都是多种多样的，而从不同的角度观察同一事物，所得到的结论也是不一样的。比如看待同一棵树，樵夫一般会思考这棵树可以劈多少柴，木匠一般思考的是这棵树可以做成几件什么样的家具，植物学家一般会思考这棵树属于什么门类、科目，而平常人更多思考的是这棵树的大小形状、会不会开花结果等等。

同样，人们对于推销也会有不同的理解和认识。据有关部门统计，对于推销的定义有 80 种之多。比如有人认为推销是教导或帮助顾客购买的艺术，也有人认为推销是一种人际沟通或意见交流，还有人认为推销就是说服他人接受或遵循推销人员的意见，进而使之按推销人员的意愿行事。可以说，每种对于推销的不同理解或定义，都在一定程度上对推销进行了描述，但当我们将推销作为一门学问来进行研究时，则需要一个对于推销的系统的、全面的概念。

5.1.1 推销的概念

推销的概念包括广义的推销和狭义的推销两个方面。

1．狭义的推销

狭义的推销是指推销人员在一定的推销环境中，运用各种推销技术和推销手段，说服顾客接受一定的产品、服务或观念，并最终发生购买行为的一系列活动或过程。通过这一系列的活动或过程，能够帮助顾客解决一定的问题，满足顾客的一定需求，同时也达到推销人员自身的目的——获得一定的经济收益。我们在前面所提到的那种最常见的推销形式，就是这种狭义推销的具体体现。

2．广义的推销

广义的推销是将狭义的推销中的核心词语在一定程度上进行推广或扩张而形成的范围更为广泛的概念。它将"推销人员"扩展为所有具有一定目的的"推广者"，将"顾客"扩展到所有的"目标受众"，将"产品、劳务或观念"扩展为更广泛的"所有事物"，将"顾客的购买行为”扩展为“采取相应的预期行动”。

这样，我们就得到了推销的广义的定义：广义的推销是指推广者向目标受众推广某种事物，说服其接受并采取相应的预期行动。从这种广义的推销定义来看，所有人都是不同形式的“推销人员”，这个世界也是一个充满推销的世界。

每个人从出生以来，就一直在进行着推销：当你还是婴儿的时候，你就用你的哭闹来向你的家长推销，所获得的订单就是牛奶和温暖的怀抱；当你稍微大一点的时候，逐渐了解了钱的用途，你又开始向你的父母推销你的聪明才智、天真可爱，以哄得零用钱来供你买这买那；当你开始上学后，你又向你的老师推销你的努力，希望老师能够给你一个较高的分数；当你进入大学，你又开始向校方推销你优异的成绩和远大的抱负，以获得奖学金；当你大学毕业，作为一名求职者去应聘的时候，你又向招聘人员推销你高尚的品行、敬业的精神和丰富的经验；就当你在谈恋爱的时候，也是在进行推销，你在向你的恋人推销你的忠诚、真挚、关心、体贴和永不磨灭的爱情。

可以说从事各种职业的人也都是一定程度上的“推销人员”：如果你是演员，那么你推销的就是你精彩的演技；如果你是发明家，那么你推销的就是你的发明创造；如果你是律师，那么你推销的就是令人信服的辩护词；如果你是老师，那么你推销的就是科学文化知识；如果你是作家，那么你推销的就是引人入胜的故事情节；如果你是画家，那么你推销的就是良好的美感。可见，广义的推销无时无刻不围绕在我们周围，就像一位推销专家所说的那样：“人人都是推销员！”

但是，由于广义的推销过于庞大，同时也由于推销在社会实践中更多地与商业活动相挂钩，所以，我们主要从狭义的角度来展开对推销的研究。但是大家要注意，从狭义角度出发对推销研究所形成的各种思想、理论、方法、技巧绝不仅仅局限于狭义推销范围，它们同样也适用于广义的推销范围，它们在一个人的良好成长和发展、工作的顺利开展和进行、人际关系的建立和维系等方面有着广泛的用武之地。

5.1.2 推销的特征

从商业的角度上来看，推销作为一种有效的商品销售方式，与广告宣传、营业推广等其他销售方式或促销手段相比，具有以下的特征：

(1) 主动性。推销的主动性主要体现在推销行为中，推销行为的主动性又贯穿于推销过程的始终。从推销活动开始之前，到顾客最终购买商品、接受观念，都可以说是推销人员主动行动的结果。

(2) 灵活性。推销人员接触的推销对象，即顾客，是多种多样的，这就形成了推销的灵活性。一名合格的推销人员，应该在充分了解自己所面对的推销对象的基础上，有针对性地制定推销的策略，并在推销过程中观察消费者对推销陈述和推销活动的反应，揣摩顾客购买心理的变化过程，酌情调整推销方法和技巧，从而保证最终促成顾客成交。

(3) 双向性。推销不仅是一个简单的商品转移的过程，同时也是一个信息双向沟通的过程，在整个推销过程中，买卖双方都要不断地向对方传递信息。正是这种信息传递的双向性，为推销人员成功地运用和调整推销方法和策略提供了广阔的空间。推销中买卖双方不断地、双向地进行信息沟通，使顺利成交成为可能，同时推销人员还可以将从顾客那里获得的各种相关信息反馈给企业，帮助企业进行预测和决策。

(4) 互利性。推销是由推销者与购买者共同参与的、具有双重目的的活动或过程。在推销过程中，推销人员不仅要考虑自己有利可图，更重要的是要考虑顾客的需求和利益，帮助顾客解决问题。推销人员要努力缩小推销人员自身利益和顾客利益之间的差距，在两种利益之间寻求最佳的平衡点，否则推销将难以最终成交。

(5) 人文性。推销是一种与人打交道的活动，在推销过程中十分讲究人际交往的亲和力和说服力，需要培养良好的表达能力与社交能力。只有这样，才能在推销过程中充分发挥推销人员的主观能动性，并调动顾客的积极性，使整个推销过程在一种良好的氛围中开展。

(6) 技术性。推销过程中不仅仅注重情感的升华和热情的燃烧，也同样注重各种技术、方式的实施和运用。推销人员需要了解和掌握与产品相关、与顾客相关、与企业相关的各种知识，也要具备相关推销学理论知识以及一定推销实践技巧和技能，这样才能产生较好的推销绩效。

(7) 回报性。推销是一种以高投入换取高报酬的工作，推销人员投入的是热情、时间和精力，其所获得的报酬与其所取得的推销业绩成正比，得到的经济收入也是比较高的。有时推销人员的收入甚至是其他职业人员收入的十几倍或几十倍。

(8) 发展性。以销售额为主的推销业绩评价起来明确具体，这就使得推销人员的成绩容易被肯定，人才被发现和晋升的机会也比较多。同时，在推销过程中磨练而成的精力充沛、全力以赴的工作激情，积极进取、坚忍不拔的拼搏精神，精明强干、务实求效的工作作风，善于沟通、说服协调的交际技能，也为推销人员的个人自我完善和自我发展打下了坚实的基础。

上述推销的特征使得推销表现为一种和其他社会实践活动有着明显区别的行为过程，基于对这种行为过程的研究和分析，以及对这种行为过程中相关经验的总结，我们逐渐形成一门独立的学科——推销学。在我们将推销作为一门学科来进行系统学习的时候，就有必要对其发展历史进程加以简要回顾。通过对其发展历程的回顾，不仅可以帮助我们梳理出推销发展的基本脉络，而且可以对其目前和未来的发展趋势有一个清晰的认识。

5.2　推销的发展历程

推销的整个发展历程，是以其自身任务的转变为主线的。

狭义的商品推销已经有150多年的历史。在19世纪，说服是推销的基本任务。推销人员随身携带着货物沿街叫卖，他们的目的就是说服别人接受他们手中的货物。

随着竞争的加剧以及消费者购买经验的增加，市场上的消费者变得越来越成熟、越来越精明了，推销人员想要说服消费者接受他们手中的货物也变得越来越困难了。这样，推销人员想要取得推销的成功，就需要了解消费者个体的需求，这时，与消费者之间的谈判就变得十分重要了，谈判就逐渐取代说服成为了推销的主要任务，这一阶段中要求推销人员能够根据不同顾客的需求来调整自己的产品、价格和服务。

到了20世纪70年代，推销人员又转而将客户关系作为自己的主要业务，这就要求推销人员要能够了解顾客多层次的总体需求，努力发现顾客新的需求和产品新的用途，经常性地以买方的思维来观察问题，从而使自己成为顾客长期商业计划中的一部分。这样推销的主要任务又转变成顾问式销售。

到了20世纪80年代后期和90年代初，推销又变为以管理一个区域内的顾客作为自己的业务重心和利润来源。在这种情况下，原有的顾问式销售的推销人员就必须在了解产品、企业相关知识的基础上，具备推销相关的会计、财务、管理的知识，这样才能有效地管理一个区域内的业务，这就使推销又进入到业务管理式销售的阶段。

到了20世纪90年代中后期，随着B2B、B2C等新的营销方式的产生，市场上的实践及结果说明了这样一个道理：买卖双方的关系越紧密，在商业市场上对双方就会越有利。因为，随着国内外市场竞争的加剧、成本的上升、经济增长的放缓等因素的影响，使得越来越多的企业将注意力放在如何降低开拓市场的成本上，而双方保持密切的关系恰恰有助于达到这一目标。因此，推销的主要任务又逐渐地过渡到战略伙伴式销售上来，这种形式要求推销人员与顾客之间能够基于良好的关系来实现目标和利益的共享。

推销由最初的说服、谈判发展到现在的战略伙伴式销售(见图5-1)，实际上体现了从个人推销向关系推销的转变。个人推销只注重生意上的交易，企业和推销人员所关心的只是一次交易的完成，当本次交易完成之后，企业和推销人员会再去寻找下一个潜在的顾客；而关系推销则注重建立、维系并增进与顾客的相互关系，其目的是透过共同互惠的战略伙伴式关系，让买卖双方培养出长期的满意心态，从而设法和主要的顾客建立长期关系。

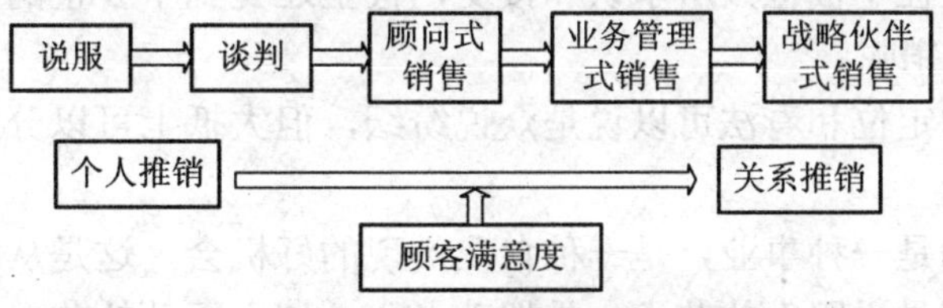

图5-1　推销发展历程图

之所以会产生这种从个人推销向关系推销的转变，究其原因是由于企业对顾客满意度的关注程度的加深。现在企业所面临的客观环境，使他们深刻地认识到顾客满意度对于自己所具有的重要意义。激烈的市场竞争，已经使企业想尽一切办法来留住自己的顾客，这不仅是维持自身正常生存和发展的基础，也是有效应对市场竞争、形成企业竞争优势的重要手段。所以，像以前那样“能够把别人不想要、不需要、负担不起的产品推销出去”的推销方式已经不合时宜了，现代社会需要的是一种基于顾客满意的，能够实现双赢的关系推销方式。

阅读资料

经过有关专家的统计，如果一个顾客对某家企业的产品或服务感到满意，他会向自己周围 3 至 5 个人介绍自己愉快的消费经历；相反，如果某位顾客对某家企业的产品或服务感到不满，他则会向自己周围的 10 至 13 个人抱怨他的痛苦经历。IBM 公司进行了一次本企业销售收入和顾客满意度的相关性分析，最终得出的结论是：IBM 公司顾客满意度一个百分点的变化，将会给公司利润带来 5 亿美元的影响。可见，顾客满意度对一个企业来说所具有的重要性。

5.3 推销的定位和作用

5.3.1 推销的定位

推销可以说是一个既古老又年轻，同时也十分矛盾的概念。说它古老，是因为它几乎与社会私有制同时产生，它同商品生产同呼吸，共命运，随着商品生产的产生而产生，随着商品生产的发展而发展；说它年轻，是因为它经历了长期的发展而历久不衰，至今仍然生机勃勃、旺盛发展；说它十分矛盾，是因为它饱经风霜、历尽沧桑，为人类历史进步立下了丰功伟绩，却往往不被世人所承认和接受，甚至还受到不公正的指责。那么，我们该如何来定位或看待推销呢？

社会上对推销的定位和看法可以说是众说纷纭，但大抵上可以分为积极的和消极的两类定位。

比如有人说推销是一种事业，是一种自我实现的好机会，这是从机会的角度来定位推销的；还有人说推销是说服人的艺术，是拨动人心、催人行动的艺术，这是将推销定位为一种艺术；还有人认为推销是一种很有挑战性的工作，做得推销，百事可做，这是从个人能力的角度上来定位推销的；也有人将推销定位为一种业绩和效益的差异异乎寻常的职业，在推销中机会和挑战并存，这是从职业的角度来定位推销的。

上述这些都是对于推销的积极定位或评价。当然，社会上存在着对于推销的积极定位和评价的同时，也同样存在着各种各样的对推销的消极定位和评价。比如有人认为推销是“高级行乞”，从事推销工作就是靠向别人乞讨为生；还有人认为推销是一种骗人的行当，推销人员就是靠耍嘴皮子骗人来获得收入的等等。就是这些社会上对于推销的消极定位和评价，造成了一部分人对推销工作形成了一定的误解和偏见。

社会上之所以会产生这些对推销的消极评价和定位，不排除某些个别推销人员做过有悖于职业道德的行为，甚至以推销为幌子进行招摇撞骗。但我们判断一个事物的性质，应当从主流上加以把握，同样，对于一种工作的性质的定位和评价，也应该从从事这种工作的大部分从业人员的主流工作动机来加以判断。

从狭义的推销定义中我们能够看到，推销工作基本上具有双重工作动机：一是满足顾客的某种需求，解决顾客一定的问题；二是达到推销人员自身目的——实现商品销售以获得经济收益。但在这双重工作动机中，后者的实现必须以前者的达成为前提，即推销人员只有能够满足顾客一定的需求或者解决一定的问题，顾客才有可能购买推销人员的推销商品，推销人员自身的经济利益才有可能实现。同时，由于推销工作的特殊性，使得在进行推销工作中的情况十分复杂，推销人员经常要面临各种挑战并需要独立解决，因此推销更需要具备崇高的工作动机，只有这样才可以增强推销人员自我激励的强度和持久性，从而给推销工作注入更多的热情和活力。所以，基于对推销的全面理解，我们应当这样来定位推销：推销是一种富含机遇和挑战，需要毅力、热情和进取精神的，更需要崇高工作动机支持的工作。

5.3.2 推销的作用

推销经过长期的发展，对于人类社会的不断进步做出了重大的贡献。随着商品经济的发展和完善，现代的推销对社会经济活动的各个相关方面都有着重要的作用。

1. 推销对社会的作用

(1) 推销是社会经济发展的一个重要的推动力。社会再生产过程分为生产、分配、交换和消费四个环节，其中生产是基础和起点，消费则是相对的终点与目的，分配和交换则是联结生产和消费的中间纽带。只有借助于推销的努力，商品才有可能实现在社会内部的流通。通过这种商品的流通，商品才能实现价值和使用价值的统一，社会再生产才能完成并不断进行。所以，推销是实现社会再生产良性循环的不可缺少的一个环节。

(2) 推销是促进社会经济繁荣的重要手段。在市场经济条件下，供求矛盾是影响经济发展与进步的主要矛盾，是影响市场繁荣的主要因素，它影响与制约了市场经济条件下的其他矛盾的发展与变化。而推销同时协调了供给与需求双方，使供求矛盾不断趋于平衡，通过推销人员的推销活动，把商品推销给目标市场上的顾客，使顾客在需要的时间、地点，以需要的方式和代价获得需要的商品；同时也可以通过推销活动来了解社会需求，并将需求及时反映给企业，引导企业的合理生产，使企业所掌握的有效资源得以合理配置和使用，发挥企业应有的作用。所以，推销促成了社会生产的良性循环，满足了人们的需要，实现了产品的价值，创造了就业机会，促进了经济的发展和社会的繁荣。

(3) 推销是引导和影响社会消费的主要形式。大量的推销人员在他们的推销工作中，将他们认为可以满足顾客需求的商品介绍给顾客。同时，推销人员也将自己的知识、价值观念及购买标准等传递给顾客。顾客接受了可推销商品也就接受了推销人员的价值观念和判断标准。所以，推销人员在实际推销工作中起到了引导购买、引导消费、影响顾客的作用，起到了传递购买标准与教育消费者的作用。

2．推销对企业的作用

(1) 推销是实现企业自身价值的主要手段。在市场经济条件下，任何个人和组织的劳动成果都是在市场交换中以价格的形式获得表现和实现的，企业作为一个自主经营、自负盈亏的法人实体，其生产过程是一种资源的投入或消耗的过程，也是一个价值转换的过程。在转换的过程中，企业使原来的投入和消耗转换为新的价值，使企业的劳动价值获得物质形态的承认与实现。但是，只有通过推销，才可以使企业的生产和经营活动的价值得到货币形式的承认和实现，企业才会获得一定的经营收入。如果没有推销或者推销失败，企业就无法实现销售收入，商品也就无法实现与货币的交换，企业的投入和消耗也就无法补偿，企业的价值就等于零，甚至是负数。所以，在市场经济条件下，推销是企业实现自身价值的主要手段。

(2) 推销是构建企业或商品竞争力的一种来源。一方面，推销人员使企业的商品找到了需要它们的顾客；另一方面，推销人员通过对顾客的全面了解和充分接触，掌握市场竞争与顾客需求的第一手资料，从而使企业所生产的商品适销对路，增强企业和商品的竞争力。

(3) 推销是企业提高其经济效益的重要途径。由于市场竞争的日益激烈，企业用于促销的成本开支越来越高，这就在一定程度上导致了企业商品的销售成本的上升。如果加强企业的推销工作，提高推销人员的素质和整体水平，就能够在一定程度上提升企业的推销效率，从而节省推销或其他促销成本，降低商品积压，加快货款回笼速度，缩短资金循环周期，从而直接增加企业的经济效益。

3．推销对推销人员的作用

(1) 推销是发挥推销人员潜力的最好职业之一。推销工作不像其他工作那样十分程序化，推销总是面对新人、新事、新情况、新问题，推销工作又是以他人的行为作为工作效果的体现，推销效果不仅以推销人员的个人主观努力为转移，而且以顾客对特殊情况的反应为转移。而推销工作的特殊性又使得推销人员大多是单独行动，经常需要独自解决一些困难和问题，所以，推销工作是极具挑战性的工作，也是充分发挥推销人员个人潜力的最好职业之一。

(2) 推销是磨练推销人员意志的最好方式之一。推销人员所遇到的困难、拒绝与失败的次数，大概是所有工作中比例最高的，有人说，推销业绩与推销人员失败的次数是成正比的，所以，推销工作最能锻炼推销人员的意志。推销以了解顾客的需求、满足顾客的需求为工作前提和核心，时刻为顾客着想，全心全意为顾客服务。因此，推销工作能够不断地提高推销人员的精神境界、磨练推销人员的意志。

(3) 推销是个人取得事业成功的最好途径之一。推销人员在进行推销活动过程中，总是面对不断变化的市场和竞争的挑战，面对各种各样的顾客，面对顾客琢磨不透的购买动机与行为特点，总是要不断地了解个人的情感，不停地发现与协调各种矛盾和关系，并且要研究和分析上述这些问题发生与变化的各种原因和影响因素。所有这些，都为推销人员了解市场，了解商品经济规律，了解商品交换过程中的各种行为与心理，了解这些行为与心理背后的社会文化提供了很好的机会与难得的经历。所以，推销工作为很多人奠定了在商品经济条件下实现自身价值的基础，也使很多人通过推销工作走向成功。

5.4 推销的基本原则

推销人员为了以较高的效率来完成推销工作，就需要掌握推销的基本原则。所谓推销的基本原则，是指基于对推销规律的认识所概括出来的推销活动的依据和规则，它是推销活动的指导思想和基本原则。推销的基本原则主要有以下几个方面。

5.4.1 顾客导向

顾客导向是现代市场营销观念的客观要求。它强调以市场需求为中心，以满足顾客需求为出发点，在满足顾客需求的同时，实现推销的长期目的。因此，顾客导向意味着推销人员必须摒弃以企业为中心的传统推销观念，通过分析研究，明确顾客的需求所在，并通过推销活动来满足顾客的需求。

1. 顾客导向的内容

(1) “以顾客为中心”的观念。这种“以顾客为中心”的观念认为，推销是用适当的方法和技巧，阐明产品或服务给顾客的某种需求带来满足，在满足顾客需求的过程中获得企业和推销人员的利益。

“以顾客为中心”的观念形成于 20 世纪 50 年代二次大战后经济高速发展时期，它强调产品的销售必须以顾客的需求为基础，推销方法和技巧也应该适应顾客的接受心理，推销活动是买卖双方的一种互利行为，只有满足顾客的需求，企业才能获得盈利。它追求实现买卖双方的共同利益，要求推销人员必须具有良好的职业道德，并在推销过程中加强对顾客的服务。

随着“以顾客为中心”的观念在市场实践中的推行，不仅使顾客在商品交易中获得了切实的利益，也使企业及其推销人员获得了莫大的好处，使得越来越多的企业和推销人员认识到这种观念对于推销工作的指导意义。

(2) “整体销售”的观念。这种“整体销售”的观念认为，在现代企业营销中，销售是一个系统工程。以顾客的需求为中心，以满足顾客的需求为最终目的，这就意味着推销不是一个独立的环节。“整体销售”观念包括以下几个方面：

① 全程销售观念：即整体销售贯穿于企业经营管理的全过程中。因为对顾客需求的满足，首先取决于对顾客需求的认识和了解以及以此为基础所开发的产品和服务，然后才是销售的手段和方法，所以，从对市场的调查与分析，了解市场需求的变化趋势开始，销售活动实际上已经就开始了。在此之后，企业还要通过生产制造过程制造出符合市场需求的产品，并营造良好的销售环境，这一系列企业的经营管理活动过程，都是在为最后的商品推销创造基本的前提条件。

② 全员销售观念：即现代企业的销售绝对不仅仅是销售人员或销售机构的单方面的职责，而是整个企业和全体成员共同参与的一个过程。在企业市场经营过程中，必须通过多个部门的协调配合，才能保证既定目标的实现。比如调研部门及调研人员及时准确地提供市场需求内容、规模和特点等信息，以作为营销决策的依据；生产部门则严格按照销售计划的安排来组织生产，按时、按质、按量地将产品提供给销售部门；这些产品最后再由销售部门和销售人员推销给中间商或消费者。

③ 战略观念：这一观念要求企业树立全局观念，把企业的长远目标和利益与近期的目标和利益相结合。如果只关注已经生产出来的产品，即使采取了一些推销措施，取得了一定的推销业绩，最终也会因为缺乏长远和全局化的考虑而难以长久立足于市场，保持良好的销售业绩。

④ 环境观念：这一观念要求企业必须为推销人员营造一种使其能够致力于构建顾客关系、实现商品价值的良好的销售环境。在市场经营过程中，影响企业的销售环境的因素是很多的，既包括企业无法控制的各种因素，诸如宏观经济形势、政治与法律、人口、科学技术、文化与风俗等；同时也包括企业通过自身努力，可以改进和创新的可控因素与条件，比如企业可以通过塑造和提升企业形象来获得公众的认知和认同，也可以通过公共关系来加强企业与社会的交流与互动，还可以通过促销宣传来提高企业及其产品的知名度，以刺激和引导顾客的需求与欲望，培养顾客对企业及其产品的忠诚度。只有在良好的销售环境中，推销人员才能有效地开展推销工作，取得良好的推销绩效。

阅读资料

DHL 作为世界上著名的国际快递公司，和许多快递公司一样，以国际快递业务为主。但 DHL 有一个最引人注目的特点就是连大象都可以快递。它主要突出了体积大的特点；同样，联邦快递(Fedex)作为世界上著名的国际快递公司，也有一个最引人注目的特点就是快速。别的国际快递公司只能做到将顾客每天 15:00 以前投递的快件第二天送达目的地，而联邦快递承诺：顾客每天 17:00 以前投递的快件第二天也能送达目的地，比其他公司快了 2 小时。

在顾客导向原则指导下，DHL 和联邦快递都将顾客的需要作为自己的工作重点，并分别强调了不同的优势，使得他们在激烈竞争的国际快递业务市场上能够牢牢占据佼佼者地位。

2. 顾客导向的要求

推销人员应该树立以需求为中心的顾客导向观念。为此，推销人员在推销工作中应该注意一下几个方面：

(1) 注重市场调查，发现顾客的真实需要。只有了解顾客的需求，才有可能通过企业和推销人员的努力来适应和满足顾客的需求，使商品推销能够与顾客的需求相结合。

(2) 注重信息的传递和反馈。一方面，企业应该将与商品有关的信息传递给顾客，以便于顾客比较、选择并做出决策；另一方面，推销人员也要及时将市场信息反馈给企业，这种信息有利于企业调整其经营方向，使得企业的优势得以全面发挥。

(3) 注重商品的推销策略。推销人员应该根据顾客的需要，在适当的时间、地点，以适当的价格、适当的方式向顾客提供他们所需要的商品，在满足顾客需求的同时，完成商品销售工作。

(4) 注重推销服务。推销人员应根据顾客的需求结构和特征，向顾客提供售前、售中和售后服务，从而使顾客买的高兴、用的满意、购后放心。

5.4.2　诚信为本

诚信属于道德范畴。推销中讲求诚信，既是推销人员的素质与道德的要求，也是推销人员职业规范的要求。市场经济的核心是信用经济，诚信是市场得以正常运行的基本保证。在现代推销活动中，诚信可以说居于举足轻重的地位。推销双方是否守信用，是否诚实可靠，是决定推销能否成功的基础。唯有诚信，才能赢得消费者的信任；谁讲求诚信，谁就能在市场上立于不败之地；谁损害诚信，谁就最终会被市场所淘汰。诚信作为推销的基本原则，对推销人员提出了一定的具体要求：

(1) 信守承诺。信守承诺就是指推销人员要遵守自己的诺言。在推销过程中，常见的承诺误区主要表现为：盲目承诺、含糊承诺、虚假承诺等等。真正的承诺不仅包括明确的承诺，比如合同、协议、要约等，而且也包括隐含的承诺，比如质量保证、退换保证等。承诺不仅要信守书面的、口头的承诺，而且也要信守这些隐含的承诺。

信守承诺必须体现到推销过程的具体行为中。在由于某些原因不能履行承诺的情况下，承诺者必须按照有关法律、法规的规定，及时地通知对方并作出解释，在必要的情况下还应该主动赔偿对方损失，承担责任直至接受惩罚。

(2) 信任顾客。只有充分地信任对方，才能获得对方的充分信任。推销人员在推销工作中应该谨慎、小心，这是有效推销的基本要求，但是在充分掌握了相关信息的基础上，仍然人为地设置障碍却是一种不可取的行为。相互猜疑、过分犹豫、怀疑对方本身就是缺乏诚信观念的表现，而不择手段地欺骗对方更是有悖职业道德的行为，结果往往是自食苦果。因此推销人员应该具备大度的性格，以己之信换取对方之信，从而实现诚信推销。

(3) 以诚相待。讲求诚信与保守商业秘密并不矛盾。我国传统的经商之道中就讲究“买卖不成仁义在”，这正是以诚相待的具体体现。对推销人员来说，保持推销的诚意、尊重顾客、适当赞美、善于换位思考、从顾客的立场和角度出发来考虑问题、合理报价、还价适当、热心地担当顾客的购买参谋等等，都是富含诚意的表现。以诚相待不仅有利于形成良好、融洽的推销气氛、消除买卖双方的隔阂，而且也可以得到顾客的回报。实际上，许多推销的成功正是由于推销人员以诚相待、让顾客获得心理满足，从而对推销人员报以感激之情而做出重复购买所形成的。

阅读资料

梅耶·安塞姆是赫赫有名的罗特希尔德家族财团的创始人，他在18世纪欧洲犹太人备受歧视和排挤的背景下建立了自己的家族财团，以借贷生意起家，迈出了创办横跨欧洲大陆的大型银行集团的第一步。他将自己的财团取名为罗特希尔德，在德语中意思为“红盾”。

当兰德格里夫·威廉被拿破仑政权从他在赫斯卡塞尔地区的地产上赶走的时候，威廉还拥有 500 万银币，他将这些银币交给安塞姆，当时并没指望还能把它要回来，他原以为这些财产一定会被政府没收。但安塞姆不仅通过聪明的办法保住了这笔财产，并以合适的利率把它们贷了出去。当拿破仑政权被推翻之后，威廉回到法国，安塞姆派他的大儿子将这笔财产连本带利送还给威廉，并且还附上了一张借贷的明细账目表。

在罗特希尔德这个家族的世世代代中，没有一个家庭成员给家族信誉带来过一丝的污点，不管是生活上还是事业上。如今，“罗特希尔德”这个品牌的价值就高达4亿美元。

(资料来源：Gerald L.Manning, Barry L.Reece. 当代推销学：建立质量伙伴关系. 北京：电子工业出版社，2002)

5.4.3 互利互惠

推销工作的双重动机使得推销工作必然要追求实现互利互惠。只有通过给顾客带来一定真实的利益和好处，顾客才有可能接受推销人员推销的商品，从而做出购买行为。互利互惠原则是指在推销工作中，推销人员要以交易能够给双方都带来较大的利益或者为双方都减少损失为出发点，而不能从事损害一方利益或给一方带来损失的推销活动。要在推销过程中做到互利互惠，推销人员应该对推销活动本身有一个全面、正确的认识。

(1) 推销是发掘和说服顾客购买的过程。推销人员不应单纯地将所有努力都放到如何实现商品销售上，而应当协助顾客做出正确的购买决策，从而使他们的需求得到满足，然后才有可能销售自己的商品。为此，推销人员要了解顾客的需求结构，结合其需求结构来说服顾客，使其相信自己确实存在着对推销商品的需求，并相信推销人员所推销的商品确实能够满足顾客的需求，这对于推销工作能否取得成功是十分重要的。

(2) 推销是一种实现双赢的活动。如果要想使推销取得真正的成功，就应该使推销双方都感到满意，没有任何一方的利益受损，使顾客得到推销商品所带给他的利益，使推销人员获得一定的经济收益。推销人员不能单纯为了追求实现自身的经济利益而不顾顾客的利益，更不能通过损害顾客的利益来谋取自身收益的增加。

(3) 推销应该与顾客形成长期的良好关系。企业或推销人员如果能够与顾客建立长期的良好关系，那么在市场景气的时期，可以把企业或推销人员的成功推向高潮；而在经济不景气或企业、推销人员自身面临一些困境时，则会维持企业的生存、保证推销人员正常推销工作的开展。而要建立与顾客的长期良好关系，企业和推销人员就要维护顾客的利益，保证顾客利益充分地、真正地实现。

推销的实质是一种商品价值的转换，其结果要使双方得利，使买卖双方都达到比达成交易前更好的状态。顾客都关心自己的利益，顾客之所以会做出购买决策和购买行为，就是因为交易之后得到的利益大于他所付出的代价。因此，推销人员在推销活动中就要设法满足顾客和自己双方的要求，实现“双赢”，这才是形成顾客满意度的长久之计，是顾客不断购买的基础和条件，也是取得顾客“口碑效应”的基础和条件。要成为受欢迎、被期待的生意伙伴，推销人员就必须设法为顾客提供利益，也就是设法使顾客在购买活动中得到预期利益或超额利益。

正确地运用互利互惠原则来指导推销工作，必须在推销活动开展之前全面分析购买活动能够给顾客带来的利益，这种利益不仅仅包括物质利益，也包括精神利益。不同的顾客基于其自身情况，会对同一商品产生不同的价值判断标准，同时，不同的商品对同一顾客也有着不同的利益差异，这就使得推销过程中的顾客利益多种多样、错综复杂。所以，推销人员要在准确判断推销商品所能给顾客带来利益的基础上找到双方的利益均衡点，开展能够实现“双赢”的推销活动。在进行利益判断时，推销人员不仅要看到眼前的利益，也要看到长远的利益，不仅要看到推销的直接收益，还要能够看到推销的间接收益，只有这样才能对推销过程中所能够给推销双方所带来的综合利益做出正确的判断，从而将推销工作的利益充分、全面地展示给顾客，促使顾客产生对推销商品、推销人员以及推销活动的积极心态。

推销人员在把握互利互惠原则时，切不可将这一原则简单地理解为对顾客的让利或赠品的诱惑。实际上，与顾客所具有的对推销商品的功能的需求和对商品使用价值之外的多种相关产品的附加需求相适应，顾客的利益要求也是多方面的，所以，推销人员在理解和把握互利互惠原则时，必须要能够发掘或明确自己所面对的顾客的核心利益要求，并围绕这些核心利益要求来开展推销工作。

5.4.4　说服诱导

说服诱导是指推销人员以自己的语言或行为来将自己的意见通过各种方式传递给顾客，主动推动推销过程向着推销人员预期的方向发展。

一次成功的推销活动，总是由推销人员成功地引起顾客的注意，有效地激发顾客对推销人员及推销商品的兴趣，从而唤起顾客的购买欲望，并识别顾客表现出的成交信号，及时地促成顾客的购买行为的结果。在整个推销过程中都需要推销人员对顾客进行巧妙地说服、诱导，使顾客自觉地参与到推销活动中。否则，即使推销人员准备再充分，也不可能通过自己单方面意愿形成一次融洽、成功的推销工作。

几乎所有的推销专家都认为，推销是一种十分讲究技巧与方法的活动，推销的技巧和方法又综合体现在推销人员的说服和诱导能力上。通过有效地说服、诱导，使顾客同意接受推销人员的拜访，愿意采纳推销人员的意见与建议，这样推销工作才能按照推销人员的意愿前进。同时，有效地说服、诱导也能有效地避免和化解顾客的各种异议，建立顾客对推销商品和推销人员的信心。

说服和诱导可以说是现代推销过程中的基本原则。在现代市场经济条件下，推销人员与顾客是处于平等地位的，推销人员既不能强迫顾客购买推销商品，也不应该依靠祈求来获得顾客的订单，更不能以各种欺骗的手段来取得推销的虚假成功。因此，一名合格的推销人员应该努力提高自己的说服和诱导顾客的能力。

掌握和运用说服和诱导原则要求推销人员尽量避免与顾客进行争论，更不要强迫顾客做出购买决策。与顾客的争论不会给推销人员的推销工作带来任何益处，顾客不会因为推销人员指出了自己的无知和不足而感谢推销人员，只会给推销工作带来更大的障碍。而强迫顾客做出购买决策，表面上看是完成了推销工作，但顾客完全可以以各种理由来推翻和推销人员所达成的各种协议，或者购买商品后在更大的范围内扩散对推销商品和推销人员的不良影响。所以，任何一名明智的推销人员都应该使用对顾客负责的推销方法和技巧，坚持诚实的原则，因势利导地说服、诱导顾客自愿购买推销商品。推销人员一旦发现自己的推销商品对顾客毫无用处，即便已经取得了顾客的完全信赖，也不应强求顾客接受和购买自己的推销商品。

阅读资料

下面是一名图书推销人员与顾客之间的对话：

推销人员："您今天想为自己买书，还是想选购书籍作为礼物送人呢？"

顾客："我正想买一份礼物送给妈妈。"

推销人员："你妈妈对历史或文艺有兴趣么？她可有什么嗜好？"

顾客："哦，她算是一位电影迷，但是，我相信她已经有很多这方面的书籍了。我猜现在她热衷的是她的孙子和烹饪。"

推销人员："一本新的烹饪书怎么样？"

顾客："我不知道……她正在减肥。"

推销人员："我有个主意，有本刚刚出版的烹饪书收集了电影明星和其他名人所提供的低脂肪食谱和保健方法。你妈妈可以一方面尝试一下新食谱，另一方面保持她的减肥计划，同时也可以认识一些她有兴趣的人物。这本就是……"

顾客："好主意！她会喜欢这本书的。你们有礼品包装服务么？"

在这个例子中，推销人员就是通过逐步的诱导和说服，帮助顾客明确自己的需求和购买目标，最终成功地促成了成交。

上述四个方面的推销基本原则，推销人员应该全面领会并将其应用于自己的推销实践中，这样才能充分发挥这些原则所具有重大的指导作用，使推销人员的推销工作能够科学、有效地进行。

5.5 推销的基本程序

为了对推销进行全面的分析和研究，推销从业人员和推销专家通过对推销过程的了解与观察，逐渐形成了对于推销程序的划分。这种对于整个推销过程的阶段性划分，可以使推销人员对整个推销进程加以有效的把握，并有针对性地选择适当的推销技巧和方法来推动推销进程的发展。

虽然不同的推销从业人员和推销专家对于推销工作到底包括哪几个阶段有着不同的见解，但是如果我们对这些不同的见解加以归纳和综合，就可以发现在各种对于推销程序的划分中有着一些共性阶段，这就是推销的基本程序。一般来说，一次完整的推销工作应该包括以下几个基本程序阶段(见图 5-2)：

(1) 寻找准顾客。寻找准顾客是指寻找可能成为顾客的潜在消费者。明确开展推销工作的对象，这是推销工作的第一步，这对于整个推销的全过程来说是十分重要的。在这一阶段中，推销人员需要凭借自身知识储备和良好观察、分析、推理、挖掘能力，并使用一定的方法，在众多的消费者中寻找开展推销工作的具体对象。

(2) 顾客资格审查：推销人员所寻找到的准顾客有着不同的条件，比如不同的准顾客有着不同的购买概率、购买频率和购买量等等，这就使得这些准顾客对于企业或推销人员来说有着不同的价值和重要程度。推销人员为了将有限的时间和精力投放到最有价值、最有可能购买的对象身上，就必须对这些准顾客进行一定的审查，这就是顾客资格审查。

(3) 接近准备。经过了顾客资格审查的准顾客，我们就可以将其作为开展推销工作的具体对象了。但首先，推销人员需要通过一定的手段或途径来接近这些顾客，否则推销工作就无法顺利开展。接近顾客的时间一般较短，要在这较短的时间内达到接近顾客的目的，推销人员就应该在接近之前进行一定的准备工作，从而保证接近工作的高效率。

(4) 约见顾客。约见顾客是随着外部市场环境的变化而产生的推销工作阶段。由于现在市场环境中的顾客有对于推销工作的一些成见和误解，以及其他一些特殊情况的影响，使得推销人员像原来那样与顾客直接面谈变得越来越困难，这就使得事先与顾客约定再与顾客接触成为了推销人员开展推销工作一种途径，这就是所谓的约见顾客。

(5) 顾客接近。在进行了充分的接近准备，并且与顾客事先约见，推销人员就可以开始正式接近顾客的工作了。在这一阶段中，主要要使顾客在较短时间内对推销人员、企业、

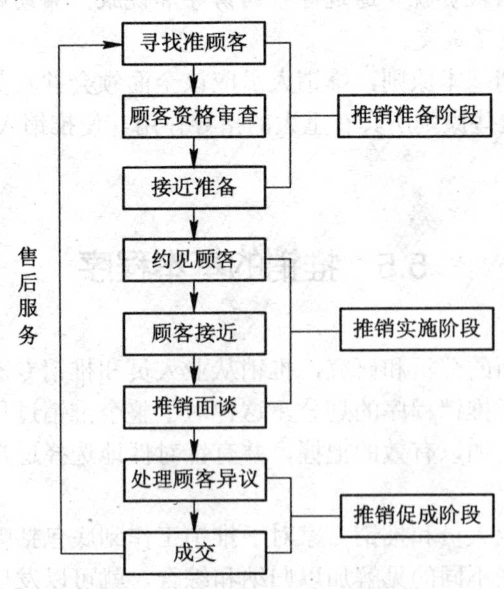

图 5-2　推销的基本程序示意图

推销商品有一个初步的了解，并在此基础上产生一定的兴趣。所以在这一过程中，推销人员要能够针对不同顾客的特点，选择适当的方法来加以接近。

(6) 推销面谈。推销面谈是在进行了顾客接近之后，推销人员与顾客之间进行的关于推销各个方面的更有深度的交流和沟通。它是顾客对于推销商品、推销人员和企业的进一步的了解，顾客通过面谈可以有效地判断推销人员所提供的商品对于自身需求的满足程度，并在此基础上作出是否购买的决策。

(7) 处理顾客异议。在接近顾客和推销面谈中，顾客都会在一定程度上形成异议。这种异议从表面上看，好像是推销工作取得成功的障碍，而实际上则是顾客开始投入到推销活动中的一种表现。如果推销人员能够对顾客所形成的这些异议进行有效的化解和处理，就可以使推销工作向着最终成功的方向前进。

(8) 成交。有效地处理和化解了顾客的各种异议，可以说离推销工作取得成功只有一步之遥了，但在实际推销工作中，还会有各种各样的情况造成最终无法成交。所以，推销人员必须要能够正确识别顾客所表现出的成交信号，抓住有利于成交的时机，使用适当的方法和技巧来促使顾客成交。

(9) 售后服务。推销人员与顾客成交之后，推销工作并不是完全结束了，而是进入到另一个环节——售后服务。售后服务的质量以及其所能够给顾客带来的利益，顾客会将它们看做是整个推销工作所带给他的综合利益的一部分，这将直接影响顾客对推销工作的评价，并形成顾客满意度。所以，售后服务也同样是推销工作不可缺少的一个环节，这也符合关系推销的发展趋势。

上述九个阶段构成一次完整的推销活动的基本程序。当然，在实际的推销工作中，具体的推销流程不一定完全按照上述阶段依次进行，有时也会出现多次的反复。同时，在推销人员组成推销团队开展针对团体顾客的推销工作中，某些阶段还表现出相互交织、同步开展的情况。在这些推销的基本程序阶段中，都涉及一些常用的推销方法和技巧，这些内容将在后续章节中再加以展开。

讨论与复习题

1．推销的概念包括哪两个不同层次？推销有什么特征？

2．推销经过了怎样的发展历程？其发展是以什么为主线的？是什么推动现代的推销转向了关系推销的发展趋势？

3．如何来正确地看待和定位推销？现代社会中，推销有什么样的作用？

4．在推销过程中应当遵循的基本原则有哪些？

5．一次完整的推销活动所包括的基本程序阶段有哪些？每一阶段中应当完成哪些工作？

案例分析

国际套服公司(Body Glove International)是一家知名的防水运动服装生产商，但它在初创时期却相当的简陋。公司的创始人 Bill 和 Randy Meistrell 在 20 世纪 50 年代早期喜爱冲浪和潜水运动，当时好质量的防水运动服很难买到。他们将这个问题看成一个机会，开始开发自己的防水运动服。首套服装是在加利福尼亚的雷顿多(Redondo)海滩的一个小潜水店里出售的。目前，国际套服公司已经是一家全球性的以杰出的顾客服务和产品质量而著称的资产达数千万美元的公司。国际套服公司的成功可以归功于以下几个因素：

● 公司的经营哲学是以绝不牺牲产品质量为基础的。舒适和制作工艺良好的产品能够吸引那些愿意稍微多花一点钱而得到最好产品的顾客。以往公司通常制造所有的产品，但现在却把所有的制造业务外包出去。这些承包公司必须执行国际套服公司所建立的高质量标准。

● 重视品牌管理的经营理念。今天，国际套服公司非常强调品牌管理，公司希望能够影响顾客对公司产品的知觉。公司的管理层认识到在信息泛滥、感觉超载的世界里，品牌比以往任何时候都重要。消费者会考虑、分析自己的需要，通常选择能满足他们需要的品牌。

● 提高产品分销和推销业绩的销售战略创新。国际套服公司已经开发了至少 30 家分销渠道伙伴。目前，这些分销商雇用了大约 250 名访问零售店的推销人员。这个公司目前拥有特别关注南美、新西兰和澳大利亚市场的全球性销售组织。

● 投资建立一流的顾客服务中心。国际套服公司的员工相信卓越的顾客服务能够给产品增加价值。Celeste Barouty 作为防水服部的全国销售经理，要确保所有订单都被仔细地处理。借助计算机，Celeste 能够检查任何一笔订单的状态。她和她的下属们能够很快速地处理一些特殊的订单。顾客服务中心的员工都在努力工作尽最大可能与顾客建立长期、稳固的伙伴关系。

(资料来源：Gerald L.Manning，Barry L.Reece. 当代推销学：建立质量伙伴关系. 北京：电子工业出版社，2002)

问题：

(1) 在国际套服公司的经营战略中，体现了哪些推销的基本原则？

(2) 国际套服公司的战略和措施中，有哪些经验可供我们借鉴？

(3) 假设你是国际套服公司的一名推销人员，你将如何在整体企业经营战略的指导下制定推销目标和推销计划？

第6章 推 销 理 论

重 点 提 示

- □ 推销三角理论
- □ 推销方格理论
- □ 推销模式理论
- □ 顾客购买行为理论
- □ 顾客满意度和忠诚度理论

阅读资料

如果你要受人欢迎，那你必须首先具有绝对的信心，这一点非常重要。信心使人产生勇气。假使我们对自己都没信心，世界上还有谁会对我们有信心呢？

我遭遇过一次——当我逐渐达到事业成功的时刻——建立了家庭，有了美满的婚姻、贤惠的妻子以及两个可爱的孩子——小乔和格雷丝，接着彷如噩梦般，我的事业在一夕之间垮了，我过分地扩张，信赖虚伪的诺言，导致负债累累——达 6 万美元之多。法院传了一份法官的令状，准备没收我的家，银行要拿走我的车子。更糟的是，家里连一点吃的都没有，更没钱供养家人。

到了晚上，一种恐惧之心主宰着我，我把车停在离家几个街区以外，这样银行就认不出来。我从屋后的一个窗户偷偷进出，避免债主在前门出现。我还跟孩子玩不诚实的游戏，因为我实在怕得要命，害怕法院送达员想出一个进入我家的法子，然后把令状交给我。我告诉小乔和格雷丝，我们在和邻居玩游戏——一个不开门的游戏，谁先开门谁就输了。当然，这些战术并没有奏效，我很快失去了家、车子，还有我的自尊。

每当我极度沮丧时，妻子朱丽娅就搂住我说：“吉拉德，我们结婚时空无一物，不久就拥有了一切。现在我们又一无所有，那时我对你有信心，现在还是一样，我深信你会再成功的。”在那一刹那，我了解了一个重要的真理：建立自信的最佳途径，就是从别人那儿接收过来。

我重新建立信心。我拜访了底特律一家大的汽车经销商，要求一份推销工作。推销经理哈雷先生起初很不乐意。

“你曾经推销过汽车么？”他问道。

“没有。”

“为什么你觉得自己能够胜任？”

“我推销过其他东西——报纸、鞋油、房屋、食品，但人们真正买的是我，我推销我自己，哈雷先生。”

哈雷先生笑笑说：“现在正是严冬，是销售淡季，假如我雇佣你，我会受到其他推销人员的责难，再说也没有足够的暖气房间给你用。”

我说：“哈雷先生，假如你不雇佣我，你将犯下一生最大的错误。我不要暖气房间，我只要一张桌子、一部电话，两个月内我将打败你最佳推销人员的记录。”

哈雷先生终于在楼上的一个角落给我安排了一张满是灰尘的桌子和一部电话。就这样，我开始了自己的新事业。刚开始的第一次推销是最辛苦的，一旦成功，其余的便看你自己了。

那是我爬回高峰的开始，从一张灰尘厚积的桌子和一本电话簿，销售再销售，哈雷先生无法相信，在两个月内，我真的做到了自己许下的诺言，我打败了公司中所有推销人员的业绩。我偿还了6万美元的负债，同时也找回了自尊。

信心产生信心。一年间，我的汽车销售业绩从0辆到1425辆，我终于从失败到成为世界上最伟大的汽车推销人员！

昨天，是张作废的支票；明天，是尚未兑现的期票；只有今天，才是现金，才有流通的价值。当你建立起自己的信心时，不能老想着“以后再做”，因为根本没有明天这回事，今天决定你明天会成为一个什么样的你。所以切勿错过今天！将一星期前、一个月前、一年前的害怕、怯懦、毁灭信心的思想从你心中除去，今天是你必须做出决定的时候了，今天是你永远摒弃害怕的日子。也许你会说，你说的简单，那我们到底该怎么做？下面的五个原则能帮助你消除恐惧，它们帮助了我，当然也能帮助你：

(1) 相信自己。

(2) 结交有信心的人。

(3) 使你的信心发挥最大功效。

(4) 主宰你自己。

(5) 保持忙碌。

乔·杰拉德成功的契机，就是他重建了自己的自信心。强大的自信心使他能够在经受挫折和失败之后重新振作起来，最终取得了个人职业生涯和人生的巨大成就。推销工作中的信心，是推销人员取得推销成功的先决条件，这已经是被大量推销实践所证明的不争事实。

（资料来源：《世界上最伟大的推销员——乔·杰拉德自传》）

6.1 推销三角理论

推销三角理论阐述的是推销人员、推销商品和推销人员所代表的企业之间关系的理论，它是推销人员奠定推销心理基础、发挥推销工作积极性、提高推销技巧的基础理论之一。推销人员、推销商品和推销人员所代表的企业构成了推销人员在推销活动中与顾客交流的三个支柱，所以被称为“推销三角理论”。

推销三角理论又被称为“吉姆”(GEM)公式，即“商品(Goods)、公司(Enterprise)、推销人员(Man/Myself)”三角公式，它要求推销人员在推销工作中必须要做到三个相信：相信自己所推销的商品、相信自己所代表的企业、相信自己的推销能力。

这一理论认为，推销人员只有同时具备了这三个相信，才能充分发挥自己的推销才能，综合运用各种推销策略和技巧，最终取得推销工作的成功。这就好比是三角形的三条边，综合起来就构成了稳定的三角形结构(见图 6-1)。推销人员只有对这三个方面坚信不疑，才能使推销活动顺利进行，不致使顾客产生任何怀疑和不信任，使推销工作获得成功。对自身所代表的企业缺乏信任是非常危险的，对所推销的商品缺乏信心是十分有害的，而对自身推销能力缺乏信心则是致命的。

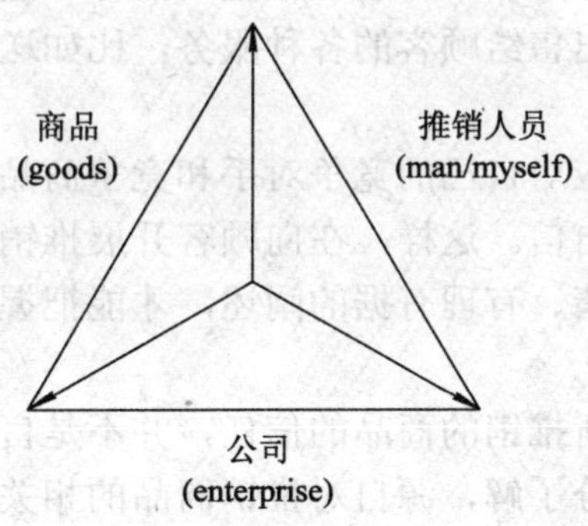

图 6-1 推销三角理论

6.1.1 推销人员对所推销商品的信任

推销人员所推销的商品是推销工作的客体，它给顾客提供商品的使用价值，给顾客带来需求上的满足，因此，推销人员必须对自己所推销的商品充分信任。推销人员应该相信自己的商品是货真价实的，相信自己的商品是能够成功推销出去的。

企业应加强对推销人员商品知识方面的培训，使推销人员充分了解自己所推销的商品。首先，要在事实的基础上向推销人员进行解释，用各种方法向推销人员说明其所推销的商品的特点与优点，并且根据不断补充和更新的资料，将本商品与竞争商品进行比较，使推销人员了解本商品的竞争优势，从而对推销商品的价值有一个全面的认识；其次，要求推销人员深入了解他所推销的商品的最新市场信息，了解他所推销的商品的主要目标市场，在市场中的市场占有率。掌握了这些有关商品的相关信息之后，推销人员就可以在推销面谈中更有信心，更有利于说服顾客；最后，推销人员在正式开展推销工作之前，应当亲自试用自己所负责推销的商品，验证推销商品的功能和价值，并形成一定的使用体会，这样在与顾客的交流中，能够更加有效地说服顾客。

要说服顾客，推销人员必须首先说服自己，即自己真心地相信所推销的商品确实能够给顾客带来一定的利益。作为推销人员，只有对推销商品充满自信，认为顾客购买推销商品是合算的，甚至是幸运的，而不是一种损失，这样才能打动顾客。反之，如果推销人员对自己所推销的商品都不感兴趣，都不愿购买，将无法激发顾客对推销商品的兴趣和购买欲望。总之，推销人员应当相信自己所推销的商品是符合顾客需求的好产品，把公司的推销商品的特点和优点充分地展现在顾客面前，以便于顾客进行选择和决策。

推销人员对自己所推销的商品的信任，要求推销人员能够对其所推销的商品整体有一个充分的了解。这种产品的整体我们在后面还会详细介绍，主要包括三个层面：一是核心层，即商品的使用价值以及其所能够给顾客带来的效用和利益，这是满足顾客需求的核心；二是形体层，如商品的质量、形状、外观、颜色、商标、包装等等；三是外延层，即附加利益层，包括随同产品一同出售给顾客的各种服务，比如送货上门、安装调试、售后维修等等。

除此之外，推销人员还应对自己的竞争对手和竞争商品有一个清晰的了解，从而对自己所推销的商品建立充分的自信。这样，在向顾客开展推销工作时，才能根据不同的顾客需求有针对性地做出主动热情、有理有据的阐述，才能把握推销工作的主动权，推动推销工作向最终的成功前进。

当然，推销人员对自己所推销的商品的信任，并不是盲目的、无根据的相信，这种信任必须源自对推销商品的充分了解，源自对推销商品的相关知识的充分掌握，源自对推销商品的特点、优点、竞争优势的详尽把握，这样才能形成对推销商品的真正信任。

6.1.2　推销人员对所代表企业的信任

推销人员在推销工作中不仅要相信自己所代表的企业，还要忠诚于自己所代表的企业。为此，公司应当有计划地对推销人员进行详细地培训和指导，使本公司的推销人员了解公司的历史、声誉、规模、发展和企业文化；同时，推销人员作为公司的员工也应该以自己的行动为公司争光，不做有损于公司形象的事情。

在推销过程中，推销人员对外代表着企业，那么推销人员的举止言行都会形成顾客对其所代表的企业的看法和印象，可以说，推销人员是企业形象的活的体现。推销人员的工作态度、服务质量和推销业绩都将直接影响企业的经济效益、社会效益和发展前景。因此，推销人员只有充分信任自己所代表的企业，才能够具备从事推销工作的向心力、荣誉感和责任感，才能够具备主人翁的工作热情并在推销工作中发挥其主动性和创造性。连自己所代表的企业都不相信的推销人员是不可能长期对企业和顾客有所作为的。

推销人员对企业的信任，包括相信企业经营行为的合法性、合理性，相信企业管理阶层的决策、管理能力，相信企业的发展前景和目标。如果要使推销人员相信这些，那么就要企业不断加强自身建设，树立企业的良好形象，提高企业的管理水平，做好发现人才、留住人才、培养人才的工作，完善招聘、面试、培训、考核、奖励、晋升等相关方面的工作，尤其要做好对推销人员奖惩方面的激励工作。

组织行为学中将激励定义为以能够满足个体的某些需要为条件，通过高水平的努力来实现组织目标，内含需要、努力和组织目标三个关键因素。激励就是利用某种外部诱因来调动人的积极性和创造性，使人具有一股内在的动力，朝向所期望的目标前进的心理过程。企业的激励机制设计应该强调物质激励(如报酬)的作用，同时采用较高层次的精神激励(如声望)去挖掘员工努力工作的潜力。企业应该做好激励机制的结构安排，把物质激励和精神激励相结合，从而最大限度地激发员工的工作热情，促使员工行为服务于组织目标的实现。

阅读资料

适时激励与适度激励

1．适时激励

美国一家名为福克斯波罗的公司，专门生产精密仪器设备等高技术产品。在创业初期，一次在技术改造上碰到了难题。一天晚上，正当公司总裁为此冥思苦想时，一位技术人员闯进办公室阐述了他对于这一技术难题的看法。总裁听后觉得很有道理，便想立即给与其嘉奖。他在抽屉中翻了好一阵，最后只找到一只香蕉来作为奖励。总裁说，这是他当时所能找到的唯一的奖品了，这名技术人员为此十分感动，因为这表示他的努力得到了领导的认可。从此以后，该公司对攻克技术难题的技术人员，总是授予一只纯金的香蕉型胸针。

行为和肯定性激励的适时性，表现为它的及时性。在没有别的东西作为奖品的情况下，用一只香蕉作为奖励，不失为一种有效的奖励方式。这样做至少有两个好处：一是当事人的行为得到肯定之后，有利于其继续重复所希望出现的行为；二是会使其他人感到，只要能够作出相应的贡献，就可以立刻得到嘉奖。这就说明了制度和领导是可以信赖的，因此大家就会争相努力，以获得肯定性的嘉奖。

2．适度激励

有人对通宵达旦玩游戏者感到不可理解，但是当自己去玩时，也往往废寝忘食，原因何在？游戏机上的程序按照由简到繁、由易到难的原则加以编制，那种操作者稍加努力就有进步，不努力就会后退的若得若失的情况，对操作者来说最有吸引力。

游戏机的例子说明了激励标准的适度性问题。保持适当的激励强度，就能使激励对象乐此不疲；反之，如果激励对象的行为太容易达到奖励和惩处的界限，那么这种激励方法就会使激励对象失去兴趣，达不到充分激励的目的。

(资源来源：Gerald L.Manning, Barry L.Reece. 当代推销学：建立质量伙伴关系. 北京：电子工业出版社，2002)

当然，企业的优势和劣势也是相对的，推销人员对企业的信任也不能是盲目的相信。所以，推销人员对其所代表的企业的优劣势、长短处要有辩证的看待，认识到企业在推销人员和其他人员的努力下，劣势可以得到弥补、优势可以得到保持和加强、企业的综合实力将会稳步提升。企业无论大小、无论新老都有自身的特色，这种特色就是推销人员对企业信任的基点之一，也是推销人员成功使用推销技术和方法的基础之一。

6.1.3 推销人员对自身的信任

推销人员的自信心是其完成推销工作和任务的前提。大量的推销实践已经证明了一个简单而又明确的公式：

$$成功 = 自信心 + 勤奋$$

自信心就是确信自己所追求的目标是正确的，并坚信自己有力量和能力去实现所追求的目标。自信心的建立并不是天生的，更不会轻易获得。自信心与人的成功概率成正比，它是一个人取得成功的重要心理素质。自信心在个人成长和事业成就中具有显著的作用。自信心越强，越能够不畏失败、不怕挫折、不断进取。自信心越大，越能够产生强大的精神动力和进取精神，排除一切障碍去实现自己的目标。

人的自信心取决于两个方面的因素，即客观的成功与主观的自我评价。客观的成功是指各种外显的标志，以事实为基础的成就、业绩等等，比如晋升获奖、工作中的丰硕成果；自我主观评价是指人们以个人感受为基础的自我评价、估量的心理活动。

1．培养推销人员的自信心

以下几条形成自信心的原则，可以在一定程度上帮助推销人员树立从事推销工作的自信心：

(1) 要想你会成功，不要想你会失败。不要总是怀疑自己的能力，相信自己可以成功。不要害怕失败。成功的信念将激发你策划出迈向成功的计划，而失败的想法正好相反，害怕失败将会使你走向失败之路。

(2) 不时提醒自己，你比想象中的要好。成功的人不是超人，成功也不需要特别的才智，成功并不神秘，也并非全靠运气。成功的人只是那些有自信、相信自己一定能够成功的普通人，不能一味地贬低自己。

(3) 发自内心地表达自己的意见、情感和情绪。多表现自我可以让人变得自信。有的人喜欢表现，这并不是什么坏事。自我表现是人的一种本能和天性。表现往往能够满足人的虚荣心，同时也能给自己以更多的信心。

(4) 实事求是地确立目标。目标定得过高，不利于自信心的培养；目标定的过低，容易松懈自己、得过且过。只有把目标纳入自己人生追求的坐标上，通过自身不懈的努力和追求，才能取得事业的成功。

(5) 要正确地评价自己。推销人员在发挥长处的同时，也要积极地克服自己的缺点，不要被自己的缺点所吓倒，这就要求推销人员要对自己有一个正确的评价，全面地了解自己的优点、缺点。推销人员不要把自己定位于脱离自身的实际情况，过分地抬高或贬低自己都是不可取的。只有全面地、正确地评价自己，才有可能不断地学习和改进，不断提高自己的推销能力。

(6) 自信来源于充分的准备。胸有成竹，才能信心百倍。这些准备包括多个方面，比如对情况的了解、对知识的积累、对信息的搜集以及必要的计划和相关支持。自信需要不断地实践，并从实践中获得各种反馈。只要不断实践，推销人员就能够逐渐形成自信心。

在推销工作中，推销人员的勤奋固然重要，但自信心也绝不可缺。推销人员要充分地相信自己，在从事推销活动时要显示出充足的自信。推销人员对自己的自信，包括相信自己从事的推销工作是正当、合法的，相信自己从事推销工作的智慧和能力，相信自己的推销规划和前景。推销人员既要相信自己是合适的推销人选，自己完全有能力把推销商品和企业介绍给顾客，能够应付各种推销困境，也要相信公司对自己是充满信心的，自己能够放心大胆地开展工作。自信可以说是开启成功大门的金钥匙。如果推销人员带着可能会失败的想法开展推销面谈，那么他在开始面谈之前就已经失败了。试想一个对自己没有信心的推销人员，又如何能够在陌生的顾客面前自如地介绍产品、洽谈业务？遇到几次失败或挫折，就气馁、失去信心，是不可能干好推销工作的。可见，自信是取得推销成功的法宝，自信能够给推销人员带来激情、魅力和成功的机会。

2．建立合理的自我评价

在人的客观成功水平相对稳定的情况下，建立合理的自我评价方式——准确认识自我，就成为提高自信心的前提。以下几个方面是建立合理的自我评价方式行之有效的途径：

(1) 全面、真实地认识自己的实力，树立自信心。应注意区分哪些是自己的优势，哪些是自己的劣势。在自身的劣势中，有些是经过自己努力可以改变的，就应该尽最大努力加以改变；另外一些则是无论自己如何努力也无法改变的，对此只能坦然接受。

(2) 应客观地看待他人的长处，正确地看待自己。一个人不论能力多强，总有些不如他人的方面。某些人在某一方面可能有卓越的表现，其他人即使全力以赴也不一定能够超过他们。只有承认这一点，才能客观地评价他人和自己，并在认识到自己在某些方面存在差距的情况下，仍能保持自信。

(3) 注意学习他人的优点，不断提高自己。在与人交往中，无论是比自己水平高的，还是不如自己的，都能够从他们那里吸取一些有益的东西来提高自己、充实自己。推销人员不能抱着某些成见来与他人交往，这样只会使自己得不到提高。

6.2　推销方格理论

随着市场上销售活动的增加，以及消费者购买经验的丰富，在现代的市场环境中，想要像传统市场中那样轻易地说服顾客接受、购买推销人员的推销商品，已经变得不是那么容易了。现代的推销人员必须充分地了解其所面对的顾客或顾客群，同时结合自身情况、自己所推销的商品的特点，来进行全方位权衡和决策，并具备一定的应变能力，能够对外部条件的变化做出及时、适当的反应。面对这种工作需要，相关从业人员和专家进行了大量的理论和实践研究，其中较为突出的就是推销方格理论。

推销方格理论是由美国管理学家罗伯特·R·布莱克和简·S·蒙顿教授在其所提出的管理方格理论的基础上加以形成的。这一理论建立在行为科学的基础上，根据推销人员在推销过程中对买卖成败和顾客关系的重视程度的具体状况，以及推销人员所面对的顾客的知识状况和购买意愿，形成了不同的推销人员的推销心态和顾客的购买心态，并在此基础上通过统计研究了推销人员的推销心态与顾客的购买心态之间的相关性。这一理论能够有效地帮助推销人员分析自身从事推销工作具体状态，以及自己所面对的顾客情况，从而选择更有针对性的推销策略和方法。

具体来说，推销方格理论由推销人员方格和顾客方格两个部分构成，下面我们具体从这两个方面来了解一下推销方格理论。

6.2.1　推销人员方格

罗伯特·R·布莱克和简·S·蒙顿教授认为，每一名推销人员在进行推销工作时，基本上都存在着两个方面的目标：

一是努力说服顾客，希望与顾客达成有效的买卖关系，完成推销任务。

二是想方设法迎合顾客，希望与顾客建立密切的主顾关系，为日后的推销工作打下基础。

我们可以把第一个目标看做是对销售的关注，把第二个目标看做是对顾客的关心。那么不同的推销人员追求这两个目标的心理愿望强度的不同组合，就形成了推销人员不同的推销心态。

推销人员方格将推销人员的这两个目标用一个直角坐标系来加以标示，其中横坐标表示推销人员对销售的关注程度，纵坐标表示推销人员对顾客的关心程度，横纵坐标的坐标值从 1 到 9 逐渐增大，坐标值越大，表示推销人员对这一目标的追求强度越高，这样就形成了推销人员方格(见图 6-2)。

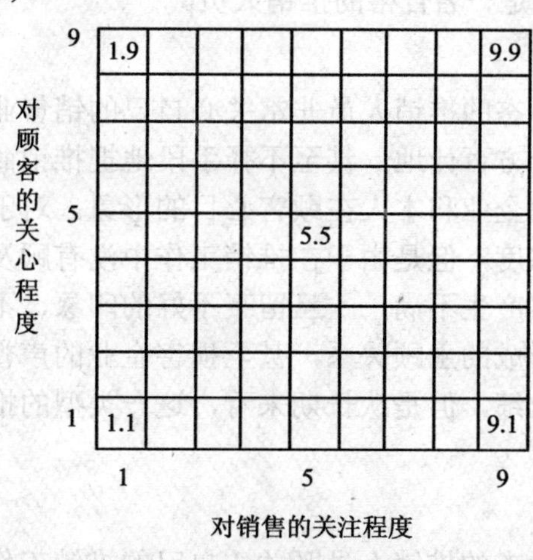

图 6-2　推销人员方格

从理论上来说，推销人员的推销心态有 81 种之多。但是如果这样归类，两种相邻的推销心态之间的差别将很不明显，几乎在实践中难以把握。针对这种情况，罗伯特・R・布莱克和简・S・蒙顿教授在这些推销心态中选择了五种具有代表性的推销心态，作为推销人员的典型推销心态来进行研究。这五种典型的推销心态分别是事不关己型、顾客关系型、强行推销型、推销技术型和解决问题型。

1. 事不关己型(1.1 型)

具有事不关己型推销心态的推销人员既不关心自己的推销工作，也不关注顾客的需要和利益，好像这两方面都和自己无关。这种推销人员一般不热爱本职工作，对推销工作缺乏责任感，对顾客毫不关心，缺乏热情。这种心态的产生可能是由于推销人员本人胸无大志，不求上进，主观上不努力，也有可能是推销人员所在企业缺乏对推销人员的激励，没有形成合理的奖惩制度。这种推销心态的推销人员，可以说是企业和顾客都不需要的推销人员，也是推销人员最不理想的推销心态。要改变这种推销心态，推销人员必须严格要求自己，增强推销工作的责任心和工作热情，而企业则要建立明确的奖惩制度，从而调动推销人员的工作积极性。

2．顾客关系型(1.9 型)

具有顾客关系型推销心态的推销人员，只关心顾客的利益和感受，而不太关心或者根本不关心自己的推销工作。他们把与顾客建立良好的主顾关系作为自己推销工作的首要目的，在推销工作中，处处顺从顾客的意见，当顾客的利益与企业的利益和自己的利益发生冲突时，不惜降低甚至放弃企业的利益和自己的利益来保证顾客的利益(比如以很低的价格成交)。这种推销人员一般性格比较软弱，在推销过程中与强硬的顾客接触时难以坚守自己的利益阵地而过分迁就顾客，做出很大的让步。客观上说，具有这种推销心态的推销人员更像是人际关系专家，而不是一名合格的推销人员。

3．强行推销型(9.1 型)

具有强行推销型推销心态的推销人员非常关心自己的销售业绩，而不太关注顾客的实际需要和利益。他们总是千方百计地，甚至不择手段地把推销商品销售出去，并不介意与顾客的关系如何，也不考虑企业和本人在顾客心目的形象。对于这一类型的推销人员，我们首先要肯定他们的工作态度，但是由于在推销工作中没有顾及顾客的实际需要和利益，必然会在一定程度上使顾客产生不满，一旦留下不好的印象，不但眼前的交易难以达成，还会断送与顾客之间已经形成的主顾关系，甚至损害企业的声誉。尽管短期内这种推销人员可能会取得较高的推销业绩，但是从长期来看，这一类型的推销人员绝对不是理想的推销人员。

4．推销技术型(5.5 型)

具有推销技术型推销心态的推销人员既关心自己的推销工作，也关注与顾客的关系。但这两方面的关心和关注的程度都是有限的：对顾客的关心只表现为注意顾客的购买心理和购买行为，而较少考虑顾客的实际需要；对推销工作的关注，也仅仅满足于完成推销任务，达到推销业绩目标。这种类型的推销人员认为过分地顺从顾客的意见以及过分地强行推销都不是好的办法，因此他们兼顾自己的业务和人际关系，既不得罪顾客，也不丢掉生意，努力在企业与顾客之间找到一种平衡。从推销业绩上来看，这类推销人员要比前几种类型的推销人员的业绩要好，其中有一些人还有可能取得突出的推销业绩，但是他们还有一定的提升空间，其推销技巧和推销方法还可以进一步提高，同时由于他们没有完全地、真正地为顾客着想，也并不能使顾客获得真正的满意。

5．解决问题型(9.9 型)

具有解决问题型推销心态的推销人员既高度关注自己的推销业绩，也高度关注顾客的需要。满足顾客的需要是他们从事推销工作的中心，而高额的推销业绩则是他们追求的目标。这类推销人员工作积极主动，又不强加于人，他们善于研究顾客的心理，发展顾客的真实需要，把握顾客的问题，开展有针对性的推销活动。他们在为顾客提供商品、解决问题时，也完成了自己的推销任务。他们既了解自己，也了解顾客，既了解推销商品，也了解顾客的真实需要。对企业来说，这种类型的推销人员才是难得的人才，他们才能被称为是推销的专家。

阅读资料

推销人员推销心态评价

为了帮助推销人员评价自己的推销心态，罗伯特·R·布莱克和简·S·蒙顿教授合编了一份推销人员方格试题。

在试题中，共有六道题，每一题中都具有五个备选方案作为选项，推销人员在使用这一试题时，首先要将每道题及其选项全部浏览一遍，然后在五个备选方案中选择最符合自己情况的一个，给予“5分”，再选择次符合自己情况的，给予“4分”，依此类推，对最不符合自己情况的方案给予“1分”。

在完成全部选项的评分之后，推销人员可以将每个选项的得分填在表中(见表6-1)，然后将每一横行的分数相加，总分最高的那一行所对应的推销心态，就是推销人员最为接近的推销心态。

表6-1 推销心态评分表

试题 推销心态	第一题	第二题	第三题	第四题	第五题	第六题	总　分
1.1型	A1	A2	A3	A4	A5	A6	
1.9型	B1	B2	B3	B4	B5	B6	
5.5型	C1	C2	C3	C4	C5	C6	
9.1型	D1	D2	D3	D4	D5	D6	
9.9型	E1	E2	E3	E4	E5	E6	

具体试题如下：

第一题：

A. 我接受顾客的决定。

B. 我十分重视维护与顾客之间的良好关系。

C. 我善于寻求一种对客我双方均为可行的结果。

D. 我在任何困难的情况下都要找出一个结果来。

E. 我希望在双方互相了解和同意的基础上获得结果。

第二题:

A. 我能够接受顾客的全部意见和各种态度，并且避免提出反对意见。

B. 我乐于接受顾客的各种意见和态度，更善于表达自己的意见与态度。

C. 当顾客的意见和态度与我的意见和态度发生分歧时，我就采用折中办法。

D. 我总是坚持自己的意见与态度。

E. 我愿意听取别人不同的意见和态度，我也有自己独立的见解。但当别人的意见更完善时，我能够改变自己原来的立场。

第三题:

A. 我认为多一事不如少一事。

B. 我支持和鼓励别人做他们想做的事。

C. 我善于提出积极的合理化建议，以利于事情的顺利进行。

D. 我了解自己的真实追求，并且要求别人也接受我的追求。

E. 我把自己的全部精力倾注在自己正在从事的事业上，并且热心关心别人的事业。

第四题:

A. 当冲突发生时，我总是保持中立，并且尽量避免惹是生非。

B. 我总是千方百计地避免发生冲突。万一冲突出现，我也会设法消除冲突。

C. 当冲突发生时，我会尽量保持镇定，不报成见，并且设法找出一个公平合理的解决办法。

D. 当冲突发生时，我会设法击败对方，赢得胜利。

E. 当冲突发生时，我会设法找出冲突的根源，并且有条不紊地寻求解决方法，消除冲突。

第五题:

A. 为了保持中立，我很少被人激怒。

B. 为了避免个人情绪的干扰，我常常以温和而友好的方法和态度来对待别人。

C. 在情绪紧张时，我就不知所措，无法避免更进一步的压力。

D. 当情绪不对劲时，我会尽力保护自己，抗拒外来的压力。

E. 当情绪不佳时，我会设法将它隐藏起来

第六题:

A. 我的幽默感常常让别人觉得莫名其妙。

B. 我的幽默感主要是为了维持良好的人际关系，希望利用自己的幽默感来冲淡严肃的气氛。

C. 我希望自己的幽默感具有一定的说服力，能够让别人接受我的意见。

D. 我的幽默感很难察觉。

E. 我的幽默感一针见血，别人很容易察觉，即使在高度压力下，我仍然能够保持自己的幽默感。

(资料来源：梁敬贤. 推销理论与技巧. 北京：机械工业出版社，2008)

6.2.2 顾客方格

同推销人员方格相类似，顾客方格也是采用坐标方格的方式来进行分析的，只是将分析对象换成了顾客。

罗伯特·R·布莱克和简·S·蒙顿教授认为，顾客在购买活动中至少有两个明确的目标：

一是希望通过自己的努力，比如与推销人员的讨价还价，来为自己创造更有利的购买条件，从而赢得更多的消费者剩余；

二是希望与推销人员建立良好的人际关系，为日后的长期合作奠定基础。

我们把第一个目标称为顾客对购买活动的关注，把第二个目标称为顾客对推销人员的关心。不同的顾客对这两个目标的追求强度的不同组合，反映在直角坐标系中，就形成了顾客不同的购买心态，这就是顾客方格(见图 6-3)。

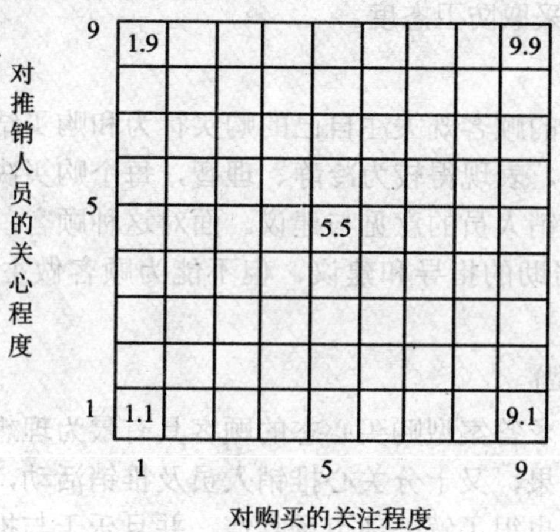

图 6-3　顾客方格

同样，为了便于明确区分顾客的购买心态，罗伯特·R·布莱克和简·S·蒙顿教授也从众多的购买心态中选择了五种作为典型的顾客购买心态。它们分别是漠不关心型、软心肠型、防卫型、干练型和寻求答案型。

1．漠不关心型(1.1 型)

具有漠不关心型购买心态的顾客既不关注自己的购买行为及结果，也不关心推销人员。他们认为买与不买与自己无关，买好买坏也不是自己的责任。通常情况下，这类顾客不是没有购买决策权，就是不愿承担购买责任。他们多是受人所托、照章办事，自己尽量不作出决定。他们对推销人员不热心，甚至逃避或敌视推销人员，将购买行为当做一种差事来应付。这类顾客是推销人员最难以接近和开展推销工作的一类顾客。

2．软心肠型(1.9 型)

具有软心肠型购买心态的顾客只关心推销人员，极其重视与推销人员建立良好的人际关系，而对自己的购买行为和购买结果则不太关注。这类顾客很容易被推销人员说服，特别是，当推销人员的介绍、服务十分周到、热情时，更容易被推销人员所感动，从而做出购买决策。但是，推销人员切不可将这类顾客的关心当做一种弱点来加以利用，将顾客不需要、不适合甚至是存在问题的商品推销给顾客，否则顾客一旦认识到自己被推销人员所利用，就会对推销人员产生不信任感，使自己的购买心态发生变化。

3．防卫型(9.1 型)

具有防卫型购买心态的顾客只关注自己的购买行为和结果，而不关心推销人员。他们对推销人员有很强的戒心，甚至采取敌视的态度。这类顾客之所以具有这种购买心态，可能是因为传统偏见所致，也有可能是曾经有过上当受骗的经历，所以才会对推销人员态度冷淡、偏激，对推销行为采取防卫态度。

4．干练型(5.5 型)

具有干练型购买心态的顾客既关注自己的购买行为和购买结果，也关心推销人员。他们在制定购买决策过程中，表现得较为冷静、理智，每个购买决策都要经过全面的分析和判断，同时也能够听取推销人员的意见与建议。面对这种顾客，推销人员应根据顾客的实际需求，为他们提供有帮助的指导和建议，但不能为顾客做主，而应当让他们自己作出决定。

5．寻求答案型(9.9 型)

从理论上说，具有寻求答案型购买心态的顾客具有最为理想的购买心态。他们既高度关注自己的购买行为及结果，又十分关心推销人员及推销活动，所以在行为表现上，他们往往很了解自己的需求，也很了解外部市场行情，并且乐于与推销人员进行接触，以便寻找更好的途径来满足自己的需求、解决自己的问题。这类顾客通常具有丰富的商品知识和市场知识，具有较高的购买技术，购买行为非常理智，能够根据自己的实际需求和潜在需求来做出购买决策。

以上这五种购买心态，只是顾客的五种典型的购买心态。推销人员可以根据顾客在购买活动中的具体表现，来判断顾客大致接近哪一种购买心态。

同时，推销人员也要注意，顾客的购买心态会随着外部条件和主观状况的改变而发生变化，比如软心肠型的顾客如果被某个推销人员利用其心理弱点而使其上当受骗，他就有可能转变成为漠不关心型或者防卫型；而漠不关心型的顾客如果偶然某次获得推销人员的良好服务，而被推销人员所感动，则有可能转变成为软心肠型或者干练型。所以推销人员要能够根据相关因素的变化来及时调整对顾客购买心态的认识，这样才能更有效地迎合顾客。

6.2.3　推销人员方格与顾客方格的配比

根据推销人员方格和顾客方格可知，推销人员具有五种典型的推销心态，顾客也具有五种典型的购买心态，而在实际的推销工作中，每一种推销心态的推销人员都有可能接触到具有不同购买心态的顾客。这就使得推销人员的推销效果，不仅取决于推销人员的推销心态，也与顾客的购买心态相关。作为推销人员，如果能够找到推销人员的推销心态和顾客的购买心态之间的对应关系，就能够在面对不同购买心态的顾客时，有针对性地调整自己的推销心态，从而使推销工作顺利开展。

罗伯特·R·布莱克和简·S·蒙顿教授根据相关方面的统计结果，总结出了推销人员方格与顾客方格的配比关系，并以表格方式来加以表现(见表 6-2)。

表 6-2　推销人员推销心态和顾客购买心态配比关系表

顾客方格 / 推销人员方格	1.1 型	1.9 型	5.5 型	9.1 型	9.9 型
1.1 型	—	—	—	—	—
1.9 型	—	+	0	0	0
5.5 型	0	+	+	0	0
9.1 型	0	+	+	0	0
9.9 型	+	+	+	+	+

这是一个简单的配比关系表，表中的“+”表示相对应的推销心态的推销人员面对相对应的购买心态的顾客时，推销成功的机率较高；“–”表示相对应的推销心态的推销人员面对相对应的购买心态的顾客时，推销失败的机率较高；“0”表示相对应的推销心态的推销人员面对相对应的购买心态的顾客时，推销成功和推销失败的机率基本相等。

通过这个配比表我们可以发现，推销人员的推销心态越向解决问题型靠近，其推销能力就越强，不论遇到哪种购买心态的顾客其推销成功的机率都比较高。但是，并不是说只有解决问题型的推销人员才能取得推销工作的成功，我们能够看到，各种推销心态的推销人员在遇到不同购买心态的顾客时，都有一定的推销成功机率，只有事不关己型的推销人员除外。因为事不关己型的推销人员对推销工作和顾客都缺乏热情和关注，所以在面对各种购买心态的顾客时，推销成功的机率都比较低。因此，推销人员应该努力培养自己从事推销工作的相关素质、能力，努力使自己的推销心态向解决问题型发展，才能最终成为一名合格的或者优秀的推销人员。

6.3　推销模式理论

推销人员方格和顾客方格相关理论，是将行为科学、心理学等相关学科的研究成果引入到推销领域所产生的。这些相关学科在推销领域中的应用对推销工作的一个显著影响，就是使推销技巧和方法发生了变化。它使靠“感觉”推销转向靠“科学”推销，也使推销技巧和方法不再是个别推销人员的秘诀，而是能够被学习的知识。随之而来就产生了一些推销的模式。

所谓推销模式，就是根据推销活动的特点和规律，以及消费者心理活动的演变及推销人员所能采取的针对性的策略，归纳出的一套程序化的标准推销流程。了解相关的推销模式对推销人员有效开展推销活动有着重要的意义。下面我们简要介绍几种常用的推销模式。

6.3.1　艾达(AIDA)模式

1．艾达(AIDA)模式的含义

艾达模式是由欧洲著名推销专家海因茨·戈德曼提出的，其名称的四个英文字母就是艾达模式推销活动的四个阶段：

A—attention：注意，即引起顾客的注意。

I—interest：兴趣，即唤起顾客的兴趣。

D—desire：欲望，即激发顾客的购买欲望。

A—action：行动，即促使顾客采取购买行动。

艾达模式认为，一次成功的推销活动，首先是将顾客的注意力吸引到推销人员或推销商品上，然后推销人员采取某种方法唤起顾客对推销商品的兴趣并进而产生购买欲望，最终达到促使顾客购买推销商品的目的。这种模式一般适用于第一次购买该推销商品的顾客。

2．艾达(AIDA)模式的具体步骤

(1) 吸引顾客的注意。一般来说，在推销人员接近顾客之前，顾客大多处于对推销人员和推销商品认知的麻木状态，顾客的注意力只集中在与自己相关的或者自己感兴趣的事物上。因此，推销人员可以用动人的语言、真诚的态度或者利用推销商品某些特征使顾客对推销商品和推销人员产生一个良好的感觉，从而将顾客的注意力吸引过来。

(2) 唤起顾客的兴趣。若想让顾客对推销人员和推销商品产生兴趣，就必须使他们清楚地意识到在获得推销商品后所能得到的利益。也就是说，推销商品所能给顾客带来的利益是打动他们的有效手段。所以，推销人员在引起顾客注意的同时，也要让顾客认识到推销商品所能给他带来的利益，不失时机地把注意力与兴趣紧密联系起来。

(3) 激发顾客的购买欲望。当顾客的兴趣被唤起之后，其心理的自然反应，就会产生“如何证明这种利益”的问题。此时，推销人员应进一步强化顾客的利益，减少顾客担心的风险，并列举实例证实推销商品或推销服务的特性、优点以及顾客可获得的利益的真实性，努力使顾客产生对推销商品的积极肯定的心理状态和强烈的购买欲望。

(4) 促使顾客采取购买行动。尽管顾客对推销商品产生了一定的兴趣并愿意购买，但也有可能仍然处于犹豫、观望状态。这时，推销人员要注意成交的信号，掌握有利的时机，运用一定的成交技巧来施加影响，以促成顾客尽快做出购买决策。

6.3.2　爱德帕(IDEPA)模式

1. 爱德帕(IDEPA)模式的含义

爱德帕模式认为，推销活动应该由五个步骤组成，这五个步骤就是爱德帕模式的名称的五个字母所代表单词，即：

I—identification：确认，即确认顾客的需求与问题。

D—demonstration：示范，即向顾客进行演示说明。

E—elimination：淘汰，即将不合适的商品淘汰。

P—proof：证实，即证实顾客的选择是正确的。

A—acceptance：接受，即促使顾客接受推销商品。

爱德帕模式一般适用于那些有着明确购买欲望和购买目标的顾客。

2. 爱德帕(IDEPA)模式的具体步骤

(1) 确认顾客的需求与问题。由于爱德帕模式所针对的主要是有着明确购买欲望和目标的顾客，因而不必再去发现或指明顾客的需要。当顾客上门求购时，推销人员应按照顾客的需求标准，尽量多地提供能够满足顾客需要的商品和服务，使顾客有更多的选择余地。

(2) 向顾客进行演示说明。如果顾客准备了购货单，推销人员应该对清单上所列的商品都加以演示；如果顾客没有详细的购货单，那么推销人员应该以顾客参谋的身份提供可供顾客参考的意见，尽可能让顾客满意。

(3) 将不适合的商品排除。由于在前面的阶段中，推销人员向顾客提供了较多的备选产品，因此需要把不合适、与顾客需求标准差距较大的商品筛选掉，从而使顾客尽量买到合适的商品；同时，防止出现“一锤子买卖”性质的交易，避免向顾客推销不合适的“垃圾商品”。

(4) 证实顾客的选择是正确的。在向顾客证实其选择的推销商品能够满足其需求时，应根据不同商品采用不同的方法：对于那些畅销商品或争相抢购的商品，推销人员不必进行过多说明；对于其他一般的商品，可以采用列举其他顾客购买之后所获利益的方式加以证实。

(5) 促使顾客接受推销商品。这里的接受不仅仅指顾客在心理上对推销商品的接受，而且也包括顾客从行动上接受推销商品，即产生购买行为。在这个阶段中，包括一些促成交易的推销活动，比如折扣的提供、合同的签订、交货期限的确定以及后续服务的安排等等。

6.3.3 费比(FABE)模式

1．费比(FABE)模式的含义

费比模式是由台湾中兴大学商学院院长郭坤漠教授提出的。费比模式的名称中的四个英文字母也代表了费比模式的推销活动的四个阶段：

F—feature：特征，即把推销商品的特征介绍给顾客。

A—advantage：优点，即充分分析推销商品的优点。

B—benefit：利益，即说明推销商品能给顾客带来的利益。

E—evidence：证据，即以证据说服顾客购买。

费比模式是从推销商品的角度来考虑的推销模式，它首先将推销商品的特征、优点以及所能给顾客带来的利益列举给顾客，使顾客能够对推销商品有一个全面的了解。

2．费比(FABE)模式的具体步骤

(1) 把推销商品的特征介绍给顾客。推销人员要以准确的言语向顾客进行商品介绍。如果是新商品，尤其是在用料或加工工艺方面有所改进的话，应该有针对性地详细介绍。在必要的情况下，可以采用一定的辅助手段或工具来协助推销人员进行介绍。

(2) 充分分析推销商品的优点。推销人员应该在第一阶段的商品介绍的基础上，寻找到推销商品特征的独特之处(如某些特殊功能)，将其作为推销商品的优点加以分析和比较，并向顾客加以说明。

(3) 说明推销商品所能给顾客带来的利益。推销人员应当在了解顾客需求的基础上，把推销商品所能给顾客带来的利益，尽可能多地列举给顾客。不仅要讲商品实体和外表上的利益，更要详细讲解推销商品所能给顾客带来的内在的、附加的利益。边讲边注意顾客的专注程度和表情变化，在顾客表现关注的方面多加介绍。

(4) 以证据说服顾客购买。推销人员在推销过程中能否使顾客相信自己的话，尤其是顾客能否相信推销商品给自己带来利益，还有赖于推销人员的证据。因此，推销人员应当以真实的数据、案例或实物为证据来处理顾客的各种异议和顾虑，促使顾客迅速购买。

6.3.4 随即制宜模式

1. 随即制宜模式的含义

随即制宜理论是 20 世纪 80 年代末在美国根据行为科学的研究成果而形成的一种推销模式。这种推销模式具有两个前提：

第一，推销人员在从事推销工作中应根据顾客的需要来调整自己的推销行为；

第二，推销不仅仅是一笔交易，而是一个不断满足顾客需要的持续的过程。

在这两个前提下，就产生了推销人员的推销风格和顾客的购买意愿之间的随即制宜的状况。

(1) 推销人员的推销风格。在随即制宜模式中，有两种行为因素构成了推销人员的推销风格：

① 对产品的指导：包括推销人员向顾客提供什么，如何提供，什么时间和地点提供等内容；

② 对顾客的支持：包括推销人员与顾客之间的双向的或多向的交流，比如提供信息、给与鼓励、解决问题等等。

这样，通过这两个行为因素的不同组合，就形成了四种不同的推销风格(见图 6-4)。

第一种风格(S1)：低支持行为和高产品指导。

第二种风格(S2)：高支持行为和高产品指导。

第三种风格(S3)：高支持行为和低产品指导。

第四种风格(S4)：低支持行为和低产品指导。

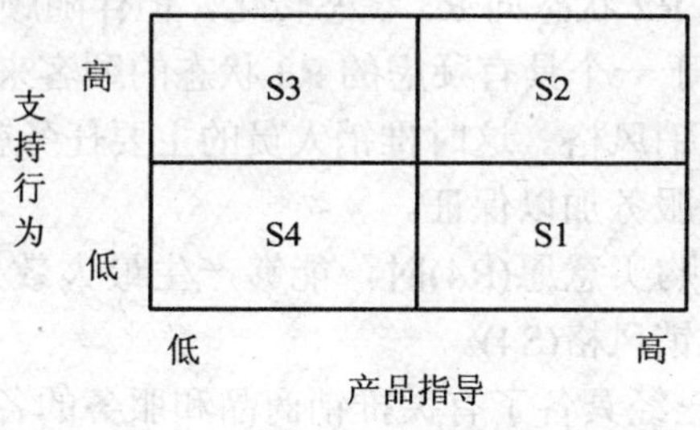

图 6-4 推销人员的推销风格

(2) 顾客的购买意愿。顾客的购买意愿是指顾客可能购买推销商品的准备程度。影响顾客的购买意愿的因素主要有两个：一是顾客所了解的有关推销商品的知识；二是顾客的购买倾向性。这样，顾客的产品知识和购买倾向性的不同组合，就形成了四种不同的购买意愿。

第一种意愿(R1)：不了解商品，并且无倾向性。

第二种意愿(R2)：不了解商品，有一定的兴趣。

第三种意愿(R3)：了解商品，但还有一定的疑虑。

第四种意愿(R4)：了解商品，且具有倾向性。

2．随即制宜模式的内容

随即制宜模式就是指推销人员在推销工作中，要根据所面对的不同顾客的不同的购买意愿来选择自己的推销风格，并采取不同的推销活动。具体来说：

(1) 当顾客具有第一种购买意愿(R1)时，能够产生最大效果的推销风格就是低支持行为、高产品指导的第一种推销风格(S1)。

这时，推销人员的主要任务就是“开拓”，即建立公司、推销人员以及推销商品的形象，提高其知名度。在推销人员采取“开拓”活动之前，顾客有可能有一定的提防心理，在推销人员与顾客之间也较难形成信息共享。“开拓”活动就是建立双方关系的过程，它能帮助顾客从 R1 状态向 R2 状态转化。有了良好的关系，顾客就会愿意与推销人员共享有关需求和问题的各种信息。

(2) 当顾客具有第二种购买意愿(R2)时，能够产生最大效果的推销风格就是高支持行为、高产品指导的第二种推销风格(S2)。

这时，推销人员的主要任务就是“说服”。此时，通过双方的双向交流和对话，推销人员就能够明确顾客的需求和问题，同时，较高的产品指导也可以将这些需求和问题与推销人员所提供的推销商品和服务联系起来。

(3) 当顾客具有第三种购买意愿(R3)时，能够产生最大效果的推销风格就是高支持行为、低产品指导的第三种推销风格(S3)。

兴趣的发展将使顾客从 R2 状态向 R3 状态转化，但伴随顾客的进一步思考而来的也包括一些不可避免的疑虑。对于一个具有疑虑的 R3 状态的顾客来说，能够帮助其解决这些疑虑的推销风格才是最好的推销风格。这时推销人员的主要任务就是“承诺”，即对推销商品的功能、质量以及各种相关服务加以保证。

(4) 当顾客具有第四种购买意愿(R4)时，能够产生最大效果的推销风格就是低支持行为、低产品指导的第四种推销风格(S4)。

处于 R4 状态的顾客，已经具备了有关推销商品和服务的各种知识，也具有一定的购买倾向性。这时，推销人员的主要任务就是“履行”，即实施和监督交易的进行，提供各种售后服务，并管理好自己与顾客之间的以顾客满意度为基础的长期关系。

以上介绍的这几种推销模式，都是从不同的角度对推销过程的简要概括与总结，能够在一定程度上对推销人员开展推销工作提供指导。但要注意的是，实际的推销工作是十分复杂的，推销人员不能被某一种标准化的程序所束缚，应该在熟悉这些推销模式的基础上，针对不同的推销状况采用灵活多样的推销方法和技巧加以应对。

6.4　顾客购买行为理论

所谓顾客，是指购买推销商品或可能购买推销商品的组织和个人，包括现有顾客和潜在顾客(准顾客)。而顾客购买行为，则是顾客谨慎评价某一推销商品的属性，并进行合理的选择，最终通过支付一定的成本来获得推销商品的过程。

对于顾客购买行为相关理论的了解，可以帮助推销人员有效地吸引顾客、激发购买欲望、挖掘购买潜力、形成较高的顾客满意度，从而顺利地完成推销工作。

6.4.1　顾客类型

在推销人员所面对的顾客中，主要包括个人和组织两类不同的顾客，这是从顾客的存在形式上进行分类的结果。但在推销工作中，仅仅从存在形式上来了解顾客的类型是不充分的，我们应该从不同的顾客购买行为表现的角度对顾客进行分类。

1．理智型顾客

理智型顾客也可以被称为自我判定型顾客。这类顾客一般比较相信自己的判断，有时甚至比较固执，不愿听从别人意见，一旦形成意见，别人很难改变。

在面对这种顾客时，推销人员应该以商量的口吻，为顾客提供相关参考信息，从客观的立场出发来介绍推销商品及其利益；同时，对顾客的意见和要求给予充分的尊重和支持，这样才能取得较好的推销效果。

2．感性型顾客

感性型顾客可以被称为外界判定型顾客。这类顾客一般感情细腻，喜欢与别人交谈，并希望通过交谈来获取有关信息，但比较缺乏主见，容易受到别人意见的影响，比较在乎别人的看法。

在面对这种顾客时，推销人员必须要热情、和蔼，给顾客提供更多地感性刺激；多与顾客沟通，和顾客形成良好的关系；多向顾客提供其他顾客的见证或实例。

3．粗线条型顾客

粗线条顾客只看重大方向、大原则，认为只要方向和原则正确，就不会产生问题，不太注意细节问题，讨厌琐碎的事务。

在面对这种顾客时，推销人员的表述应力求简洁、条理性强，只需将推销商品的利益与优势大体上介绍给顾客即可，不必进行过于冗长、繁琐的介绍和演示。

4．细节型顾客

细节型顾客和粗线条型顾客刚好相反，他们十分注重细节，观察能力很强，比较挑剔，他们一般都是经过深思熟虑、全面权衡之后才作出购买决策的。

在面对这种顾客时，推销人员的陈述、演示要力求详尽，向顾客所提供的数据、资料、实例也要十分具体，并给顾客提供与其他商品进行比较的充分信息。

5．求同型顾客

求同型顾客比较看重惯例，希望采取别人的、大众化的观点，不希望与别人有明显的差异。

在面对这类顾客时，推销人员应该事先对顾客已经形成的消费印象和消费感受加以了解，然后再针对不同的印象和感受，对顾客展开推销工作。

6．求异型顾客

求异型顾客追求个性，喜欢表现与别人的不同，乐于尝试新鲜事物，有着较强的逆反心理，也比较挑剔。

在面对这类顾客时，推销人员要充分强调推销商品与同类商品或竞争产品的差异性，以便对这类顾客产生较大的吸引力；同时，也可以在一定程度上利用顾客的逆反心理，通过反向刺激来影响顾客。

7．追求型顾客

追求型顾客表现的比较现实，看重推销商品能够给他带来的结果、利益与好处。

在与这类顾客接触时，推销人员要将推销商品的利益、优势、使用效果，作为推销阐述的重点；同时，能够对这些利益、优势、使用效果提供充足的证据，这样才能迎合这类顾客的心理需要。

8．逃避型顾客

逃避型顾客一般是为了避免某种麻烦才来寻求推销人员的服务的，他们一般对自己的准确需求不是十分了解，但是对于什么是不符合自己需求的，则能够给出明确的表述。

在与这类顾客接触时，推销人员应该首先帮助顾客逐步明确自己的需求，并强调推销商品对顾客所具有的便利性。

9．成本型顾客

成本型顾客非常在意推销商品的成本和价格，总是强调推销商品价格过高，并将讨价还价作为一种乐趣。

在与这类顾客接触时，推销人员必须要运用一定的价格谈判的方法和技巧，在不损害双方利益的前提下，在可接受的范围内尽量降低推销商品的成本与价格。

10．品质型顾客

品质型顾客与成本型顾客相反，较为看重推销商品的品质、质量、附加价值，对于价格不太敏感，习惯用价格的高低来衡量商品的好坏。

在与这类顾客接触时，推销人员应将推销商品具有独特的品质，突出的地位以及较高的价值作为重点向顾客强调，不必太在意价格问题。

6.4.2 顾客购买行为影响因素

顾客之所以会产生各种购买行为，就是为了满足其某些需求。具体来说，在具有需求的基础上，顾客会产生一定的动机，这种动机再受到一定的相关因素的影响，就最终产生购买行为。能够对顾客购买行为产生影响的因素主要有以下四个方面。

1．个人因素

(1) 需求。对于同一种推销商品，不同顾客会有着不同的需求。人们的需求会随着其自身状况的变化而变化，并最终影响到顾客的购买行为。只有明确顾客对推销商品是否具有需求，其需求是否强烈，具体需求结构和内容有什么样的特点，推销人员才能够制定或选择有针对性的推销策略和推销方法。

(2) 经济状况。经济状况会决定顾客的购买能力。经济状况包括顾客的收入水平、收入稳定性、消费水平和结构、资产状况和信贷能力等方面。顾客有购买能力的需求，才是推销人员开展推销工作的基础，否则只能说顾客具有潜需求，无法直接产生现实的购买行为。

(3) 个性。个性是顾客在其生理条件的基础上，通过长期社会活动所形成的具有一定稳定性的心理倾向。顾客的个性一旦形成，就会在一定时期内保持不变，而且会对顾客的购买行为产生潜意识的影响。推销人员在推销过程中一定要注意了解顾客的个性，尽量适应不同顾客的个性差异，不要试图改变顾客的个性。

(4) 职业。不同的职业会给顾客带来不同的社会经历，也会对顾客的经济状况产生直接影响。同时，职业也可以通过相关群体或参照群体等其他方式来对顾客购买行为产生影响。

(5) 生活方式。顾客的生活方式不同，对推销商品的需求也会有所差别。有时，生活方式对顾客购买行为的影响甚至连顾客自身都难以察觉。而且，生活方式也能使单个顾客结成顾客群体，从而对其购买行为产生更多的影响。

2．心理因素

顾客的购买行为直接受到其心理动机的作用。推销人员只有分析并掌握顾客的心理动机，才能够把握顾客心理状态及其变化，从而通过一定的方式来施加影响。一般来说，顾客的购买动机主要有：

(1) 生存性购买动机。这是顾客纯粹为了满足其生理或生存需要而产生的购买动机，这种动机在所有动机中层级最低，但作用也最为直接，最为明显。

(2) 享受性购买动机。这是顾客对于其享受需求的满足而产生的购买动机。随着顾客收入的增加和生活水平的上升，顾客不会仅仅满足于基本生存的需要，而是希望在生存需要的基础上达到更高的满足程度，这就产生了享受性购买动机。

(3) 发展性购买动机。这是由顾客的发展需求所引起的购买动机。发展需求主要包括体力的发展和智力的发展，体力的发展表现为身体素质的提高，智力的发展体现为智力水平和劳动技能的提高。

(4) 理智购买动机。这是经过思考、推理之后而形成的需求所产生的购买动机。比如综合考虑消费能力、时间、空间、商品质量、价格、数量、效用等方面，再就其利益大小进行比较来做出选择。

(5) 情感购买动机。顾客在购买活动中，当情感活动占据主导地位时所产生的购买动机，就是情感购买动机。推销商品的新颖奇特的外观造型、流行的款式、精美的包装等，都有可能引起顾客的情感动机。

(6) 惠顾购买动机。这种购买动机是顾客的理智购买动机和情感购买动机的结合，比如对特定商店、商标、品牌的商品所产生的特殊信任与偏爱所形成的购买动机，就属于惠顾购买动机。这种购买动机相对稳定，虽然具有较强的感情色彩，但也是经过理智分析所产生的。

(7) 冲动购买动机。这种购买动机直接产生那些临时的、激发性的、没有经过任何考虑的购买行为，属于非自觉或无预向的购买动机。

(8) 潜意识购买动机。这种购买动机同冲动购买动机并不相同，潜意识购买动机是由于平时的购买活动在顾客内心已经有潜意识了，由于某些偶然因素触发而自然表现出来的购买动机。

3．社会因素

(1) 社会阶层。处于不同社会阶层的人具有不同的价值观、生活习惯、消费行为，而同一社会阶层中的人在这些方面则具有相似性，这主要是由人的经济地位的不同而决定的，但有时即使收入水平相同，不同阶层的人的生活方式和购买行为也有明显的差别。因此，如果推销人员能够有效把握这一因素，就可以将相应的商品推销给某一社会阶层的人。

(2) 相关群体。相关群体是指能够影响人们的态度、观念或行为的群体，主要包括首要群体(如家庭、朋友、同事等)、次要群体(如个人所参加的各种社会团体)、崇拜性团体(如社会名流、影视明星等)。

(3) 家庭。家庭是对顾客购买行为影响最大的相关群体，甚至是最基本的参考群体。家庭因素将会影响顾客的价值观、审美观、爱好和习惯，尤其是在家庭购买决策中，不同家庭成员基于其决策影响力，将会直接影响整个家庭的最终购买决策和购买行为。

4．文化因素

文化因素是对顾客购买行为影响最为深远的因素。各个国家、民族、社会都有各自不同的文化背景，因而也就形成了各自不同的传统生活方式。同时，文化还会影响人们对事物的看法、评价标准以及行为准则，这些都将对顾客购买行为产生影响。

在每一种文化内部，又包含着若干亚文化群，这些亚文化群也是不同的消费者群体，不同亚文化群中的顾客有着该亚文化群所属的文化中的传统观念、价值观和风俗习惯，但由于不同的生活经历，也有着一些不同的方面，因而也就在购买行为上有着一定的差别。亚文化群主要有以下几种：

(1) 民族群。不同的民族群，各有本民族的传统信念、语言文字、风俗习惯，这些必然会影响到不同顾客的购买行为。

(2) 宗教群。不同宗教信仰的人们也会形成不同的亚文化群，从而有着不同的购买行为，甚至还会形成一定的规范、禁忌，影响着购买行为。

(3) 种族群。不同种族的人们由于在长期的迁移、聚集过程中形成了其所特有一些特质、习惯、习俗，所以不同种族的顾客购买行为也有一定的差异。

(4) 地理区域群。处于不同地理区域的顾客，对某种推销商品也有着不同的需求。这种亚文化群对顾客行为的影响在一些地域辽阔的国家中更为明显。

6.4.3 顾客购买决策过程

顾客购买决策过程是一个复杂的过程，其开始于顾客购买行为之前，而又延伸到购买行为之后。如果从理论上对顾客购买决策过程加以划分，可以将其划分为以下五个阶段(见图 6-5)。

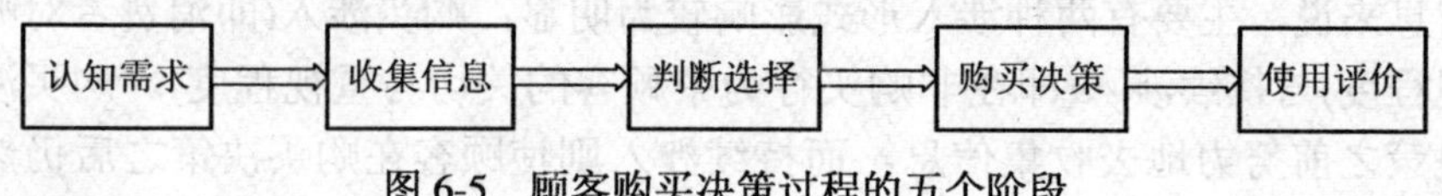

图 6-5 顾客购买决策过程的五个阶段

1. 认知需求

顾客购买决策过程中的第一个阶段就是对需求的认知，即顾客首先明确自己的需求与问题。这些需求或问题产生于顾客理想状态与现有状态之间的差距，具体表现为顾客需求的不满足。

顾客需求的不满足可以由内部刺激和外部刺激引起。由内外部刺激所引起的需求不满足会导致一定的驱力，这种驱力就会造成紧张的压力，进而迫使顾客去采取行动，这种驱力就是所谓的动机。

在认知顾客需求阶段中，推销人员不仅仅要对顾客明确的需求加以确认，有的情况下，还需要帮助顾客了解到其目前状态与理想状态之间的差距，借以创造顾客的需求。但要注意不同相关因素影响下的顾客在需求方面会有所不同。

2. 收集信息

顾客为了满足自己的需求、解决自己的问题，就必须对相关信息进行收集。这种收集包括购前收集和经常性收集两种。购前收集是指针对某一特定购买决策，在认知之后所进行的信息收集活动；经常性收集是指与特定购买决策无关的信息收集行为。

(1) 信息收集的来源。制定购买决策的相关信息主要有以下两个来源：

① 非营销控制的信息来源。非营销控制的信息来源是指那些与商业企图无关的信息来源，因此也叫做非商业信息，这类信息来源主要包括个人经验来源、个人人脉来源以及公共来源。

② 营销控制的信息来源。营销控制的信息来源是指营销人员为推广商品而产生的信息，其背后有着强烈的商业企图，包括广告、促销、销售推广以及各种包装和标签等等。但由于这种信息来源有着明显的商业企图，因此，一般来说顾客对于这类来源中的信息会持一定的怀疑态度。对此，企业或推销人员可以尝试将营销控制信息转换或伪装成非营销控制信息来加以传递，比如将商业广告设计成公益广告的方式，间接地宣传和推广企业或品牌。

(2) 信息收集的影响因素。顾客相关信息收集效果的好坏、程度的高低，主要会受到以下因素的影响：

① 购买风险。一般来说，顾客在购买过程中所涉及的风险主要有功能风险、实体风险、财务风险、社会风险、心理风险以及时间风险。当这些风险增加时，顾客便会增加收集信息的时间、精力和资源。

② 涉入程度。涉入程度是指顾客花费在收集、评价与决策中的时间与努力程度的高低。对于收集信息来说，主要有两种涉入形式影响较为明显：购买涉入(即消费者对购买决策的关切与重视程度)与持续涉入(即在非购买行为中顾客的关切与重视程度)。购买涉入会使顾客在购买决策之前努力地去收集信息，而持续涉入则使顾客在购买决策之后仍然不断收集各种相关信息。

③ 对商品知识的掌握程度。当顾客的推销商品相关知识已经比较丰富时，往往不会需要增加额外的信息收集。而对于新手来说，则往往需要进行大规模的信息收集，才能保证其决策的正确性。

④ 推销商品的先前经验。推销商品的先前经验与信息收集时间呈现一种倒U型关系，即在较低水平和较高水平的经验状态下，顾客会产生较少的信息收集；而在中间经验状态下，顾客则会产生较多的信息收集。同时，当顾客对一个商品有明确的、丰富的先前经验时，比较容易将商品信息的收集局限在与先前经验相关的层面上。

⑤ 顾客的兴趣。如果顾客对某一种或某一类推销商品感兴趣的话，就会花较多的时间与精力去收集相关信息；反之，则不太理会相关方面的信息。也就是说，顾客兴趣高低与该推销商品信息收集正相关。

⑥ 时间压力。当顾客的时间有限时，一般不会进行大规模的信息收集，而当有充分时间时，则可以广泛获取信息来进行充分地比较和决策。

(3) 信息收集阶段中应注意的问题。在信息收集阶段中，推销人员要对顾客的信息状态加以了解，防止出现以下两种情况：

① 信息过载。信息过载是指顾客一次接触到过多的信息，以至于使他们无法有效地处理和运用。在面对信息过载时，顾客就会进行不科学的信息筛选，从而使一些不太明显但十分重要的信息被顾客错过或错误理解，使顾客产生次佳决策。

② 信息漏失。当顾客所需要的信息缺乏或无法找到时，就产生了信息漏失状态。当信息漏失出现时，顾客常见的做法就是进行信息推论，即用推销商品的已知信息或属性来推断推销商品的未知信息或属性，但这种推断往往是错误的，会给推销商品带来不利的影响。

3. 各方案之间的判断与选择

由于现代市场中同质或相似商品的多样化，以及顾客对自身利益的追求，顾客必然会对那些能够满足他们需求，解决问题的各种方案进行比较、评价和选择，这是现代顾客购买决策过程中必然存在的一个阶段。在这一阶段中，主要包括以下几个方面：

(1) 选择评价模式。常见的评价模式有以下两种：

① 补偿性模式。补偿性模式是指顾客依照所考虑的各个属性来得到某个方案的加权或简单加总的分数，然后再依据分数的高低水平来评价各个方案的优劣。这种补偿性模式的最大特点在于不同商品属性之间可以相互弥补，例如某一属性的表现不佳可以用其他属性的优越来加以弥补。

② 非补偿性模式。非补偿性模式中不允许存在不同属性之间的相互弥补，而是根据各个属性评价的结果来直接衡量各个方案之间的优劣。

一般来说，补偿性模式通常用于进一步深入评价各个方案，或者所考虑属性较多的方案的评价，而非补偿性模式通常用于最初的大量方案的筛选，以及一些关键属性的评价上。

(2) 确定评价标准。在选择了评价模式之后，接下来就要形成一定的评价标准。顾客会以已有经验和现有信息为基础，来综合建立一套评估标准，这些评估标准可以帮助顾客评价和选择各备选方案。

在顾客的评价标准体系中，存在着多种评价项目标准，但各个评价项目的主要程度却是不同的，或者说它们对顾客的购买决策的影响程度是不同的。所以，对于推销人员来说，明确哪些评价项目对顾客的购买决策影响最为重要或较为重要是一个重要的工作，这样可以使推销人员的工作更有针对性。

对于方案评价有影响的商品属性可以分为显著属性与决定属性。显著属性是指那些顾客认为对其购买决策有重要影响的属性。虽然一个推销商品的属性可能有很多，但能够被消费者所感知的属性只是其中的一部分，而能够对顾客购买决策产生影响或重要影响的属性更是少数。决定属性是指真正决定顾客购买决策的商品属性，这种决定属性直接决定了顾客购买行为的对象或目标。在有些情况下，尤其是在各个备选方案在显著属性上较为相似时，决定顾客购买决策的将会是一些作用程度不大，但是和顾客利益直接相关的关键属性。比如在各个品牌计算机的配置和功能基本相同时，最终决定顾客购买哪种品牌的就是在促销活动中附赠的接口设备。

推销人员首先要明确顾客购买决策的显著属性有哪些。这时要注意，推销商品所具有的全部属性，不一定是顾客所能感知的商品属性；商品所具有优越性的属性，不一定是顾客决策的关键属性。其次，还要明确区分显著属性和关键属性，从而在推销工作中加以侧重。

(3) 确定评价程序。顾客在购买决策中常用的两种评价程序是类别程序和零碎程序。

类别程序是指依照推销商品所属的类别去评价各个备选方案的优缺点。在人们的知识结构中，都存在着一定的心理类别，这些心理类别都连接着一定的偏好。当顾客采用类别程序来评价时，他会将某种推销商品与其心理类别相联结，同时与该心理类别相联系的偏好也就转移到这一推销商品上来。

零碎程序是指顾客按照备选方案的构成与结构来进行评价。当顾客采用零碎程序来评价备选方案时，首先会明确备选方案的构成与结构，然后再针对每个结构部分，在各个备选方案之间进行评价与比较，最后再形成对各个备选方案的整体评价。

4. 制定购买决策

在综合评价了各个备选方案的优劣之后，顾客就可以根据评价结果来做出购买决策了。

1) 顾客购买决策的内容

在这一阶段中，顾客主要从以下几个方面进行购买决策：

(1) 基本购买决策：决定是否要采取购买行为来满足自己的需求；

(2) 产品类别决策：决定所要购买的商品类别；

(3) 品牌购买决策：决定所要购买的品牌；

(4) 渠道购买决策：决定购买商品的渠道与地点；

(5) 支付决策：包括购买数量、购买时间与支付方式的决定。

2) 顾客购买决策的影响因素

在顾客制定购买决策过程中，主要有以下几种相关因素会对其购买决策的制定产生影响：

(1) 预期环境因素。预期环境因素是指顾客的家庭收入、商品的价格预期、利益预期等。这类因素的影响具有一定的稳定性和预期性，是购买决策的直接影响因素。

(2) 非预期环境因素。非预期环境因素包括推销人员的态度、购买环境以及某些不可预测因素等临时影响因素。这类因素对于顾客来说一般难以事先预计，只能在制定购买决策的过程中才能明确。

(3) 他人态度因素。在购买决策过程中，无论其他人是否是顾客的参照群体中的成员，其他人的态度也会对顾客购买决策产生影响。他人态度因素对顾客购买决策的影响也与这一顾客的个性、类型有着一定的关系。

因此，在顾客制定购买决策时，推销人员应该做好两方面的工作：一是要向顾客提供更多、更详细的商品信息，便于顾客进行充分地比较；二是提供各种优质的售后服务，方便顾客购买，加深其对推销商品、推销人员以及企业的良好形象。

5. 购后使用和评价

顾客购买决策的最后一个阶段，是在其购买推销商品之后，在使用的基础上对推销商品各个方面的感受和评价，包括同类商品在品质、价格、功能和售后服务等方面的横向比较以及相关群体对自己的购买行为的评价。这种评价的结果对确立企业信誉、树立推销人员形象、形成顾客满意度和忠诚度有着重要的影响。

1) 顾客购后使用及评价过程

顾客在购买并使用了推销商品之后，如果原有预期得以实现，就会重复购买该种推销商品；如果对重复购买效果也觉得比较满意，则有可能形成一定的顾客忠诚度；若购买之后使用不满意，则可能停止购买和使用这种推销商品，并产生一定的投诉或抱怨行为。这就是购后使用及评价的基本程序和结果(见图 6-6)。

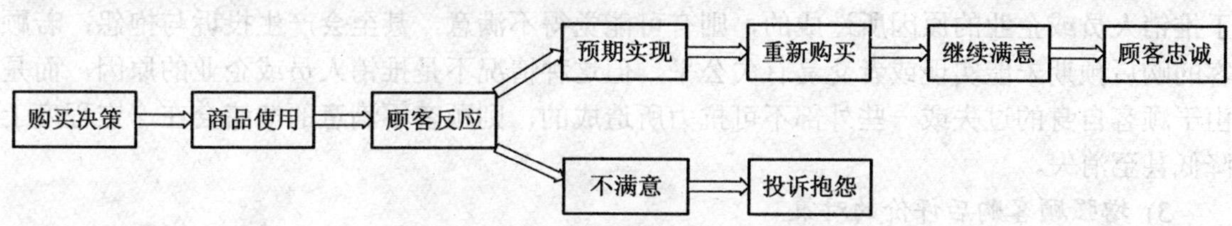

图 6-6 顾客购买后使用及评价过程

2) 顾客购后评价的影响因素

在顾客购买并使用推销商品过程中，能够对最终评价产生影响的因素，首先是顾客的购后预期程度、对推销商品的评价以及对交易公平性的理解，其次是顾客的购后心理状态和购后差异的原因归属(见图 6-7)。

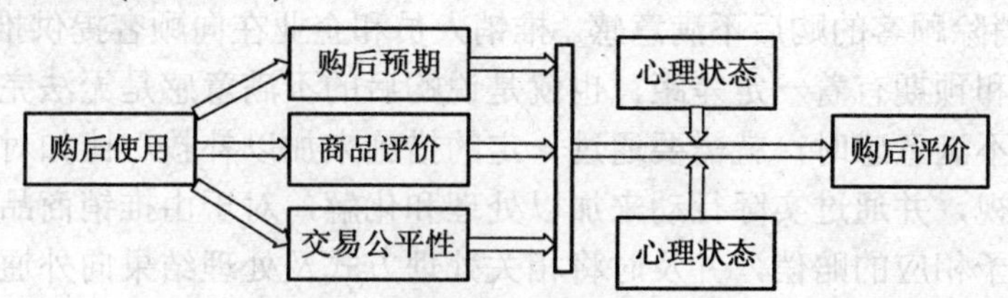

图 6-7 顾客购后评价影响因素

(1) 顾客的购后预期程度。顾客在产生购买行为以及使用商品的过程中，会形成一定的购后预期，这种购后预期就是顾客希望推销商品达到的最低程度，是购后评价中评价指标的底限。只有达到或超过这一预期，顾客才会感到满意或很满意。

(2) 顾客对推销商品的评价。通过对所购买的推销商品的使用，顾客会从功能的实现程度、质量、使用的方便性、节能性等多个方面对推销商品形成一定的评价，这是这种推销商品在使用过程中的具体表现。

(3) 顾客对交易公平性的理解。交易公平原则讲究交易双方应该得到公平的利益和待遇，也就是说卖方与买方之间的投入与产出之比应该基本相等，即

$$\frac{\text{卖方产出}}{\text{卖方投入}} \approx \frac{\text{买方产出}}{\text{买方投入}}$$

交易过程中的投入包括时间、精力、信息以及具体金钱等，而交易过程中的产出则包括时间的节约、需求的满足以及其他补偿。顾客对交易公平性的理解主要是通过与其他消费者进行对比，若顾客发现其他消费者以更低的价格购买到了这种推销商品或者以同样的价格获得了更多的利益，就会觉得自己的交易是不公平的。这种对交易公平的理解要比上述两个方面对顾客评价的影响作用要大得多。

(4) 顾客购后心理状态及原因归属。顾客购后的心理状态可能是积极的，也可能是消极的，也有可能是两者兼有。顾客的购后心理状态与其原因归属相结合，将会直接影响到其购后评价。若顾客发现自己的购后预期未能实现或者发现交易有欠公平，而这种情况是由于推销人员或企业的原因所造成的，则有可能觉得不满意，甚至会产生投诉与抱怨；若顾客的购后预期未能实现或者交易有欠公平，但这种情况不是推销人员或企业的原因，而是由于顾客自身的过失或一些外部不可抗力所造成的，则顾客不满意的情绪会在一定程度上降低甚至消失。

3) 增强顾客购后评价的对策

推销人员可以从以下两个方面来增强顾客的购后评价：

(1) 促进或加强顾客的购后满意感。对顾客购后满意感的促进贯穿于整个顾客购买过程：在购前阶段，推销人员应该积极引导顾客形成对推销商品的合理预期；在购后阶段还要帮助顾客增加对交易公平性的正确理解，并继续提供相关信息，以增强顾客对购买决策和购买行为的信心与满意感。

(2) 降低或消除顾客的购后不满意感。推销人员和企业在向顾客提供推销商品时，难免会与顾客的要求和预期有着一定差距，也就是说购后的不满意感是无法完全避免的。当顾客产生了一定的不满意感时，就需要通过一定的措施来加以补救。比如对顾客的投诉或抱怨给予充分的重视，并通过实际行动来加以处理和化解，对于由推销商品给顾客带来了一定的损失，应给予相应的赔偿，并及时将相关处理方式及处理结果向外通报，承诺将对这种情况加以有效处理等等。

6.5　顾客满意度和顾客忠诚度理论

6.5.1　顾客满意度理论

1. 顾客满意度的含义

不同的研究学者从各自研究角度出发，形成了不同的顾客满意度定义，到目前为止，对于顾客满意度的准确的、公认的定义还未形成，就像美国学者皮特森(Peterson)和威尔逊(Wilson)所说的那样："顾客满意度研究最大的特点就在于缺少定义。"

无论不同学者对顾客满意度的定义表述是什么样的，对于顾客满意度的核心或基本含义已经达成共识。在这里我们引用菲利普·科特勒在《营销管理》中的表述："满意是指一个人通过对一种产品的可感知的效果(或结果)与他们期望值相比较后，所形成的愉悦或失望的感觉状态。它来源于对一件产品所实现的绩效或产出与人们的期望进行比较来形成。"那么，我们就可以将顾客满意度看成是顾客感知的结果与其期望的差异函数，即

$$c = \frac{b}{a}$$

其中，c 为顾客满意度，b 为顾客的感知值，a 为顾客的期望值。通过这种顾客感知与其期望的比较，顾客会形成三种不同的状态：

(1) 感知结果与期望基本相等，即 c 等于 1 或接近 1 时，顾客因实际情况与心理预期基本相符而"基本满意"，从而有一定的可能产生重复购买，或者因为没有留下深刻印象而表现的"一般"，则有可能选择竞争对手的竞争产品。

(2) 感知结果超过期望，即 c 大于 1 时，这意味着顾客获得了超出预期的满足感。感知结果超出期望越多，这种满足感就越强，当感知结果远远超过期望时，这种满足感就可以转变成忠诚。

(3) 感知结果低于预期，即 c 小于 1 时，顾客则会感到失望或不满意，甚至会产生抱怨或投诉。这时，推销人员或企业的具体行为就决定了顾客的走向，或者发生顾客流失，或者想办法降低或消除顾客的不满意。

可见，企业或推销人员的顾客满意度如何，将直接决定企业或推销人员的经济绩效和推销业绩，在现代推销工作中，随着关系推销观念的普及，对于顾客满意度的重视也已经成为当今推销发展的主线。

2. 顾客满意度评价模型

不同的学者在提出了不同的顾客满意度定义的同时，也基于不同的定义，形成了不同的顾客满意度评价模型，比较重要的评价模型主要有以下五种。

1) 瑞典顾客满意度指数(SCSB)模型

美国密歇根大学的福内尔等人于 1992 年，在建立这种顾客满意度评价模型的基础上，从瑞典几个最大的行业中选取了 130 家企业进行了数据收集，然后对模型进行了检验。该模型主要有 5 个结构变量：顾客预期、感知绩效、顾客满意度、顾客抱怨和顾客忠诚，其中顾客预期是外生变量，其他变量是内生变量(见图 6-8)。

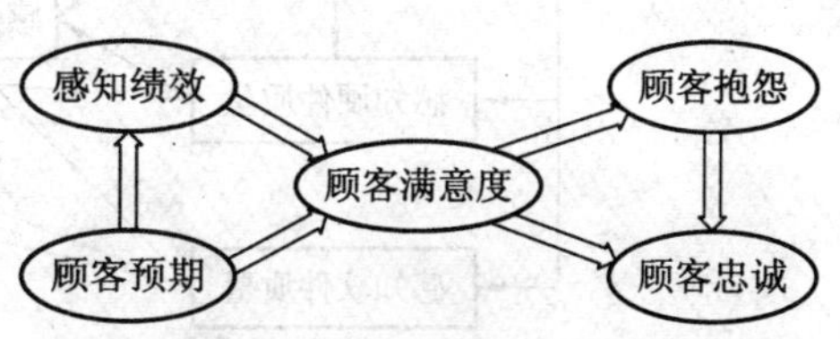

图 6-8　瑞典顾客满意度指数(SCSB)模型

2) 美国顾客满意度指数(ACSI)模型

这一模型是福内尔等人在 SCSB 模型的基础上，增加了感知质量这一结构变量而形成的新的模型，它包括 6 个结构变量，以及 15 个观测变量和 9 个关系 。这一模型形成之后在美国进行了大范围的实践测试，形成了 4 个层次：最高层为美国国家顾客满意指数，以下依次是各部门指数、部门内指数以及最底层企业指数，具体 ACSI 数据每个季度滚动更新(见图 6-9)。

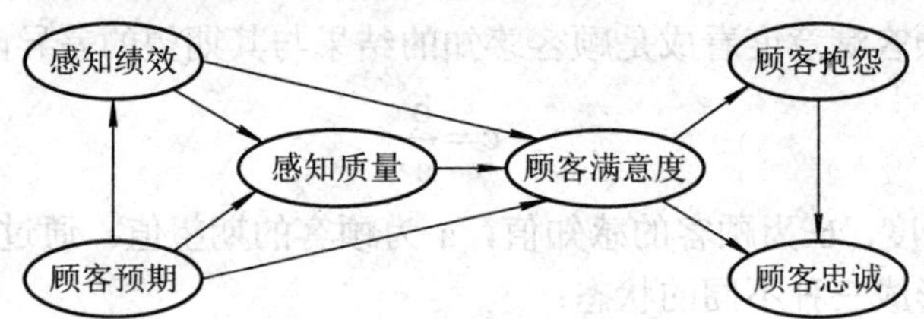

图 6-9　美国顾客满意度指数(ACSI)模型

这种顾客满意度指数模型是影响最为广泛的模型，在世界各地都有一定程度的应用与改进，从而成为下面的挪威模型和欧盟模型的基础。

3) 挪威顾客满意度指数(NCSB)模型

安德森(Andreassen)于 1999 年在 ACSI 模型的基础上增加了企业形象这一变量，并对企业形象与顾客满意度和忠诚度之间的关系进行描述和分析，由此形成了 NCSB 模型。这一模型将企业形象定义为顾客在与企业交往过程中形成的与企业相关的所有印象的汇集，也就是顾客对企业的一个总体态度的反映。那么，作为一种态度，企业形象与顾客满意度相关并且受顾客满意度的影响，而且顾客满意度对企业形象有正面影响。而作为顾客对企业的态度的反映，企业形象也会影响到顾客的行为倾向，如顾客忠诚度等。

4) 欧洲顾客满意度指数(ECSI)模型

艾克洛夫在 ACSI 模型的基础上，提出了 ECSI 模型(见图 6-10)。

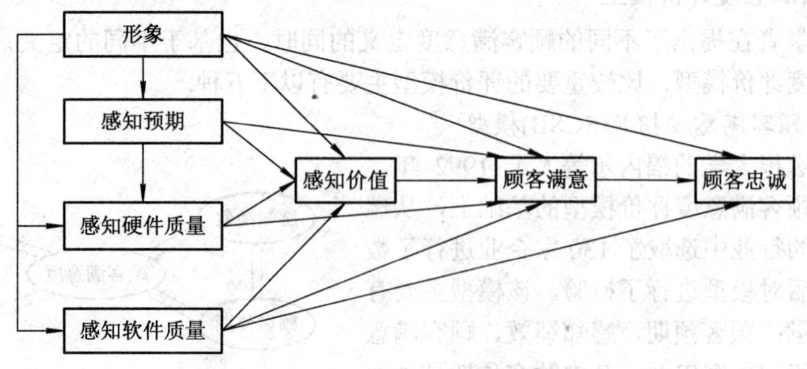

图 6-10　欧洲顾客满意度指数(ECSI)模型

这种模型与ACSI模型相比，在有关变量的度量上进行了改进。如将顾客忠诚度定义为顾客保留在当前企业的可能性、顾客向其他顾客推荐企业或品牌的可能性以及是否进行更多购买的决策特性。在这一模型中没有将顾客抱怨作为单独变量引入到模型中，而是通过一定的处理，将其体现在了其他的变量中。并且将感知质量分为感知硬件质量和感知软件质量，对于有形产品来说，感知硬件质量为产品本身质量，感知软件质量为服务质量；对于服务产品来说，感知硬件质量为服务质量，感知软件质量为服务过程中与顾客交互作用的相关因素，如服务人员的语言、行为、态度等等。

5) 日本卡诺(Kano)模型

卡诺教授和其他一些研究者研究出一种用于观测顾客需求的模型。卡诺认为，顾客的满意水平取决于产品的质量，并据此将产品的质量划分为当然质量、期望质量和兴趣点质量3个等级(见图6-11)。

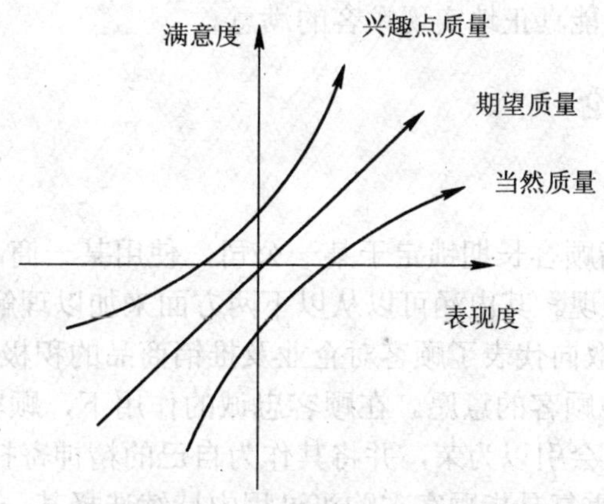

图6-11 卡诺顾客需求观测图

其中，当然质量是指产品或服务应当具有的最基本的质量特性，顾客通常认为具有这种特性是理所当然的事情，往往它的充分实现也不会带来顾客满意水平的提升。但是如果产品或服务缺少当然质量，则会招致顾客的强烈不满；期望质量是指顾客对产品或服务质量的具体要求，它的实现程度与顾客满意水平同步增长。兴趣点质量是指能激发顾客进一步满意的附加质量，是属于顾客期望质量之外的部分，产品或服务缺少兴趣点质量不会导致顾客的不满意，但如果产品或服务比较具体，则会带来顾客满意度的大幅上升。

3. 顾客满意度提升策略

在现在的市场环境中，越来越多的企业已经见证了顾客满意度对企业发展的重要意义。为了有效地提升企业的顾客满意度，以下策略可供企业或推销人员加以参考：

(1) 企业高层的努力。作为企业高层，应亲自体会顾客感受，接受顾客的反馈信息，处理顾客的抱怨，倾听顾客的意见与建议，这是企业高层经营管理者接触市场实际最为有效的方式之一。

(2) 员工的积极态度。员工对企业的经营活动的参与程度和积极性，在很大程度上影响着企业的顾客满意度。所以，企业可以为员工提供一定的培训，提供服务技术，授权员工做出有利于顾客满意的权责，并将此作为员工绩效评价的重要部分。

(3) 努力提供优质的推销商品。优质的推销商品是维系顾客关系、形成顾客满意的最基础层面，在这一方面容不得任何疏忽。企业应该建立质量保证体系，形成一定的质量问责制，这样就能够从根本上保证推销商品与顾客需求的充分吻合。

(4) 持续改进。不同的顾客有着不同满意标准，即使同一个顾客，也会随着其主客观条件的改变而使其满意标准发生变化，所以，使顾客达到满意应该是一个持续的过程。企业必须不断地提升自身实力，不断地提高推销人员的推销能力，从而给顾客提供持续的满意。

(5) 加强顾客管理。企业或推销人员在开展推销工作过程中，要注意对相关信息的收集和处理，并以此为基础来开展全面、科学的顾客管理。这样才能使企业或推销人员充分地了解顾客，也只有这样才能真正地实现顾客的满意。

6.5.2　顾客忠诚度理论

1. 顾客忠诚的定义

所谓顾客忠诚，是指顾客长期锁定于某一公司、使用某一商品，并在可能的情况下发生重复购买行为的一种表现。其内涵可以从以下两方面来加以理解：

(1) 态度取向。态度取向代表了顾客对企业及推销商品的积极程度，也反映了顾客将企业或推销商品推荐给其他顾客的意愿。在顾客忠诚的作用下，顾客会对企业或推销商品产生一定的良好感情，甚至会引以为荣，并将其作为自己的精神寄托。

(2) 行为重复。行为重复是指顾客在购买过程中持续选择某一企业、某一品牌或种类商品的可能性，这种持续的购买行为可能出自对企业商品的好感，也可能出自于顾客的购买习惯，也可能是由于企业的促销活动或企业的垄断地位。

顾客忠诚必须是态度取向和行为重复的结合，缺少任何一个方面都不是真正的顾客忠诚。

2. 顾客忠诚的种类

根据产生顾客忠诚的原因不同，顾客忠诚主要有以下几种类型：

(1) 垄断忠诚。这种顾客忠诚来源于产品或服务的垄断。一些企业在其所处行业中处于垄断地位，在这种情况下，无论满意与否，顾客都别无选择，只能长期使用这一企业的产品或服务。

(2) 亲缘垄断。企业自身的员工甚至包括员工的亲属会义无反顾地使用该企业的产品或服务，这种牢固的顾客忠诚就是亲缘忠诚。但是在很多情况下，这些顾客对该产品或服务并非感到非常满意，甚至还有可能产生抱怨。

(3) 利益忠诚。这一类型的顾客忠诚来源于企业给予顾客的额外利益，比如价格刺激、促销政策激励等等。但是这一类型的顾客忠诚也是极不稳定的，当企业的这些额外利益消失或者其他竞争对手提供了更多、更高的额外利益时，这种顾客忠诚就会随之消失。

(4) 惰性忠诚。有些顾客出于方便考虑或是因为惰性，会长期地保持一种忠诚，这种情形在服务行业中尤为突出。我们将这种由于方便需求或惰性而形成的顾客忠诚就叫做惰性忠诚。

(5) 信赖忠诚。当顾客对你的产品或服务感到满意，并逐步建立了一种信赖关系后，往往会形成一定的顾客忠诚。这种顾客忠诚不同于前述几种，它有着高可靠度、高持久性等特点。具有这种顾客忠诚的顾客会成为企业或推销商品的追随者，甚至是企业的义务推销人员。这种顾客忠诚才是企业和推销人员所应努力实现的真正的顾客忠诚。

(6) 潜在忠诚。潜在忠诚是指顾客虽然拥有但是还没有表现出来的顾客忠诚。通常情况下，顾客是愿意继续购买这种推销商品的，但是由于某些特殊因素的限制而无法转化为具体的行为。企业或推销人员应该对顾客的这种潜在忠诚加以了解，通过自身工作的调整，消除这些特殊因素的影响，这样可以促使这种顾客忠诚转变成为信赖忠诚。

上述不同类型的顾客忠诚有着不同的依赖性和持久性，具体通过图 6-12 来加以表示。

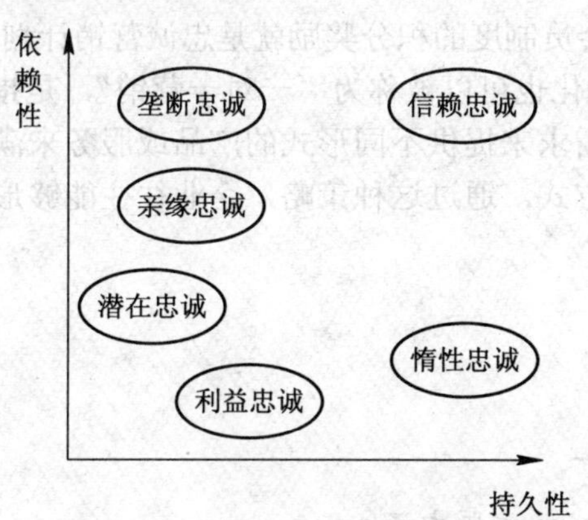

图 6-12　各种类型顾客忠诚的比较

可见，在各种顾客忠诚中，信赖忠诚是持久性和依赖性最高的一种，所以我们一般也将信赖忠诚理解成为狭义的顾客忠诚，也就是我们在推销工作中所要实现的顾客忠诚。

3．顾客忠诚的价值

企业之所以需要追求顾客忠诚，就在于顾客忠诚所具有的价值。这种价值就表现为顾客忠诚能给企业带来的效益，具体来说，主要表现为节约顾客开发成本、产生基本利润、增加顾客份额、提高企业收入、节约服务成本、产生溢价、形成口碑效应等方面。

较高的顾客忠诚能够使企业获得更多的顾客生涯价值，即在顾客生命周期内获取更多的收入，同时成本增加却较少，从而获得更多的利润。可见，顾客忠诚对于企业和推销人员来说具有重要意义。

4．顾客忠诚建立策略

(1) 实现顾客满意。在顾客满意相关理论中，认为顾客满意是顾客忠诚的重要因素。顾客的满意度越高，其形成顾客忠诚的可能性也就越大。但有时，企业的顾客满意度较高，但顾客忠诚度反而较低，这种情况我们称为顾客满意陷阱。企业和推销人员只有通过自身努力，尽量避免或消除顾客满意陷阱，使顾客将满意和忠诚有效结合起来，才能形成长期的忠诚关系。

(2) 实施顾客服务。虽然从整体产品的概念出发，与推销商品相关的各种服务是顾客购买商品时的应有部分，但是顾客在享受到热情而周到的服务时，还是能够感到非常满意。如果企业或推销人员将这种相关服务做到位，成为自身的一种竞争优势，那么基于这种竞争优势也会形成一定的顾客忠诚。

(3) 采用忠诚营销计划。忠诚营销计划通过价格优惠或者其他措施来鼓励顾客进行重复购买，或者增加顾客从一个品牌转移到另一个品牌的转移成本，从而建立一定的顾客忠诚，比如一些商品购买中基于会员制度的积分奖励就是忠诚营销计划的例子。

(4) 实现定制化。定制化也可以被称为“一对一营销”，是指企业建立一种定制化的内部系统并根据顾客的不同需求来提供不同形式的产品或服务来满足他们的特定需求。这种定制化是一种较新的营销方式，通过这种策略，企业往往能够形成较高的、其他竞争对手难以影响的顾客忠诚。

讨论与复习题

1．简述吉姆(GEM)公式的主要内涵。

2．什么是推销人员方格？什么是顾客方格？两者之间有什么样的关系？

3．常见的推销模式有哪几种？每种推销模式下推销的基本步骤或内容是什么？

4．顾客基本上可以分为哪几种类型？每种类型各有什么样的特点？

5．影响顾客行为的因素有哪些？顾客购买决策过程分为哪几个阶段？

6．什么是顾客满意度？主要的顾客满意度评价模型有哪几种？提升顾客满意度的策略有哪些？

7．什么是顾客忠诚？其具有什么价值？具体包括哪些种类？怎样建立顾客忠诚？

案例分析

东南亚某国的斯塔丽公司，独家推销法国莱沙蒂美发用品，如洗发香波、护发素、定型水、特效发乳等。但斯塔丽公司并不是把所代理的美发用品推销给各大百货公司的化妆品专柜，也不是推销给各家超市，再由它们出售给消费者，而是把自己的消费对象定位于理发店。斯塔丽公司的推销信条是，一定要使本公司推销的美发用品受到理发店的欢迎和好评。斯塔丽公司的推销人员不断地进入各大小理发店，就莱沙蒂美发用品的优点与特点进行说明，并使相当数量的理发店开始使用。而理发店一旦确定使用这一品牌的美发用品后，到理发店的顾客也就随之成为这种美发用品的消费者。同时，由于这种美发用品是理发师所选用的，无形之中，使莱沙蒂品牌有了特殊的吸引力，使消费者感到这种美发用品比起在其他商店能够随便买到的同类商品更具魅力，进而对这一品牌产生了好感，大大提高了其知名度。

斯塔丽公司通过把消费者定位于理发店，让消费者通过消费过程来进行有效的证明，推销取得了很大的成功。尽管成效显著，但斯塔丽公司所推销的莱沙蒂美发用品从不愿意通过一般的销售渠道。他们仍然只通过理发店在为顾客进行理发的同时，顺带销售这种美发用品，让具有亲身感受的消费者去吸引更多的消费者。

(资料来源：陈殿阁. 推销学理论与技巧. 北京：机械工业出版社，2008)

问题：

(1) 请从顾客行为影响因素和顾客满意度的角度上来分析斯塔丽公司推销策略。

(2) 通过本案例的相关资料，斯塔丽公司采用的是哪种推销模式？具体实施过程对你有什么启示？

第7章 推销三要素

重点提示

- □ 推销人员的职素
- □ 推销人员的素质、知识、能力结构
- □ 顾客对推销商品的心理需求
- □ 顾客常见行为表现分析
- □ 顾客购买心理演变过程
- □ 产品对象演化过程中的功能、成本、价值形态
- □ 商品引力构成及提升方向

阅读资料

下面是“世界首席销售代表”齐藤竹之助的典型的一天生活安排。

早晨5点　　睁开眼睛之后，他就立刻开始一天的工作。首先是看书、思考推销方案、制定当天的行动计划；

6点半　　往顾客家中挂电话，以便确定最终访问时间；

7点钟　　吃早饭，与妻子商谈工作；

8点钟　　到公司上班；

9点钟　　乘坐他最喜爱的卡迪拉克轿车出去推销；

傍晚6点钟　　下班回家；

晚上8点钟　　开始读书、反省、整理顾客资料，并安排新方案；

晚上11点钟　　准时就寝。

从早到晚一刻不闲的工作，就是齐藤竹之助的特点。他在57岁时走投无路进入推销行

业，而仅用5年时间就从负债累累，一跃成为日本首席销售代表。在70岁时被美国“百万美元销售代表”俱乐部吸收为会员，而后成为该俱乐部的终身会员。在72岁的高龄时成为世界首席销售代表。这一切都是由他那雷打不动的优秀习惯和特点带给他的。成功的推销人员只有以其良好的素质去满足推销工作的要求，去开展卓有成效的推销活动，才能取得令人满意的推销业绩。

(资料来源：梁敬贤. 推销理论与技巧. 北京：机械工业出版社，2008)

在现代推销活动中，会对推销绩效产生影响的因素可以说多种多样，但其中有三个因素是作用最为明显、最为直接的，这就是推销主体——推销人员、推销对象——顾客、推销客体——推销商品。这三个要素也被称为推销三要素，是推销人员必须要全面了解和正确把握的关键因素。

7.1 推销主体——推销人员

随着人类生产技术的不断提高，大规模的商品生产使得商业活动全球化、商品品种多样化，但同时商品的生产者和消费者之间在信息沟通、商品转移上也存在着越来越大的差距。而企业通过推销人员与目标市场上的顾客进行接触、洽谈，就可以在商品生产者和商品消费者之间建立起一座信息沟通的桥梁，使消费者对企业及其商品有更多的了解；同时，推销人员也能够通过与顾客的实际接触，来了解顾客的需求状况并传达给企业，使企业及时了解消费者的实际需求，以便提供更有效的满足消费者需求的产品与服务。可见，作为推销主体的推销人员在推销工作中具有重要地位与作用。

为了有效地选拔、培养和造就一大批合格的推销人员，企业管理者就必须科学地认识推销人员所应具备的素质和能力结构，从而系统地建立鉴别、选拔和培养推销人员的职业素质和能力标准。要想成为合格的推销人员，首先必须了解推销工作的职责，明确完成这些职责所应具备的素质和能力。

7.1.1 推销人员的职责

1. 收集和处理信息

推销人员处于推销工作的第一线，是企业的市场信息的“收集器”和“传感器”，是企业在市场上的“耳目”，担负着收集和处理信息的工作职责。具体来说，在推销工作中，推销人员除了要了解与企业和推销商品相关的各种信息之外，还应注意收集和处理以下几个方面的市场信息：

(1) 顾客信息：包括顾客的类别、分布、需求、购买动机和购买习惯，对交易条件、交易时间和地点以及交易方式有什么具体要求，顾客对企业和推销商品的看法与评价等等。

(2) 供销渠道信息：包括供应商以及供应渠道的信息、分销商以及分销渠道的信息，还包括供销渠道中具体的供求平衡状态等等。

(3) 产品信息：包括市场上同类产品的价格、功能、供应量、交货方式、售后服务、质量保证等方面。

(4) 竞争者及竞争商品信息：竞争者和竞争商品的优势和劣势，竞争对手的竞争实力和市场地位，竞争对手所采取的竞争策略等等。

(5) 其他推销参与者的信息：在推销工作中，除了推销人员、顾客和企业之外，还有一些其他推销参与者，比如银行、保险、仓储、运输、通讯等等，这些推销参与者的相关信息推销人员也要注意收集和处理。

2．开拓和发展市场

推销人员要善于在激烈竞争的市场环境中寻找和发现进入市场的机会，要着眼于长期的市场开拓和发展目标。这一方面的工作主要包括：

(1) 在企业推销策略的指导下，明确目标市场，寻找和发现目标顾客。

(2) 估算目标市场容量与本企业、本人可能达到的销售额，估计推销商品的市场占有率，制定一定时期的市场开拓和发展目标。

(3) 通过自己的实际工作，实现市场开拓和发展目标。

3．访问和接待顾客

访问和接待顾客是推销人员的日常工作。推销人员既要保证访问和接待顾客的时间与数量，还要讲究与顾客接触的技巧，来提高访问和接待顾客的质量与效果。世界上成功的推销人员基本上都保持一定的访问和接待顾客的数量。推销人员在访问和接待顾客的过程中，要努力塑造良好的个人形象，为顺利开展推销工作打下基础。

4．实现商品销售

推销活动的最终结果必然要落实到销售上来，销售量或销售额才是考核推销人员工作业绩的最重要指标。市场信息的收集和处理、目标市场的开拓和发展只是属于前期铺垫和中间过程，销售才是推销工作的最终结果。所以推销人员要不断总结经验，推敲推销技巧，掌握成交火候，适时地促成顾客购买成功；同时，推销人员也要不断参加培训和进行自我修炼，提高其推销访问的成功率，以获得良好的推销业绩。

5．开展顾客服务

在现代商品社会中，服务已经成为整体产品的一部分，是商品功能的延伸。顾客在购买推销商品的同时，也就购买了和推销商品相关的各种服务。所以，谁能给顾客提供更满意的服务，谁就能在推销过程中更加容易地获得顾客的认同和接受。推销过程中的各种服务主要可以分为售前服务、售中服务和售后服务三种。售前服务主要是向顾客提供各种相关咨询，以引导顾客的消费需求；售中服务主要是在做好推销说明的同时为顾客办理好相关各种手续，以减少顾客时间和精力的浪费，节约顾客的购买成本；售后服务则包括及时交货、安装调试、维修保养、投诉索赔等内容。

6. 建立稳固的顾客关系

市场上的实践结果已经充分地证明，吸引一个新顾客所花的成本要远远高于维系一个老顾客的成本。在激烈竞争的市场环境中，保持一定具有稳固关系的顾客的存在，对于企业和推销人员来说都具有重要的意义。这种顾客关系不仅可以给企业和推销人员带来稳定的收入，而且也能够在一定程度上来发挥其口碑作用，为进一步开拓市场打下基础，这正迎合了关系推销的发展趋势。

7. 实施推销管理

推销人员除了要做好上述各项工作以外，为了使自己的推销工作取得较高的效率，还必须做好推销管理工作，比如制定推销计划、编写总结汇报材料、设计和准备推销工具，整理顾客信息档案等等。

推销人员要承担好上述几项具体职责，就要对其自身素质提出了一定的要求。推销人员的推销业绩很大程度上取决于其自身的素质。下面我们就来看一下合格的推销人员所应具备的素质结构。

7.1.2 推销人员的素质结构

推销人员首先是一个自然人，那么他就必须具备一般人进行工作的基本素质；同时，由于推销工作特殊性，又决定了他们又不同于一般常人，这又决定了推销人员还要具备有别于常人的专业素质。所以，推销人员的素质结构就由个人基本素质和职业素质这两个方面构成。

1. 推销人员的个人基本素质

(1) 坚定的信心。信心是力量的源泉，是一个人做好各项工作的思想前提。推销人员首先要相信自己能够胜任推销工作，这样才能使推销人员敢于面对推销工作所出现的各种问题；其次，在推销工作中，推销人员还要对自己的推销行为和所推销的商品有充分地信心，这样才能使推销人员的潜能得到充分地发挥。只有具备了坚定的信心，推销人员才可能通过自己的言语和行为来感染顾客，使顾客对推销人员和推销商品也产生信心，进而才有可能购买推销商品。

(2) 健康的体魄。健康的体魄是开展各项工作的基础，是一个人做好本职工作的基本保障。推销人员经常要东奔西走，工作时间没有保证、生活缺乏规律性，如果没有一个健康的体魄，就无法保证旺盛的工作精力，也就无法胜任繁重的推销工作。一个满脸倦容、无精打采甚至是一脸病态的推销人员是不可能让顾客对他所推销的商品产生信任感的，就无法使顾客产生购买欲望，也就会大大降低推销人员的推销成功概率。

(3) 良好的性格。性格是一个人对人、对事在态度和行为方式上所表现出来的心理特点。推销人员每天要和各种各样的顾客打交道，各个顾客都具有不同的性格特征，这就要求推销人员必须具备开朗、大方、宽容、随和的性格。推销人员要能够接受不同顾客在言语和行为上的差异性，并在面对顾客对推销商品的不满和在语言、行为上的不恭敬，要能够容忍并耐心解释，要能够做到不急、不燥、不怒，以自己的人格魅力来打动顾客，从而得到顾客的认同，促进推销工作的开展。

(4) 稳定的情绪。情绪是指一个人需要是否得到满足而产生的心理倾向，它受环境的影响比较大。在推销工作中，各种情况都有可能发生，这些情况就会影响推销人员产生好的或者坏的情绪，而推销人员的好的或者坏的情绪又会通过言语、表情、行为来传导给顾客，使顾客的情绪也发生变化。所以推销人员在推销工作中必须要保持稳定而乐观的情绪，这样才有可能抓住商机、扭转被动局面，从而保证自己推销工作的成功。

推销人员的个人基本素质主要由上述四个方面综合构成(见图 7-1)。

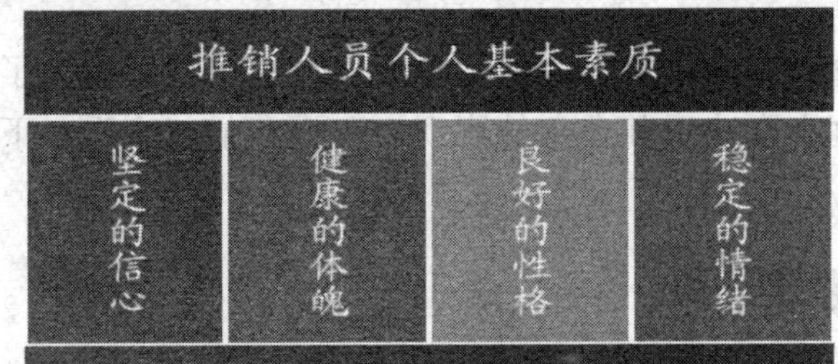

图 7-1　推销人员的个人基本素质

推销人员的个人基本素质是使其成为一名合格推销人员的基础条件，而推销人员的职业素质则是其个人基本素质的延伸，是在个人基本素质的基础上为了适合推销工作加以拓展而形成的扩展素质。

2. 推销人员的职业素质

推销人员为了有效完成推销工作，应该具备以下几个方面职业素质：

(1) 诚实守信的职业道德。诚实守信是对推销人员职业道德的主要要求，它体现着推销人员的人品。

阅读资料

世界最大的轮胎公司——固特异公司有一次曾对他的 500 多家主要代理商进行了一次问卷调查，问卷中有一道问题是“到你店里来的推销人员中，你最喜欢哪一种推销人员？”结果有 50%以上的答案是“我最喜欢人品好的推销人员。”这就说明，人们在选择交往对象，尤其是利益攸关的生意对象时，总是把人品或者说是职业道德放在第一位的。

(资料来源：李桂荣. 现代推销学. 北京：中国人民出版社，2003)

顾客在面对推销人员时，一般都是遵循“先人品，后商品”的原则：首先要能够接受推销人员的人品，然后才有可能接受推销人员推销的商品。但社会上有一些推销人员，抱着“能宰就宰”、“一锤子买卖”的心态来进行推销活动，在推销过程中不讲诚信，这样不但给自己、企业及推销商品抹了黑，也会损害到推销职业的声誉，助长社会公众对于推销职业的怀疑心理。

可以说，诚实守信是推销工作的生命线，推销人员不讲诚信，就是自断生路。推销人员只有用实际行动向广大顾客证明自己是诚实守信的、最值得信赖的商品推荐者和可靠的生意伙伴，才能建立起良好的个人形象。

(2) 坚韧顽强的职业意志。在推销工作中，推销人员遭到顾客的怀疑、不信任甚至是拒绝，是常有的事情。可以说，挫折和失败就像是推销工作的影子一样，总是不肯远离推销人员，这就对推销人员的意志力提出了考验与挑战。

阅读资料

日本的推销专家原一平在27岁刚刚开始推销工作时，并不被他的老板看好，仅仅给了他一个见习推销员的职位：没有办公室、没有汽车，甚至没有底薪。在最初的日子里，原一平有时穷得连午餐都吃不起，没钱坐公共汽车，经常露宿公园。然而这一切并没有使原一平退却，他凭着坚强的意志力支撑着自己，整日奔波、拼命工作。为了鼓励自己，他经常对着镜子大喊：“原一平，你是世上独一无二的，你有超人的毅力和旺盛的斗志，所有的落魄都是暂时的，你一定会成功的！”辛勤的工作终于有了回报，原一平的推销业绩逐月上升，到36岁的时候，他创下了全日本销售冠军的业绩，成为了日本推销界“百万美元俱乐部”的成员。后来，当有人问起他成功的秘诀是什么时，他就会脱掉鞋和袜子，指着自己脚掌厚厚的茧子说：“这就是我成功的秘诀。”

(资料来源：董亚辉，霍亚楼. 推销技术. 北京：对外经济贸易大学出版社，2008)

在推销领域中，有一条“20-80”原理，即推销人员80%的推销业绩是由20%的推销活动直接实现的，也就是说在其他80%的推销活动中，必须经历诸多的困难与挫折，来为将来的推销成功做铺垫。推销中推而未销、推而不销的现象是常有的，推销人员对此要有足够的思想准备和心理承受能力，对待这种状况要习以为常、安之若素，要坚持不懈、再接再厉。所以推销人员只有具备了坚忍不拔的职业意志，才能经受并克服可能反复出现的推销困境。

(3) 热情进取的职业情怀。有的人将推销看成是一种说服人的艺术，而一种艺术之所以能够感动人，是需要用情感来催化的。人们想要在短时间内调动起别人的积极情绪，就首先需要激发和燃烧自己的热情，推销工作更是一种需要热情的工作。推销活动中的热情来自于自己对推销事业价值的认同，来自于对自己所推销的商品的信心，也来自于推销人员的自信心。可以说，没有热情，推销人员也就失去了持续奋斗的动力。

阅读资料

美国玫琳凯(mary kay)化妆品公司的创始人玫琳凯女士早年就曾经从事过推销工作。在她还是一名年轻的家庭主妇的时候，有一次一名推销人员上门向她推销一套《儿童心理丛书》的书籍。她对这套书籍很满意，但是由于价钱过高没办法购买。这位推销人员就给她想了一个办法：如果玫琳凯女士能够推销出 10 套丛书的话，他就可以送给她一套。刚好当时玫琳凯女士是当地社区教会的志愿者，认识很多年轻的母亲，所以玫琳凯女士就欣然接受了这个建议。在接下来的一周时间，玫琳凯女士就通过电话来向她所认识的母亲推销这套丛书，她高昂的热情感染了她们，很快就推销出去了 10 套丛书，从此玫琳凯女士就开始了推销生涯。不过后来，有些家长向她抱怨她推销的丛书没有用，而实际上是这些家长没有认真看这套丛书，这时候她就毅然选择了退出。她说："当我得知我的顾客没有好好利用这些书之后，我就不再想去推销它们了，因为我失去了以往的热情，也就失去了继续推销的动力。"

(资料来源：刘志超. 现代推销学. 广洲：广东高等教育出版社，2004)

推销活动是一种讲求效果的积极交流行为，需要用进取精神来促使推销人员发挥其工作的积极性、主动性和创造性。推销工作对进取精神的需求是其他工作不可比拟的。可以说，一名推销人员如果不积极进取，就等于在给自己挖掘坟墓，所以，推销人员必须高度发挥主观能动性，积极主动地开展工作，用高标准来要求自己，从而全身心地投入到推销工作中去。

总体来说，推销人员的职业素质就包括上述三个方面(见图 7-2)。

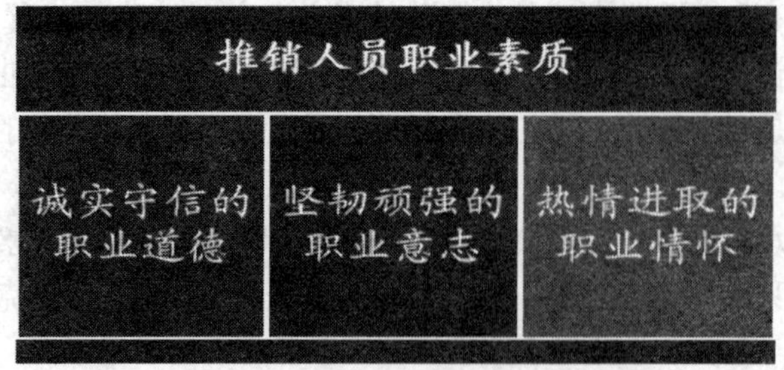

图 7-2　推销人员的职业素质

上面我们介绍了推销人员的素质结构，主要包括个人基本素质和职业素质两个方面，这是属于推销人员的“情商”，与之相对应的就是“智商”，也就是推销人员的知识和能力结构。

7.1.3 推销人员的知识结构

推销工作是一项富有创造性和挑战性的工作，因而推销人员必须具有宽泛的知识结构。推销人员每天要与各种各样的顾客打交道，个人所具有的知识的广度和深度，就在很大程度上决定了推销人员的推销绩效。一般来说，推销人员的知识结构主要包括以下 4 个方面。

1. 企业的知识

企业的知识包括企业的背景、发展历程，企业的经营现状、市场地位，企业的经营策略、企业文化、企业的发展战略和发展目标等等。

对于顾客来说，推销人员是企业的代表，是企业的化身，也是企业政策的执行者。掌握相关的企业知识可以使推销人员在与顾客交谈时显得知识渊博，有利于树立推销人员良好的自身形象；同时，也有利于形成融洽的推销氛围，加深顾客对企业的了解，增强顾客对企业的信心。

2. 商品的知识

商品的知识包括推销商品的属性、功能、使用方法、维护和保养方式、售后服务等方面。

推销人员必须对企业所生产的，尤其是自己负责推销的产品或服务非常熟悉，这样才能在推销过程中，及时、有效地回答顾客所提出的各种问题，不至于产生被动的感觉。缺乏与推销商品相关的知识，推销人员是很难说服顾客购买推销商品的。

3. 市场的知识

市场的知识包括市场营销及产品推广的策略与方法、市场调研与预测的方法、营销环境分析方法、目标市场供求关系变化原理等等。

推销人员所面对的各种各样的顾客，组成了具有不同特征的市场，所以要求推销人员应掌握一定的市场知识，这样推销人员才能运用这些市场知识来努力挖掘市场潜力、开发潜在顾客，从而更加有效地打开推销工作的局面。

4. 顾客的知识

顾客的知识包括顾客的分布、消费心理、性格特征、购买动机、购买方式、购买时间和地点、购买条件等等。

推销工作必须要有的放矢，这就决定了推销人员必须要掌握一定的和顾客相关的知识。这些知识有助于推销人员做出正确的判断，明确自己所应争取的对象，从而使自己的推销工作更有目的性，以便在恰当的时机，采取合适的策略与技巧。

推销人员掌握了相同的知识结构，却不一定会形成相同的能力。能力才是一个推销人员在推销过程中的综合体现。所以，一名合格的推销人员除了具有过硬的素质、全面的知识以外，还需要具备一定的能力结构。

7.1.4 推销人员的能力结构

以下五种能力是推销人员在推销工作中最需要的。

1．敏锐的观察能力

推销人员每天要在不同的环境中与各种各样的顾客打交道，要了解顾客所想、了解顾客所需，就必须具有敏锐的观察能力。推销人员应该通过观察周围环境和顾客的行为表现，来了解顾客购买过程中的心理状态，获得有关顾客内心活动的各种信息。对于推销人员来说，顾客是无处不在的。推销人员只要时刻留心、仔细观察，就能够随时随地发现开展推销工作的机会。

2．严密的分析判断能力

推销人员在推销工作中会接收到外部环境中的大量信息，常常要同时面对很多问题，在这些问题中哪些是重要的，哪些是可以稍后解决的，哪些是关键信息，哪些是一般信息，哪些是虚假的干扰信息，就需要推销人员加以分析和判断。合格的推销人员要能够透过表面现象来发现实质问题，并及时将自己的时间与精力投放到解决那些关键问题、核心问题或首要问题上来，这样才能取得事半功倍的效果。

3．良好的交往和沟通能力

推销人员的良好的交往和沟通能力，会加强推销人员与顾客之间的关系，增加推销人员获得信息的渠道，提升推销工作效果。

交往与沟通能力大部分是在后天的实践活动中逐步培养起来的，它要求推销人员要有广博的知识，掌握必要的交往礼仪，拥有与他人主动交往的心态。首先推销人员要“会说”：推销人员必须是一个健谈的人，要拥有良好的语言表达能力，在介绍产品、洽谈业务或回答问题时，要清晰、准确、简洁、明了，要能够吸引顾客的注意力，抓住顾客的心理，促使顾客产生强烈的购买欲望。其次推销人员还要“会听”：倾听也是一种能力，耐心地倾听顾客的表达，不仅是一种礼貌，也是对顾客的尊重，而且在有些情况下，也是一种争取顾客的有效手段。

4．灵活的应变能力

应变能力是指在外界环境发生变化时，有效地调节自己的行为，使推销工作向着有利于成功的方向进展的能力。推销人员在推销过程中，可能会遇到各种情况，比如顾客突然提出一些事先无法预料到的问题，或者眼看成交的交易突然陷入困境等等。那么如何回答问题或者挽回局面，就需要推销人员具有灵活的头脑、敏捷的思维，来沉着、冷静、果断地处理这些突发情况。如果推销人员缺乏应变能力，事到临头却手足无措，就无法采取必要的应对措施，推销工作自然也难以取得成功。

5．一定的创新能力

无论从事何种事业，都离不开创新，推销工作更是如此。在现代的推销工作中，顾客对常用的传统推销方式和方法已经屡见不鲜了，很难有效激发顾客的兴趣和购买欲望，而一些别出心裁的推销手段和方法，有时却能获得意想不到的推销效果。所以，一名合格的推销人员就要做到敢于创新并善于创新。

7.2　推销对象——顾客

了解顾客的需求，这是推销人员开展推销工作的起点，也是整个推销活动得以进行的基础。顾客之所以会购买推销人员推销的商品，并不是因为这种推销商品如何精美、如何先进，而主要是由于这种推销商品能够很好地满足顾客的需求。只有能够满足顾客需求的商品，才能最终被顾客所接受。

顾客的需求具有不同的层次和内容，不同的顾客对不同的推销商品有着不同的需求，即使同一个顾客在不同的时期也会对同一种推销商品有着不同的需求。所以推销人员在正式开展推销工作之前，首先必须对自己所面对的顾客需求进行分析，这样才能根据不同的需求采取不同的推销策略，最终取得推销成功。

7.2.1　顾客对商品的心理需求

不同的顾客对不同的商品有着不同的心理需求，这与顾客的社会地位、生活经历以及经济状况等多种因素有关。在推销过程中，顾客对推销商品的心理需求主要包括以下五个方面。

1．顾客对购买方便的心理需求

现代营销理论认为，顾客在购买商品时所支付的成本并不仅仅是货币，还包括时间和精力，顾客对购买方便的需要实际就等于为自己节省成本的需要。所以推销人员为满足顾客购买方便的心理需要，就应该在推销方法、推销手段等方面为顾客提供方便的条件。

阅读资料

美国雅芳公司的推销人员埃德娜·拉尔森在谈到自己为什么拥有如此多的顾客时说："首先，我的行为取得了用户的信任；其次，我为她们提供了方便。很多职业女性没有时间到店里购买她们所需要的化妆品，我就专门上门为她们提供服务，为她们节省了大量的时间和精力，这正是她们所需要的。”

（资料来源：张本心. 60分钟金牌直销员. 北京：机械工业出版社，2005）

2．顾客对商品质量、安全和保健的心理需要

随着生产技术的进步和生活水平的提高，人们越来越关心自己的生活质量，这就使顾客对商品质量、安全和保健的需求越来越突出，这已经成为了现代消费中的一大趋势，这一点从最近几年来绿色产品的兴起就可见一斑，从食品到家电，绿色产品得到了顾客更多的青睐。

推销人员为了满足顾客这种心理需要，就应从以下两个方面做好工作：

(1) 认真选择自己所推销的商品。推销人员不能为了追求经济利益而放弃对推销商品的选择。推销人员一定要选择那些能够给顾客带来真正利益的、具有质量和安全保证的商品，并做好商品的质量和安全性方面的宣传工作。

(2) 推销人员在推销过程中一旦发现推销商品存在质量问题或安全隐患时，要及时向顾客说明，并将相关情况报告给企业及有关部门，使顾客避免受到损失，也使企业能够及时弥补商品的缺陷，进一步提高商品的质量和安全性。

3．顾客对商品新、奇、美的心理需要

通常来说，新商品都采用了新技术，在设计和使用过程中更加人性化，性能也更加优良，所以在同等条件下，新产品往往是顾客的首选；同时，人们大都对未知的事物充满了好奇心，对商品的追求也越来越个性化，喜欢那些标新立异、与众不同、打破成规的商品；而对于美的追求，则是人人皆有的目标，就像俗话所说：“爱美之心，人皆有之。”那些具有美丽的包装和外形的商品历来都能博得顾客的喜爱。

商品的新、奇、美更多的是生产厂家应注意的问题，而推销人员为了达到与生产厂家相配合，也需要在推销手段和方法方面不拘一格、出奇制胜。

4．顾客对商品价格的心理需要

价格是顾客在选择商品时最关心的因素，它直接决定着顾客的购买行为。不同的顾客对商品价格有着不同的反应。大多数顾客对价格都很敏感，降价可以成为吸引他们的最好方式；而一些经济条件较好的顾客，则会更加看重商品的质量和附加利益，从而愿意购买一些优质的、有地位的高价商品。因此，推销人员就要针对不同顾客对商品价格的不同要求，采取不同的策略与方法。

5．顾客一些特殊的心理需要

有些顾客会对某些推销商品有着特殊的心理需要，这些特殊心理需要是通过推销人员与顾客交往过程中逐渐发现和明确的。而这些特殊的心理需要，对促成顾客的购买行为起到了至关重要的作用，有时甚至发挥着其他心理需要所无法达到的作用。

阅读资料

比利时的推销人员范德维格了解到阿拉伯国家的伊斯兰教徒在进行祈祷时，要面向圣城麦加的方向，于是他就将扁平的指南针嵌入到了传统的祈祷地毯中，并通过一定的设计，使指南针指向圣城麦加的方向。这样，无论伊斯兰教徒走到哪里，在祈祷的时候都不会迷失方向，只要把地毯往地上一铺，圣城麦加的方向就呈现在眼前。这一设计迎合阿拉伯国家中伊斯兰教徒的宗教需要，很快地占领了阿拉伯国家的市场，成为了当地的畅销产品。

(资料来源：刘志超. 现代推销学. 广州：广东高等教育出版社，2004)

顾客具有上述不同的心理需要，再与其不同的个性相结合，就会在推销过程中有着各种各样的行为表现。虽然顾客具有多样化的行为表现，但还有一些具有代表性的行为表现经常在推销过程中出现。下面介绍顾客在推销过程中一些常见的行为表现。

7.2.2　顾客常见行为表现分析

一般来说，以下几种行为表现是在推销过程中经常出现的，推销人员必须加以注意和分析，并能够通过适当的行为加以应对。

1. 顾客表现的犹豫不定

有些顾客在购买推销商品时总是表现出犹豫不定，拿不定主意，有时对推销人员的引导漠不关心，有时又对商品提出各种各样的问题，让推销人员一时无法判断其是否真心想购买推销商品。

这种顾客之所以会有这种表现，可能是出于以下的原因：

(1) 行为谨慎。有些顾客对待每一件事都谨小慎微，怕做出错误的决定，办事缺乏果断性，这是一种长期形成的行为习惯，尤其在女性消费者身上更加明显。

(2) 对商品的疑虑。现代社会生产技术的提高使得市场上出现了许多类似的同质产品，同时，也由于商品的技术含量的增高、专业性的增强，推销人员详细全面地介绍商品有时很难做到，推销人员简单的介绍又难以使顾客全面了解商品的性能和质量，这也在一定程度上造成了顾客在购买过程中表现出犹豫不决。

(3) 顾客自我意识较强。一些自我意识较强的顾客都有自我决定购买商品的习惯，喜欢根据自己的意识来进行判断，不愿听从别人的意见与建议，甚至会对推销人员的介绍和引导感到反感。特别是当推销人员的意见与自己的感觉有差异时，顾客便会对商品进行更加细致地比较和分析，一时难以决策。

(4) 对经济因素的担心。对于价格比较昂贵的商品，顾客在做出购买决策时一般都会存在一些经济方面的担心。一方面要考虑随着生产技术的进步，在短期内这种商品是否有降价的可能，另一方面还要考虑是否有其他相关支出会使自己出现经济上的困难。

对于这种犹豫不决的顾客，推销人员不可催促他们迅速作出决定，否则只会适得其反。推销人员应该根据顾客的言行，来设法了解造成其犹豫不决的原因，然后再采取针对性的策略。对于行为谨慎的顾客，应该给他们充分的时间让其进行全面的比较和考虑。在比较过程中，推销人员可以简单介绍推销商品的特点；对于对商品有疑虑的顾客，推销人员可以通过详细的解释或实际演示等方法，来消除顾客的疑虑；对于自我意识较强的顾客，推销人员应该让其自行作出决策，只需向其提供进行决策所需的相关信息即可；对于担心经济因素的顾客，推销人员应尽可能地宣传推销商品所能给顾客带来的利益，进而淡化经济因素。无论造成顾客犹豫不决的原因是哪一种，推销人员在言语、表情、行为上都要表现得有耐心、有礼貌，并表示对顾客的充分理解，用温和的语言、热情的态度、友善的行为来促使顾客下决心购买。

2. 顾客不愿与推销人员见面

每个人都有一定的自我防范心理，而对陌生人这种心理更加明显。如果顾客没有急迫需要就不会愿意与推销人员见面，甚至会对上门进行推销的推销人员表示反感，以各种借口进行回避。这类顾客之所以会有这种表现，可能有以下原因：

(1) 对推销人员不信任。由于推销人员队伍组成比较复杂，而且推销人员的素质也参差不齐，不可避免会出现某些推销人员为了自己利益而损害顾客利益的现象，而顾客一旦有了受骗的经历，就会对整个推销人员队伍产生误解，进而避免与任何推销人员见面，以免再次上当。

(2) 顾客怕麻烦。大多数顾客并不能把推销人员带来的方便看做是自己的一项利益，而认为推销人员仅仅是为了赚钱而进行推销；同时，有些推销人员也缺乏相关技巧，在接近不同的顾客的时候都采用统一的软磨硬泡方式，浪费了顾客大量的时间。顾客为了避免这种情况，就会不愿与推销人员见面了。

(3) 顾客不具有需求。如果顾客不具有对推销商品的需求，他就认为没有和推销人员见面的必要，这种顾客是推销人员最难以接近的顾客。

可以说，推销人员如果不能与顾客见面，就没有任何推销机会。所以，面对这类顾客，推销人员首先要与顾客进行成功的接触，这就成了这种情况下推销成功的关键。对于对推销人员不信任的顾客，推销人员可以通过熟人介绍等方式来降低这种不信任感；对于怕麻烦的顾客，推销人员应该尽可能地使顾客了解到推销商品所能给其带来的利益与好处，并看到推销人员带来的便利；对于没有需求的顾客，推销人员就不要抱太大希望，可以将其作为潜在顾客加以观察，当顾客需求发生变化时，再对他进行推销工作。

3. 顾客讽刺、挖苦推销人员

推销人员在开展推销工作中，经常会遇到讽刺、挖苦、奚落自己的顾客，这种情况会给推销人员，尤其是新从业的推销人员带来很大的心理压力。这种顾客之所以产生这种行为，可能是出于以下原因：

(1) 顾客对推销人员抱有成见。由于某些不正确思想的影响，使得顾客对所有推销人员都有一种成见，甚至是敌意，因此他们一旦与推销人员见面，就会以讽刺、挖苦的话来发泄自己心中的不满。

(2) 恰逢顾客心情不佳。这种情况的出现，可能是由于顾客此时刚好心情不佳，想要一个人静一静，或者无处发泄自己的怒气，这时推销人员就有可能成为顾客的出气筒，受到挖苦和奚落。

(3) 顾客想得到某种补偿。这是顾客在与推销人员接触过程中常用的一个小伎俩，他们希望通过几句讽刺和挖苦的话来使自己在接下来的推销面谈中占据有利地位，让推销人员对自己另眼相看，从而在价格、服务上获得更大的有利条件。

(4) 顾客是爱挖苦人的性格。这是顾客长久以来形成的个人习惯，他习惯于通过挖苦讽刺别人来获得某种心理上的满足。由于推销人员又是与自己没有任何关系的陌生人，因而更容易受到讽刺、挖苦。

受到顾客的讽刺、挖苦和奚落，几乎是每个推销人员都遇到过的情况。面对这种情况，推销人员要宽厚、忍耐，要等顾客把话说完、心情畅快的时候，再晓之以理、动之以情，尽量排除自身不良情绪的干扰。对于讽刺、挖苦的话不要太在意，要把它看做是顾客和自己交流的一种特殊方式，毕竟这样总比顾客拒绝与推销人员见面要好得多。当顾客通过推销人员的言行发现自己不对时，就有可能在内心产生内疚感，也许就会通过购买行为来对推销人员进行补偿。

上述几种推销过程中常见的顾客行为表现，在其背后都有着一定的心理因素。可见，了解顾客在推销过程中的心理状态和心理变化具有一定的意义。下面介绍推销过程中顾客的心理演变。

7.2.3　顾客购买心理演变过程

1. 顾客购买心理演变阶段

推销过程中，顾客在面对推销活动时，其心理状态大致会经历以下几个演变阶段(见图 7-3)：

(1) 引起注意。注意是人们心理活动对一定对象的指向和集中，以便能够对某种事物获得清晰的反应。在推销过程中，首先要吸引顾客的注意力，使其注意到推销商品的存在，这是推销工作的基础，是促使顾客购买的先决条件。

(2) 产生兴趣。顾客在注意到商品之后，有些人看过之后就离开了，有些人会因为商品的某些特性而产生兴趣，进而产生想进一步探究的想法，对商品进行更细致地观察和了解。

(3) 展开联想。对于能够引发顾客兴趣的商品，顾客会给予更多的关注，并通过多种途径，比如触摸、询问、试用等等，使其产生浓厚兴趣，并产生一种联想，即想象自己使用该商品时的情景，比如对一件中意的服装，顾客会想像自己穿着这件服装时的情景。

(4) 产生欲望。顾客对商品的进一步联想，就会产生强烈的购买欲望。如果购买欲望足够强烈，就能够使某些顾客产生购买行为。但较为成熟的顾客会对这种临时产生的购买欲望采取谨慎的态度，比如会形成一定的疑问：这种产品是不是最好的，是不是最适合我的？在这些疑问解决之前，他们一般不会采取购买行为。

(5) 进行比较选择。为了解决以上的疑问，顾客会对推销商品进行一番比较，在和同类商品的比较过程中来寻找自己的不满意因素，并把这些不满意因素向推销人员或者企业进行反馈。

(6) 决定购买。经过比较之后，如果顾客没有发现不满意因素或者这些不满意因素被推销人员有效解决，顾客在符合购买条件的情况下，就会做出购买决定，这时如果不发生一些特殊情况，就离产生购买行为只有一步之遥了。

(7) 产生购买行为。对商品感到满意的顾客，如果满足购买条件、拥有购买能力，就会积极达成购买协议，产生购买行为。但购买行为的产生并不表示整个推销活动的完成，推销人员还要向顾客提供一定的售后服务，通过服务的延续来重新引起顾客的注意，以进行更进一步的推销工作。

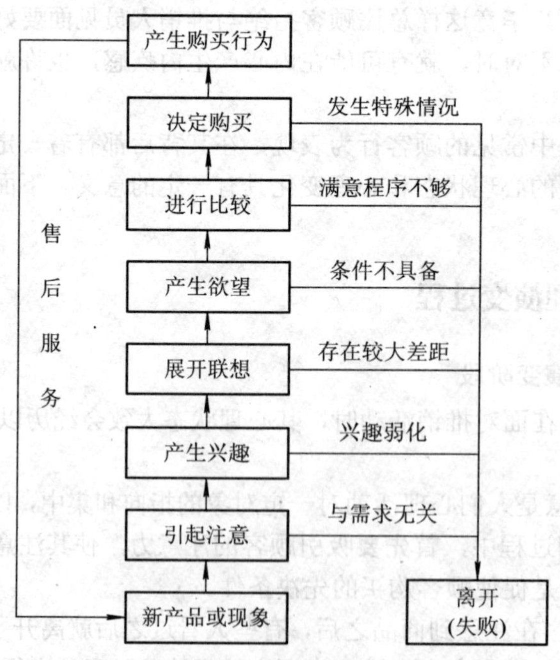

图 7-3　推销过程中顾客购买心理演变阶段

当然，实际推销工作中，并不是每次推销活动都能够顺利地沿着这些阶段向前演进并最终产生购买行为，还有很多情况的出现会使推销工作归于失败，比如引起顾客注意后顾客发现推销商品与自己的需求无关、顾客产生了一定的兴趣之后没有采取后续措施而使得顾客的兴趣发生弱化、通过联想发现推销商品与内心期望有着很大差距、虽然产生了购买欲望却发现不具备购买条件、经过比较之后没有达到充分地满意、在决定购买时发生了缺货等特殊情况等等；同时在有些情况下还会在某些阶段出现一定的反复。所以，推销人员必须要能够根据顾客的外在表现来对顾客所处的购买心理具体阶段作出判断，并通过一定的行为来促使顾客的心理演变向着产生购买行为的方向发展，这样才能获得推销工作的成功。

2. 顾客购买心理各阶段的表现以及应对策略

(1) 引起注意。通常情况下，顾客如果对推销商品或推销人员给予注意，其在表情或行为上会有如下表现：将视线移向推销人员，注意推销人员的推销行为；仔细聆听推销人员的介绍；注意推销商品或推销资料。为了引起顾客注意，推销人员可以采用以下策略：

① 采用独特的商品展示和陈列方式。要吸引顾客的注意力，首先要吸引顾客的目光，抓住顾客的第一视觉感受。推销人员可以通过有特色的商品展示和陈列方式，使顾客感到新奇，从而引起顾客的注意，这是最为有效的引起顾客注意的方法之一。

② 良好的个人仪表。整洁的仪容仪表会给顾客留下良好的个人形象，从而使顾客注意到推销人员，进而注意到推销人员所推销的商品。所以，推销人员在推销过程中，一定要注意个人的仪容仪表。

③ 目视顾客。目光的交流可以传递很多信息。推销人员在进行推销时，一定要目视顾客，目光中要带有自信、友善，同时以微笑来表达自己的热情与诚信，使顾客能够感受到推销人员对他的关注，并产生对推销人员与推销商品的关注。

④ 说好开场白。顾客往往在听第一句话时的注意程度最高，因此推销人员的开场白就对吸引顾客注意力有着重要的作用。推销人员的开场白最好不要做无意义的表达，开头几句要生动有力、语言简练，不能拖泥带水，最好能够有与众不同的特点。

阅读资料

菲律宾为了有效推动本国旅游业的发展，经常通过各种方式来宣传本国的旅游优势。有一年，菲律宾的旅游管理机构制作了这样一则广告：广告的第一句话就是“菲律宾旅游的十大危险!!”，然后列举了在菲律宾旅游要注意的十个方面：小心购物太多，因为这里的货物便宜；小心吃得过饱，因为这里的食品物美价廉；小心被晒黑，因为这里阳光充足；

小心潜水过久，因为这里的海底景色美丽迷人；小心胶卷不够用，因为这里的名胜古迹太多；小心上山下山，因为这里的山光云影常使人不注意脚下；小心喜欢上菲律宾人，因为这里的居民热情好客；小心坠入爱河，因为菲律宾姑娘热情美丽；小心被亚洲最好的酒店餐馆宠坏；小心对菲律宾着迷而不忍离去。这种广告首先以“十大危险”为开场白，一下就把顾客的注意力吸引了过来，然后再以独特的方式列举了菲律宾旅游的十大优势，取得了很好的宣传效果。

（资料来源：黄恒学. 现代高级推销理论与技巧. 北京：北京大学出版社，2005）

(2) 产生兴趣。如果顾客对推销人员所推销的商品产生了兴趣，就会对推销人员做出积极的反应：在聆听的过程中，对推销人员所提到的相关问题进行询问，并向推销人员索要更多的资料和信息。根据这些行为表现，推销人员就可以大致断定顾客已经对推销商品产生了兴趣。为了进一步增加顾客的兴趣，推销人员可以采用以下策略：

① 简练地概括推销商品的主要特点。一般情况下，顾客都不喜欢冗长的产品介绍，所以只有简练的产品介绍才可以使顾客已经产生的兴趣不会发生弱化。

② 采用适当的演示。仅仅用语言来激发和保持顾客的兴趣作用往往十分有限，最好能够结合一定的示范或者让顾客亲自体验一下，这些方法能够有效增加顾客的直观感受。

③ 采用一些非常规的方法来激发顾客的兴趣。人们对于那些习以为常的事物总是表现的缺乏兴趣，那么推销人员就可以采用一些非常规的、新颖独特的方法来引起顾客的兴趣，这种方式的效果是十分明显的。

(3) 展开联想。如果顾客内心开始展开联想，则会以买主的立场对推销商品提出质疑，从咨询商品本身转向咨询其他一些有关问题，比如商品使用过程中的注意事项、各种商品维护、保养方法等等。针对这些状况，推销人员可以通过以下的策略和方法，来帮助顾客展开充分的联想：

① 进行先例引导。对于一些商品，如果顾客看到别人购买了这种商品并且在使用过程中效果良好，就会联想自己购买并且使用这种商品也能获得同样的效果。所以推销人员可以向顾客列举一些实际例子，这样的先例引导有助于顾客进行充分地联想，并进而产生购买欲望。

② 有针对性地强调商品的特性。顾客一般都是对于那些符合自己兴趣的方面来展开联想的，所以推销人员也应该针对顾客兴趣所在来强调商品的特性，对于难以用语言充分表达的方面，可以利用图片或影像等其他方式来加以辅助。

(4) 产生欲望。如果顾客对推销商品表现的恋恋不舍，所提出的问题更具体更详细，对商品的价格特别关注，甚至在语言表达中流露出对推销商品的渴求，就说明顾客已经产生了一定的购买欲望了。推销人员可以针对这种情况采用以下策略：

① 强调商品对顾客需求的满足。对于具有购买欲望的顾客来说，都存在着对推销商品的需求，所以推销人员可以针对顾客的需求，强调商品对顾客需求的满足能力，进一步激

发顾客的购买欲望。

② 强调购买后顾客所能获得的利益。这种利益不仅仅是经济利益，也可以是某种心理上的满足，比如别人的赞美等等。只要推销人员能够证明推销商品在购买之后能够给顾客带来更多的利益，顾客的购买欲望就会有所增加。

③ 利用逆反心理来激发顾客的购买欲望。每个人都有一定的逆反心理，推销人员如果能够对顾客的逆反心理加以适当的利用，就会取得良好的推销效果。

阅读资料

某家烟草公司为了在西欧地区打开其"皇冠"牌香烟的市场，安排了一名推销人员前去推销。但当这名推销人员到达当地时，却发现当地市场早已被当地的香烟品牌牢牢占据，他尝试了各种办法，但收效甚微。后来他受到公共汽车上的"禁止吸烟"告示的启发，想到了一条妙计。他定制了很多大幅的广告，在上面用大字明确写着"此地禁止吸烟"，然后又在下面用稍小的字体写上"连皇冠牌香烟也不例外"的字样。这种广告一经投放，使得皇冠牌香烟的销量激增。

这种广告就利用了烟民的逆反心理。烟民在看到这则广告时，就会想：连皇冠牌香烟都要明确禁止，那我倒要试试皇冠牌香烟有什么不同，这就有效地激发的顾客购买欲望。

(资料来源：李桂荣. 现代推销学. 北京：中国人民大学出版社，2003)

(5) 进行比较。顾客在进行比较时，就表现为对同类商品在功能、质量、价格、售后服务等方面进行衡量，寻找之间的差距，然后以不相信或批评的口吻指出推销商品在某些方面的不足或问题。这种比较表面上看是顾客在寻找推销商品的不足，而实际上则是顾客在建立对推销商品的信心。为了使顾客的比较获得一个积极的效果，推销人员可以采用以下策略：

① 向顾客提供同类商品的信息。在顾客进行比较的过程中，如果推销人员能够向顾客提供全面的信息，就可以使顾客的比较活动更加充分，同时也表明了推销人员对推销商品有充分地信心，这也会使顾客对推销人员和推销商品的信任感有所增加。

② 不可批评竞争者和竞争产品。在顾客进行比较的过程中，推销人员可以赞扬甚至是鼓吹自己的推销商品，但尽量不要批评竞争者和竞争产品。因为在背后评论一个人，尤其是说坏话，本身是一种不光彩的做法。所以推销人员的语言表述一定要有原则性。

③ 有效消除顾客的疑虑。顾客在进行比较之后还会形成新的问题，推销人员必须要给予适当的解答，找出问题的原因，并且原因要充分，不能有推脱之感；对于那些自己现在无法有效解答的问题，一定要向顾客承诺会给予其答复，并通过相关工作使这些问题最终得到解决，这样可以进一步确立或加强顾客对推销人员和推销商品的信心与好感。

(6) 决定购买。只有经过了充分的比较，并对推销商品感到满意，顾客才会做出购买决定。影响顾客购买决定的因素很多，主要有交易方式、服务条件和购买中的相关问题。针对这些因素，推销人员可以采用以下策略：

① 向顾客进一步阐述值得购买的理由。推销人员要针对顾客的需求与推销商品的特性的结合点向顾客进行阐述，使顾客理解到这种推销商品对自己需求的满足程度，认识到现在现在购买推销商品是当务之急。

② 向顾客说明推销商品的相关服务。推销人员要向顾客保证企业和自己愿意并且有能力做好售中和售后服务工作，让顾客了解获得这些服务的途径和方式，以及企业和自己为向顾客提供各种服务所作出的努力，免除顾客的后顾之忧，放心购买。

(7) 产生购买行为。这是顾客的购买心理向购买行为转化的阶段。在这个阶段中，顾客会与推销人员进行讨价还价，进行具体交易内容的协商。推销人员在这一阶段中，首先要感谢顾客对自己推销工作的支持，并希望以后有机会能够再为顾客提供服务；同时，推销人员也要做好购买协议的签订和履行，保持与顾客适当的联系。这些策略将使推销人员与顾客之间形成良好的主顾关系，使顾客感觉到企业和推销人员对自己的尊重，提高企业和推销人员在自己心目中的地位，发挥顾客口碑效应，使本次推销活动成为其他推销活动的良好开端。

在推销过程中，顾客的购买心理主要经历了从引起注意到产生购买行为等几个阶段的变化，推销人员必须能够对顾客购买心理各阶段的行为表现有一定的了解，并根据顾客的具体情况有针对性地开展推销活动，推动推销工作向最终的成功发展。

7.3 推销客体——推销商品

推销商品是推销的客体，即推销的标的物，是推销双方交易的对象。推销人员所推销的商品对顾客来说有没有吸引力，是推销工作能否取得成功的一个重要因素。在市场营销学中，把商品对于顾客或消费者的吸引力称为商品引力。深刻认识商品及其价值，深入理解商品引力的内涵和作用机理，这不仅是推销人员有效进行推销工作的需要，也是企业正常开展生产经营活动，提高市场竞争力和企业价值的重要基础。

商品这一概念是由产品概念演化而来的，所以首先我们从产品概念入手，来分析一下产品的功能、成本和价值。

7.3.1 产品功能、成本、价值分析

1. 产品概念的演化

随着经济发展，人们对于产品这一概念的认识也在不断地发展变化。对于产品概念的

理解，主要经历由传统产品概念向整体产品概念的演化。

1) 传统产品概念

传统的产品概念认为，产品是人们所生产的某种有用的物质实体。这种传统产品概念的内涵主要有三个方面：

(1) 产品是人们生产、制造出来的。那么生产、制造产品就需要花费一定的成本代价，比如人力、物力、财力等。

(2) 产品是有用的，具有某种使用价值。基于产品的有用性，就产生了产品的质量并得到消费者的关注，使得产品的质量成为了其有用性的象征与体现。

(3) 产品是物质实体。即产品的存在是人可以感知的，这是对于产品的最初印象，仅仅将产品局限于看得见、摸得着的物质实体。

2) 整体产品概念

整体产品概念是从市场营销活动中产生的一种扩展的产品概念，这种概念认为，产品是向市场提供的、能够满足用户需要的物品和服务，即产品=实体＋服务。

与传统的产品概念相比，整体产品概念的扩展主要体现在以下几个方面：

首先，这一概念明确而且强调了产品的核心是提供足够的功能来满足用户的需要；其次，这种产品概念在产品的形态上，引入了工效学、技术美学等相关理念，从而更好地满足顾客对产品形体在审美和效能上的需要；再次，它拓宽了产品的外延，将产品所能给顾客带来的附加利益，比如方便、告知、服务，也作为产品整体的一部分，从而使这种概念下的产品能够更好地满足顾客的整体需求。

这种整体产品概念下的产品，主要由以下三个层次综合构成(见图 7-4)：

① 产品的核心层。它决定了产品存在的根本理由。产品的功能体现了产品的价值，能够满足顾客的特定需要，而且这种用来满足顾客需要的功能可以由产品实体产生，也可以独立于产品实体存在，同时，同样功能也可以由不同产品来提供，这就形成了多样化的市场竞争。

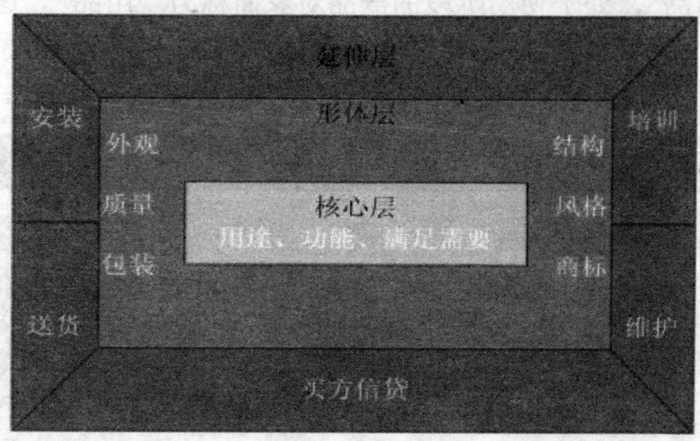

图 7-4 整体产品概念下产品的构成

② 产品的形体层。这是产品可以感觉到的外在形态，一般包括产品的外观、结构、包装、商标等方面，如果是非实物形态的服务，那么它的形体层就是指服务的具体方式与过程。

③ 产品的延伸层：产品的延伸层也可以被称为是附加利益层，这是对于传统产品概念的最主要的扩展。它将随同产品一同提供给顾客的各种服务也看作是整体产品的一部分。

2．产品对象演化的成本、功能和价值形态

整体产品概念中，将功能看做是产品的核心，十分重视用什么样的功能来更好地满足顾客的需要，而功能就是产品用来满足顾客需要的一种属性。可以说，功能是产品对象的灵魂，是产品得以存在的根本理由。

但实际的社会生活告诉我们，要生产或获得某种功能来满足自己的需要是必须要付出一定代价的，也就是要支付一定的成本。可是人们对于用来满足自己需求的功能总是希望越大越好，而为此所付出的成本总是希望越小越好，这两个方面相互制约的情况，就要求人们在这两个方面之间进行权衡，以优化自己的选择结果。这样就产生了基于功能和成本分析的价值理论，并进而演化成一门新的学科——“价值工程学”。

在价值工程学中，将价值理解为一种比较价值，即我们日常所说的“核算”、“划得来”，比如我们衡量商品经常会用到的性价比，它就是用性能来表示产品的功能，用价格来表示产品成本。这样，产品价值就可以表现为其所具有的功能和获得这种功能的全部成本之比，即

$$功能=\frac{功能}{成本}$$

在这里，为了便于后面的分析，我们把整体产品概念下的一般产品(包括实体和服务)称为“产品对象”。在市场经济条件下，产品对象在其演化过程中主要经历了三个阶段：生产阶段、营销阶段和使用阶段。处于生产阶段的产品对象简称为“产品”，处于营销阶段的产品对象简称为“商品”，处于使用阶段的产品对象简称为“用品”。这三个不同阶段的产品对象各有其功能、成本和价值形态(见表 7-1)。

表 7-1　产品对象的三种功能、成本、价值形态

	生产对象	营销阶段	使用阶段
对象形态	产品	商品	用品
功能	产品功能	商品功能	用品功能
成本	产品成本	商品功能	用品成本
价值	产品价值	商品功能	用品功能

(1) 产品的功能、成本、价值形态。对于生产者来说，在生产制造阶段，要获得产品对象的高价值，就是要优质低耗，即花费尽可能少的生产制造成本来获得尽可能多的产品功能。这里的产品功能是指产成品的固有功能，而产品成本就是生产总成本，包括从设计制造到产品包装入库全过程中所发生的全部成本与费用。

$$产品价值=\frac{产品功能}{产品成本}$$

(2) 商品的功能、成本、价值形态。生产者生产某种产品，并不仅仅是为了自己使用和消费，而是为了将产品销售出去，从而使产品转化为商品。为了实现这一转化，就需要进一步增加营销成本费用，比如用于商品储运、商标注册、广告宣传、人员推销、营销管理等方面的成本费用。也就是说，在营销阶段中，产品对象成本从产品成本转变为商品成本，即在生产总成本的基础上增加了营销成本，同时，产品功能也转变为商品功能，即在产品功能的基础上增加了告知、方便、服务等营销功能。这样商品价值就表现为：

$$商品价值=\frac{商品功能}{商品成本}=\frac{产品功能+营销功能}{产品成本+营销成本}$$

在营销阶段中，由于产品功能和产品成本已经形成，因此提高商品价值的主要途径就是提高整个营销阶段的服务水平，降低营销成本费用。

(3) 用品的功能、成本、价值形态。顾客购买并开始使用商品之后，商品就转变成为用品。这样，在使用阶段中，用品的价值就表现为：

$$用品价值=\frac{用品功能}{用品成本}=\frac{商品功能+添加功能}{商品成本+添加成本}$$

其中，添加功能就是指顾客为使商品适合自己的使用需要而进行小的改进而形成的新功能，在这种改进过程中所发生的成本就是添加成本。

以上就是产品对象在其演化过程中所经历的三个不同阶段中形成的三种不同的功能、成本、价值形态。这三种不同的功能、成本、价值形态分别是从不同的角度出发来对产品对象的价值加以描述的：产品的功能、成本、价值形态是从生产者的角度上出发进行描述的，商品的功能、成本、价值形态是从营销者的角度上出发进行描述的，用品的功能、成本、价值形态是从使用者的角度上出发进行描述的。

7.3.2　商品引力的构成

由于推销工作属于营销阶段，因此我们从上面营销阶段的商品的功能、成本、价值分析入手来研究一下商品的引力。

通过上面的分析我们能够看到，在营销阶段中商品价值是营销活动的核心内涵，那么作为营销活动的一个组成部分，人员推销也应该将其作为核心。对于顾客来说，一种商品有没有吸引力，就看这种商品能否更好地满足自己的需要，这就是商品引力的核心或本质所在。可以说，商品价值越大，就越能更好地满足顾客的需要，那么这种商品对顾客的吸引力也就越大。因此，我们把商品价值作为商品引力的源泉，提高商品价值也就成为了提升商品引力的根本途径。在前面的分析中，我们得到了商品的功能、成本、价值形态的表现形式，如果我们用某种商品的价格来表示这种商品的成本的话，就得到了：

$$商品价值=\frac{产品功能+营销功能}{商品价格}$$

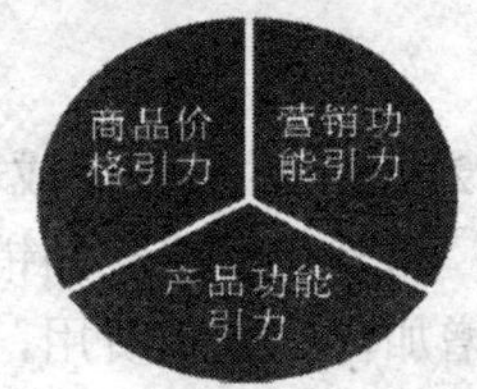

图 7-5　商品引力的构成

可见，产品功能、营销功能和商品价格会对商品价值产生影响，这三个方面也就必然会最终影响到这种商品对顾客的吸引力，这样我们就得到的商品引力的构成：商品引力由三个部分(即产品功能引力、营销功能引力和商品价格引力)构成(见图7-5)。

1．产品功能引力

产品功能引力是指产品的基本功能所能提供的满足顾客的特定需要的能力，表现为顾客对产品功能的满意程度。

2．营销功能引力

企业的营销活动所提供的功能可以使顾客的特定需求得到更好的满足，营销功能在提高商品价值的同时也提高了顾客需要的满足程度，表现为顾客对营销服务的满意程度。

3．商品价格引力

商品价格引力即在顾客获得产品功能和营销功能时，按成交价格支付的成本代价，表现为顾客对商品价格的满意程度。

7.3.3　商品引力的内容及提升策略/

1．产品功能引力

1) 产品功能引力的内容

(1) 产品适用性：产品的适用性是指产品的基本功能满足用户需要，符合顾客要求的程度。顾客一般都不是什么技术专家，他们也不太关注产品的质量标准，他们所关注的主要就是这个产品是否满足自己的需求。可以说对顾客适用的产品才是具有吸引力的产品。

(2) 产品可靠性：有些产品虽然性能优越，但是并不可靠，它也不是最终符合顾客要求的产品，因为它不能稳定可靠地满足顾客的需要。可靠性是指产品在规定的时间内，在规定的条件下，完成规定功能的能力，其中包括产品精度的稳定性、性能的持久性、零部件的耐用性和使用的安全性等等。可靠性越高的产品，对顾客的吸引力越大。

2) 提升产品功能引力的方向

现代商品体现着个性化、小型化、智能化、节能化、绿色化的发展方向，而这些发展趋势，正是为了迎合广大顾客需求的变化，也就指明了提升产品功能引力的方向。

(1) 个性化。原有大批量的社会生产方式，产生了许多具有高度相似性的产品，而这些产品已经越来越难以适应顾客追求个性、追求与众不同的心理需要了。随着柔性制造系统和省时制造设备的出现和推广，使得小批量甚至是单件产品的生产成为了可能，这就为商品个性化发展提供了发展空间。

阅读资料

美国的驰名玩具“芭比娃娃”有着成千上万种造型和组合可供顾客选择，顾客可以根据自己的喜好来选择娃娃的容貌、头发、服装，而娃娃的购买也是以“领养”方式进行的，即孩子们给自己选择的娃娃起名字，并登记领养证。所有这些方式都赋予了每个芭比娃娃以鲜明的个性，使芭比娃娃成为美国玩具市场上经久不衰的经典玩具。

(资料来源：董亚辉，霍亚楼. 推销技术. 北京：对外经济贸易大学出版社，2008)

(2) 小型化。现代商品逐渐从原来的大、厚、笨、重向着小、薄、轻、巧发展，特别是便携性、微型化的发展势头更加明显。这些小型化的产品能够节省生产材料，减少占用空间，方便用户使用。小型化的产品能够提高人们的空间利用率，相对扩大生存空间，从而改善人们的生活质量。

(3) 智能化。现代社会中人们越来越感觉到时间的宝贵价值，顾客也越来越需要那些能够为他们节省时间成本的商品，这就要求产品向着智能化的方向发展。智能化能够大幅度提高产品的使用效率和方便性，为顾客节省大量的时间，从而提高产品的适用性。

(4) 节能化。能源问题是全世界共同面临的难题，世界范围内的能源供应日趋紧张，这种情况就对产品提出了节能的要求。能源问题对于我国这样一个人口众多、人均资源相对缺乏的国家来说显得更为重要。节能化高的产品能够直接给顾客带来节省开支、降低成本的好处，也有着增强产品引力的作用。

(5) 绿色化。全球性生态环境的恶化促使人们开始重新定位人与自然的关系，追求走可持续发展道路已经成为世界各国首选的发展模式。同时伴随着人们生活水平的提高，人们对自身健康的追求也变得日益迫切，“自然、健康”在人们消费需求中的地位逐步上升。面对这种情况，许多既不对环境造成破坏，又有益于人体健康的“绿色产品”应运而生，日益受到消费者的青睐。

2. 营销功能引力

营销功能引力主要由品牌引力和营销服务引力两部分构成。

1) 品牌引力

塑造企业及其商品的良好品牌形象，并将有关信息传递给顾客，就会引起人们的注意，提升商品对顾客的吸引力。

对于企业来说，品牌是一种无形资产，品牌就是市场，品牌就是核心竞争力。一个企业的品牌价值有时甚至会超过这个企业的有形资产的价值；而对于消费者来说，品牌也有着重要的价值和意义。首先，品牌有助于消费者识别产品的来源和生产厂家，从而保护消费者权益；其次，品牌有助于消费者避免购买风险，降低购买成本；其次，消费者一旦形成品牌偏好，就能够降低其重复购买成本。

可见，无论是对于企业，还是对于消费者来说，品牌都有着重要的价值和意义。通过提升品牌价值来提高商品对顾客的吸引力，也已经成为现代企业提升商品引力有效途径之一。

企业或推销人员可以通过以下两个途径来提升品牌引力：

(1) 建立品牌认知，提高品牌知名度。品牌知名度是指某个品牌被公众知晓、了解的程度，它表明了品牌为多少或多大比例的消费者所知晓，反映的是品牌传播的广度，是评价品牌价值的重要指标。建立、提高和维护品牌认知，就成为企业争取潜在顾客、巩固现有顾客、扩展市场、提高市场占有率的一种重要手段。

(2) 保障、优化产品与服务，提高品牌的美誉度和忠诚度。品牌美誉度是指某个品牌获得公众信任、支持和赞许的程度，它的作用主要体现在“口碑效应”上，即通过人们的口头赞许和批评，持续不断地向外扩展正面或负面的影响。品牌美誉度越高，其“口碑效应”越明显，它对于顾客的吸引力也就越大。品牌忠诚度是指顾客在一段时间甚至很长时间内重复选择某一品牌，并形成重复购买的倾向。它衡量的是顾客的品牌情感，集中体现了企业品牌的竞争优势。增强品牌忠诚度，就能够在一定程度上降低顾客流失率，从而提高企业经济效益。

上述这两个提高品牌引力的途径是“说”与“做”的关系。光靠“说”，也就是光靠广告宣传，提高知名度是远远不够的，关键在于“做”，即把产品做好、服务做好，这样才能从根本上提升品牌引力。

2) 营销服务引力

在推销过程中所涉及营销服务主要有两种：一种是作用于人的精神的服务，如培训、咨询、信息传播等；另一种就是作用于物质实体的服务，比如货运、仓储、安装、维修等。

在现代市场环境中，顾客在购买推销商品的同时，也就同时获得了与推销商品相关的各项服务。所以提高营销服务对顾客的吸引力，也成为了提升商品引力的一种途径。具体来说，企业和推销人员可以通过以下途径来提升营销服务引力：

(1) 始终以顾客为中心。在向顾客提供营销服务的过程中，应该始终以顾客为中心。始终以顾客为中心不应仅仅体现在服务指导思想上，更应该表现为具体行动，通过解决顾客的各种问题、满足顾客的各种需求，才能体现以顾客为中心。

(2) 迅速响应顾客的要求。提升服务引力的一个关键方面就是要能够迅速响应顾客的要求。第一时间立刻对顾客的要求做出反应，就能够节省顾客的时间，这样既有利于避免顾客等待过程中所出现的不良情绪，也有利于降低顾客的服务成本。

(3) 提供个性化的服务。营销服务也要努力了解顾客的个性化需求。如果企业或推销人员能够以个性化的服务来满足顾客的服务需求，就会使顾客感到被格外的尊重，从而增加其对营销服务的满意程度，提升营销服务引力。

(4) 持续提供优质服务。营销服务不应该仅仅满足于为顾客提供一次性或短期的优质服务，而应该始终如一地为顾客提供持续的、长期的高品质服务，这样才能使企业的营销服务也成为一种品牌，成为一种其他企业难以复制的竞争优势。

3. 商品价格引力

如果说产品的功能是买卖双方交易的主要内容，品牌是企业或产品的标识与旗帜，营销服务是产品功能的拓展与延伸的话，那么商品的价格就是顾客在购买商品时所付出的代价，它将直接影响顾客的利益。

在商品同质化现象十分突出的买方市场上，当产品功能以及各种服务基本相同时，商品价格越低，对顾客的吸引力也就越大，所以许多企业都着力于价格层面的竞争，用廉价来吸引顾客。这种吸引顾客的手段，克服了企业本能的提价冲动，牺牲企业眼前的短期利益来立足于企业的长期发展，这已经被实践所证明是一种有效的提升商品引力的方式。

阅读资料

沃尔玛是世界上最早使用计算机跟踪库存的零售商，也是最早使用条形码和电子扫描枪的零售商，这些先进的技术，使得沃尔玛的库存大幅度减少，提高了其资产运营效率。而沃尔玛将这些优势集中在强调其“廉价”这一核心价值上，也就是将所节约的成本让利给顾客。沃尔玛在世界各地的分店前面都挂着两条横幅——“每天都是低价”和“保证让顾客满意”，这就揭示了沃尔玛成功的秘诀——通过低价来为顾客创造更多的价值。

(资料来源：刘志超. 现代推销学. 广州：广东高等教育出版社，2004)

要提升商品价格引力，企业和推销人员可以从以下几个途径入手：

(1) 转变定价策略，使商品定价能够着眼于提高商品引力。

现代企业应该放弃那种单纯的成本定价策略，以市场导向为主来制定商品的价格，从而使商品价格能够符合外部市场环境及其变化，立足于提高商品价值和提升商品引力。

(2) 努力降低产品成本，形成让利于顾客的资本。

降低产品成本是实现商品廉价的基础，为此企业必须不断进行技术创新和管理创新，创造更多的让利于顾客的“本钱”，这样才能更大程度地实现与顾客的利益分享。

(3) 关注顾客反馈，及时了解顾客在价格方面的要求。

企业和推销人员应该加强与顾客的沟通，了解顾客在商品价格方面的意见和需求，并将相关意见和需求纳入到商品定价决策过程中，使商品的定价能够符合顾客的需要。

讨论与复习题

1. 推销人员在推销工作中承担哪些工作职责？为了有效完成这些职责，推销人员应该具备什么样的素质、知识、能力结构？

2. 顾客对商品具有哪些心理需求？在推销过程中，顾客的常见行为表现有哪些？推销人员需要采取哪些有针对性的推销活动？

3. 推销过程中，顾客的购买心理会经过哪些演变阶段？推销人员如何促使顾客购买心理向有利于推销工作开展的方向演变？

4. 传统产品概念和整体产品概念有何区别？在整体产品概念指导下，产品对象在其演化过程中会形成哪三种不同的功能、成本、价值形态？

5. 商品引力由哪几部分构成？如何提升商品引力？

案例分析

1998 年 4 月，张图强怀揣 4 万元从广州畜牧场辞职创业。他看准了社区服务市场，以“挤出来的新鲜”为卖点，提供从牧场到社区家庭用户的纯鲜奶快速直销服务，创办了小牧童公司。到 2003 年，“小牧童”有 200 多万资产和 5000 个家庭用户，网点覆盖广州的天河、白云、海珠、荔湾、东山、越秀等 6 区。

在强手如林的广州市场上，“小牧童”凭什么站稳了脚跟？“是因为增值服务”。张图强说：“大企业拥有资源优势和成本优势，甚至还有全国性的品牌优势。但在某些市场如鲜奶消费市场，始终存在着高端消费者，他们面对低价不为所动，面对广告轰炸有自己的评判能力，对产品和服务有更高层次的追求。这就给小企业提供了市场机会。”

1.“挤出来的新鲜”

张图强确信：他要做有益于消费者的服务，就要“把好事做绝”，真真正正、彻彻底底地向顾客提供“挤出来的新鲜”。

首先是奶源。张图强全部购买最昂贵的奶源——专门向香港“供奶”的中国南方最大牧场——广州牧场的鲜奶，并保证自己公司的推销人员和服务人员能够清楚地告知顾客奶品的来源。

其次是加工过程。“小牧童”为了保证最好的品质，选择每天最佳产奶时间的鲜奶，并在加工过程中不加任何奶粉或工业奶油，坚持不勾兑，只提供真正的鲜奶。

依靠真心实意地为顾客提供“挤出来的新鲜”，“小牧童”成功地避开了与大企业的价格战，为自己挤出了一个市场空间。

2.“客户好邻居，扎根入社区”

张图强告诫员工：“我们的服务重点要从销售产品转移到销售信任，即小牧童要做顾客的好邻居，本土顾客的信任和忠诚度在我们与大企业的竞争中至关重要。”

为了成为顾客的“好邻居”，张图强要求员工在社区中义务帮助顾客做一些力所能及的事情，在社区群众心中留下良好形象。为此还专门聘请康师傅公司的培训师来为员工培训，以提高他们与顾客沟通的水平。

光做邻居还不够，还要做值得信赖的好邻居。张图强对员工说：“什么是真正的、值得信赖的好邻居？就是功利心不能太重。我们的服务不是局限于产品功能上，而是要在服务中赋予产品更多人性化的情感和灵魂，让顾客在消费你的产品过程中有一种舒心的体验和感受，从而形成人与人之间的信任和交情。”

为了使员工长期安心地做顾客的好邻居，张图强建立了明确的奖惩制度：新增一个客户奖励50元，顾客投诉一次扣50元，服务不好流失一位顾客扣200元等等。这些方面都使得“小牧童”拥有了一批忠诚度极高的客户。

3.“牛奶添文化，味道分外香”

“小牧童”在向顾客提供产品和服务的同时，也在向顾客推行“牛奶文化”。为了做好相关文化服务，张图强亲自带头定期参加相关方面知识的培训，并开展关于牛奶的营养、历史、习俗、行业动态等知识的研讨，并将这种“牛奶文化”通过服务人员、印刷品、公司网站等途径传递给顾客。

这种“文化策略”不但提升了“小牧童”在顾客心目中的地位，还将顾客与“小牧童”紧紧绑在了一起。比如在2003年夏季，面对大企业盛气凌人的广告轰炸，“小牧童”在社区和网站上发起了“新鲜保卫战”的宣传活动，引起了很多顾客的共鸣，他们自愿将相关资料向自己的亲友进行宣传。

张图强不是简单地为顾客“送牛奶”，而是以“挤出来的新鲜”，添加上“文化”，再用真心和体贴送到顾客手中，这使他的“小牧童”在与“大猎户”的角逐中赢得了自己的生存空间。

(资料来源：唐冬，张彬. 打不跨的小牧童. 企业家，2003)

问题：

(1) 通过案例中对“小牧童”成功经验的介绍，从商品引力的角度来分析其成功根源。

(2) 请从“小牧童”企业推销人员的角度，来为“小牧童”策划继续提高其商品引力的相关策略。

第8章　推销技术与方法

重点提示

- □ 寻找准顾客的含义和方法
- □ 顾客资格审查的内容
- □ 接近准备的工作内容和方法
- □ 顾客约见的工作内容和方法
- □ 接近顾客的目标和方法
- □ 推销面谈的目的和方法
- □ 顾客异议的类型、根源和处理方法
- □ 成交信号的类型和促成成交的方法
- □ 售后服务的作用、内容和基本要求

阅读资料

推销工作吸引了各种不同职业背景的人。Todd Natenberg 曾经是《亚利桑那共和报》的一名新闻记者。今天，他是 LCI 国际公司的一名客户经理，该公司位于伊利诺斯州的诺斯蒙特。Natenberg 发现新闻业中的许多沟通技能可以运用到推销活动中去。当他作为一名记者时，他发现人们只有相信你之后才会坦诚地跟你谈话。而在推销过程中，他发现建立信任同样是非常重要的。

Catherine Leonard 过去是一位教师，今天她也是一名推销人员，职业生涯转移的决策开始于她攻读服装商业学位时。她在获得博士学位不久，就在一家纺织品企业得到了一个推销职位。她之所以在这家公司谋求推销职位，是因为这家公司重视职业发展和一体化。

人员推销技能是 Bob Nelson 生命中非常重要的一部分。Bob 是位于弗吉尼亚州麦克林的跨媒体网络公司的创始人之一。两年来，这家企业以一个简单的思想努力打造一个能盈利的公司：给人们提供通过电话收听电子邮件的方法。他和一位技术专家 Bill Livingston 在华盛顿的一个地下室里建立了跨媒体网络公司。为了得到资助，他向许多潜在的投资者兜售他的创意，为了把他的梦想变为现实，需要把他的服务推销给消费者。Nelson 每天都在使用他的人员推销技巧来实现他的梦想。

可见，在推销工作中离不开各种推销技巧和方法的使用，同时这些方法和技巧也不仅仅局限于推销工作领域，它们对个人的发展也具有重要的作用。所以说，熟悉并掌握一定的推销技巧和方法，不仅仅是推销人员有效地开展推销工作的要求，也是个人全面发展的有利条件。

(资料来源：Gerald L.Manning，Barry L.Reece. 当代推销学：建立质量伙伴关系. 北京：电子工业出版社，2002)

一次完整的推销工作，主要包括以下几个阶段：寻找准顾客、顾客资格审查、接近准备、顾客约见、顾客接近、推销面谈、处理顾客异议、成交和售后服务。这样的划分有助于推销人员掌握推销过程的基本规律，能够在一定程度上提高推销理论和实践水平，从而提高推销人员的推销绩效。我们将这些推销阶段划分为以下三个过程：推销准备、推销实施和推销收尾。下面我们来看一下这些阶段中推销人员所能够使用到的基本方法和技巧。

8.1 推销准备的方法与技巧

8.1.1 寻找准顾客

1．寻找准顾客的意义

寻找准顾客是整个推销过程的第一步，它对所有推销人员来说都是至关重要的。在现代社会中，顾客的流动性越来越大，各种因素的影响都使得企业不可能保证所有的顾客不发生流失，那些流失的现有顾客就需要由新的顾客来加以补充，这样企业的生产、销售才能持续进行；另一方面，即使企业现有的顾客不发生流失，企业要使自己的经济效益不断增长，推销人员要使自己的推销绩效不断上升，都需要不断地、更多地发掘新的顾客。因此，寻找准顾客是企业和推销人员保持稳定的经济效益和销售业绩的基本保证。

2．寻找准顾客的方法

1) 地毯式访问法

所谓地毯式访问法，是指推销人员在不熟悉或者不太熟悉推销对象的情况下，直接访问某一特定区域或从事某一职业的所有个人或组织，从中寻找自己的准顾客的方法。这是最古老、最基本的寻找准顾客的方法。

地毯式访问法的理论依据是“平均原则”，它假定在被访问的所有人中一定有推销人员所要寻找的准顾客，而且其数量与推销人员的访问人数成正比。这种方法最适合推销各种生活必需品和生产必需品。

(1) 地毯式访问法的优点：

首先，地毯式访问法便于推销人员借机进行市场调查。这是因为推销人员一般是在不认识访问对象的情况下进行地毯式访问的，这些被访问者就可以充分地表达自己的真实看法，同时地毯式访问的范围也比较广，这也可以使推销人员收集到各方面的意见。

其次，地毯式访问法可以扩大推销商品的影响。对于那些新产品来说，采用地毯式访问法就可以在很大的范围内向顾客介绍商品，从而使大量顾客对这种新产品形成一定的商品印象。

再次，地毯式访问法可以磨练推销人员的意志，积累推销经验。在地毯式访问中，推销人员要面对数量众多、各种各样的消费者，这就可以培养推销人员坚韧不拔、吃苦耐劳的意志和精神，也有利于推销人员了解和研究各种类型的顾客，从而使推销人员的推销经验得到积累。

(2) 地毯式访问法的不足：

首先，地毯式访问法具有较大的盲目性。地毯式访问多是在推销人员不太了解或者完全不了解访问对象的情况下开展的，这就在一定程度上埋下了失败的隐患。虽然推销人员可以从各个方面进行一定的准备，但是这种方式还是具有较高的盲目性。

其次，地毯式访问法容易遭到顾客的拒绝。由于推销人员开展地毯式访问之前，一般难以事先通知被访问者，这种访问多是在被访问者毫无准备的情况下进行的，因此顾客往往会表示拒绝接见，从而形成推销工作的阻力。

(3) 实施地毯式访问法的注意事项：

首先，努力降低盲目性。推销人员应当根据自己所推销商品的特点，进行必要的推销可行性分析，确定具有较多顾客和较大成功率的推销范围，在进行一定访问准备的基础上开展地毯式访问，这样能够有效降低地毯式访问的盲目性。

其次，推销人员可以从身边的熟人开始进行访问，因为他们一般不会轻易拒绝，尤其是在推销商品对他们确实有利的情况下，更容易接受推销商品和推销建议。推销人员对身边的熟人稍加努力，就有可能找到大量的准顾客。

2) 连锁介绍法

所谓连锁介绍法，是指推销人员请现有顾客介绍他们认为可能购买推销商品的准顾客给推销人员认识的方法。这种方法十分有效，甚至被某些推销人员看做是“推销中的王牌”。

连锁介绍法的理论基础是事物间普遍存在联系的观点。通过对事物之间联系的把握，推销人员就可以在找到一个准顾客的同时，找到和其联系的、具有相同需求的其他准顾客。

这种方法适用于保险和各种服务等无形产品的推销，因为商品的不可见性使得购买感受、购买经验变得更加重要，所以现有顾客的意见会对其他相联系的准顾客产生更大的影响。

(1) 连锁介绍法的优点：

首先，连锁介绍法可以在一定程度上降低推销工作的盲目性。使用连锁介绍法，就可以使推销人员自己的推销活动变成广大顾客本身的大众活动，这就扩大了推销工作的基础，能够在一定程度上避免由于不熟悉准顾客情况而产生判断失误的情况。

其次，连锁介绍法可以有效地获得准顾客的信任。如果推销人员是由熟人介绍来的，就会产生与推销人员直接上门拜访完全不同的效果。这时，准顾客对推销人员的戒心会在一定程度上降低，从而使得推销人员能够更加容易地获得准顾客的信任。

(2) 连锁介绍法的不足：

首先，推销人员事先难以制定详细的推销访问计划。由于推销人员根本不知道现有顾客是否会给自己介绍其他准顾客，也无法在事先针对被介绍的准顾客来进行准备工作，甚至有时还不得不改变原有的推销计划来访问现有顾客介绍来的准顾客。

其次，过分依赖现有顾客会使推销人员陷入被动地位。现有顾客是否会介绍其他准顾客给推销人员认识，完全取决于现有顾客的意愿，如果推销人员单纯指望通过现有顾客的介绍来寻找准顾客，而现有顾客出于某些原因没有给推销人员介绍准顾客，就会使推销人员陷于被动地位。

(3) 实施连锁介绍法时的注意事项。

首先，推销人员要取信于现有顾客。推销人员只有通过自己的各项工作让现有顾客充分满意，现有顾客才有可能给推销人员介绍其他准顾客。

其次，推销人员应尽可能多地从现有顾客处了解准顾客。现有顾客一般对其所介绍的准顾客都比较了解，那么推销人员就可以从现有顾客那里了解到进行推销所需要的信息和资料。

再次，推销人员与准顾客进行接触之后应及时向现有顾客汇报情况。这样既表明对现有顾客的尊敬和感谢，也可以更进一步从现有顾客那里获得其他支持和帮助。

3) 中心人物法

所谓中心人物法，就是指推销人员在某一特定的推销范围内发展一些具有影响力的中心人物，并在中心人物的协助下将该范围内的个人或组织都转变成自己的准顾客的方法。这种方式实际上就是连锁介绍法的一种变形。

中心人物法的理论依据是“光辉效应”法则：人们对于在自己心目中具有一定威望的人物总是信服并且愿意追随的，因此这些中心人物的购买行为就会在他的追随者中产生先导效应和示范作用，引发其产生相同或类似的购买行为。这种方法适用于服务类商品以及时尚性较强的商品的推销工作。

(1) 中心人物法的优点：

首先，使用中心人物法可以节省时间和精力。推销人员只需要向少数中心人物进行细致的阐述和说明，而不必向每一位准顾客都进行重复的介绍。

其次，使用中心人物法有利于扩大商品的影响：通过中心人物不仅可以发现大批的准顾客，也可以借助中心人物的社会地位来扩大商品的影响。

再次，使用中心人物法有利于成交。顾客并不愿意在各个方面都花时间和精力来进行研究，对于自己不太熟悉的方面，顾客总是愿意接受、听从专家的意见和建议，这就在一定程度上提高了成交的机会。

(2) 中心人物法的不足：

首先，推销人员需要向中心人物进行反复地说服工作。如果中心人物难以接近或者不愿意与推销人员接触，中心人物法就难以获得良好效果。

其次，中心人物难以确定。谁才是特定区域或范围内的中心人物有时难以确定，如果推销人员错误地选择了中心人物，就有可能弄巧成拙，造成不良后果。

(3) 实施中心人物法的注意事项：使用中心人物法时，寻找到正确的中心人物是获得良好效果的关键。这就要求推销人员必须对自己所面对的目标市场充分了解，从中选择正确的中心人物；另一方面，推销人员应该努力争取中心人物的信任和帮助，首先以良好的商品和服务来满足中心人物的需求，然后再在现行政策允许的范围内与之建立良好的关系。但推销人员要注意不能助长各种不正之风，更不能向中心人物行贿或变相行贿。

4) 个人观察法

个人观察法是指推销人员根据自己对周围环境的观察和判断来寻找准顾客的方法。这也是一种比较古老、比较基础的寻找准顾客的方法。一名优秀的推销人员应该像新闻记者善于抓新闻信息那样善于发现周围的准顾客，有心的推销人员总是能够随时随地地找到自己的准顾客。

个人观察法作为一种比较基本的寻找准顾客的方法，在现实生活中的其他职业中也经常被用到。但有时准顾客的线索不是十分明显，这就需要推销人员具有良好的观察能力和推理分析能力，从看似毫不相关的信息中找到自己的准顾客。

(1) 个人观察法的优点：

首先，使用个人观察法可以使推销人员直面市场现实，排除中间因素的干扰。

其次，使用个人观察法可以扩大推销人员的推销视野，促使推销人员开拓新的推销区域。

再次，使用个人观察法可以帮助推销人员培养洞察能力，积累推销经验，提高推销能力。

(2) 个人观察法的不足：

首先，个人观察法的使用效果受推销人员的业务活动范围和人际交往范围的局限。如果推销人员不太善于交际，那么使用个人观察法不一定能够获得良好效果。

其次，个人观察法也存在较大的盲目性。由于个人观察法主要也是在不太了解观察对象的基础上进行的，因此也具有较高的失败概率。

在实际的推销工作中，推销人员可以将个人观察法作为一种辅助的方法来和其他寻找准顾客的方法结合使用，这样就可以从多个方面来提高自己的工作效率。

5) 委托助手法

委托助手法是指交易型或者高级推销人员聘请或委托助销人员来寻找准顾客的方法。这些助销人员可以利用其进行市场调查或提供公共服务的机会，来对某一区域展开地毯式访问，一旦发现潜在的准顾客，就通知交易型或高级推销人员来开展有针对性的推销活动。

委托助手法的理论依据是经济学中的经济效益原则。委托助销人员来开展一些基础性的寻找工作所花费的成本要远远低于交易型或高级推销人员开展工作的成本。同时，这种方法也能够适应现代社会中信息来源多、扩散快、时效短、地域跨度大等特点，从而使推销人员能够利用更多的信息来开展推销工作。

(1) 委托助手法的优点：

首先，使用委托助手法可以提高寻找准顾客的效率。使用委托助手法，可以把大量的基础性推销工作转移给助销人员，而交易型或高级推销人员只需要全力以赴地从事有实效的关键推销工作即可。

其次，使用委托助手法可以节约推销成本费用。单凭高级推销人员来开展基础性推销工作，不仅有可能延误市场机会，而且还会造成高额的推销成本，而使用助销人员就可以有效地降低推销成本。

再次，使用委托助手法可以借助助销人员的影响来扩大推销商品的影响。如果选择某一区域或范围内的中心人物作为助销人员，不仅可以找到大量的准顾客，还可以发挥其中心人物效应来扩大商品影响。

(2) 委托助手法的不足：

首先，优秀的助销人员难以选择。理想的助销人员必须热心于推销工作，善于交际，消息灵通，但在实际生活中，这种理想的助销人员往往比较少见。

其次，如果过分依赖助销人员，容易使推销人员陷于被动。如果助销人员工作不努力，将使推销人员的销售业绩受到一定的负面影响。

再次，使用委托助手法有时不利于市场竞争。如果助销人员不能遵守相关规定，不能保守商业秘密，或是一名助销人员同时兼任几种推销商品的助销人员，就可能带来不良的竞争因素。

第四，有时会形成一定的助销人员费用。为了使助销人员有效开展工作，企业或推销人员需要对其进行一定的培训，并提供基本的工作工具。如果助销人员频繁更换，将会造成这一方面的高额费用。

6) 广告开拓法

广告开拓法是指推销人员利用各种广告媒体，直接向广大潜在准顾客传递大量推销信息，然后推销人员再向那些由广告拉近的准顾客展开推销的方法。现代推销人员所能够使用的广告形式主要有直接邮寄广告、电话广告和大众传媒广告等等。

现代传媒的发展，使得推销人员能够也有必要借助各种广告媒体来寻找准顾客。虽然在各种广告媒体上进行一次广告宣传价格不菲，但是却能够对成千上万的准顾客产生影响，这样单位准顾客所花费的寻找成本就相对较低。

(1) 广告开拓法的优点：

首先，可以借助现代化手段大规模传递推销信息。现代的信息传播工具和手段大幅度提高了信息传播的广度和效率，借助现代传媒甚至可以进行跨地区、不间断、大规模的信息传递。

其次，可以在传递信息的同时进行推销说服。现代广告在进行信息传递的同时，也能够在一定程度上对准顾客进行推销引导和推销说服，从而减轻推销人员的工作强度。

再次，可以进一步明确目标准顾客群。推销人员如果先用广告开路，就可以变被动为主动，使那些受到广告拉近的顾客主动上门求购。

第四，可以借助大众传媒的地位来增加商品的影响。如果推销人员选择那些在公众心目中具有一定知名度的大众传媒作为广告媒体，就可以使大众传媒成为商品质量的担保，增强推销商品对顾客的吸引力。

(2) 广告开拓法的不足：

首先，广告媒介的选择存在一定的困难。由于现代广告媒介的多样性，而且各种媒介都有着各自的目标受众，这就使得推销人员或企业想要选择具有针对性的广告媒介有一定的困难。

其次，广告支出庞大。巨额的广告费用，无论对于企业还是对于消费者来说，都有较强的杀伤力，这也成为企业使用广告来吸引顾客的一种顾忌。

(3) 实施广告开拓法的注意事项。

利用广告开拓法来寻找准顾客，关键在于选择正确的广告媒介。选择广告媒介的目的在于以较少的广告费用取得较好的广告效果，其基本原则就是要能够最大限度地影响潜在准顾客。所以推销人员要明确不同广告媒介所针对的不同区域、所面对的不同目标受众、所具有的不同影响程度，然后再根据自己的推销目的和战略来进行有针对性地选择。

8.1.2 顾客资格审查

推销人员运用上述方法所寻找的准顾客，有着各自不同的特点。由于推销人员时间、精力是有限的，因而其必须要提高的工作效率，这样才能保证取得较高的推销业绩。所以推销人员还必须对所寻找到的准顾客进行一定的审核，即进行顾客资格审查。

所谓顾客资格审查，就是对准顾客的购买财力(money)、购买权力(authority)和购买需求(need)进行审核，以保证推销人员开展工作对象的高质量性。

1．顾客购买需求审查

顾客资格审查的第一个方面就是审查顾客的购买需求。顾客购买需求审查的目的在于事先确定推销对象是否真正需要推销商品。显而易见，如果推销对象事实上根本就不需要推销人员所推销的商品，那么无论推销人员多么努力，推销工作也不会取得成功。

首先，推销人员必须要审查顾客对推销商品的现实需求。一般情况下，推销人员可以从推销商品的用途入手来确定准顾客是否需要这种推销商品。但有时想要准确把握推销对象的购买需求，并不是一件容易的事情，这就要求推销人员具有一定的分析推理能力，能够从准顾客的一些外在表现来挖掘其对推销商品的需求。

其次，推销人员还要审查准顾客对推销商品的潜在需求。推销人员要看到，顾客表面上不需要，不代表其真正不需要，所以推销人员不应该简单地以顾客是否会使用推销商品作为判断顾客是否具有需求的唯一标准。对于顾客潜在需求的审查，需要推销人员具有一定的推销经验和推理能力，能够对顾客尚未认识到的需求进行挖掘和培养，来激发准顾客对推销商品的购买欲望，使其认识到对于推销商品的需求。

再次，顾客购买需求审查中还包括对顾客可能购买量的审查。对于推销人员来说，那些具有较高的购买可能性，同时具有较大的购买量的准顾客，才是不可多得的高质量的准顾客，才是推销人员开展推销工作的首选目标。

在进行顾客购买需求审查时，推销人员要注意运用全面、联系、发展的观点来对准顾客进行动态的、综合的分析，综合考察准顾客的现实需求和潜在需求，这样才能对准顾客的购买需求做出一个全面、正确的评价；同时，要注意手法得当，要避免强加于人的硬性推销方式，更不应出现带有欺骗性的推销活动。

2．顾客购买财力审查

在完成了顾客购买需求审查之后，推销人员还要继续进行购买财力审查。顾客购买财力审查，主要是以准顾客有支付能力的需求为基础，来审核准顾客是否具有购买推销商品的财力。这样可以使推销工作更加具有针对性，提高推销工作的实际效果。

首先，推销人员要审查准顾客的现有财力。一般来说，对于个体准顾客，可以通过其收入水平、消费支出、储蓄与信贷、消费习惯等方面来进行审查；而对于团体准顾客，则可以通过其生产经营状况、资金状况、财务状况、信用状况等方面来进行审查。这些以现有支付能力为基础的消费需求才是推销工作开展的现实基础。

其次，推销人员还要审查准顾客的潜在财力。如果推销人员断定准顾客确实对推销商品存在需求，只是由于暂时没有支付能力而无法购买，那么推销人员就应该主动协助准顾客来解决其财力问题，比如以延期付款的方式将商品赊销给顾客等等。

顾客购买财力审查需要推销人员对准顾客的财力状况有一定的了解，这种了解主要是通过市场调查来形成的。如果直接调查难以获得相关资料，推销人员可以考虑进行间接调查或侧面推断，但要注意这种推断要有现实基础，不能进行毫无根据的主观臆断。

3. 顾客购买权力审查

顾客购买权力审查主要就是审核顾客是否具有购买决策权、是否符合购买限制条件，旨在缩小准顾客范围，确定具体的推销对象。

对于个人或家庭来说，购买决策权一般都在一家之长的手中。但是在大多数情况下，推销人员需要综合考虑不同国家、民族、宗教、经济水平、传统习惯等因素的影响，同时结合不同的商品特点，来准确确定家庭的购买决策中心。如果错误地选择了家庭购买决策中心，不仅有可能浪费大量时间和精力，甚至还会无功而返。

对于集团购买人来说，推销人员首先要明确这个集团中负责购买的具体部门、负责购买的部门中的购买决策人或购买决策影响人员，以及整个集团或部门的购买决策制定程序，这样才能充分了解集团购买人的购买行为过程，从而正确地评价推销人员所面对的准顾客的购买决策权。

除了要审查顾客是否具有购买决策权之外，推销人员还要审查准顾客是否符合购买推销商品的限制条件，尤其是在某些化工用品和药品推销工作中更是如此。如果准顾客不满足这些特殊商品的购买条件的话，即便是具有购买决策的准顾客，推销人员也不应将推销商品出售给准顾客。

上述三个方面就是推销过程中的顾客资格审查，也叫做 M.A.N 法则。在进行顾客资格审查之前，推销人员应该根据自己所推销的商品，设定一些具体审查标准，只要达到这些标准的准顾客，才是真正的准顾客，才是推销人员开展推销工作的具体对象；如果推销人员发现准顾客在上述三个方面的任何一个中存在问题，就应该停止推销，并将准顾客从名单上除去。

8.1.3 接近准备

准顾客在经过顾客资格审查合格之后，就可以成为推销人员开展推销工作的对象了。但在推销人员开始正式接近顾客之前，还有一些准备工作要做，这就是推销过程中的第三个阶段——接近准备。

1. 接近准备的含义和意义

所谓接近准备，是指推销人员在接近某一特定准顾客之前，进一步了解该准顾客的相关资料和情况，并据此拟定推销计划的过程。推销工作中的接近准备，对于推销工作最终取得成功，有着十分重要的意义。

(1) 接近准备有助于进一步进行顾客资格审查。与准顾客的进一步接触完全可能推翻已经形成的顾客资格审查的结果。

(2) 接近准备有助于拟定适当的接近策略。不同的顾客有着不同的性格特征，推销人员如果能够在开始正式接近之前对其有所了解，就可以选择有针对性的接近策略，从而提高自己接近顾客的成功率。

(3) 接近准备有助于制定必要的面谈计划。在面谈过程中，推销人员必须针对顾客的偏好和需求来有针对性地介绍推销商品，这样才能使面谈取得良好效果。

(4) 接近准备有助于减少推销失误。在推销工作中推销人员对准顾客的资料和情况了解的越全面，就会越自信，并且能够避免出现一些不必要的失误，从而保证推销工作最终取得成功。

2. 接近准备的工作内容

1) *顾客资料准备*

在进行顾客资料准备时，根据不同的顾客类型有着不同的侧重点：

(1) 个体准顾客的资料准备。对于个体准顾客来说，资料准备一般包括个人基本情况、家庭成员情况、购买需求状况等内容。

(2) 团体准顾客的资料准备。对于团体准顾客，一般要了解其组织基本信息、生产经营状况、购买决策状况、负责购买的关键部门和关键人物情况等内容。

(3) 常顾客的资料准备：由于常顾客已经与推销人员有了一定的购买经历，因而资料准备应该侧重于对相关情况的变动状况和不完善部分的充实。

2) *制定推销计划*

制定推销计划是指推销人员设计、规划向准顾客或现有顾客进行推销时的阐述内容和阐述程序的过程。在开展正式推销之前制定好推销计划，可以使整个推销工作有目的、有计划地加以进行，所以无论是准顾客还是现有顾客，都有必要制定详细的推销计划。具体来说，推销人员的推销计划应该包括以下基本内容：

(1) 所要开展推销工作的具体对象，开展推销工作的时间、场所、方式；

(2) 推销过程中的阐述内容；

(3) 推销过程中的阐述程序；

(4) 预测可能出现的问题或特殊状况，并形成一定的应对策略。

3) *相关辅助准备*

在推销工作中，有些内容虽不是推销工作的主体内容，但其对于推销工作的成功也有着一定的影响，这些就是所谓的相关辅助准备。

(1) 推销人员应该做好自己的仪容仪表准备。通过良好的仪容仪表来给顾客留下良好的第一印象，从而树立推销人员的个人形象，并形成友好、宽松的推销氛围。

(2) 推销人员还要准备好推销过程中所要使用到的各种模型、样品和其他工具，保证其处于正常的工作状态，避免这些辅助设备出现问题而影响整体推销工作效果。

3．接近准备的工作方法

接近准备方法中较为关键的是对于各种接近准备信息的获取。一般来说，推销人员可以用来获取接近准备信息的来源主要有：推销伙伴、现有顾客、助销人员、各种书面资料以及个人的观察等等。

根据这些接近准备信息来源的不同，推销人员经常使用的接近准备方法主要有：

(1) 资料查阅法：推销人员通过查阅有关书面资料来进行接近准备的方法。

(2) 直接观察法：推销人员通过自身观察来进行接近准备的方法。

(3) 顾客调查法：推销人员向准顾客进行直接调查或通过第三方进行间接调查来进行接近准备的方法。

无论推销人员采用何种方法来进行接近准备，都应该保持用辩证的眼光来看待现有顾客和准顾客，既要看到有利于推销工作的一面，也要看到不利于推销工作的一面，同时尽量避免过于主观的判断，更不能对顾客抱有成见，否则将会对后续推销工作带来十分不利的影响。

8.1.4　顾客约见

1．顾客约见的含义及意义

所谓顾客约见，是指推销人员事先征得顾客同意并接见的推销行动过程。无论是从推销学的理论角度，还是从实际推销工作的要求来看，顾客约见都有着十分重要的意义，具体体现在：

(1) 顾客约见有助于成功接近顾客。由于现代社会中各种客观条件的限制，使得顾客越来越难以接近，这样，能否成功地接近顾客就成为推销成功的先决条件。而事先约见顾客，既表示对顾客的尊敬，又可以赢得顾客的信任，有利于推销人员成功接近顾客。

(2) 顾客约见有利于顺利开展推销面谈。推销面谈是整个推销过程中的一个重要环节。如果推销人员事先不约见顾客，顾客有可能缺乏相应的思想准备，从而无法充分地投入到推销面谈中，使得推销面谈效果不佳。

(3) 顾客约见有利于客观地进行推销预测。推销人员可以根据顾客对约见的具体反映，来预测顾客的个性特征，并对推销过程中可能出现的各种顾客异议加以估计，并形成一定的应对策略。

(4) 顾客约见有助于提高推销效率。推销人员在约见顾客的基础上制定的推销计划，才是访问者和被访问者双方共同的计划，这样的计划能够合理安排推销时间，提高推销工作效率。

2．顾客约见的内容

在进行顾客约见的过程中，主要需要确定约见对象、约见事由、约见时间和约见地点这四个方面的内容。

(1) 约见对象。在进行顾客约见的时候，推销人员首先要确定具体的约见对象。无论是个体顾客还是团体顾客，推销人员首先都要约见购买决策人。如果购买决策人的确定存在一定的难度，就需要推销人员在掌握推销对象的基本情况的基础上运用一定的方法来进行购买决策的判断，比如逻辑推理法、追踪调查法等等。

(2) 约见事由。现代推销工作中推销人员的工作职责的多样性，决定了推销人员可以以多种事由来约见顾客。从理论上来说，推销人员可以使用一切正当的理由来约见顾客。常用的约见顾客的事由主要包括正式推销、市场调查、提供服务、签订合同、收取货款、走访顾客等等。

在确定约见事由的时候，推销人员一定要保证约见事由真实正当、具体明确，千万不可巧立名目、招摇撞骗，这样只会破坏推销人员形象，不利于推销工作的开展。

(3) 约见时间。约见顾客的主要目的之一就是节省推销人员双方的时间。在确定约见顾客的时间时，推销人员要注意以下几个问题：

① 应根据访问对象的特点来选择约见时间。推销人员应该考虑约见对象的作息时间和活动规律，尽可能避免在对方工作繁忙或者正在休息的时候约见顾客。

② 应根据访问目的来选择约见时间。推销人员应该考虑约见事由的不同，选择不同约见时间，从而使约见时间能够为约见事由目标的实现创造条件。

③ 应根据约见地点和路线来选择访问时间。推销人员应该综合考虑约见地点、具体交通状况甚至天气因素等来确定约见时间，并尽量实现约见时间的合理规划。

④ 约见时间的确定应留有一定的余地。确定约见时间时，推销人员要留有一定的余地，以防止突发性事件发生。同时注意避免连续约见多个约见对象，以防止出现不同约见之间的相互影响。

⑤ 合理利用约见时间，提高约见效率。推销人员除了要对每天的约见进行合理安排以外，还需要对约见顾客过程中的等待时间加以有效利用，这样既可避免不良情绪的产生，也可以进一步提高约见效率。

(4) 约见地点。约见地点的选择原则是要尽量方便顾客，并且有利于形成良好的推销氛围。在实际的推销工作中，常用的约见地点主要有工作地点、居住地点、社交地点、公共场所等等。除了这些约见顾客的地点之外，推销人员最好能够尊重顾客，方便顾客，听从顾客对于约见地点的安排。

3. 顾客约见方法

1) 面约法

所谓面约法，是指推销人员与推销对象之间当面约定访问事宜的方法。

(1) 面约法的优点：

首先，面约有利于发展双方的关系，加深双方的感情。当面约见在无形之中缩短了推销人员与顾客之间的距离，可以消除隔阂，建立良好的主顾关系。

其次，面约有助于推销人员进一步进行接近准备，了解顾客的有关情况。

再次，面约比较可靠、准确。特别是当约见内容比较复杂的时候，一般采用面约法较为合适。

(2) 面约法的不足：

首先，面约法受到推销区域的地理限制。对于地理跨度较大的顾客，一般难以使用面约法。

其次，面约一旦遭到顾客的拒绝，有可能给推销人员造成较大的心理压力。

2) 函约法

所谓函约法，是指推销人员利用各种推销信函来约见顾客的方法。

(1) 函约法的优点：

首先，函约法有利于接近顾客。一般来说，信函可以直接传达到顾客手中，不会受到他人阻挠，推销人员在使用其他约见顾客的方法无效的情况下，可以尝试使用函约法。

其次，函约法有利于避免约见错误。由于函约法使用的传播媒介是文字，那么推销人员就可以反复推敲，尽量避免其他约见方法中容易出现的各种约见错误，力求尽善尽美。

再次，函约法灵活机动、费用低廉。推销人员可以根据需要选择信函的形式，特别是采用电子邮件方式可以极大地降低函约法的使用成本。

(2) 函约法的不足：

函约法的一个重要缺陷就是不利于顾客进行信息反馈。有些顾客可能会对推销信函迟迟不做出反应，甚至直接将推销信函扔掉，根本不进行信息反馈，经常出现推销人员发了推销信函之后就杳无音信的情况，十分不利于推销人员后续工作的开展。

3) 电约法

所谓电约法，是指推销人员利用各种电讯手段来约见顾客的方法。现代电讯事业的发展在给顾客提供了各种通讯工具的同时，也为推销人员约见顾客提供了更多、更好的工具。

(1) 电约法的优点：

首先，电约法有利于推销人员迅速约见顾客。在需要紧急约见情况下，一般只有电约法才能够满足这种约见要求。

其次，电约法比较灵活方便。随着个人移动通讯设备的普及，推销人员甚至可以随时随地与顾客进行约见，极大地提高了约见顾客的效率。

(2) 电约法的不足：

首先，电约法的成本相对较高。特别是在使用长途电话和国际电话进行顾客约见的时候更为明显，这就在一定程度上限制了电约法的使用。

其次，电约法的适用范围受到实地条件的限制较大。如果顾客所在区域电讯建设状况较差，或者不具备电讯通讯的条件，那么电约法基本没有使用价值。

4) 托约法

所谓托约法，是指推销人员委托第三人来约见顾客的方法。这里的第三人，也叫做托约人，是指与推销对象有一定社会联系和交往的人员。

(1) 托约法的优点：

首先，托约有利于接近顾客。在推销人员无法接触到顾客的时候，推销人员可以委托顾客交际圈中的相关人员来约见顾客，这样可以提高约见成功的可能性。

其次，托约有利于克服推销障碍，有利于促成成交。由于托约人已经与顾客有了一定的联系，比较了解顾客的性格特点和个人偏好，同时顾客对托约人一般也都比较信任，那么由托约人推荐的推销商品或推销人员比较容易被顾客接受。

(2) 托约法的不足：

首先，托约有时无法引起顾客的重视。有些顾客可能会认为托约是一种非正式的约见，因而不会对托约人的建议和意见给予充分的重视。

其次，托约有时会出现一定的失误。除了托约人不负责任的情况之外，在托约过程中还存在着一定的信息失真情况，使得推销人员原有意愿得不到真正的转达。

5) 广约法

所谓广约法，是指推销人员利用各种广告媒介来约见大量的、广泛的顾客的方法。

(1) 广约法的优点：

首先，广约法有利于推销人员请客上门。进行广约时，推销人员已经决定好约见时间、地点，并传达了约见内容，那么广约之后，符合条件的顾客就会主动上门，从而使推销人员处于有利的主动地位。

其次，广约有利于进行紧急约见或特别约见。在约见时间比较紧急，或者具体约见对象不太明确，或者暂时无法联系到顾客的情况下，推销人员就可以通过广约来达到约见顾客的目的。

再次，广约可以有效提高约见顾客效率。在约见对象较多的情况下，推销人员可先进行广约，对大量约见对象进行初步筛选，从而使真正符合标准的顾客主动上门，提高约见顾客的效率。

(2) 广约法的不足：

首先，广约法的成本费用较高。在所有约见顾客的方法中，广约法的成本费用是最高的，这也成为企业或推销人员使用广约法的一个顾忌。

其次，广约法中同样存在对广告媒体的选择困难。推销人员必须根据不同推销商品的特点、不同广告媒体的影响范围和目标受众特点，来进行适当地选择，这就要求推销人员必须具备相关方面的知识和经验。

8.2 推销实施的方法与技巧

8.2.1 接近顾客

推销人员在进行了接近准备并约见了顾客之后，就可以正式地接近顾客了。接近顾客是正式推销工作的第一步，接近工作能否成功，直接决定着整个推销工作的成败。

1. 接近顾客的含义与目标

在接近顾客的过程中，推销人员的主要任务就是介绍自己和企业的相关背景、概况以及推销商品的利益和特点，引起顾客的注意和兴趣，同时进一步了解顾客的需求和问题，并提出适当的购买建议。

在接近顾客的过程中，推销人员主要要达到以下几个目标：

(1) 引起顾客注意。在推销工作中，只有使顾客的注意力集中在推销人员或推销商品上，推销工作才能正常地开展下去。但在推销人员采取具体推销活动之前，顾客一般对于推销人员和推销商品都不太注意。所以推销人员必须采取适当的方法来引起顾客的注意，并注意观察和分析顾客的外在表现，稳住顾客的注意力。

(2) 激发顾客的兴趣。如果推销人员不能在引起顾客注意的基础上来激发顾客的兴趣，一般难以稳住顾客的注意力，同时也不利于后续推销工作的开展。推销人员可以从顾客的需要和动机入手，来有针对性地激发顾客的兴趣。

(3) 顺利转入推销面谈。接近的最终目的不仅仅在于引起顾客的注意和兴趣，而在于引导顾客自然而然地转入推销面谈，所以能否顺利地由接近转入面谈，也是推销人员的一项基本技能。在从接近转入面谈的时候，推销人员应尽量做到顺水推舟，最好让顾客感觉不到话题的转变，如果转换过于生硬，则有可能造成顾客的反感。

2. 接近顾客的方法

1) 介绍接近法

所谓介绍接近法，是指推销人员通过自行介绍或第三人介绍进而接近顾客的方法。推销人员进行介绍的主要方式包括口头介绍和书面介绍两类。

在一般情况下，推销人员主要通过自行介绍来接近顾客。在进行自行介绍时，推销人员除了要进行必要的口头介绍之外，还要准备推销介绍信、名片、身份证明等其他有关书面文件，这些书面文件不仅有助于顾客迅速了解推销人员以及企业的基本情况，而且具有较高的可信度。

在某些必要的情况下，推销人员也可以通过第三人介绍来接近顾客。这里的第三人是指顾客交际圈范围内的相关人士，这些人的支持和帮助将会使推销人员接近顾客变得十分容易。所以推销人员应该设法摸清顾客的交际圈，并尽量争取到相关人士的介绍与推荐。

但除非是推销人员经过了事先的约见，否则介绍接近法在引起顾客的注意和兴趣方面是十分有限的。所以，介绍接近法是最为常见也是最为无力的接近方法，一般与其他接近方法配合使用，不宜单独使用。

2) 产品接近法

所谓产品接近法，是指推销人员直接利用推销商品来引起顾客的注意和兴趣进而转入面谈的接近方法。这种方法的接近媒介就是推销商品本身。

从推销心理学角度来讲，产品接近法符合顾客认识和购买商品的心理过程。一般来说，人们在决定购买一种商品之前，都希望能够对商品有充分的了解。而产品接近法就提供了这样的机会，顾客可以通过充分了解，甚至是亲手触摸或试用推销商品，来形成直接感受。一旦顾客充分了解推销商品之后感到满意，那么接近工作也就大功告成了。

但产品接近法也受到一定的使用限制：首先，推销商品必须具有一定的吸引力。那些在顾客看来毫无特色、毫无魅力的推销商品一般不适合使用产品接近法；其次，推销商品最好是有形实体产品，也就是说，推销商品最好能够直接作用于顾客的感官，最好还能便于携带，这样才适合使用产品接近法。

排除上述限制之外，产品接近法可以说是一种比较有效的接近顾客的方法，如果能够与其他接近方法结合使用，产品接近法将会收到更好的效果。

3) 利益接近法

所谓利益接近法，是指推销人员利用推销商品所能给顾客带来的各种利益和实惠来接近顾客的方法。利益接近法中的接近媒介就是推销商品所能带来的利益和实惠。

从推销心理学角度来讲，利益接近法符合顾客的求利心理动机。一般来说，人们总是希望自己的购买活动能够给自己带来更多的利益与好处，而利益接近法正满足了顾客的这一愿望，使顾客认识到购买推销商品后所能得到的利益与实惠，这样商品的推销重点明显地呈现在顾客面前，十分有利于引起顾客的兴趣和动机。

虽然利益接近法比较有效，但是在使用过程中还需要注意以下几个方面：首先，推销商品的利益应该符合实际。这就要求推销人员在接近顾客之前，能够进行一定程度的市场调查和用户情况调查，充分地了解推销商品的实际利益，并留有一定的余地；其次，这些推销商品的利益最好是能够证明的，只有这样才能使顾客充分相信。因此推销人员在日常推销工作中要注意收集相关方面的证据，比如顾客评价、各种数据、实际案例等等，以增强自己的推销说服力。

4) 好奇接近法

所谓好奇接近法，是指推销人员利用顾客的好奇心来接近顾客的方法。如果能够在推销工作中有效地唤起顾客的好奇心，就能够轻而易举地引起顾客注意和兴趣，并激发顾客的购买欲望，从而达到接近顾客的目的。

现代心理学的研究表明，好奇与探索是人类的基本心理活动之一。当人们面对新鲜事物或者处于新的环境中时，就会表现得比较好奇，这种好奇心会导致其作出一定的行为。如果推销人员能够对顾客的好奇心加以利用，并对其基于好奇的行为加以引导，就能够有效地促进推销工作的进行。

这里所说的利用好奇心，只是一种原则性的方针，在实际推销工作中，推销人员可以采用各种各样的具体方法来引起顾客的好奇。但不论使用何种方法，推销人员要注意以下几个方面：首先，无论推销人员采用何种方式来引起顾客的好奇，都必须做到出奇制胜。这就要求推销人员必须要对所要接近的顾客充分了解，来制定激发其好奇心的有效策略。其次，推销人员所使用的引起顾客好奇心的方式一定要合情合理，不能用完全违背客观事实的奇谈怪论来诱骗顾客。

5) 表演接近法

所谓表演接近法，是指推销人员利用各种戏剧性的表演技法来接近顾客的方法。这种方法也是一种比较古老的接近顾客的方法，现代推销人员在传统的戏法和杂技的基础上，发展出了很多表演技法来接近顾客。

表演接近法能够迎合某些顾客求新求奇的心理，有利于推销人员迅速接近这类顾客。在使用表演接近法时，推销人员就是演员，所以推销人员要能够善于扮演现实生活中的不同角色。

在使用表演接近法接近顾客时，推销人员要注意以下几个方面：首先，推销人员的表演要具有一定戏剧效果，这就要求推销人员能够针对不同顾客的兴趣和爱好，来选择有针对性的表演方法和手段，做到表演真实、自然。其次，推销人员最好能够使顾客也参与到表演过程中，使顾客也成为推销人员表演中的一个角色，这样更有利于调动顾客的积极性，从而有效地激发顾客的兴趣。

6) 赞美接近法

所谓赞美接近法，是指推销人员通过赞美顾客来接近顾客的方法。在现实生活中，每个人都有一些希望别人赞美的东西，如果推销人员能够加以准确把握并适当赞美的话，就能够达到接近顾客的目的。

一般来说，人们所取得的荣誉和成就，总是希望得到别人的承认与赞美。既然人们有被承认和被赞美的需要，推销人员就可以利用这一特点，承认顾客、赞美顾客、接近顾客。可以说，无论面对什么样的顾客，推销人员只要不抱有成见，不先入为主，总能找到一些值得赞美的事物。这种方法能够有效地利用人们爱慕虚荣的动机，从而激发顾客产生同样的积极行为。

在使用赞美接近法来接近顾客时，推销人员要注意以下几个方面：首先，推销人员要慎重选择赞美目标，避免冒犯顾客。推销人员应该选择最佳赞美目标，即顾客自以为最值得赞美的地方来赞美顾客，这就要求推销人员必须进行充分的接近准备，并结合接近顾客时的具体环境和状况来进行选择。其次，推销人员要注意赞美的方式和程度。推销人员要根据不同顾客对赞美之词的不同偏好来决定赞美的程度，同时要保证对顾客的赞美要真诚，恰到好处，这就要求推销人员要细致斟酌赞美语言，避免虚情假意或言过其实。

7) 馈赠接近法

所谓馈赠接近法，是指推销人员利用馈赠礼品来接近顾客的方法。在实际推销工作中，推销人员可以通过向顾客赠送一些价值不高的小礼品，比如一束鲜花、一把折扇、一张年历等，来迅速地接近顾客。

馈赠接近法符合一些顾客求小利的心理动机。贪小便宜是人类共有的基本心理动机，在推销工作中可以以此为切入点来达到接近顾客的目的。同时从实际的推销工作效果来看，馈赠接近法也有利于形成良好的推销氛围，建立良好的主顾关系。

在使用馈赠接近法时，推销人员要注意以下几个方面：首先，推销人员最好能够选择适当的馈赠物品，这就要求推销人员在进行接近准备时设法了解顾客的喜好，能够投其所好地选择馈赠礼品。其次，推销人员要保证馈赠礼品符合国家规定，推销人员不能违反国家相关规定，以馈赠之名借机进行贿赂或变相贿赂。再次，推销人员不能把馈赠商品作为欺骗顾客的诱饵，不能利用提供馈赠礼品的时机来强行推销高价商品或质量低劣的商品，否则将会给顾客留下十分不好的印象。

8) 求教接近法

所谓求教接近法，是指推销人员利用向顾客请教问题的机会来接近顾客的方法。在实际推销过程中，推销人员可能会遇到各种各样的问题，而有时顾客刚好是这方面的专家，那么推销人员就可以借此机会来接近顾客。

从推销心理学角度来看，求教接近法符合某些顾客自高自大的心理，他们总认为推销人员是求人之辈，而看不到推销人员所能提供的各种利益与便利。面对这种顾客的有效方法之一，就是以低姿态向其虚心请教，来满足其高人一等的自我意识。

在使用求教接近法时，推销人员要注意以下几个方面：首先，推销人员要在求教之前进行适当的赞美，先把顾客的优点赞扬一番，这样能够使后面的请教顺利进行。其次，推销人员要能够适当设计请教的问题，最好使请教问题与推销工作加以结合，这就便于由请教转向直接推销。再次，推销人员要能够在请教过程中保持虚心的态度，虚心倾听顾客的发言，让顾客充分发表自己的高见，可以说，顾客说得越多，推销人员就越能够根据其发言来规划后续相关工作。

9) 震惊接近法

所谓震惊接近法，是指推销人员利用某些令人吃惊的事物来引起顾客的注意和兴趣，进而接近顾客的方法。震惊接近法对于那些有着较强心理防线的顾客来说效果十分明显。

震惊接近法符合某些人认识事物的心理习惯。在实际生活中，存在着大量令人吃惊但是又不被人所知的客观事物，那么推销人员通过一定的方式来将这种事物呈现在顾客面前就能够使其震惊。震惊接近法给推销人员提供了一个有力的工具，该方法可以击溃一些顾客的心理防线，从而达到接近顾客的目的。

在使用震惊接近法时，推销人员要注意以下几个方面：首先，推销人员要尽量使震惊与推销工作相关，如果仅仅为了震惊而震惊，反而容易导致顾客注意力的分散。其次，和好奇接近法一样，推销人员也要选择适当的震惊方式，这就需要推销人员对顾客的生活经历有一定的了解，从而保证震惊的方式能够奏效。再次，推销人员所使用的震惊接近法要讲究科学依据，切不可用不真实的假象来欺骗顾客，同时也要注意做到适可而止，避免顾客过于震惊而无法有效地参与到推销过程中。

上述几种接近顾客的方法，都有其各自不同的适用范围，也都有着一些注意事项，推销人员应该在实际推销工作中不断加以锻炼，以达到灵活运用各种接近顾客的方法，从而在较短的时间里，迅速而有效地完成接近顾客的工作。

8.2.2　推销面谈

1．推销面谈的含义与目的

所谓推销面谈，是指推销人员运用各种方式、方法和手段，来说服顾客做出购买决策的过程。“面谈”一词原意是指当面洽谈，但随着推销工作的发展与变化，推销中面谈已经不再仅仅局限于当面洽谈，越来越多的含义被丰富到推销过程中“面谈”的范畴当中，比如描述、展示、主张等等，这也在一定程度上反映了推销面谈方法的完善和丰富。

一般来说，作为推销过程中耗时最长的面谈阶段，主要要达到以下目的：

(1) 全面介绍推销商品，使顾客进一步对推销商品有一全面印象。在接近顾客过程中，推销人员已向顾客简单介绍了推销商品，但为了使顾客能够真正接受推销商品，在进行面谈过程中，推销人员还应向顾客详细介绍推销商品。

(2) 尽可能圆满回答顾客所提出的每一个问题。在推销过程中，推销双方时刻处于不断地双向交流过程中，而顾客向推销人员传递信息的一种方式就是提出各种问题。对于这些问题，推销人员必须尽可能地给予全面的回答，并对这些问题中所表现出来的顾客需求加以识别。

(3) 刺激顾客的购买欲望，促使顾客迅速购买。在购买决策的制定过程中，顾客会在内心产生一定的心理演变，甚至是心理冲突，这些心理活动的结果最终将直接影响推销工作能否成功。推销人员必须根据顾客在面谈中的具体表现，对顾客心理状况加以识别，并采取有针对性的措施来刺激顾客的购买欲望，促使其迅速做出购买决策或购买行为。

2．推销面谈的方法

推销人员有效进行面谈的方法主要包括提示面谈法和演示面谈法，每种方法中又根据提示方式和演示内容的不同细分为不同的具体形式。

1) 提示面谈法

所谓提示面谈法，是指推销人员通过一定的途径或媒介来对顾客做出提示或暗示，从而作用于顾客的心理活动，促使其做出购买决策的方法。根据提示方式的不同，这种方法又具体分为以下几种：

(1) 动意提示法。动意提示法是指推销人员直接建议顾客购买推销商品的面谈方法。

任何一种观念，一旦进入顾客内心，只要不和顾客内心已有的观念产生重大冲突，往往都会导致一定的意向或行为。动意提示法正是基于这一原理，直接向顾客提供动意提示，来促使顾客做出购买决策或购买行为的。

这种动意提示法能够直接传递推销信息，刺激顾客的购买动机，如果顾客内心已经具备了一定的购买倾向，这种动意提示将会产生十分明显的效果。

(2) 明星提示法。明星提示法是指推销人员借助他人之口(尤其是明星类事物)来促使顾客做出购买决策或购买行为的方法。这种方法是以心理学中的权威效应理论为基础的。

这种方法中的明星类事物，不仅仅包括人物，也包括事物，比如一些有名的组织、单位、地点、事件，都可以被推销人员用来说服顾客。这种方法可以直接作用于顾客的求名动机和迷信权威的心理，充分调动顾客的购买情感，从而促使顾客做出购买决策或购买行为。

但在使用这种方法时，推销人员要针对不同顾客的具体情况，选择有针对性的说服媒介，同时尽量消除可能出现的推销人员的被动情况，从而有效地促使顾客做出购买决策或购买行为。

(3) 自我提示法。自我提示法是指推销人员通过使顾客产生自我暗示来促使顾客做出购买决策或购买行为的方法。在自我提示法中，提示的主体是顾客自己，推销人员只是提供了能够使顾客产生自我暗示的刺激物。

这种方法是以心理学中的自我暗示理论为基础的。自我暗示理论认为，暗示要比明示更加具有说服力和影响力，尤其是在这种暗示是顾客自己做出的情况下，更容易对顾客产生作用。

自我提示法可以使顾客自己暗示自己，自己陶醉自己，甚至是自己欺骗自己，可以有效地增加推销面谈中的说服效果。但在使用过程中，推销人员要保证所提供的产生自我暗示的刺激物一定是真实的、可靠的刺激物，如果刺激物不真实、不可靠，不仅起不到刺激作用，反而容易让顾客产生反感。

(4) 行动提示法。行动提示法是指推销人员通过各种具体行动来说服顾客做出购买决策或购买行为的方法。从某种意义上来说，行动也是一种推销语言，而且是更有说服力、更容易让人信服的推销语言。

行动提示法是一种古老但十分有效的面谈方法，在某些情况下，推销人员的具体行动更能说服顾客。只要推销人员找到了能够引起顾客注意和兴趣的行动，并进行适当地规划，就可以达到影响顾客购买心理的效果。

(5) 相反提示法。相反提示法是指推销人员利用反暗示原理来促使顾客做出和刺激相反的购买决策或购买行为的方法。这种相反暗示以顾客的逆反心理为基础，有着更加明显的作用效果。

相反提示法也就是我们常说的说反话，希望顾客做出与提示内容相反的反应和行为。这种方法特别适用于那些自高自大、虚荣心强、好唱反调的顾客。但在使用过程中要注意讲究语言艺术，要在尊重顾客的基础上进行反向刺激，切不可对顾客产生过头的激将作用。

(6) 逻辑提示法。逻辑提示法是指推销人员利用逻辑推理来说服顾客做出购买决策或购买行为的方法。

在推销过程中，推销人员要满足顾客的需求，解决顾客问题，就需要对顾客的需求和问题进行一定的分析和推理，这也为推销人员提供了一种说服顾客的手段。

逻辑提示法可以直接诉诸于顾客的理智动机，有利于顾客购买行为的合理化。在使用逻辑提示法时，推销人员应尽量使自己的推销逻辑与顾客的购买逻辑保持一致，实现推销过程的科学化和艺术化的结合。

2) *演示面谈法*

所谓演示面谈法，是指推销人员通过演示各种推销材料或工具，来促使顾客做出购买决策和购买行为的方法。根据演示内容的不同，这种方法又具体可以分为以下几种：

(1) 产品演示法。产品演示法是指推销人员通过直接演示推销商品本身说服顾客的面谈方法。在现代推销环境中，推销商品本身是最佳的信息来源，是顾客获得相关信息的主要途径。

在实际生活中，产品演示法随处可见，在电视广告、各种销售场所中都在进行着对于推销商品的演示。适当地使用产品演示法，可以更加准确、生动地传递推销信息，有效地激发顾客的购买欲望，使推销面谈更有效果。

(2) 文字演示法。文字演示法是指推销人员演示有关推销商品的文字资料来说服顾客的面谈方法。在某些不便于或者无法演示推销商品的情况下，推销人员就可以演示与推销商品相关的文字资料来进行推销面谈。

从传播学的角度上来看，文字演示法可以准确地传递推销信息，节省面谈时间，减轻推销人员工作负担，同时，文字演示法也能够在一定程度上增加推销面谈的趣味性，使顾客能够重点阅读和快速阅读相关信息，如果能够和其他面谈方法结合使用，将收到良好的推销效果。

(3) 图片演示法。图片演示法是指推销人员通过演示与推销商品相关的图片资料来说服顾客的方法。与产品演示法相比，图片演示法更加方便、灵活，携带的信息量更大，也更容易被顾客所接受。

通过演示与推销商品相关的图片资料，推销人员可以迅速地传递大量推销信息，形成良好的推销氛围，同时也能在一定程度上产生情景效应，增强推销面谈的说服力和感染力。

(4) 影音演示法。影音演示法是指推销人员通过演示与推销商品相关的影音资料来说服顾客的方法。影音演示法可以说是图片演示法的升级，它能够更大限度地减轻推销人员的工作负担，传递大量的推销信息，形成良好的推销氛围，而且还有助于顾客形成一定的联想，产生一定的暗示作用。

8.2.3 处理顾客异议

在整个推销过程中，尤其是在推销面谈中，顾客在面对推销人员和推销活动时，通过对各种推销信息的加工和处理，就会产生一定的心理活动，这种心理活动的必然结果就是使顾客产生一定的疑问，并将这些疑问反馈给推销人员。这就使得推销人员在推销工作中还必须要对这些疑问——顾客异议进行处理。

1．顾客异议概念

所谓顾客异议，是指顾客对推销商品、推销人员以及其所代表的企业所表现出的怀疑、否定或反对意见的统称。

推销人员在看待顾客异议时，首先要认识到顾客异议是推销过程中顾客的一种必然反应，任何推销人员的任何推销活动，都会在一定程度上导致顾客产生一定的顾客异议，只是各种异议的形式和性质以及表现方式不同而已，这是由于产生顾客异议的根源的多样性所决定的。其次，推销人员还要全面地理解顾客异议，从表面上看来，顾客异议是推销的障碍，但同时它也是一定程度上的成交信号，只有对推销商品进行了一定的思考、比较，才有可能产生各种顾客异议。所以只要推销人员对这些顾客异议加以有效处理和化解，就可以将成交的障碍转变成为成交的动力，促成推销工作的成功。

2．顾客异议的类型与形式

1) 顾客异议的类型

在推销过程中，顾客的异议多种多样，推销人员可以按照一定的标准来对这些多种多样的顾客异议进行分类，这样便于推销人员总结和归纳处理顾客异议。

(1) 按顾客异议与推销活动的相关程度划分

① 有关异议。有关异议是指与推销活动有关的顾客异议。对于这些有关异议，推销人员应当给予充分重视，要能够在熟悉有关异议的形式、明确其产生的根源的基础上，对有关异议采取适当的方式加以化解和处理。在有关异议中具体还包括有效异议和无效异议两类。

所谓有效异议，是指顾客根据某种真实可靠的、与推销活动有关的根源而产生的顾客异议。这种有效异议，是顾客在推销活动中形成的真正问题和疑虑，是推销人员和顾客双方共同面临并加以解决的顾客异议。

无效异议又叫做虚假异议，是顾客利用某种借口而提出的顾客异议。这种异议，是顾客给推销人员提出的难题，是推销人员需要单方面面对并加以解决的顾客异议。

② 无关异议。无关异议是指顾客在推销活动中所提出的，与推销活动本身没有直接关系的异议。一些推销学家认为，推销人员最好不要在无关异议上花费大量的时间和精力，否则不仅可能毫无效果，甚至会失去成交机会。

(2) 按顾客异议的公开程度划分。

① 公开异议。公开异议是指顾客利用各种方式直接向推销人员提出的各类顾客异议。公开异议一般能够在推销人员与顾客之间实现充分地共享，推销人员应该对公开异议给予充分重视，并加以正确处理。

② 秘密异议。秘密异议是指顾客隐藏在内心深处的各种顾客异议。这些顾客异议需要推销人员通过顾客的某些行为以及基于推销经验的预测来加以判断，然后再选择适当的时机向顾客阐明或直接处理和化解。

2) 顾客异议的形式

顾客异议主要有以下几种形式：

(1) 需求异议：是指顾客自认为不需要推销商品而拒绝购买的一种异议。

(2) 财力异议：是指顾客自认为无钱购买推销商品而拒绝购买的一种异议。

(3) 权力异议：是指顾客自认为没有购买决策权而拒绝购买的一种异议。

(4) 商品异议：是指顾客自认为不应该购买这种推销商品而拒绝购买的一种异议。

(5) 价格异议：是指顾客自认为推销商品价格不符合自己要求而拒绝购买的一种异议。

(6) 货源异议：是指顾客自认为不应该购买某个企业或某种分销渠道中的推销商品而拒绝购买的一种异议。

(7) 推销人员异议：是指顾客自认为不应该从某位推销人员那里购买推销商品而拒绝购买的一种异议。

(8) 购买时间异议：是指顾客认为购买推销商品的时间不合适而拒绝购买的一种异议。

3. 顾客异议的根源

顾客异议有着多种多样的形式和类型，从产生顾客异议的根源可以归纳为推销主体、推销客体和推销对象三个方面。

1) 顾客方面

顾客方面是产生顾客异议最为主要的一个根源。由于不同的顾客有着不同的个性特征、生活经历、消费经验和偏好，使得其在推销过程中有着千差万别的心理活动和行为表现，这其中的各个方面都有可能成为顾客异议的根源，比如顾客的成见、顾客的购买习惯、顾客的购买经验、顾客的需求、顾客的购买能力、顾客的购买权力、顾客购买关系和具体购买心情状况等等。

2) 推销商品方面

由于现代社会生产能力的大幅度提高，使得市场上满足顾客需求的消费品也在日益增多，不同的商品有着不同的特点，这些商品与不同的顾客有着不同的适应程度，这就使得推销商品的某些因素也能导致顾客异议产生，比如商品的价值、质量、价格、造型、样式、包装等等。

3) 推销人员方面

作为推销工作的主体，推销人员在其不同个人基本素质的基础上，有着不同的推销工作表现和工作方式，这些方面是否能够符合顾客的要求，也在一定程度上决定了顾客是否会产生顾客异议，比如推销人员的推销礼仪不当、推销服务不周、推销信息不充分、推销信誉不佳，都有可能成为顾客异议的产生根源。

4. 顾客异议处理方法

在推销工作中，顾客有可能提出形式多样、根源复杂的顾客异议，所以推销人员也需要针对不同的顾客异议根源、性质和形式来选择适当的处理方法来加以化解。具体来说，主要有以下几种常用的处理顾客异议的方法。

1) 反驳处理法

所谓反驳处理法，是指推销人员根据有关事实和理由来直接否定顾客异议的处理方法。虽然在推销过程中，推销人员应尽量避免与顾客的冲突，但有些时候也可以使用反驳处理法，甚至必须使用反驳处理法，特别是对于无效异议和无关异议时更是如此。

(1) 反驳处理法的优点：

首先，正确使用反驳处理法，可以增强推销面谈的说服力。推销人员通过摆事实、讲道理，比较容易令顾客信服，从而增加推销面谈的说服力。

其次，灵活使用反驳处理法，可以提高推销效率。在使用反驳处理法时，推销人员直接明了地否定顾客异议，直接说明相关情况，而不需要使用间接或侧面方法。

(2) 反驳处理法的不足：

首先，滥用反驳处理法，可能引起推销人员与顾客的冲突。在反驳处理过程中，推销人员直接否定顾客的异议，容易使顾客产生较大的心理压力，甚至使顾客反感或迁怒于推销人员，从而形成尴尬的推销气氛。

其次，滥用反驳处理法，有时不利于成交。一旦滥用反驳处理法并形成了不良的推销气氛，不仅无法有效处理顾客的当前异议，甚至还会引发出更多的异议，从而给推销工作带来更多的阻碍。

(3) 使用反驳处理法的注意事项：

首先，推销人员在使用反驳处理法时，要保持一种温和、友好的态度，这样才能避免自身不良情绪对推销过程的干扰，保持良好的推销气氛。

其次，推销人员必须要有理有据地反驳顾客的异议，应该通过摆事实、讲道理来使顾客心服口服，而不能一味地与顾客唱反调。

再次，对于那些比较敏感的顾客异议，不适于使用反驳处理法，比如顾客十分坚持自己的观点，或者顾客异议直接决定顾客是否会立即购买时，最好使用其他方法来加以处理。

2) 委婉处理法

所谓委婉处理法，是指推销人员根据有关事实和理由来间接否定顾客异议的处理方法。对于某些形成根源比较复杂，或者较为敏感的顾客异议，推销人员就可以适当地从侧面来间接否定。

(1) 委婉处理法的优点：

首先，灵活使用委婉处理法，可以保持良好的推销气氛和主顾关系。在使用委婉处理法时，由于推销人员没有针锋相对地直接否定顾客的异议，一般不会使顾客产生较大的心理压力。

其次，合理使用委婉处理法，可以给推销人员留有一定的余地。在使用委婉处理法时，推销人员可以利用闪避的机会来进一步进行思考，从而有利于其确定顾客异议的真正来源，计划后续策略。

(2) 委婉处理法的不足：

首先，滥用委婉处理法，可能会削弱推销面谈的说服力。在使用委婉处理法时，有的情况下需要推销人员首先承认顾客异议，这就有可能使顾客认为推销人员无法处理异议，从而增加推销难度。

其次，滥用委婉处理法，可能会使顾客失去购买信心。有时顾客提出异议是为了通过推销人员的回答来形成或增强自己的购买信心，如果这时推销人员含糊其辞或一味回避的话，有可能使顾客丧失对于推销人员和推销商品的信心。

再次，在使用委婉处理法时，有时需要首先进行一定的让步，这有可能使顾客会进一步提出更多的异议，阻碍了推销工作的进行。

(3) 使用委婉处理法的注意事项：

首先，推销人员要尽量避免直接的反驳，可以转换角度对顾客异议进行分析，从而间接否定顾客异议。

其次，推销人员可以提供更多的推销信息，并通过一定的推销教育，来使顾客自己认识到所提出的异议是不能成立的，这样就能很好地达到处理异议的效果。

再次，推销人员要尽量做到语气委婉、转折自然，像“但是”、“不过”、“然而”等转折语气较为明显的词语最好不要使用，以避免引起顾客的不满。

3) 利用处理法

所谓利用处理法，是指推销人员直接利用顾客异议本身来处理顾客异议的方法。顾客所提出的各种异议，既是推销成功的障碍，也是一定程度上的成交信号，这就决定了推销人员可以利用顾客异议自身来加以处理。

(1) 利用处理法的优点：利用处理法的最大优势可以有效转化顾客异议。推销人员不必回避顾客异议，而是“以子之矛，攻子之盾”，通过一定的手段来把顾客拒绝购买的理由转变成为说服顾客的理由，将顾客异议转化成为推销提示，这样就将不利因素转变成为有利因素，从而增加推销成功概率。

(2) 利用处理法的不足：

首先，滥用利用处理法，可能会引起顾客的反感。如果推销人员对顾客的异议利用的不恰当，有可能使顾客认为推销人员没有尊重自己，从而产生反感和抵触情绪。

其次，滥用利用处理法，会增加成交的难度。利用处理法有时也会引发顾客提出更多的顾客异议，从而进一步阻碍成交。

(3) 使用利用处理法的注意事项：

首先，推销人员要承认顾客异议，对顾客表示尊重，这样可以使整个处理异议过程保持在一个良好的氛围中。

其次，推销人员要能够针对不同的顾客异议的性质、类型和来源，进行有针对性的转化，不能使用呆板的转化方法处理各种顾客异议。

4) *补偿处理法*

所谓补偿处理法，是指推销人员利用顾客异议以外的其他有关方面来补偿或抵消顾客异议的一种方法。顾客所提出的异议，都是针对推销商品或推销过程中的某些不足或缺陷，但如果推销商品或推销过程也有一些优点和优势，这就为补偿处理法的使用提供了条件。

(1) 补偿处理法的优点：补偿处理法可以将顾客的关注焦点由不利方面转移到有利方面，通过提供其他方面利益和便利，给顾客更多的消费者剩余，从而使顾客心理上得到平衡，消除其不满情绪。

(2) 补偿处理法的不足：补偿处理法使用过程中需要推销人员在承认顾客异议合理的前提下开展处理工作，这样，有可能使顾客认为推销人员无法有效地解决自己的问题，从而使其降低购买信心。同时，如果顾客对推销人员所作出的补偿不感兴趣，只关注于异议相关内容的解决，也会使补偿处理法无法发挥效果。

(3) 使用补偿处理法的注意事项：

首先，推销人员要对顾客异议的根源、性质进行认真分析，并结合顾客的需求结构来选择合适的补偿方式，这样才有可能使顾客接受推销人员的补偿处理。

其次，推销人员也应该针对推销商品的优点来进行重点推销，让顾客在看到推销商品的不足的同时，也能对推销商品的优点有充分的认识，这样补偿处理法才会有良好的使用效果。

5) *忽略处理法*

所谓忽略处理法，是指推销人员故意不理睬顾客异议的处理方法。虽然我们强调推销人员必须要对顾客充分尊重，要对顾客异议给予一定的重视，但不代表推销人员对于任何的顾客异议都有必要投入大量的时间和精力来处理，有些顾客异议，特别是那些无关异议，推销人员可以忽略不计。

(1) 忽略处理法的优点：

首先，正确地使用忽略处理法，可以保持良好的推销气氛。推销人员对顾客的无关异议或无效异议不加理睬，就可以避免发生无意义的争吵。

其次，适当使用忽略处理法，可以提高推销效率。推销过程中的时间对于推销双方来说都是十分宝贵的，所以推销人员没有必要在无关异议或无效异议上浪费过多的时间和精力。

(2) 忽略处理法的不足：使用忽略处理法，对顾客的异议不予理睬，有可能使顾客感到缺乏应有的尊重，有可能形成顾客的不满或反感，甚至还会使顾客对推销人员或推销工作的态度发生变化，不积极参与到推销过程中，从而形成双方互不理睬的尴尬状况。

(3) 使用忽略处理法的注意事项：

首先，推销人员要对顾客异议进行认真分析，当确定顾客异议是无关异议或无效异议时，才可以采用忽略处理法。

其次，推销人员还要保持良好的推销礼仪，既要认真倾听顾客的表述，也要能够在倾听之后做到“装聋作哑”，并在放过顾客异议的同时注意顾客的反应，对突发状况能够进行有效处理。

6) 预防处理法

所谓预防处理法，是指推销人员为了防止顾客提出异议而事先将可能产生异议的方面向顾客明示并加以化解的处理方法。有时，顾客的异议会藏在内心而不表达出来，这时就需要推销人员主动提出异议并加以解决，才能获得顾客的满意。

(1) 预防处理法的优点：

首先，预防处理法可以先发制人，有效地防止顾客提出异议，这样就使推销人员在推销工作中处于主动地位。

其次，预防处理法可以有效处理顾客的秘密异议。那些顾客难以表达、不想表达的异议，被推销人员提出并加以解决，这样不但化解了顾客异议，也可以使顾客感到推销人员的善解人意和诚实可靠，从而增强顾客的购买信心。

(2) 预防处理法的不足：推销人员如果滥用预防处理法，将各种顾客可能提出的顾客异议毫无保留地全盘托出，有可能会产生顾客异议的传染，即顾客可能对于某些方面并没有感到不满，但经过推销人员的提醒，不但对其给予关注，甚至抓住不放，不接受其他补偿或处理方法，那么就会给推销工作带来较大难度。

(3) 使用预防处理法时的注意事项：

首先，推销人员要进行充分的接近准备，科学地预测不同顾客可能提出的不同异议，从而有针对性地预先提出异议并加以处理。

其次，在使用预防处理法时，要尊重顾客的个性，讲究顾客异议处理策略，防止冒犯顾客。

上述处理顾客异议的基本方法，有着不同的优缺点，也有着不同适用条件和注意事项，推销人员只有对这些处理方法深入了解并熟练掌握，才能对推销过程中顾客提出的各种异议加以有效处理，推动推销工作走向成交。

8.3　推销收尾方法与技巧

8.3.1　成交

成交是指顾客接受推销人员及其推销建议，并且购买推销商品的行为过程。整个推销工作的最终行为目标就是促成成交，因此一名优秀的推销人员应该通过自己的推销行为，来为最终成交做出努力。而成交的数量表现——交易额，也是推销人员工作效果的直接体现，所以成交在整个推销工作中有着十分重要的意义。

一名经验丰富的推销人员，应该能够有效地把握成交的时机，并运用一定的方法和手段来促使顾客最终做出购买行为。因此，达到成交的首要条件是对顾客表现出的成交信号加以识别。

1. 成交信号

所谓成交信号，是指通过顾客的语言、行为表现出来的，顾客打算做出购买行为的暗示或提示。如果顾客已经形成了购买意愿，并且具备了购买条件，那么都会有意无意地通过语言、行为流露出来。虽然成交信号最终不一定导致购买行为，但其却是提示购买可能的重要信息，所以推销人员必须对顾客表现出的成交信号加以有效识别。

具体来说，推销过程中顾客所表现出的成交信号主要有以下几种：

1) 语言信号

这是最为基本的成交信号，如果顾客表现出询问交货时间或交货条件，询问商品运输、保管、拆装、使用、保养等相关问题，不断地讨价还价等等行为，就表明顾客已经具有购买意愿。

2) 非语言信号

除了语言之外，顾客也会通过其他方式来表现自己的成交信号。比如顾客由静态的倾听变为动手操作商品，做出找笔等具有签字倾向的行为，面部表情由紧张变为放松等等，都在一定程度上表示顾客已经做出了购买意愿。

2. 成交的方法

在识别了顾客的成交信号之后，推销人员就需要采用一定的方法来促使顾客尽快将自己的购买意愿转化为购买行为。在推销工作中，常用的促成成交的方法主要有以下几种：

1) 请求成交法

所谓请求成交法，是指推销人员直接要求顾客购买推销商品的一种方法。这是一种最常见、最普通的成交方法。在实际的推销工作中，顾客往往不愿意主动提出成交，这时推销人员就可以使用请求成交法来促成成交。

(1) 请求成交法的优点：推销人员一旦发现顾客表现出成交信号，就可以使用请求成交法来促使顾客成交。这样就可以避免顾客故意拖延成交时间，防止一些影响成交的情境因素出现，并且提高推销工作效率。

(2) 请求成交法的不足：推销人员如果急于促成成交，过分使用请求成交法，有可能给顾客带来较大的成交心理压力，使得顾客有意识或无意识地抵制成交，也有可能使顾客认为推销人员急于把推销商品推销出去，从而使推销人员丧失主动地位。

2) 选择成交法

所谓选择成交法，是指推销人员直接向顾客提供一些购买决策选择方案并且要求顾客立即购买的一种方法。

(1) 选择成交法的优点：使用选择成交法，推销人员好像是将成交主动权交给了顾客，但实际上顾客只是拥有成交的选择权，即无论顾客选择何种购买决策方案，最终结果都是成交，这样既保证了主动权一直掌握在推销人员手中，也不会给顾客造成较大的成交心理压力，使良好的推销氛围得以保持。

(2) 选择成交法的不足：推销人员如果没有选择适当的时机来使用选择成交法，有可能使顾客面临多种选择而一时无法做出购买决策，甚至会使顾客的注意力发生分散，进一步增加顾客的思考时间，从而使成交效率有所降低。

(3) 使用选择成交法的注意事项：

推销人员一定要慎重选择使用选择成交法的时机，最好是在顾客已经全面了解了推销商品，基本形成其购买决策主要内容的前提下来加以使用，同时要保证将顾客的选择权限定在成交范围内。

3) 局部成交法

局部成交法也叫小点成交法，是指推销人员通过取得逐步成果来最终促成成交的一种方法。一般来说，顾客在面对重大决策时都会面临较大的心理压力，无法一次性做出全面的购买决策，这时推销人员就可以通过局部成交法来促使顾客一步步明确自己的选择目标，最终形成全面的购买决策。

(1) 局部成交法的优点：

首先，正确使用局部成交法，有利于减轻顾客心理压力。推销人员让顾客一步步地做出自己的选择，要比让顾客一次做出重大选择要容易的多，这样不会造成顾客较大的心理压力。

其次，正确使用局部成交法，有利于推销人员留有一定的余地。推销人员每次只做出小的努力，如果顾客对推销人员的建议不赞成，推销人员可以退回并作出一定调整，从而不至于对整个推销工作产生重大影响。

(2) 局部成交法的不足：局部成交法的最大的缺陷就在于局部成交并非全部成交，推销人员的一小点建议可能被顾客所接受，但最终也有可能不购买推销商品，这就往往需要推销人员进行多次尝试才能最终取得推销成功。

(3) 使用局部成交法的注意事项：首先，推销人员要能够根据顾客的购买动机和购买意向来提出小点建议，这样才有可能被顾客所接受。

其次，推销人员还要能够善于将小点成交转化为全部成交，通过不断地取得进展而最终促使顾客做出购买决策和购买行为。

4) 从众成交法

所谓从众成交法，是指推销人员利用顾客的从众心理来促使顾客购买推销商品的一种方法。由于从众心理的存在，使得人们更倾向于按照大众的观点和意见来指导自己的行为，尤其是对于那些自己不太熟悉的内容更是如此。

(1) 从众成交法的优点：

首先，正确使用从众成交法，有利于推销人员招徕顾客。推销人员可以用一部分顾客去吸引另一部分顾客，从而在更大范围内开展推销工作。

其次，正确使用从众成交法，可以增强推销的说服效果。推销人员可以使用一部分顾客去影响其他顾客，有时这种顾客之间的相互影响和说服要比推销人员的说服力更强。

(2) 从众成交法的不足：

首先，使用从众成交法，有时不利于推销信息的正确传递。顾客有时会基于自己的感受和理解来传递一些有偏差的推销信息，甚至是虚假的推销信息，这就会对推销工作产生不利的影响。

其次，过度使用从众成交法，有时会导致顾客产生反从众行为。如果推销人员过分使用从众成交法而形成比较混乱的局面，有时会使得顾客拒绝接受其他顾客的信息和影响，甚至会形成对于推销商品的不良印象，从而给推销工作带来不利影响。

(3) 使用从众成交法的注意事项：

首先，推销人员要尽量选择那些具有一定影响力的中心顾客来对其他顾客产生影响，这样能够保证从众成交法获得最佳效果。

其次，推销人员要讲究推销道德，不能使用一些虚假信息来欺骗顾客。

再次，推销人员可以适当使用一些广告来扩大推销商品的影响，这样要比单纯依赖顾客之间的相互影响效果更加明显。

5) 机会成交法

所谓机会成交法，是指推销人员直接向顾客提示最后成交机会来促使顾客立即购买的一种方法。如果推销人员能够使顾客认识到这次推销工作是顾客的惟一的购买机会，就会进一步增加顾客的成交积极性，从而提高成交概率。

(1) 机会成交法的优点：

首先，使用机会成交法可以向顾客施加一定的成交压力，促使顾客自动成交。推销人员可以通过语言或行为来使顾客意识到成交机会有限，这样就能够激发顾客的购买积极性，尽快做出购买决策。

其次，使用机会成交法可以在一定程度上限制顾客的成交内容和成交条件。顾客有时为了获得有限的购买机会，就会在其他方面降低其要求，以求得尽快成交。

(2) 机会成交法的不足：

首先，过度使用机会成交法，会给顾客造成较大的心理压力，从而形成不良的推销气氛，甚至有可能迫使顾客放弃本次推销机会。

其次，频繁使用机会成交法，可能会使顾客质疑推销人员的诚信，从而增加成交的困难。

(3) 使用机会成交法的注意事项：

首先，推销人员要能够适当地限制顾客的成交范围和成交条件，避免给顾客造成较大的成交压力。

其次，推销人员还要讲究推销诚信，实事求是地设置成交条件。

6) 优惠成交法

所谓优惠成交法，是指推销人员通过提供优惠条件来促使顾客立即购买推销商品的方法。优惠成交法利用顾客的求利心理动机，通过在推销过程中给顾客提供一定的额外利益，来刺激顾客购买。

(1) 优惠成交法的优点：

首先，正确使用优惠成交法，可以建立稳固的顾客关系。推销人员所提供的各种优惠可以使顾客感到通过购买商品获得了超额利益，这样可以形成较高的顾客满意度和一定的顾客忠诚度。

其次，推销人员可以通过将优惠政策与购买数量、付款方式等内容结合在一起，这样不仅可以促使顾客迅速购买，还可以促使顾客在购买量或付款方式等方面做出更有利于推销人员的决策。

(2) 优惠成交法的不足：

首先，滥用优惠成交法，可能会增加推销成本，降低推销利润。每次购买活动的盈利空间毕竟有限，给顾客提供更多的优惠，必然会造成推销人员和企业的获利水平的降低，并形成一定的推销成本。

其次，推销人员如果提供虚假的优惠，可能使顾客感到反感。推销人员如果用虚假的优惠条件来诱骗顾客，比如先提高原价，再制造降价假象，这样不仅可能导致本次推销失败，还会给顾客留下不良印象，影响相关推销工作的开展。

(3) 使用优惠成交法的注意事项：

首先，推销人员要能够根据不同顾客的需求特点，来提供不同的优惠条件，这样才会使优惠成交法发挥最大的作用。

其次，推销人员要讲诚信，避免出现向顾客提供虚假优惠条件的状况。

7) 异议成交法

所谓异议成交法，是指推销人员利用处理顾客异议的时机来向顾客提出成交要求的方法。顾客异议既是成交的直接障碍，也是顾客的一种特殊的成交信号，推销人员如果能够对顾客异议正确处理，就可能形成成交机会。

(1) 异议成交法的优点：一般来说，顾客异议也就是顾客在推销过程中关注的要点，推销人员在面对顾客异议的同时，也就抓住了推销过程中推销重点。推销人员如果能够对顾客异议加以有效处理，就可以消除成交障碍，并以此为切入点展开重点推销，有时能够取得较好的推销效果。

(2) 异议成交法的不足：在实际推销工作中，并不是所有的顾客异议都是成交信号，特别是那些无效异议或虚假异议，它们一般是顾客借口或托词，如果推销人员没有进行正确的分析，就认为这是成交信号或推销重点，并据此调整自己的推销工作，有可能浪费大量的时间和精力。

(3) 使用异议成交法的注意事项：

首先，推销人员要对顾客异议进行科学、准确的分析，明确顾客异议的类型和来源，这样可以使异议成交法得到正确使用。

其次，推销人员还要选择适当的异议处理方法来处理顾客异议，否则将无法顺利地实现成交。

上述的促成成交的各种方法，能够在一定程度上帮助推销人员抓住成交机会，有效地促使顾客做出购买决策和购买行为。但顾客做出购买行为之后，并不代表整个推销工作的结束，而是使推销工作进入到另一阶段——售后服务。

8.3.2 售后服务

在现代推销观念的指导下，顾客已经将随同推销商品所出售的各种服务也看作是整体商品的一部分。在功能、质量、价格基本相同的前提下，谁能给顾客提供更多、更好的服务，谁就能够更加容易地获得顾客的接受和认可。同时，企业、商品之间的竞争，也从原来的功能、价格竞争逐渐拓展到服务领域，并逐渐成为主要的竞争方式。所以在推销工作中，推销人员在完成商品销售之后，还需要向顾客提供全面的售后服务。

所谓售后服务，就是在推销商品出售之后，企业或推销人员所提供各种服务活动的统称。在实际推销工作中，推销人员可以采用各种形式的售后服务来提高企业信誉，提升顾客满意度和忠诚度。

1．售后服务的作用

在现代市场环境中，售后服务无论对于推销人员还是对于企业，都有着重要的作用。具体体现在：

(1) 售后服务是企业开拓市场、提升竞争能力的有力武器。在当今的市场条件下，服务因素已经成为一个企业构建竞争优势的重要手段。谁的服务好，谁的服务获得更高的顾客评价，谁的信誉就高，谁就能够占领更多的市场，从而在竞争中立于不败之地。

(2) 售后服务是推销人员建立和维系顾客关系、取得良好销售业绩的重要手段。对于推销人员来说，大量有着较高忠诚度的顾客是其最大的财富。而要获得大量的具有较高忠诚度的顾客，一个有效的途径就是提供良好的售后服务，并根据顾客的反馈，不断对自己的服务水平和能力加以改进和提升。这样，顾客在可能的情况下就会重复购买，并发挥其口碑效应，在更广范围内持续扩散良性信息。

(3) 售后服务是企业保持经济效益、持续发展的保证。企业能否提供令顾客放心和满意的售后服务，已经成为决定企业发展的关键因素。售后服务做得好，顾客需求就能更好地满足，就能够带来更多的顾客、更广阔的市场和更可观的利润，从而形成较高的经济效益，为企业的发展奠定良好基础。

2．售后服务的内容

(1) 严格执行合同，按时交货、发运，做好送货上门服务。推销人员一旦与顾客签订买卖合同，就要严格按照合同规定，保证商品按时、按质、按量发货和交运。同时，对于体积庞大、购买量较大、自行携带不方便的顾客，推销人员还要提供送货上门服务，以方便顾客购买。

(2) 负责安装、调试服务。对于结构复杂的大型工业品、精密设备以及安装技术要求较高的高档消费品，推销人员还应该提供安装、调试服务，以保证顾客所购买的商品能够及时地投入正常使用，发挥其应有功能。

(3) 质量保证服务。质量保证服务主要是指顾客购买商品后，当商品质量出现问题时，能够及时得到检修或退换的服务。质量保证服务能够减少顾客购买商品时对质量、使用和维修的担心，从而坚定顾客的购买信心，提升顾客的满意度。

(4) 技术服务。技术服务包括技术咨询服务和技术培训服务，主要是帮助顾客解决使用商品时所遇到的各种技术难题。由于科技的发展，使得现在商品的技术含量越来越高，特别是高新技术产品更是如此。这就使得那些缺少相关知识和技能的顾客对企业和推销人员有着更大的依赖性，要求推销人员在商品出售之后必须要提供各种技术服务。

(5) 跟踪服务。跟踪服务是指对于购买了推销商品的顾客，尤其是购买机器设备等工业消费品和高新技术产品的顾客，推销人员或企业要定期或不定期地通过上门、电话等各种途径来对顾客的使用情况加以了解，并提供和商品相关的各种服务工作。

(6) 维修服务。维修服务是指当推销商品在使用过程中出现质量问题时，企业或推销人员向顾客所提供各种维护和修理服务。维修服务一般由企业或外包厂商负责，但由于推销人员与顾客的关系最为密切，所以一般顾客在需要维修服务时首先会想到推销人员，那么推销人员就需要通过与其他人员的相互配合来满足顾客的服务需要。

(7) 顾客投诉处理。由于各种原因，购买行为发生之后难免会产生一定的顾客抱怨或投诉。面对这些投诉和抱怨，推销人员要认真对待，并通过实际行为来妥善处理，使顾客的不满意状况得到化解。对于抱怨和投诉的处理态度和处理结果，会影响到顾客最终的满意程度。

(8) 建立顾客档案。推销人员应当根据推销过程中的各种资料和信息，来建立顾客档案，并以此作为向顾客进行相关服务工作的基础，这种做法对于争取顾客的重复购买、进行相关推销活动十分有效。

3. 售后服务的基本要求

虽然企业或推销人员向顾客提供的售后服务的方式和内容多种多样，但是还有一些基本要求是各种售后服务的共有要求。具体来说，主要有以下几方面：

(1) 提供多种服务形式，最大限度地方便顾客。企业或推销人员不仅要向顾客提供一流的商品，还要向顾客提供一流的服务。推销人员应该本着为顾客着想、最大限度地方便顾客的原则，提供多种形式、热情周到的服务，以争取顾客，求得企业的生存、发展和壮大。

(2) 不断改善服务态度。服务态度是推销人员在向顾客提供服务过程中的情绪、语言、表情、行为及其仪表的总称，也是服务质量的一个组成部分。因此不断地改善服务态度，是做好售后服务的一个重要方面。推销人员应该礼貌、热情、耐心、友好地对待顾客，提供便捷、高效的服务，这样才能使顾客满意度和忠诚度得到稳步提升。

(3) 努力提高服务质量。服务质量是指服务的优劣程度，主要体现在服务思想是否端正、服务人员素质是否合格、规章制度是否健全、服务方式是否全面等多个方面。在市场竞争日益激烈的今天，企业或推销人员应该从自身经营特点和市场需求出发，研究并创新具有特色的高质量的服务，利用各种途径来加强服务质量管理，努力提高服务水平，从而以优质的服务赢得更多的顾客。

讨论与复习题

1. 寻找准顾客有何意义？常用的寻找准顾客的方法有哪些？使用这些方法时要注意哪

些问题？

2．什么是顾客资格审查中的 M.A.N 法则？如何来进行顾客资格审查？

3．接近准备有何意义？有哪些方面的工作内容？常用的接近准备方法有哪些？

4．约见顾客包括哪些工作内容？如何进行顾客约见？

5．接近顾客要达到什么样的目标？常用的接近顾客的方法有哪些？

6．推销面谈要达到什么目的？如何与顾客进行有效地推销面谈？

7．推销过程中常见的顾客异议有哪些类型？主要来源于哪些根源？常见的处理和化解顾客异议的方法有哪些？

8．推销过程中顾客所表现的成交信号有哪几种？如何促成顾客成交？

9．推销工作中的售后服务有何意义？主要包括哪些服务内容？需要达到什么样的基本要求？

案例分析

当 Deborah Karish 早上醒来时，她并不担心要赶着挤车去上班。她的办公室就在她的家中。作为 Amgen 医药公司的一名销售代表，她每天都花大量时间访问医院、医疗诊所和医生办公室。每天，她还花大量时间为医生、护士、药剂师和其他使用她公司的复杂药品时需要得到足够信息和建议的人提供各种服务。有些情况下，她主要介绍新产品，而其他情况下，她还要介绍当前产品的最新信息。

Amgen 最初只是一个研发实验室。在研制出几种具有突破性的药品并征得联邦药品管理局(FDA)的销售许可之后，Amgen 建立了自己的药厂，并制定了全国性的销售计划。虽然 Amgen 已经发现了被认为是“奇迹”的药品，但管理层认识到必须要建立一支推销队伍，才能使这些新药得到社会的认同。

Deborah 每天都进行关于药品用途、使用剂量、可能副作用等方面的陈述。在进行陈述时，通常辅以音响设备和打印材料。她通常复印先进医疗杂志上的论文来证明她的产品的功效，这些论文就增加了陈述的可信度。有时她还会经常性地向药剂师提供 Amgen 的特殊服务，因为她清醒地认识到，如果没有不时地提醒，顾客会把这些有用的信息忘掉。

有些情况下，还有必要进行仔细的需求分析来决定她的产品能否解决一个具体的医疗问题。当医生谈到他们的病人时，Deborah 都会仔细聆听并做好笔记，并同时从其他的公司员工那里获得一些另外的信息。如果一位顾客出现了问题，需要立即得到帮助，他可以拨打 800 免费电话来获取专家的建议，这是 Amgen 公司为其顾客提供的一项重要服务。

以医药推销为职业，Deborah 必须不断地学习。最初，她必须学习了解许多医疗术语的含义，并熟悉许多医疗问题。如果某位医生问：“Neutogen 的疗效怎么样？”她必须了解这些术语的含义，并熟悉 Amgen 公司的这种产品。

Deborah 还要花时间来了解她的服务对象。她谈到：“如果我与服务对象关系融洽，那么推销会变得更加容易。”当第一次会见某人时，她都花时间来了解这个人的沟通风格，并调整自己的风格来适应他。她指出，在竞争对手以相似的价格提供相似的产品的情况下，与顾客保持良好的关系可以影响顾客的购买决策。

(资料来源：Gerald L.Manning&Barry L.Reece. 当代推销学：建立质量伙伴关系. 北京：电子工业出版社，2002)

问题：

(1) 在 Deborah 的日常工作中，主要使用了哪些推销阶段中的工作方法？

(2) 从推销人员角度来看，案例中 Deborah 的日常工作能够给你带来哪些启示和借鉴之处？

(3) 请从推销人员的角度，为 Deborah 设计其向不同类型的顾客(主要分为个体顾客和团体顾客)开展推销工作的基本方案？

第9章　推 销 管 理

重 点 提 示

- □ 推销人员的选拔和培训
- □ 推销人员的报酬与激励
- □ 推销人员的业绩考核
- □ 推销组织架构
- □ 推销经理的工作职责
- □ 顾客管理的目标与作用
- □ 顾客管理的工作内容

阅读资料

在对推销人员的管理中，现在越来越多的企业开始利用顾客反馈信息来提高推销人员的工作绩效，各种具体方法，比如 360 度回馈、顾客认知补偿、顾客满意回报等等，已经在一些企业当中开始使用。这些公司相信推销人员能够从他们所搜集的顾客反馈信息中获利。

Tom Mott 是 Hewitt Associates 公司的员工，他说："那些销量大的推销人员现在已经成为公司与顾客之间关系的联结者"，他认为，顾客反馈在一定程度上反映了推销人员的工作绩效和工作效果，如果在任何一个层面上出现问题，顾客不满情绪就会浮出水面。

Maryann 是位于纽约的 TCG(Cirenza Teleport Communications Group)公司的推销人员，她刚开始对于以顾客反馈作为评价指标还感到不满。但随着她对这种方式的了解，逐渐平息了不满情绪。最终，通过 TCG 公司确立的根据顾客反馈来发放红利的准则，她凭借优质的顾客服务赢得了大约占其基本工资 20%的红利。

Greg Buseman 是 IBM 公司芝加哥分公司的销售人员，他坚信将顾客反馈应用到薪酬制度的制定和实施中将极大地提高推销人员的绩效。如今，他投入了大量时间用于熟悉顾客的业务并努力成为顾客问题解决专家。

可见，如何提高推销人员和推销组织的工作绩效，是企业追求获得高额利润过程中必须要解决的一个问题。对于顾客反馈的获取和应用，在一定程度上将对顾客的管理和对推销人员的管理相结合，成为了企业进行推销管理一种新的尝试。

(资料来源：Gerald L.Manning，Barry L.Reece. 当代推销学：建立质量伙伴关系. 北京：电子工业出版社，2002)

企业为了提高推销收益，就要从多个角度和层面出发，对所涉及的推销业务进行一定的管理与控制；而从推销人员的角度来看，有效地进行推销管理工作，一方面可以保证推销工作有条不紊地进行，另一方面也可以保证推销目标的有效实现。所以，对推销的管理也是企业和推销人员开展推销工作必不可少的一个方面。

推销工作中所涉及的管理，主要包括推销人员管理、推销组织管理和顾客管理这几个方面。

9.1　推销人员管理

推销管理的核心就是对推销人员的管理，因为推销人员是推销工作开展的主体，推销人员的素质的好坏，对推销工作的努力程度如何，都将直接影响推销目标能否实现。一般来说，对推销人员的管理主要包括推销人员选拔、推销人员的培训、推销人员的报酬与激励以及推销人员的业绩考核等方面内容。

9.1.1　推销人员的选拔

1. 选拔推销人员的原则

企业为了使推销工作和推销目标得以实施和实现，就必须在众多的备选人员中进行推销人员的选拔。在进行推销人员的选拔时，遵循基本的选拔原则，能够保证企业或推销管理部门明确推销人员选拔的基本方向和标准。一般来说，企业或推销管理部门在选拔推销人员时应遵循以下原则：

(1) 德才兼备的原则。这是选拔推销人员最基本的原则。“德”是指思想品德、职业道德，“才”是指推销人员所应具备的知识水平和能力结构。德才兼备的原则要求企业或推销管理部门在选拔推销人员时要在“德”与“才”两个方面进行权衡，二者不可偏废。

(2) 不拘一格的原则。在进行推销人员选拔时，企业或推销管理部门应该综合考虑推销工作的特点与推销人员自身的情况，科学、客观地进行选拔，不能被旧有观念所束缚。为此，需要明确以下两个方面：一是资历不等于能力，在选拔推销人员时，既要看重资历，更要看重能力；二是文凭不等于水平，在选拔推销人员时，不仅要看重文凭，更应看重实际知识水平与工作能力。

(3) 知人善任的原则。在选拔推销人员时，既要知其长处，也要知其短处；在任用推销人员时，既要能够发挥他们的优势，也要能够尽量弥补其不足。企业或推销管理部门应当让被任用的推销人员适得其所，使他们的能力与承担的职责相适应，并能够通过实际推销工作来获得提高。

2．选拔推销人员的程序

为了能够有效地选拔出合格的推销人员，让所有的推销岗位都有适合的推销人员，使所有的推销人员都有与之相适应的推销岗位，企业或推销管理部门应该在遵循上述选拔原则的基础上，有步骤、分阶段地进行推销人员的选拔。推销人员选拔的程序主要包括以下几个阶段：

(1) 招聘岗位的确定。在开始推销人员选拔之前，推销管理部门的负责人员应该仔细分析推销人员具体工作的各项要求与条件，然后具体指出所要招聘的岗位。

(2) 具体岗位分析。在进行推销人员选拔时，应对工作岗位本身所包括的活动与推销人员所承担的职责加以整理和归纳，并形成书面形式的文件，这样便于应聘者了解这一岗位所需要的基本条件，也可以帮助推销管理部门在众多候选人之中进行筛选。

(3) 确定应聘人员的基础条件。在完成了招聘岗位确定和具体岗位分析之后，推销管理部门还应确定应聘人员所应具备的基本条件，比如应聘者的文化程度、所学专业、是否具有相关从业经验等等。由于推销人员所推销的商品各不相同，因此，各个推销管理部门所确定的推销人员应该具备的基本条件也各不相同。但是，还是有一些方面是各个企业、各种商品的推销工作中所共有的，那就是我们前面向大家介绍的推销人员的素质、知识和能力。

(4) 选择推销人员来源。企业或推销管理部门可以通过各种渠道或途径来获取或选择推销人员候选人，比如现有职工、职业介绍所、广告招聘等等。除了这些基本的获取推销人员候选人的来源之外，还有一些不太常用的来源，比如各种展销会、顾客甚至是本行业的竞争对手，这也是推销人员候选人的良好来源。

(5) 具体选拔推销人员。无论企业的推销人员候选人来自于哪种途径，在具体选择推销人员过程中，通常会包括以下几项工作：

① 填写申请表。申请表中包括候选人个人的基本资料、主要社会经历和工作履历等内容。申请表表明了候选人所能胜任的工作，它可以将候选人的资料系统且富有吸引力地呈献给企业或推销管理部门。

② 面谈。为了确定候选人是否能够胜任某项推销工作，推销管理部门还应该通过多轮面谈来对候选人进行更深入的了解。通过面谈，企业或推销管理部门就可以判断候选人的

工作态度是否诚恳、头脑是否灵活、语言表达能力如何以及其性格特征等。

③ 测验。推销管理部门通常是通过测验来判断候选人是否满足推销工作需要的，比如态度测验、人格测验、兴趣测验、智力测验等等。但要注意这些测验结果只能代表候选人某一方面的情况，不能将测验结果作为最终决定标准。

④ 体检。由于推销工作比较艰苦，往往需要从业人员具有良好的身体条件才能胜任。所以推销管理部门在进行推销人员选拔时，还应对准备录取的候选人进行体格检查，以避免录用身体状况不合适的推销人员从而影响正常的推销工作。

可以说，推销人员的选拔是一项内容繁多、系统的工作，而且每个企业的要求都各不相同，所以推销人员选拔程序也不尽相同。各个企业或推销管理部门应根据具体情况来确定合适的推销人员选拔程序。

9.1.2 推销人员的培训

受过良好培训的推销人员一般更具有工作的能动性和创造性，也更善于和顾客建立并维持良好的关系。因此，企业或推销管理部门对推销人员的管理工作中还应该包括对推销人员进行一定的培训。

1. 推销人员培训的内容

由于各个企业的生产经营状况和具体推销工作的要求有一定的差异，因此对推销人员的培训内容也不尽相同，主要有以下基本内容：

(1) 思想品德培训：主要是对推销人员进行推销道德与职业荣誉感教育，以增强其事业心和责任心。同时，还有对推销人员进行服务宗旨教育和法律法规教育。通过思想品德培训，可以提高推销人员的政治思想觉悟，树立理想，坚定信念，使其充分认识推销工作中自己所肩负的职责和任务，增强推销人员的使命感和责任感。

(2) 企业情况培训：通过企业情况培训，可以使新从业推销人员了解企业的经营历史、发展目标、组织结构、行业地位等情况，从而尽快消除他们的陌生感，提高他们的推销信心。

(3) 产品知识培训：培训内容包括产品的设计制造过程、主要用途、产品的质量、包装、价格等技术领域内的相关知识。推销人员只有全面掌握了这些知识，才能向顾客准确地宣传本企业的产品，才能准确、熟练地回答顾客提出的关于产品的问题，才能精确、全面地进行本企业产品和竞争对手产品的比较，有力地说服顾客购买。

(4) 市场知识培训：主要是指培训推销人员寻找、选择和评价潜在顾客的途径和方式，约见顾客、推销洽谈的技能和技巧，了解有关经销商的成本效益，本企业商品的市场占有率等内容。

(5) 顾客知识培训：主要是指研究顾客的类型、购买心理、购买行为，学习如何鉴别和适应不同类型的顾客要求以及如何对他们的要求做出反应。另外，也要了解顾客的基本情况，包括顾客的地区分布、经济收入、购买动机和购买习惯等等。

(6) 推销技能培训：这是培训中的关键内容。通过推销技能培训，推销人员能够掌握推销的仪表和态度，所应具备的服务精神，访问准备，初访和再访，推销的语言运用，如何进行演示说明，如何争取顾客的好感，如何应对反对意见，如何克服推销困难，如何获得推销经验等内容。

(7) 政策、法律和法规培训：通过这一方面的培训，使推销人员了解与推销工作相关的各种法律、法规和政策，比如经济法、合同法、税法、反不正当竞争法等，这些培训内容可以使推销人员开展的推销行为更加合法、合理。

(8) 行政工作知识培训：主要培训推销人员如何撰写推销报告，如何处理文书档案，如何控制推销费用，如何实施自我管理等。

阅读资料

某汽车公司推销人员培训内容摘要

一、企业哲学及经营理念、经营指导思想

二、营销职能(做什么)

附一：内勤人员工作职责及工作规范

附二：客户经理工作职责及工作规范

附三：信息中心人员工作职责及工作规范

三、营销方法(怎么做)

附一：促销的方法

附二：开发客户与管理客户

附三：如何做好服务

附四：强制保养资料

四、专卖店营销管理

五、营销常用表格

2. 推销人员的培训方法

对推销人员进行培训的方法有很多，主要包括以下几种：

(1) 集中培训法：是指企业采用办培训班、研讨会等形式来对推销人员进行培训的方法。可以聘请有关专家以座谈、授课的方式来进行，也可由企业主管人员及有经验的推销人员用推销案例来讲授推销知识、技巧和策略等方式进行。

集中培训法的优点在于时间短、费用低、见效快、节省人力，但其不足之处在于缺乏亲身实践机会，并且无法顾及受训者的个人差异。

(2) 实践培训法：是指派新从业的推销人员在现场跟随有经验的推销人员一起进行推销工作的传统培训方法，也就是，由一些有专业知识和实践经验的老推销人员当师傅，新推销人员做徒弟的传、帮、带的方式。

这种培训方法的优点在于新推销人员可以深入到现场实际工作环境中，在师傅的指导下边干边学，有针对性地进行训练，容易收到较为良好的效果。但这种培训方法的不足在于培训时间过长。

(3) 模拟法：是采用扮演实际推销人员的角色来进行模拟推销的培训方法。通常是由受训人员扮演推销人员进行推销活动，由有经验的推销人员扮演顾客，像演话剧一样进行推销活动。

这种方法吸取了上述两种方法的优点，通过角色扮演，受训人员还可以相互学习、相互帮助、共同提高。

(4) 机构代培法：在某些情况下，由于企业内部的培训能力有限，为了适应市场经济发展的新形势，可以将一些推销人员送到专业培训机构或有关院校进行培训。这种培训方式可以使企业的推销人员在知识水平和专业技能上迅速地得到提高。

除了上述常见的培训方法之外，企业或推销管理部门也需要根据实际情况对原有推销人员进行系统的或针对性的单项强化训练，特别是当企业采取了新的推销策略、开发了新的推销商品、引进新的推销方式或者纠正推销错误的情况时更应当加以开展。

9.1.3 推销人员的报酬与激励

推销人员管理的一个目的就是充分调动推销人员的积极性，提高其工作效率。而建立一套合理的、完整的、系统的报酬与激励机制，对于调动推销人员的积极性和主动性有着重要的作用。反之，如果报酬不合理、激励措施不当，即使具备了最优秀的推销人员，也难以使其发挥应有能力。

1．推销人员的报酬

一般来说，企业应该将推销人员的报酬与其所完成的工作量相联系，即将推销人员的报酬与其给企业所创造的经济效益相挂钩。在目前的实际工作中，常见的推销人员报酬形式主要有以下三种：

(1) 薪金制。薪金制是指无论推销人员的业绩如何，他在每月或每周都能获得相对固定的收入，即推销人员可以得到一份固定的薪水和执行各项任务的开支补助。在所有报酬形式中，薪金制是最为简单的一种。

这种薪金制具有以下优点：

① 对推销人员来讲，薪金制可以提供固定的收入和最大的安全感，因为无论推销人员的工作业绩如何，他都会得到稳定的收入。

② 对于企业的行政管理部门来说，薪金制的支付方式比较简单，因而在企业财务与人事安排上较为简便，既节省开支，又可以简化下一年度的推销人员薪金制度制定工作。

③ 对企业或推销管理部门来说，使用薪金制能够保持对推销人员最大的控制力，便于随时调动他们的工作。

当然，薪金制也具有一定的不足：薪金制不能充分调动推销人员的工作积极性，其收入水平不会受到其工作绩效的影响，这就使得这种报酬方式有欠公平性。

所以，这种薪金制一般适用于企业希望推销人员服从指挥、服从工作分配，乐于执行销售单价低、交易频繁的商品或服务的情况。另外，也可以在一些管理者很难有效地对推销人员工作作出评价或者推销人员付出的努力与其销售结果关系不密切的情况下使用。

(2) 佣金制：佣金制是指企业根据推销人员的工作效率来支付其报酬的方式。在佣金制中，推销人员的收入水平，完全根据他们在既定时期内完成的推销额或利润额来决定。佣金制是一种完全激励型的报酬支付方式，如果推销人员的推销绩效较高，那么他可能获得较高的收入；反之，如果推销人员在一段时间内一项交易都没有完成，那么他将没有任何收入。

这种佣金制具有以下优点：

① 佣金制能够充分调动推销人员的主动性和积极性，使推销人员的能力得到最大限度的发挥。

② 能够在一定程度上降低企业的推销成本。因为推销人员的开支与目前的自身收入密切联系在一起，因此推销人员在推销活动中的各项开支，企业一般不给予补助。

③ 能够在一定程度上简化企业或推销管理部门对推销人员的管理。企业或推销管理部门只需要考察推销人员的推销业绩就可以决定某名推销人员的报酬水平。

同时，佣金制也具有一定的不足：

① 单纯以佣金制作为收入来源容易使推销人员产生不安全感，特别是对于没有从业经验的新推销人员来说，更容易产生较大的心理压力。

② 如果单纯以佣金制作为推销人员的报酬方式，推销人员在推销中往往只注意眼前的销售业绩的增长，而忽视企业的长远利益。当企业要求推销人员从事一些不能带来直接收益的工作时，会遇到较大的阻力，所以在佣金制下，企业对推销人员的控制程度较低。

③ 推销人员可能为了追求较高的推销业绩，采取高压式的推销策略，或是提供较大的价格折扣，从而损害企业的利益。

所以一般来说，佣金制主要适用于某些产品严重积压，需要在短期内消减库存以收回资本，或者需要尽快打开推销商品销路的情况。同时，在某些特别推销中也比较常用，比如药品推销等等。

(3) 薪金加奖励制。这种报酬方式是前两种报酬方式的结合，即在支付底薪的同时，根据推销人员的业绩来支付佣金，以促使推销人员更好地开展推销工作。薪金加奖励制是一种比较理想的报酬支付方式，主要具有以下优点：

① 这种报酬支付方式既可以保证推销人员获得一定的个人收入保障，又可以调动其工作的积极性，从而最大限度发挥推销人员的工作潜能。

② 通过这种薪金加奖励的方式，可以使企业对推销人员进行较为全面的控制。

薪金加奖励制除了具有上述优点外，还具有一个明显的不足，那就是在具体实施过程中较为繁琐。

薪金加奖励制是目前企业中较为广泛使用的报酬方式，适用于销售量取决于推销人员的努力程度，而管理部门又想对推销人员所执行的非推销职责加以控制的情况下使用。

2. 推销人员的激励

组织行为学中的 X 理论认为：人的本性是懒惰的，往往不愿意承担责任，所以大多数人在没有激励的情况下，是不能发挥其全部才能的。同时，由于推销工作是一种弹性很大的、富有创造性的工作，推销人员通常要独立工作，推销人员的信心与动力会因顾客的严厉拒绝、无理要求而受到伤害，也会因为激烈的竞争、繁重的工作而有所动摇。因此，推销人员一方面要具有顽强的意志，另一方面他们也更加需要有效的激励。

对于推销人员的激励应该本着公平、公正、合理的原则，根据推销人员的不同需求状况，给予不同的物质激励和精神激励。物质激励主要包括工资的升级、奖金的发放和其他福利待遇的给予；精神激励主要包括口头或文字的表扬、证书或奖章的发放以及晋升机会的提供等等。企业对于推销人员的激励方式通常有以下几种：

(1) 目标激励法。目标激励法是指根据行业情况及企业、推销人员的个人情况，制定出一个切实可行的目标，在推销人员达到这一目标之后，给予相应的报酬的一种激励方式。这种激励方式可以使企业的目标转变成为推销人员自己的行动，使他们能够看到自己行动的方向，能够看清自己的价值和责任。

在制定激励目标时应该注意以下几点：首先，所制定的目标应该合理可行，既不能使每个推销人员都做不到，也不能使推销人员都能轻而易举地实现，最好是制定一个推销人员在经过一番努力之后能够完成或超额完成的目标，这样才能起到激励的作用。其次，应该针对不同的情况，制定不同的目标。由于推销人员所处的地区环境不同，因此在制定目标时，应先考虑各个地区的市场潜力，然后再结合不同推销商品的特点和企业的推销计划来制定该区域内的推销人员的具体目标。

(2) 强化激励法。这种激励方式中所涉及的强化有正强化和负强化两种，正强化是指对推销人员的进步给予肯定与奖励，负强化是指对推销人员的错误行为给予否定或惩罚。对于推销人员给予正强化还是负强化应根据具体情况来加以选择，有时也可以两者结合使用，这样更有利于保持推销人员的工作积极性。

(3) 反馈激励法。这种激励方式是把推销人员在一定阶段内的各项推销指标的完成情况以及考核结果及时反馈给推销人员，以此来增强他们的工作信心和成就感，从而激励他们取得更好的成绩。

(4) 竞争激励法。这种方式是通过扩大销售额、提出合理化建议、提升交易技能等方面的竞争来充分发掘推销人员的潜能，激发他们的进取心，促使他们完成推销任务的方法。

阅读资料

IBM 公司为了充分调动员工的积极性，采用了各种各样的奖励办法，既有物质奖励，也有精神奖励，从而使员工将自己的切身利益与整个公司的发展联系在一起。该公司有个惯例，就是为推销业绩列入前 3%的推销人员举行隆重的庆祝活动，排名前 10%的推销人员还会荣获“金圈奖”。为了显示这项活动的重要性，选择举办活动的地点也很讲究。比如到具有异国情调的百慕大举行。在颁奖过程中，还会分几次放映获奖员工本人及其家人的纪录片，每人约 5 分钟左右，该片的质量与制片厂制作的影片质量不相上下。整个颁奖活动的动人情景难以用语言描绘。特别指出的是，公司的高级领导自始至终都会参加，这更增加了人们的热情。

(资料来源：Gerald L.Manning, Barry L.Roece. 当代推销学：建立质量伙伴关系. 北京：电子工业出版社，2002)

9.1.4　推销人员的业绩考核

对推销人员进行业绩考核，也是推销人员管理的一项基本内容。所谓推销人员的业绩考核，就是对推销人员的工作成果以及工作质量进行评价，以便推销管理人员能够及时地采取必要的行动，使推销工作更有效率，从而保证企业推销目标的实现。

1．推销人员业绩考核的作用

(1) 业绩考核是企业制定推销战略和政策的参考。推销人员的业绩在一定程度上反映了企业推销工作的绩效。如果企业推销人员的业绩无明显上升甚至是普遍下降，企业的管理者就应该检查企业的推销战略和政策是否正确，是否存在某些缺陷，然后再采取措施加以完善；若企业的推销人员的业绩普遍上升，则说明企业所指定的推销策略和政策是基本正确的，企业就可以在原有战略和政策的基础上进行后续计划的制定和工作的安排。

(2) 业绩考核是推销人员完成推销目标的有力保障。为了保证企业整体推销目标的实现，推销管理人员可以通过对推销工作进行阶段性的业绩考核，来对推销人员的工作状态进行了解。这样一方面有利于对原有推销目标的不合理方面进行修正，另一方面也有利于发现实际状况和目标之间的差异，以便找出差异存在的原因并寻求一定的对策。有效的业绩考核就如同指南针一样，可以保证推销人员沿着实现企业推销目标的方向来开展工作。

(3) 业绩考核有利于加强对推销活动的管理。在进行推销管理的过程中，推销管理人员一般是每个月对推销人员进行一次业绩考核。这样，推销人员就会希望获得好的业绩考核成绩而努力工作，从而使自身的推销工作效率大幅度提高。同时，业绩考核也可以促使推销人员谨慎地思考并采取行动，从而以更加明智的方式来完成推销工作。

(4) 业绩考核是给予推销人员公平报酬的依据。科学地进行业绩考核并给予公平的报酬，是对推销人员进行有效激励的重要基础。有效的业绩考核可以对推销人员的业绩进行恰如其分的评价，并在评价的基础上给予推销人员相应的报酬，以避免产生报酬不公平的现象。

(5) 业绩考核也是发掘、选拔和培训推销人员的重要依据。我们可以将推销业绩看成是每个推销人员的工作能力和工作效果的综合体现。通过对推销人员的业绩进行考核，能够及时发现在某些方面具有潜力的推销人才，从而采取有效的措施来发掘并对他们进行培养；通过业绩考核，也能够查明推销人员的实际推销能力，如果通过业绩考核结果的分析，发现某些推销人员缺乏某一方面的能力，就可以对其进行培训以补充或加强这方面能力的培养；若发现推销人员某一方面的能力没有得到充分地发挥，可以给予其更具有挑战性的任务，为他们提供施展才华的机会。同时，企业在决定推销人员的升迁、调整、加薪等问题时，也是以推销人员的业绩考核结果为主要依据的，这就使推销人员的业绩考核结果成为了企业进行人事决策的重要指标。

2. 推销人员业绩考核的内容

推销人员业绩考核是一种以价值量、实物量和劳动量为计算单位，结合定性分析(如工作态度)进行记录、计算，反应企业推销人员推销工作状态和效果的活动。要进行有效的推销业绩考核，就需要建立科学的考核指标体系，这些指标就构成了业绩考核的主要内容。

在实际工作中，一般可以采用以下指标来考核推销人员的业绩：

(1) 产出指标。产出指标是指推销人员的推销工作产生的成果或绩效类指标。比较常用的产出指标主要有：

① 订单与推销量：推销人员所取得的订单的多少，可以反映推销人员对顾客的推销工作是否成功，所以订单数目就成为一个考核推销业绩的重要产出指标。但也要注意另一目标，就是取消或作废的订单数目，这一指标可以用来反映推销活动的有效性。若一名推销人员虽然取得了一定的推销订单，但最终却都被取消或作废，则意味着在推销过程中过于强行推销。

推销量是反映企业或推销人员推销效果的重要指标之一。一般来说，推销量是指企业或推销人员在一定时期内实际推销出去的新产品的数量，它包括按合同供货方式或其他供货方式售出的新产品的数量，以及尚未到合同交货期而提前交货的预交数量。

在实际工作中，由于一名推销人员可能同时推销多种不同型号、品种和规格的产品，这时为了正确地衡量和比较不同推销人员的业绩，就可以改为考核推销人员的推销收入。在进行推销收入考核时，首先要了解有关推销商品的推销价格，然后再结合推销量来核算推销收入。具体可分为计划推销收入、实际推销收入和单位商品推销收入三种不同形式：

计划推销收入 = 计划商品推销量 × 单位商品推销价格

实际推销收入 = 实际商品推销量 × 单位商品推销价格

单位商品推销收入 = 单位商品推销成本 + 单位商品推销税金 + 单位商品推销利润

通过推销收入的考核，可以检查和落实推销人员完成推销计划的情况，判断和确认推销人员的实际推销能力以及对比和分析推销费用状况，从而帮助推销人员树立信心，改进工作方法，获得更好的推销绩效。

② 顾客数。通过顾客数指标，可以对推销区域划分的公平性以及推销人员对所负责的推销区域的驾驭程度有所了解。常用的顾客数指标是推销人员所掌握的现有顾客数，可以通过与其在上一年内的现有顾客数进行比较，一般希望是上升；另一常用的指标是推销人员的原有顾客数定额，通过现有顾客数和顾客数定额的比较可以考核推销人员的推销任务完成情况。

还有一些不常用的顾客数指标：流失顾客数，用来显示推销人员能否成功地满足区域内已有顾客的不断变化的需要；逾期不付款顾客数，用来显示推销人员是否按照企业规定来开发潜在顾客；预期顾客数，用来显示推销人员判断潜在顾客的能力。

(2) 投入指标。投入指标可以用来考核推销人员在推销工作中付出的努力。由于推销人员的努力程度与他的推销收入之间带有一定的时滞性，这就导致了一笔推销收入可能是许多推销努力累计的结果，因此也应该考核投入指标来评价推销人员的业绩。一般常用的投入指标有：

① 推销访问数：企业在划分推销区域时，需要考虑的因素之一就是对各种不同等级的顾客的访问次数，这也正是将访问次数作为推销业绩考核指标的主要原因。

企业可以进一步将访问次数分为计划内访问次数与计划外访问次数。一般来说，我们希望推销人员尽可能多地进行计划内访问，因为计划外访问往往表明推销人员在顾客服务中出现了意外或者失误，当计划外访问频繁出现时，会在一定程度上影响推销人员访问计划实施。

② 工作时间与时间分配：工作时间与时间分配能够用来考核推销人员与顾客的联系程度。在许多企业中，工作天数以及每天访问的次数(或访问的频率)已经成为评价推销人员努力程度的例行考核指标。如果推销人员与顾客联系较少，原因可能有两种：一是该推销人员工作时间不足，二是时间使用效率不高。

通过考核推销人员在推销访问、旅行和事务处理上的时间分配，可以有效地判断推销人员的工作效率。一般来说，企业希望推销人员尽可能地多花时间与顾客进行面谈等推销工作，而尽可能地在无效的旅行上少花费时间。为此，企业可以要求推销人员提供其关于时间的分配的详细信息。

③ 费用。推销费用核算是通过记录、计算推销过程中各种花费的使用情况，来反映推销活动中活劳动或物化劳动的状态，以达到增收节支的目的。许多企业对推销费用都有详细记录，企业既可以根据这些费用的绝对额进行考核，也可以根据费用占其完成的推销定额的百分比来进行考核。

推销费用的具体内容因企业、推销商品的不同而异，主要包括：推销经费、宣传广告费、推销服务费、包装费、运输费以及其他推销费用等。为了做好推销费用的核算工作，可以从以下几个方面入手开展工作：加强原始记录管理，对于发生的每一笔推销费用都要做好原始记录，并保证原始记录的完整、准确；建立和健全必要的监督考察制度，企业应将推销费用核算的内容和程序固定化、规范化，并纳入岗位责任制中，使考核工作有健全的制度和明确的标准。同时保证各项支出的合法性与合理性，避免出现乱用或违反财务纪律的情况；做好报表审查工作。企业的推销费用最终会反映在报表上，所以企业必须认真审查会计报表，从中发现并解决问题。

④ 非推销活动。除了评价推销人员与顾客的直接接触努力之外，企业还需要对非直接接触顾客的努力，甚至是非推销活动进行考核。比如发送推销信件的数量，向企业提出合理化推销建议的次数和质量，参加推销技能培训的次数，反馈顾客意见的数量等。这些非直接接触顾客的活动或者非推销活动，也能在一定程度上反应推销人员对推销工作的态度，所以企业或推销管理部门也要关注这方面的信息。

(3) 比率指标。将各种投入和产出指标相结合，就可以获得一定的比率指标。比率指标由于能够消除不同行业、不同商品、不同时期、不同计价货币的差异，因此具有很大的可比性，现在已经成为推销工作中进行横向或纵向比较时所采用的常用指标。

① 费用比率。推销费用比率是指将推销人员的投入和产出相对比的结果。这种费用比率可以用来分析各种推销费用与推销收入的关系。这类指标中常用的形式是每次访问的平均费用，即推销费用与推销访问次数之比，这里的费用可以是推销总费用，也可以是某种明细推销费用。这一比率不仅可以在企业内部各个推销人员之间进行比较，而且也可以用于和本行业中的其他企业相比较。

② 顾客开发与服务比率。常用顾客开发与服务比率有顾客渗透率(即推销人员获得订单的顾客占整个推销区域内潜在顾客的比率)、新顾客转化率(用来评价推销人员将潜在顾客转化为现实顾客的能力)、顾客流失率(用来衡量推销人员对现有顾客的保留能力)等。

还有一些不常用的顾客开发与服务比率，比如顾客平均推销比率、订单平均规模、订单取消比率、新顾客开发率、接待顾客率等。

③ 访问比率。访问比率可以用来衡量推销人员投入到访问活动中的努力与访问成果之间的关系，通常表现为顾客访问完成率。顾客访问完成率是指一定时期内，推销人员实际

访问顾客的次数或人数与计划访问顾客的次数或人数的比率。顾客访问完成率的高低，可以反映推销人员工作态度的好坏，即顾客访问完成率越高，推销人员工作的积极性越高。

④ 推销完成比率。推销行为是以收回货款才告结束的，推销人员也只有在完成货款收回之后，其业绩才会受到认可和评价。所以，推销完成比率主要表现为货款回收率，即在一定时期内，企业所推销商品的已收货款与应收货款之间的比例，具体公式为：

货款回收率 = 本期货款回收额 ÷ (前期期末未回收额 + 本期推销额)

货款回收率越高，说明企业的资金周转越快，企业的经济效益越好；相反，则说明企业的资金周转较慢，企业经济效益不理想。

(4) 推销利润指标。通过对推销利润指标的核算，可以明确企业的经济效益如何。所谓推销利润指标核算，是指在推销量、推销收入、推销费用核算的基础上，通过对比分析来反映企业推销活动的经济效益。就我国目前的情况来看，推销利润主要由两部分构成：

一部分是产品推销利润，即企业出售自制产品、半成品以及对外承做工业性作业所取得的利润，其公式为：

产品推销利润 = 产品推销收入 − 产品推销成本 − 产品推销税金

产品推销收入 = 产品推销数量×产品推销价格

= (期初产品结存数 + 本期产品产量 − 期末产品结存数) × 产品推销价格

产品推销成本 = 期初产品结存数 × 上期单位产品生产成本

+ (本期产品产量 − 期末产品结存数) × 本期单位产品生产成本

+ 本期推销费用

产品推销税金 = 产品推销收入 × 税率

另一部分叫做其他推销利润，是指企业推销多余材料、外购件和提供非工业性劳务所取得的利润，其公式为：

其他推销利润 = 其他推销收入 − 其他推销成本 − 其他推销税金

9.2　推销组织管理

推销组织如何架构，这也是企业在确定推销目标与推销策略之后必须要考虑的问题。推销组织管理关系到商品推销的运作与效率问题，同时也关系到如何激励推销人员工作积极性、如何提高推销人员的工作能力、如何提高推销人员素质的问题。

9.2.1　推销组织架构

推销组织在整个企业中的地位，会随着企业的性质和地区市场经济发展水平的不同而各异。随着我国加入世贸组织，我们应该按照有利于使我国企业尽快与国际市场接轨的原则来设计和确定推销组织在企业中的地位与作用。在市场经济条件下，企业应该将推销组织定位于能够对企业决策提供重要支持的地位上，从而更好地发挥推销组织对企业决策的支撑作用。

1. 推销组织与市场营销部门的关系

明确推销组织与企业的市场营销部门之间的关系，有利于开展正常的经营活动，有利于我国企业与国际企业的接轨，有利于提高我国企业的市场竞争能力。

在企业中，推销组织应该是企业市场营销部门的一个子系统，由市场营销部门领导与指挥，并保持与市场营销部门的战略目标相一致；推销组织应该完成企业市场营销部门的各种任务与工作，尤其是为营销与促销活动服务。

2. 推销组织架构的设计目的

在进行推销组织架构设计时，应主要达到以下几个方面的目的：

(1) 令顾客满意：要让顾客满意，就应该使推销组织在最短的时间内，以适当的形式，把企业的产品或服务送达到顾客的手中。

(2) 提高组织的反映能力：通过推销组织架构的设计工作，应该推销组织更具有灵活性、竞争性，使推销组织能够更快地对市场作出反应，能够比较快地对竞争对手的竞争策略做出反应。

(3) 推销成本下降：要使推销过程中的成本不断下降，就必须以最简单的架构与最合适的组织形式相结合，这样可以通过提高推销组织效率来达到降低推销成本的目的。

总而言之，一个企业应该建立一个具有较高效率，能够以最低成本进行运作，同时能使顾客充分满意的推销组织架构。

9.2.2 常见的推销组织架构

传统的推销组织架构比较简单，一般是按顾客的地域进行分工的。随着生产力的发展和市场的扩展，推销组织也在发生着变化，现在的企业应该根据影响推销组织的若干因素制定适合本企业的推销组织架构。主要有以下三种类型。

1. 区域架构式

区域架构式的推销组织是将企业的目标市场按地域划分成若干区域，每一推销部门和推销人员负责某一区域的全部推销工作(见图 9-1)。这是一种传统而又简单的组织类型，其优点是：任务明确，便于考核业绩；有利于推销人员与顾客建立良好的合作关系；节省推销费用，尤其是交通费用；有利于推销组织和推销人员充分了解区域市场。但这一组织架构也有其不足之处：当企业产品很多、目标市场类型复杂时，不利于推销人员掌握产品专业知识以及不同市场中的推销技巧；对于不同类型的顾客研究了解不足，难以制定有效的推销措施；顾客管理与顾客服务难度大。

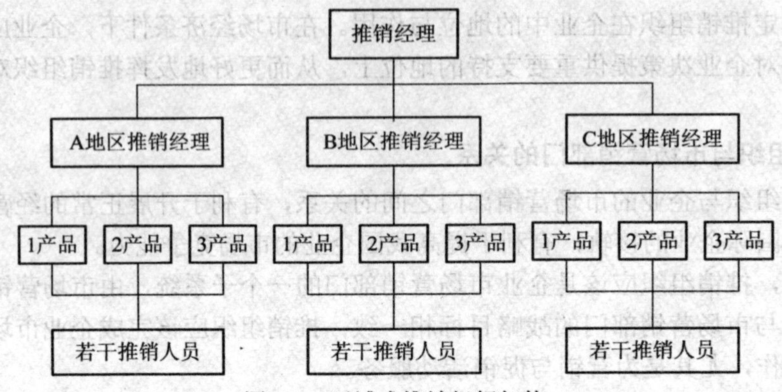

图 9-1　区域式推销组织架构

2. 产品架构式

在这种组织架构中，企业将产品分为若干类，每一推销组织负责其中一种或几种产品(见图 9-2)。这种组织架构的优点是有利于推销人员熟悉产品专业知识以及推销技巧，特别适合于产品品种多、产品关联性不强以及对专业知识要求较高的企业。缺点是有可能产生重复推销，人员以及交通费用高，顾客管理以及关系维系也具有一定的困难。

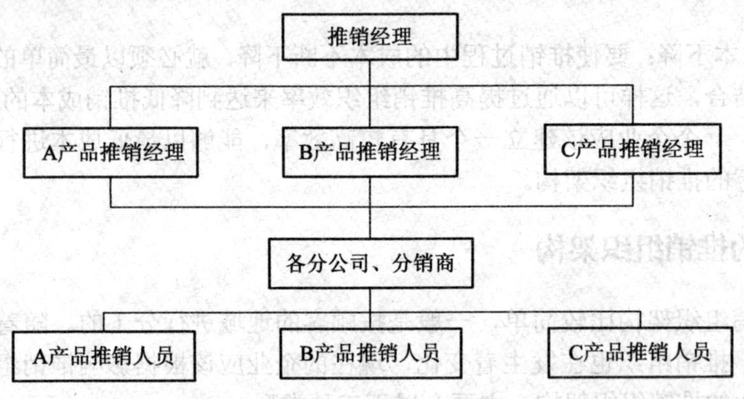

图 9-2　产品式推销组织架构

3. 顾客架构式

顾客架构式是将企业的目标市场按照顾客进行划分，具体划分的方法可以根据其行业性质、规模、经营特点等等，由推销小组或推销人员负责其中的某一类或某几类顾客的推销工作(见图 9-3)。这种组织架构的优点是：推销人员对顾客了解非常深刻，能及时发现顾客需求并解决顾客问题；顾客关系易于维护；便于开展顾客管理和顾客服务工作。但其缺点是同一类型顾客较为分散时，推销费用较高，同时推销人员负责区域有可能重复，对区域市场的驾驭程度较低。

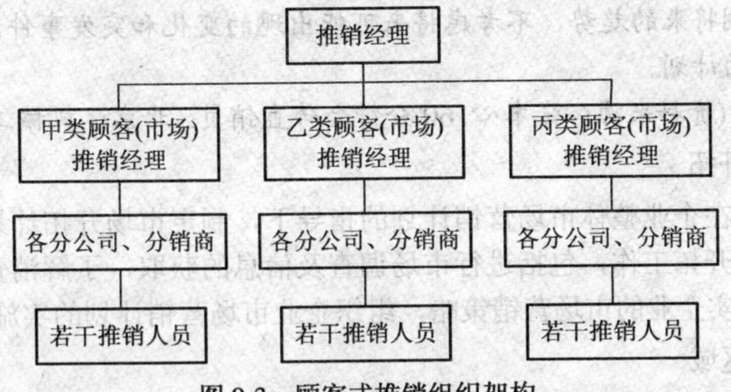

图 9-3　顾客式推销组织架构

9.2.3　推销经理的职责

无论企业采用具体何种推销组织架构，作为推销组织的直接领导者——推销经理都是必不可少的一个组成部分。推销经理在整个推销组织架构中处于十分重要的地位。一般来说，推销组织中的推销经理主要承担以下的工作职责：

1．制定推销计划

推销经理需要在对市场环境、需求状况和消费者行为进行分析，并且在对推销工作做出一定预测的基础上制定整个推销组织的整体推销计划。其中，对于新商品的推销预测是推销经理的工作难题，必须使用多种方法进行市场调查，分析估计测算，并在滚动预测的基础上建立或调整推销计划。

推销经理所制定的推销计划，是在企业整体发展战略下，根据市场调查与预测的结果，根据企业市场营销战略的要求而形成的具体推销计划，其内容包括具体的推销目标、要求、策略、定额以及相关的各项企业资源配置方案。

阅读资料

推销经理在进行预测和计划时容易犯的错误：

- 只注重自上而下的预测，而不注重自下而上的预测；
- 只注重年度预测和计划，而不注重季度预测和计划；
- 只注重数字，缺乏计划和模型；
- 不开展有意义的对话；
- 不事先做好必要的准备；
- 缺乏对信息的利用，不将实际情况和目标进行比照；

- 只注重预测将来的趋势，不考虑将来可能出现的变化和突发事件；
- 缺乏个人的计划。

(资料来源：张本心. 60 分钟金牌直销员. 北京：机械工业出版社，2005)

2. 进行市场开拓

这一方面是指在企业整体市场营销计划的指导下，制定市场开拓计划以及财务预算，并开展具体的市场开拓工作，包括进行市场调查及信息的获取，了解消费者行为并形成相应对策，制定与落实企业的市场营销策略，组织企业市场营销计划的实施。

3. 建立推销区域

这是推销经理的一项主要工作，具体包括：

(1) 确定区域界限。理想的推销区域是符合企业市场营销计划的重要目标市场，而且推销区域内的市场容量要和企业资源相平衡。

(2) 确定目标市场。也就是在所限定的区域内，确定推销活动的具体目标对象类型。为此，应该在市场细分策略以及目标市场策略的基础上，确定可以开展推销工作的对象类型，做出其分布、购买能力的预测，确立对具体顾客的分析、辨别标准，确定推销活动的具体策略，制定针对具体顾客类型的各项政策。同时，在企业整体营销计划的指导下，开展目标市场范围内的促销活动，以配合具体人员推销活动。

(3) 确定推销工作目标。推销经理应该对推销的阶段性工作做出目的和要求，即结合推销人员的分工，确定应该达到的推销量以及其他具体目标和要求。工作目标的具体确定方法可以是从上而下地对整体任务进行分解，再落实到各个小组或个人，也可以是自下而上地进行汇总。

(4) 配置推销资源。推销经理应该充分了解推销人员，在充分发挥推销人员的能力与优势的前提下，将推销人员分配到具体区域或具体产品的推销工作中；同时，推销经理也要向推销人员下达任务、目标和要求，解决推销人员所遇到的具体问题，明确各种政策与注意事项；此外，推销经理还需要在推销人员开始工作之后，对其实际工作的情况加以管理和指导。

(5) 调整推销区域。当外部市场环境和消费者状况发生变化时，或者企业的战略目标发生变化时，当推销区域的销售潜力与企业的资源状况不协调时，当原有推销策略与外部实际状况相互矛盾时，推销经理都应该及时地调整推销区域，并对区域中所实行的推销策略加以修正。

4. 关系管理

对于推销工作过程中的各种关系进行管理，是推销经理的一项日常工作。作为推销组织的直接管理者，推销经理必须对于推销组织内部以及外部关系进行协调，具体来说主要有以下几种关系：

(1) 对顾客关系的管理：比如一些重要的、关键的顾客的拜访，与重要的、关键的顾客建立并维持亲密的合作关系。

(2) 对企业的营销和推销的关系进行管理：也就是在市场营销的导向下，协调推销组织与企业生产经营各个环节、各个部门之间的关系。

(3) 对公众关系的管理：向企业的各种公众传递有关信息，争取公众的信任和支持；在发生关系危机的情况下，开展各种公共关系活动，求得企业内部的团结和外部的发展。

(4) 对推销人员的关系管理：协调各种影响推销人员士气的因素，协调推销人员与顾客之间的关系，协调推销区域之间的关系以及推销人员之间的关系。

关系管理的最终效果应该是顾客满意度上升、推销区域扩大以及销售额的上升，同时推销人员能够更好地获得发展。

5. 信息管理

推销经理应该关注整个企业或推销区域内的市场信息的管理。比如建立企业市场信息获取机制并及时对各种市场信息做出反馈；建立顾客信息资料库，掌握各种顾客资源，为维持企业的市场份额提供支持，为实施顾客关系管理提供依据；建立企业推销信息系统，随时掌握不同区域、不同推销商品类型的推销状况，掌握推销成本与推销利润的状态以及推销计划的实施状况。

阅读资料

推销经理一个重要的职能就是持续不断地向推销人员提供信息和建议。推销人员一般依赖他们的推销经理所提供的市场趋势信息、产品信息、公司政策信息来协助他们开发新的顾客，而顾客关系管理(CRM)软件则可以改善和提高推销经理和推销人员之间的信息交流。例如，通过直接共享 CRM 数据库，推销经理可以检查推销人员的实时记录与了解其与顾客之间的关系状态，这就使得推销经理通过直接查看某一顾客记录来提出建议成为了一种可能。

(资料来源：马刚，李洪心，杨兴凯. 客户关系管理. 大连：东北财经大学出版社，2008)

6. 人员管理

人员管理包括对推销人员的招聘与选拔，对推销人员的任用、培训与升迁、对推销组织架构的建立与调整，对推销人员薪酬政策的制定与实施，对推销队伍的领导与监督，对推销人员的工作行为进行管理等等。

7. 推销业绩管理

推销业绩管理包括制定业绩评估的目标与方法，了解并分析推销业绩与推销目标之间的差距，了解推销成本与利润之间的关系，分析不同推销区域之间推销业绩的差距及其成因，掌握不同推销人员的工作效率与绩效，研究推销过程中出现的各种情况、问题并形成解决方案。

9.3 顾 客 管 理

顾客管理就是要通过对顾客的系统化研究来改进顾客服务水平，提高顾客忠诚度并由此来为企业带来更多的利润。顾客管理主要以维持现有市场为出发点，将侧重点放在现有顾客身上，来满足现有顾客的需求，培养具有一定忠诚度的顾客群体，从而达到降低推销成本，提高推销效率的目的，同时在此基础上扩展市场，开发新顾客。如果企业对顾客管理得当，顾客就会积极、热情地配合推销工作；反之，则有可能导致顾客流失甚至出现其他影响企业正常发展的困境。

9.3.1 顾客管理的目标与作用

1. 顾客管理的目标

在推销过程中，顾客与企业或推销人员之间存在一定的矛盾是不可避免的情况。当这种情况出现时，企业会首先考虑顾客的需求与本企业的经济利益，在产品销售上比较重视产品对于顾客需求的满足，以顺利地实现产品销售并获得利润；而顾客则希望以最小的代价获得最大的利益。

企业为了能够与顾客建立长期的合作伙伴关系，就需要在两者之间进行不断地调整。一方面企业要明确顾客的需求，另一方面企业也要了解自己能够满足顾客需求的程度，并根据实际状况，将这两个方面加以有效结合，这就决定了企业应该建立一个完善的顾客管理系统。因此，顾客管理的目标就是为了了解顾客、满足顾客，进而维系顾客，建立企业与顾客之间的长期、稳定的关系，从而稳步提升顾客满意度，并最终使企业获利。

2. 顾客管理的作用

概括来说，实施和加强顾客管理对于提高企业经济效益和市场竞争力有着重要的作用。具体来说，顾客管理的作用主要体现在以下几个方面：

(1) 加强顾客管理可以使企业更好地满足顾客的需求。通过顾客管理，企业可以随时搜集、跟踪顾客的需求状况及变化，对具体顾客的具体需求进行分析，从而调整自己的产品和服务策略，有针对性地满足顾客需求。

(2) 加强顾客管理能够提高企业经济效益。通过顾客管理，能够使企业与顾客之间形成一种长期的稳定关系，使许多顾客成为企业的忠实购买者，不断重复购买，从而增加企业的销售收入；而良好的售后服务也会进一步带来良好的“口碑效应”，提高推销商品的知名度和美誉度，并产生一定的连锁销售效果。

(3) 加强顾客管理能够降低推销成本。企业开拓新的市场，一般需要投入大量的人力、物力和财力，而实施顾客管理则具有低成本、高效益的优点。它是在巩固现有消费者基础上的市场拓展，要比新顾客开发更具有效率和效益。而且，保持一定数量的忠诚顾客也将减少企业的营销费用，降低服务成本。

(4) 加强顾客管理能有效提高企业市场竞争力。通过顾客管理，企业可以分析自己的目标顾客群，从而更集中、更合理地配置企业的各项资源，更加有效地维护重要顾客，这不仅可以提高不同层次顾客的忠诚度，最终还将形成一定的竞争优势，增加企业在市场竞争中的竞争实力。

(5) 加强顾客管理能够充分利用各种顾客资源。通过建立企业的顾客档案，加强企业与顾客之间的双向交流，充分发挥顾客的积极性，利用顾客的知识和经验资源，从顾客反馈信息中获得企业生产经营的重要信息，形成企业产品开发构思与改进服务设想。这些来自于顾客的信息往往具有很明显的针对性和很高的可靠性，它们将成为企业决策的重要参考和依据。

9.3.2 顾客管理的工作内容

由于企业或推销人员所面对的顾客的多样性以及顾客需求和信息的多样性，使得企业对顾客的管理工作所涉及的内容也是十分复杂的。不同的企业或推销人员应该根据自己所面对的不同顾客、自己所提供商品或服务以及自身状况和具体目标来设计规划适当的顾客管理工作内容。一般来说，对顾客的管理工作应该包括以下五个基本方面。

1. 顾客分析

顾客分析就是具体了解企业或推销人员所面对的顾客的基本类型、不同顾客或顾客群体的不同需求特征和购买行为特点、不同顾客或顾客群体之间的差异性及其对企业的生产经营活动的影响等基本信息。

2. 顾客反馈管理

顾客反馈对衡量企业承诺目标的实现程度，检验企业各种推销策略的有效性，及时发现为顾客提供服务过程中的问题等方面具有重要作用。因此，企业为了真正达到使顾客充分满意，就必须充分认识到顾客反馈的重要意义，并在实际活动中切实地将顾客反馈管理工作落到实处。

3. 顾客投诉处理

为了实现有效地与顾客之间的信息交流，维持企业与顾客之间的良好主顾关系，企业应该妥善处理顾客所表现出的各种投诉与抱怨，正确对待顾客的各种意见和建议，从而消除顾客的不满情绪，赢得顾客信任。在对顾客的投诉和抱怨进行处理的过程中，企业应经常性地与顾客进行双向交流，积极听取并正确对待各种顾客反馈信息，这样才能变被动接受为主动寻求，同时也要将企业或推销人员对顾客抱怨和投诉的处理方案和处理结果及时传递给顾客，使这些相关措施能够对顾客的购买行为产生应有的影响。

4．顾客档案管理

为了建立和保持与顾客之间的长期稳定的主顾关系，企业必须从建立顾客档案入手来进行顾客资料管理工作。在进行顾客档案的建立和管理工作中，企业首先要明确所要形成的顾客档案的基本内容，并根据档案管理对象的具体情况来采用科学的方法进行档案分类，以区别不同类型顾客及其基本特征，进行顾客状况分析，评价不同顾客的重要性，根据不同顾客的优先级别和重要程度来采取有针对性的相关措施。建立顾客档案，企业可以使用顾客名录、顾客资料卡、顾客数据库等不同形式，并通过对顾客信息的持续获取和收集来不断更新和丰富顾客档案内容。这种顾客档案中的相关信息，比如顾客的购买偏好、顾客购买行为对企业的利润贡献度等，将会为企业进行科学有效的预测和决策提供重要的依据。

5．顾客服务

现代商品社会中企业之间的竞争形式已经从原有简单的价格竞争发展成为多层次、多方面的竞争体系，而其中服务方面的竞争也日渐重要，能否为顾客提供满意的顾客服务，已经成为决定企业竞争成败的关键。为了向顾客提供高质量的顾客服务，企业应该全面了解所面对的顾客的服务需求层次和特点，采用多种形式来制定完整的顾客服务计划，建立顾客服务质量评价标准体系和控制系统，通过持续不断地改进与完善来为顾客提供周到的顾客服务。

讨论与复习题

1．推销人员的选拔应该遵循哪些原则？其基本程序包括哪几个阶段？
2．推销人员的培训包括哪些内容？常见的推销人员培训方法有哪些？
3．常见的推销人员报酬形式有哪几种？各有什么优缺点？
4．对于推销人员的激励可以使用哪几种激励方法？
5．推销人员业绩考核包括哪些内容？如何来进行推销人员业绩考核？
6．企业进行推销组织架构要达到哪些目的？常见的推销组织架构有哪几种？
7．推销经理主要承担哪些工作职责？
8．顾客管理要达到哪些目标？有何作用？顾客管理主要包括哪些内容？

案例分析

人们一般不愿意改变自己的行为模式，除非你奖赏他们这样去做，对做出了成绩的人，公司一般会采取发放奖金或者授予股权的方法以示表彰，干得好就可以拿奖金！然而奖励的真正目的应该是鼓励他们在以后更加努力地工作。研究表明，要让奖金真正地发挥激励作用，所提供的奖金额至少要高于被奖励者基本工资的 10%。实际上，公司所支付的奖金额远远低于这个比例。一般来说，各种奖励，包括奖金、认股权、利润分成等等，加起来平均只有被奖励者基本工资的 7.5%。

因此，为了弥补奖金的不足，企业就可以将薪酬中的一部分与工作表现直接挂钩。通用电气公司的一些做法能够在一定程度上给我们提供借鉴：

- 不要把报酬和权力绑在一起。如果企业继续把报酬与职位挂钩，就会建立一支忿忿不满的队伍，有些专家把这些人称作“POPOS”，意思是“被忽略和被激怒的人”(Passed Over And Pissd Off)。解除报酬与权力之间的绝对联系，可以给员工们提供更多在不晋升的情况下提高工作级别的机会。应该大幅度增加可以获得认股权的员工的名额，并尝试实施一项奖励管理人员的计划，鼓励他们更多地了解情况，而不是根据他们管理多少员工或工作时间多久来发放奖金。

- 让员工更清楚地理解薪酬制度。公司给员工讲的如果都是深奥费解或者模棱两可的语言，员工们根本弄不清楚他们的待遇和福利的真正价值，所以公司应当简明易懂地解释各种额外收入。

- 要大张旗鼓地进行宣传。当企业为一位应当受到奖励的人颁奖时，应该尽可能广泛地宣传这个消息。在一些公司中，奖金已经成为一项固定收入，员工们把奖金当做另一种名目的工资。如果员工将奖金视作应得的权利，那么这种奖励就失去了它应有的作用。

- 不能想给什么就给什么。金钱只要使用得当才是最好的激励手段，但不用金钱的奖励办法则有着一些行之有效的优点，比如有着更大的回旋余地。撤销把某位员工的基本工资提高 6%的决定，要比收回给他的授权或者不再给他参与理想的大项目的机会困难得多。所以，采用非金钱的奖励办法所受到的限制会更少。

- 不要凡事都给予奖励。“你不能贿赂你的孩子们去完成家庭作业，不能贿赂你的太太去做晚饭，不能贿赂你的员工来为公司工作。”我们并不赞成放弃原则的奖励，但是可以根据不同文化背景或具体情况来调整原则和措施。

(资料来源：梁敬贤. 推销理论与技巧. 北京：机械工业出版社，2005)

问题：

(1) 结合案例内容和相关知识，阐述应该如何使企业的各种奖励充分发挥激励作用？

(2) 通用电气公司的上述做法对你有何启示？

(3) 如果你作为企业的管理者，你将如何设计你的企业的推销人员报酬和激励制度？(可以选择某一行业为例)

参考文献

[1] [美]戴维·A 拉克斯，詹姆斯 K 西本斯. 谈判. 姜范，陈大为译. 北京：机械工业出版社，2004
[2] [美]罗杰·道森. 优势谈判. 刘祥亚译. 重庆：重庆出版社，2008
[3] [美]杰勒德·I·尼尔伦伯格. 谈判的艺术. 曹景行，陆延译. 上海：上海翻译出版公司，1986
[4] [美]罗杰·费希尔，威廉·尤里，布鲁斯·巴顿. 谈判力. 北京：中信出版社，2009
[5] 杨晶. 现代商务谈判. 北京：中国人民大学出版社，2009
[6] 苗玉树. 外贸谈判技巧. 北京：对外经济贸易大学出版社，2007
[7] 王宝山，张国良，张春华等. 商务谈判. 武汉：武汉理工大学出版社，2007
[8] 张炳达，满媛媛. 商务谈判实务. 北京：立信会计出版社，2007
[9] 董原. 商务谈判与推销技巧. 广州：中山大学出版社，2009
[10] 刘园. 国际商务谈判. 北京：对外经济贸易大学出版社，2006
[11] 王晓. 商务谈判技巧. 太原：山西人民出版社，2006
[12] 杨晶. 商务谈判. 北京：清华大学出版社，2005
[13] 吕晨钟.学谈判必读的95个中外案例. 北京：北京工业大学出版社，2005
[14] 张照禄，曾国安. 谈判与推销技巧. 成都：西南财经大学出版社，2000
[15] 王若军. 谈判与推销. 北京：清华大学出版社，2007
[16] 王宝山，张国良，张春华等. 商务谈判. 武汉：武汉理工大学出版社，2007
[17] 潘肖珏，谢承志. 商务谈判与沟通技巧. 上海：复旦大学出版社，2006
[18] 牧之. 谈判要读心理学. 北京：新世界出版社，2009
[19] 樊建廷. 商务谈判. 大连：东北财经大学出版社，2007
[20] 姚立. 新编商务谈判. 北京：中央编译出版社，2006
[21] 杰弗雷·埃德芒德·卡里. 国际商务谈判. 上海：上海外语教育出版社，2006
[22] 龚荒，杨雷. 商务谈判与推销技巧. 北京：清华大学出版社，北京交通大学出版社，2006
[23] 刘园. 国际商务谈判. 北京：中国人民大学出版社，2008
[24] 李桂荣. 现代推销学(第三版). 北京：中国人民大学出版社，2003
[25] 梁敬贤. 推销理论与技巧. 北京：机械工业出版社，2008

[26] 刘志超. 现代推销学. 广州: 广东高等教育出版社, 2004
[27] 常文志, 杨晓东. 现代推销学. 北京: 科学出版社, 2004
[28] 陈殿阁. 推销学理论与技巧. 北京: 机械工业出版社, 2008
[29] [美]杰拉尔德·L·曼宁, 巴里·L·里斯. 当代推销学: 建立质量伙伴关系(第八版). 北京: 电子工业出版社, 2002
[30] 静涛. 事半功倍成交法. 北京: 企业管理出版社, 2009
[31] 郑方华. 销售技能案例训练手册. 北京: 机械工业出版社, 2006
[32] 黄恒学. 现代高级推销理论与技巧. 北京: 北京大学出版社, 2005
[33] 张本心. 60 分钟金牌直销员. 北京: 机械工业出版社, 2005
[34] [美]奥利森·马登. 世界上最伟大的推销员——乔·吉拉德自传. 北京: 中国发展出版社, 2005
[35] 董亚辉, 霍亚楼. 推销技术. 北京: 对外经济贸易大学出版社, 2008
[36] 王林雪. 管理学——原理、方法与技能. 西安: 西安电子科技大学出版社, 2007
[37] 夏永林. 营销管理——创造和传递需求的艺术. 西安: 西安电子科技大学出版社, 2006
[38] 杨路明, 劳本信等. 客户关系管理. 重庆: 重庆大学出版社, 2007
[39] 马刚, 李洪心等. 客户关系管理. 大连: 东北财经大学出版社, 2008

后　记

商务谈判与推销既是一门科学，又是一门艺术。随着市场经济的不断发展和完善，商务谈判和推销活动已经成为社会经济生活中普遍存在的现象，引起了包括企业界在内的全社会的广泛关注。加强对商务谈判和推销行为的理论研究，解释它们的内在规律，在方法、策略和技巧上为创业企业规划商务谈判和推销行为提供基本的理论依据，具有十分重要的现实意义。

本书在论述基本理论、基本观点的基础上，侧重介绍了有关策略和技巧，并引用了大量的实例，以期增强实用性和可操作性，通过学习使读者的谈判和推销能力有较大提高。本书在构思和写作中，注重文字的可读性并辅之必要的练习，希望其成为便于自学和教学的读本。

本书写作提纲由集体讨论最终拟订，编写的具体的分工是：第 1 章由王林雪编写，第 2 章和第 3 章由张会新编写，第 4 章由康晓玲编写，第 5 章和第 9 章由陈兴和秦岭编写，第 6～8 章由陈兴编写。全书由王林雪、康晓玲统稿。

本书在编写过程中参考了大量相关资料，书中的许多理论及其体系凝结了营销学界同行的研究成果，是集体智慧的结晶，在此对这些文献资料的作者一并表示感谢。

由于时间仓促，书中的不妥及错漏之处诚望广大读者予以指正。

编　者

2009 年 11 月